Menschenrechte in den Außenbeziehungen
der Europäischen Union

AF893381

Europäische Hochschulschriften

Publications Universitaires Européennes
European University Studies

Reihe II
Rechtswissenschaft

Série II Series II
Droit
Law

Bd./Vol. 2907

PETER LANG
Frankfurt am Main · Berlin · Bern · Bruxelles · New York · Oxford · Wien

Jo Beatrix Aschenbrenner

Menschenrechte in den Außenbeziehungen der Europäischen Union

Gemeinschaftspolitik versus GASP

PETER LANG
Europäischer Verlag der Wissenschaften

Die Deutsche Bibliothek - CIP-Einheitsaufnahme

Aschenbrenner, Jo Beatrix:

Menschenrechte in den Außenbeziehungen der Europäischen Union : Gemeinschaftspolitik versus GASP / Jo Beatrix Aschenbrenner. - Frankfurt am Main ; Berlin ; Bern ; Bruxelles ; New York ; Oxford ; Wien : Lang, 2000
(Europäische Hochschulschriften : Reihe 2, Rechtswissenschaft ; Bd. 2907)
Zugl: München, Univ., Diss., 1999
ISBN 3-631-36552-7

D 19
ISSN 0531-7312
ISBN 3-631-36552-7

© Peter Lang GmbH
Europäischer Verlag der Wissenschaften
Frankfurt am Main 2000
Alle Rechte vorbehalten.

Das Werk einschließlich aller seiner Teile ist urheberrechtlich geschützt. Jede Verwertung außerhalb der engen Grenzen des Urheberrechtsgesetzes ist ohne Zustimmung des Verlages unzulässig und strafbar. Das gilt insbesondere für Vervielfältigungen, Übersetzungen, Mikroverfilmungen und die Einspeicherung und Verarbeitung in elektronischen Systemen.

Vorwort

Die Idee für die vorliegende Arbeit ist während meines Masterstudium-Aufenthaltes 1997/98 am Europäischen Hochschulinstitut in Florenz entstanden. Durch die dortige wissenschaftliche Atmosphäre angeregt schlug ich meine Unsicherheiten gegen das Abfertigen einer Doktorarbeit in den Wind und beschloß, den Menschenrechten und deren - theoretischer - Beachtung vertiefte Aufmerksamkeit zu schenken. Das Engagement der Europäischen Union hat mich deswegen fasziniert, weil diese einen immer größeren Bestandteil unserer nationalen Politiken übernimmt und die Union von daher auch die Verantwortung für eine aktive Menschenrechtspolitik tragen muß. Der inzwischen in Kraft getretene Vertrag von Amsterdam zeigt einerseits erfreuliche Perspektiven auf, verfestigt andererseits aber auch die institutionellen Unterschiede.

Die Arbeit wurde auf der Grundlage des Vertrags von Maastricht als Doktorarbeit verfaßt. Die Änderungen des Vertrages von Amsterdam wurden bereits zur Zeit der Abfassung der Arbeit als „Ausblick" in den einzelnen Kapiteln behandelt. In der jetztigen Version wurde die ursprüngliche Konzeption der Arbeit beibehalten. Zur besseren Lesbarkeit wurden hinter jedem Vertragsartikel die neuen Nummerierungen aufgeführt. Die Gesamtaussage der vorliegenden Arbeit ist durch die Änderungen des Vertrages von Amsterdam jedoch unberührt geblieben.

Meinem akademischen Lehrer, Herrn Professor Bruno Simma, danke ich für die Unterstützung und Förderung des Vorhabens und seine kooperative Zusammenarbeit. Auch Herr Professor Philip Alston in Florenz hat mit seinen Anmerkungen und Impulsen zu meiner Masterarbeit einen wichtigen Beitrag dafür geleistet, daß diese Arbeit heute verfaßt ist.

Von meinen Freunden habe ich viel Unterstützung erhalten. Stellvertretend möchte ich Andrea Mackensen für das Korrekturlesen und Isabel Steinrücke für die Aufmunterungen insbesondere zu Beginn der Arbeit danken. Ganz besonders möchte ich mich bei Herrn Rolf Böhme bedanken, der trotz zahlreicher Verpflichtungen und denkbar kurzer „Vorwarnung" die grammatikalische Überarbeitung meiner Arbeit in Angriff genommen hat und mir so sehr wertvolle Hilfe geleistet hat.

Meiner Familie schulde ich besonderen Dank. Die Unterstützung meiner Mutter in Phasen der Erschöpfung war besonders guttuend. Mein Vater hat mir diese Veröffentlichung ermöglicht. Dafür vielen Dank. Mein Großvater, Herr Wilhelm Bertram, ist trotz seines Alters nicht davor zurückgeschreckt, sich der ersten Korrektur meiner Arbeit eingehend zu widmen. Schließlich möchte ich Martin von Herzen danken, der mir in allen Phasen des Projektes durch seine vorbehaltslose Unterstützung den Rücken gestärkt hat.

Letztlich habe ich die Hoffnung und den Wunsch, diese Arbeit möge nur der Anfang meiner Beschäftigung mit dem Thema Menschenrechte sein.

München im März 2000 — Jo Beatrix Aschenbrenner

INHALTSVERZEICHNIS

Abkürzungsverzeichnis

a.A.	Anderer Ansicht
Abl.	Amtsblatt der Europäischen Gemeinschaften
AEMR	Allgemeine Erklärung der Menschenrechte
AKP (ACP)	Gruppe afrikanischer, karibischer und pazifischer Staaten, mit der die EG das Lomé Abkommen geschlossen hat
ALA	Asia and Latin America (Asien und Lateinamerika)
APS	Allgemeines Präferenzensystem
Art.	Artikel
ASEAN	Verband südostasiatischer Nationen
ASEM	Asien-Europa-Gipfel
AuStV	Ausschuß der Ständigen Vertreter
BVerfG	Bundesverfassungsgericht
CAT	Convention against Torture (Übereinkommen gegen Folter)
CDE	Cahier de Droit Européen
CEDAW	Convention on the Elimination of All Forms of Discrimination against Women (Übereinkommen zur Beseitigung der Diskriminierung der Frau)
CEE	Central and Eastern European (mittel- und osteuropäisch)
CERD	International Convention on the Elimination of all Forms of Racial Discrimination (Ausschuß für die Beseitigung der rassischen Diskriminierung)
CFSP	Common Foreign and Security Policy (Gemeinsame Außen- und Sicherheitspolitik)
CIS	Commonwealth of Independent States (Gemeinschaft Unabhängiger Staaten)
COM/KOM	Kommissionsmitteilung
CRC	Convention on the Rights of the Child (Übereinkommen über die Rechte des Kindes)
DG	Directorate General (Generaldirektion)
EAG	Europäische Atomgemeinschaft, Euratom
EBRD	European Bank of Reconstruction and Development (Europäische Bank für Wiederaufbau und Entwicklung)
ECDPM	European Centre for Development Policy Management
ECHO	European Community Humanitarian Office (Amt für humanitäre Hilfen der Europäischen Gemeinschaft)
ECOSOC	Economic and Social Council (Wirtschafts- und Sozialrat der Vereinten Nationen)
EDF	European Development Fund (Europäischer Entwicklungsfonds)
EEA	Einheitliche Europäische Akte
EG	Europäische Gemeinschaft
EGKS	Europäische Gemeinschaft für Kohle und Stahl
EGV	Vertrag zur Gründung der Europäischen Gemeinschaft
EMRK	Europäische Menschenrechtskonvention
endg.	endgültig
EP	Europäisches Parlament
EPIL	Encyclopedia of Public International Law
EPZ	Europäische Politische Zusammenarbeit

EU	Europäische Union
EUEU	European Union Election Unit
EuGH	Gerichtshof der Europäischen Union
EUV	Vertrag über die Europäische Union
EWG	Europäische Wirtschaftsgemeinschaft
f., ff.	Fortfolgend, Fortfolgende
FAO	Food and Agriculture Organization (Ernährungs- und Landwirtschafts-organisation der UNO)
GA	General Assembly (Generalversammlung)
GASP	Gemeinsame Außen- und Sicherheitspolitik
GATT	General Agreement on Tariffs and Trade (Allgemeines Zoll- und Handels-abkommen)
ICJ	International Court of Justice (Internationaler Gerichtshof)
IGC	Intergovernmental Conference (Regierungskonferenz)
IGH	Internationaler Gerichtshof
ILO	International Labour Organization (Internationale Arbeitsorganisation)
IO	Internationale Organisation
IPbürgR	Internationaler Pakt über bürgerliche und politische Rechte
IPwirtR	Internationaler Pakt über wirtschaftliche soziale und kulturelle Rechte
i.w.S.	Im weiteren Sinne
Jhrg.	Jahrgang
KSZE	Konferenz für Sicherheit und Zusammenarbeit in Europa
LDC	Least Developed Countries (am wenigsten entwickelte Länder)
m.w.N.	Mit weiteren Nachweisen
MEDA	Finanzielle und technische Begleitmaßnahmen zur Reform der wirtschaftlichen und sozialen Strukturen im Rahmen der Partnerschaft Europa-Mittelmeer
MS	Mitgliedstaaten
NGO	Nongovernmental organization (Nichtregierungsorganisation)
NIP	National Indicative Programme (nationales Richtprogramm)
OECD	Organization for Economic Cooperation and Development (Organisation für die wirtschaftliche Zusammenarbeit und Entwicklung)
OSZE	Organisation für Sicherheit und Zusammenarbeit in Europa
Abs.	Absatz
Phare	Poland and Hungary assistance for the Restructuring of the Economy (Aktionsplan für eine koordinierte Hilfe zugunsten bestimmter mittel- und osteuropäischer Länder)
Res.	Resolution
Rnr.	Randnummer
Rs.	Rechtssache vor dem EuGH
S.	Seite
Slg.	Sammlung der Entscheidungen des EuGH
str.	strittig
Tacis	Technical Assistance to the Commonwealth of Independent States (Technische Hilfe zugunsten der Neuen Unabhängigen Staaten der ehemaligen Sowietunion und der Mongolei)
TEU	Treaty of the European Union (Unionsvertrag)
UN	United Nations (Vereinte Nationen)

UNCTAD	United Nations Conference on Trade and Development (Welthandels- und Entwicklungskonferenz)
UNEP	United Nations Environmental Programme (Umweltprogramm der Vereinten Nationen)
UNHCR	United Nations High Commissioner for Refugees (Hoher Kommissar der Ver einten Nationen für Flüchtlinge)
UNIDO	United Nations Industrial Development Organization (Organisation der Verein ten Nationen für industrielle Entwicklung)
Union	Europäische Union
vgl.	Vergleiche
VR	Völkerrecht
WEU	Westeuropäische Union
WHO	World Health Organization (Weltgesundheitsorganisation)
WIPO	World Intellectual Property Organization (Weltorganisation für geistiges Eigentum)
WTO	World Trade Organization (Welthandelsorganisation)
WVRK	Wienervertragsrechtskonvention
WWU	Wirtschafts- und Währungsunion
ZJI	Zusammenarbeit in den Bereichen Justiz und Inneres (Titel VI des EUV)

Einleitung

Die Mitgliedstaaten der Europäischen Gemeinschaft

> „in dem Bewußtsein der Verantwortung Europas, sich darum zu bemühen, immer mehr mit einer Stimme zu sprechen und geschlossen und solidarisch zu handeln, um seine gemeinsamen Interessen und seine Unabhängigkeit wirkungsvoller zu verteidigen, sowie ganz besonders für die Grundsätze der Demokratie und die Wahrung des Rechts und der Menschenrechte, denen sie sich verpflichtet fühlen, einzutreten...",[1]

haben beschlossen, in eine engere Zusammenarbeit zu treten.

Auch über zehn Jahre nach Erlaß der Einheitlichen Europäischen Akte (EEA), die dieses Bekenntnis hervorgebracht hat, bleibt noch viel zu tun. Angesichts der Wirtschafts- und Währungsunion, der Erweiterung der Europäischen Union nach Osten, der Fortentwicklung hin zu einer „immer engeren Union der Völker Europas",[2] dem wachsenden Geflecht von Abkommen mit dritten Staaten, der zunehmenden Globalisierung und Interdependenz der Welt und der Weiterentwicklung der europäischen außen- und sicherheitspolitischen Identität muß die Europäische Union konkrete Schritte unternehmen, um die Menschenrechte von Individuen zu schützen und zu fördern. Diese Verantwortung erstreckt sich sowohl auf das Innenverhältnis zu den Unionsbürgern als auch auf die Außenbeziehungen mit dritten Staaten. Beide Dimensionen sind Seiten ein und derselben Medaille.

Die Struktur der Europäischen Union weist zahlreiche Unverständlichkeiten auf, die für den Normalbürger kaum in Worte zu fassen sind. Nicht nur finden je nach Zuständigkeitsbereich grundverschiedene Verfahren Anwendung, sondern es mutet auch eigentümlich an, daß die Europäische Gemeinschaft (EG) nach wie vor rechtlich existiert und ihre „eigene" Innen- und Außenpolitik neben der der Union betreibt. Nicht zuletzt deswegen mangelt es der Union teilweise an einer kohärenten und umfassenden Menschenrechtspolitik, welche die starken Worte in Taten umsetzt. Die Leistungsfähigkeit und finanziellen Mittel nehmen die Union in die Pflicht, Einfluß auf der internationalen Bühne auszuüben und ein Beispiel zu setzen.[3]

Ziel der vorliegenden Arbeit ist es, die Menschenrechtspolitik der Europäischen Union gegenüber dritten Staaten einer genauen Untersuchung zu unterziehen. Es soll herausgearbeitet werden, auf welchen Ebenen innerhalb der Union diese Politik betrieben wird und wie der Unionsvertrag (EUV) versucht, die Organe auf eine einheitliche Linie zu verpflichten und das institutionelle Gleichgewicht zu wahren. Insbesondere zwischen den einzelnen Zuständig-

---

1 Präambel der Einheitlichen Europäischen Akte (EEA), in: Sartorius II, Nr. 151, S. 2.

2 Art. A EUV (Art. 1 EUV n.F.)

3 Die Europäische Union nimmt 7 % der gesamten Weltbevölkerung ein und auf sie entfallen 27 % des Welt-Bruttosozialprodukts. Ein Fünftel ihrer Handelsbeziehungen nach außen besteht zu Entwicklungsländern, siehe European University Institute, *Leading by Example: A Human Rights Agenda for the European Union for the Year 2000*, S. 33.

keitsbereichen der Europäischen Union,[4] kommt es häufig zu Rivalitäten und politischen Spannungen. Das breite Mandat der „Gemeinsamen Außenpolitik" (GASP), sich mit *allen* Bereichen der Außenpolitik zu befassen,[5] stellt die Errungenschaften der seit 1957 bestehenden EG in bestimmten Angelegenheiten in Frage. Das Engagement der EG kann, gerade auch im Bereich der Menschenrechte, auf eine Geschichte und auf Erfahrungswerte zurückgreifen, die der GASP in dieser Form fremd sind. Die Analyse der Aktivitäten der Union im Bereich der Menschenrechte soll daher Vorschläge für ein effektives Handeln in der Zukunft entwikkeln helfen, welches die jeweiligen Zuständigkeiten respektiert. Soweit ersichtlich sind zu diesem Problemfeld noch keine detaillierten Ausführungen veröffentlicht.[6]

Das erste Kapitel geht auf die „Architektur" der Union ein und erläutert ihre komplizierte Ausgestaltung und die Stellung der Union im Völkerrechtsverkehr. Daran schließt sich die Untersuchung an, welche völkerrechtlichen Grundlagen für eine aktive Menschenrechtspolitik der Union bestehen. Das zweite Kapitel legt dann das Augenmerk auf die Menschenrechtsaußenpolitik der EG und versucht, ihre Besonderheiten herauszuarbeiten. Im dritten Kapitel wird auf die Strukturen und Möglichkeiten der GASP zum Schutz und zur Wahrung der Menschenrechte eingegangen. In beide Kapitel sind die relevanten Änderungen durch den Vertrag von Amsterdam eingearbeitet. Das vierte und letzte Kapitel widmet sich schließlich der Ausarbeitung eines Abgrenzungs- und Schutzprinzips, das den Gemeinschaftsbereich vor Eingriffen aus der zwischenstaatlich organisierten (intergouvernementalen) GASP bewahrt.

Die hier behandelten Fragen und Probleme sind nur einige derer, die sich im Zusammenhang mit der Verfolgung einer effektiven, kohärenten und vielversprechenden Menschenrechtspolitik stellen. Nicht eingegangen wurde auf das steigende Vorkommen von Fremdenfeindlichkeit und der Mißachtung von Menschenrechten *in* Europa und die mit der Asylpolitik verbundenen Schwierigkeiten. Der erste Aspekt bezieht sich auf die interne Dimension einer Menschenrechtspolitik, d.h. innerhalb der Union, während der zweite einen Problembereich der ehemaligen „Zusammenarbeit in Justiz und Innerem" (ZJI, nunmehr weitestgehend Art. 61 ff EGV n.F.) ausmacht.[7] Auch wurde das Thema der Universalität versus Relativität der Menschenrechte, das den Bereich der Auslegung und Implementierung der Rechte betrifft, nur angerissen. Dieser Bereich ist zwar einerseits sehr aktuell, andererseits stellt er auch ein altbekanntes Streitgespräch zwischen Industrienationen und weniger entwickelten Ländern dar. Jeder dieser Themenbereiche für sich genommen ergäbe ausreichend Material für eine weitere Arbeit, und es wurde daher von einer Abhandlung in diesem Rahmen abgesehen.

---

[4] Diese werden häufig mit den drei „Säulen" umschrieben.

[5] Art. J.1 I EUV (Art. 11 I EUV n.F.)

[6] Die kürzlich erschienene Arbeit von Frank Hoffmeister behandelt zwar den Menschenrechtsschutz der EG mittels der Menschenrechtsklausel in Verträgen mit Drittstaaten umfassend. Er stellt aber lediglich an einer Stelle die Frage nach der Abgrenzung von GASP und EG und sieht darin ein Problem, ohne dieses weiter zu behandeln, *Menschenrechts- und Demokratieklauseln in den vertraglichen Außenbeziehungen der Europäischen Gemeinschaft,* Springer 1998, S. 527.

[7] Auf die ZJI wurde in der Arbeit nur insoweit eingegangen, als dies für das Verständnis von GASP und Gemeinschaftspolitik notwendig ist.

1. Kapitel: Die Menschenrechtsaußenpolitik der Europäischen Union im Lichte des Völkerrechts

Mit dem Vertrag von Maastricht wurde ein Zusammenschluß von Staaten geschaffen, der in seiner Form einzigartig auf der Welt ist. Die Europäische Union vereint unterschiedliche Elemente der Staatenkooperation in sich. Doch was ist sie genau? Ist sie die Rechtsnachfolgerin der Europäischen Gemeinschaft (EG), ein *selbständiges* Subjekt des Völkerrechts oder ein besonderer Verbund europäischer Staaten zur Koordination nationalstaatlicher Interessen? Die schillernde Natur der Europäischen Union und ihre Behandlung in Politik und Literatur macht es uns nicht immer einfach, eine Antwort auf diese Frage zu finden. Der erste Abschnitt dieses Kapitels (A.) befaßt sich daher mit der komplizierten Struktur der Europäischen Union[1] und ihrer Rechtsnatur im Völkerrecht.[2]

Der zweite Teil dieses Kapitels (B.) erörtert darauf aufbauend die bestehenden völkerrechtlichen Normen zum Schutz der Menschenrechte. Diese liefern der Europäischen Union die rechtlichen Grundlagen für die Verfolgung ihrer Menschenrechtspolitik. Einführend wird kurz auf die politikwissenschaftliche Diskussion zum Einbezug von Menschenrechten in die Außenpolitik und die Entstehung des Menschenrechtsschutzes auf internationaler Ebene eingegangen.

A. Die Rechtsnatur der Europäischen Union

I. Generelles

Die Frage nach der Konstruktion der Europäischen Union (im folgenden „Union"[3]) interessiert aus zwei Gründen: Einerseits scheint die Zuweisung einer Begrifflichkeit zumindest Halt zu vermitteln in dem sich wandelnden politischen und historischen Geschehen.[4] Grundlegender ist jedoch die Absicht, die Basis für die spätere Analyse der Außenbeziehungen der Union in Bezug auf Menschenrechte und demokratische Freiheiten zu legen.[5]

Die Klärung der Rechtsnatur der Union ist deswegen von Bedeutung, weil die Union nur so als Zurechnungsendsubjekt und Handlungsträger in rechtliche Verhältnisse zu anderen Völ-

---

1 Basierend auf dem Vorschlag der luxemburgischen Präsidentschaft vom April 1991, wurde mit dem Vertrag von Maastricht die sog. „Säulen"-Konstruktion (Bild eines griechischen Tempels) für die Ausgestaltung der Union gewählt.

2 Vgl. auch R. Streinz, *Europarecht,* S. 39 u. 40, der zunächst die „Konstruktion" der Union und dann ihre „Rechtspersönlichkeit" behandelt.

3 Im weiteren Verlauf der Arbeit wird der Begriff „EU" benutzt, um von der Union in der Handlungsform der GASP zu sprechen, „Union" hingegen, um die Europäische Union als Ganzes zu bezeichnen, und schließlich „EG", wenn es allein um die Gemeinschaft geht.

4 Vgl. H. Lecheler, „Der Rechtscharakter der 'Europäischen Union'", S. 383.

5 Nicht versucht wird, den zahlreichen und hervorragenden Erörterungen eine gänzlich neue rechtliche Konzeption der Europäischen Union hinzuzufügen. Vielmehr wird erstrebt, die bestehende Sachlage in rechtlich greifbare Formen zu fassen.

kerrechtssubjekten treten kann.[6] Allein auf diese Weise kann sie letztlich ihrem Ziel der Behauptung ihrer Identität nach außen (Art. B EUV; Art. 2 EUV n.F.)[7] gerecht werden.[8]

Es sei bereits an dieser Stelle ein Hinweis auf die in den folgenden Kapiteln zu erörternde Problemstellung erlaubt: Die Union ist eine komplizierte Mischung aus zwischenstaatlich organisierten (intergouvernementalen) und supranationalen Bestandteilen.[9] Auf der einen Seite steht die EG als supranationale internationale Organisation, auf der anderen Seite stehen die Bestimmungen zur Gemeinsamen Außen- und Sicherheitspolitik (im folgenden: GASP), welche im Bereich des klassischen Völkerrechts verblieben sind. Mit der GASP wurde der Union das Instrumentarium an die Hand gegeben, ihre „Identität auf internationaler Ebene zu behaupten".[10] Diese Aufgabe wird teilweise so verstanden, die GASP habe den Anspruch, gleichsam „global" Handlungsanweisungen für den gesamten Bereich der Außenbeziehungen der Union (EG- und GASP-Bereich) vorzunehmen. Dabei handelt es sich jedoch um eine Interpretation, die schwerlich mit dem von Kohärenz (Art. C II EUV; Art. 3 II EUV n.F.) geprägten gleichrangigen Nebeneinander der verschiedenen Zuständigkeitsbereiche zu vereinbaren ist.[11] Es ist die zentrale Aufgabe dieser Arbeit, zu klären, in welcher Weise eine sinnvolle Abgrenzung zwischen wirtschaftlichen und politischen Aspekten der Menschenrechtsaußenpolitik der Union gefunden werden kann. Diesen Erörterungen vorangestellt sei

---

6 Deswegen sollte die Kategorie der Rechtspersönlichkeit auch nicht ohne weiteres geleugnet werden, M. Pechstein, „Rechtssubjektivität", S. 138. Diese im Ansatz verleugnend A. v. Bogdandy, M. Nettesheim, „Einheitlicher Verband mit eigener Rechtsordnung", S. 15f; Sie kann die Ausübung von Immunitäten, die internationale Haftung und weitere rechtliche Konsequenzen nach sich ziehen, P. Malanczuk, *Introduction to International Law,* S. 94; I. Brownlie, *Principles of International Law*, S. 701.

7 Wie bereits in der Einleitung erwähnt, wurde die Arbeit wurde auf der Grundlage des Vertrags von Maastricht geschrieben. Die Neufassung durch den Vertrag von Amsterdam wurde schon damals als Ausblick eingearbeitet. Zur besseren Lesbarkeit wurden nunmehr auch die neuen Artikelnummern angeführt.

8 O. Dörr, „Zur Rechtsnatur der Europäischen Union", S. 339. Ähnlich J. Klabbers, „Presumptive Personality", S. 232; T. Heukels, J. de Zwaan, „The Configuration of the European Union", S. 202; R. A. Wessel, „The international legal status of the European Union", S. 110, „The CFSP hints at a role for the European Union on the international scene".

9 Vgl. D. Curtin, „The Constitutional Structure", S. 25f.

10 Art. B zweiter Spiegelstrich EUV (Art. 2 EUV n.F.). Die GASP kann somit als operativer Arm der Europäischen Union angesehen werden. Drittstaaten sehen sich bei der Union häufig einem unüberschaubaren Gewirr von Zuständigkeiten und Vertretungsregeln gegenüber. Sollte es sich um Bereiche von EG-Kompetenz handeln, so führt in der Regel die Kommission die Verhandlungen und der Rat schließt das Abkommen, Art. 228 EGV (Art. 300 EGV n.F.). Handelt es sich dann um einen Bereich, der in die Zuständigkeit der GASP fällt, so ist die EU mangels diesbezüglicher Kompetenz an einem Vertragsschluß gehindert. Dieser muß von den MS vorgenommen werden. Zu beachten ist allerdings die neue Regelung im Vertrag von Amsterdam, siehe unten. Die Vertretung der EU wird vom Ratsvorsitz, unterstützt durch die zwei anderen Mitglieder der Troika, nach Art. J.5 EUV (Art. 18 EUV n.F.) vorgenommen.

Die Schwierigkeit festzustellen, mit wem Drittstaaten es eigentlich zu tun haben, könnte durch die Anerkennung von Rechtspersönlichkeit für die Union stark gemildert werden, „The structure of the Union's external activities", Position Paper, in: A.A. Dashwood (Hrsg.), S. 221. Siehe dazu auch M. Koskenniemi, „International Law Aspects of the CFSP", S. 42.

11 Vgl. Art. A III und C II EUV (Art. 1 III, 3 II EUV).

jedoch die Diskussion um die Völkerrechtspersönlichkeit der Union, welche die Analyse ihrer Struktur mitumfaßt.[12]

II. Möglichkeiten der Teilnahme am Völkerrechtsverkehr

1. Staatsqualität

Im Bereich des Völkerrechts sind es vornehmlich Staaten, doch seit dem Ende des zweiten Weltkriegs verstärkt auch internationale Organisationen, die als Subjekte am zwischenstaatlichen Verkehr teilnehmen.[13]

Mit dem vielzitierten Maastricht-Urteil des Bundesverfassungsgerichts[14] wurde klargestellt, daß die Union jedenfalls kein Staat ist. Nach der Drei-Elementen-Lehre fehlt es der Union sowohl an einem Staatsvolk, an einem Staatsgebiet, so wie an der Staatsgewalt (fehlende Kompetenz-Kompetenz). Die schließlich vom Gericht gefundene Formel bezeichnete die Union demgegenüber als „Staatenverbund".[15] Damit wurde zwar den Euro-Skeptikern der Nährboden für ihre Einwendungen genommen. Es ist jedoch nicht eindeutig, welche Rechtsfolgen aus einer solchen Umschreibung erwachsen. Hat die Union im Vertrag von Maastricht die Voraussetzungen verliehen bekommen, im Rechtsleben selbst in Erscheinung zu treten oder verbleiben die jeweiligen Zuständigkeiten bei den Mitgliedstaaten (MS)?

Um als Völkerrechtssubjekt am zwischenstaatlichen Rechtsverkehr teilnehmen zu können, verbleibt für die Union nur noch die Rechtsform der internationalen Organisation mit Völkerrechtspersönlichkeit. Es wird nunmehr untersucht, welche Voraussetzungen sie dafür erfüllen müßte.

2. Die völkerrechtlichen Voraussetzungen für eine rechtsfähige internationale Organisation

Eine Definition von „internationaler Organisation" ist aufgrund der vielen unterschiedlichen Formen staatlicher Kooperation und der divergierenden Praxis nicht einfach zu finden.[16] Die wichtigsten Formen werden daher kurz vorgestellt, um dann die einzelnen Kriterien der Rechtspersönlichkeit nach Völkerrecht herauszuarbeiten.

a) Die bloße Zusammenarbeit von Staaten

Die Kooperation von Staaten auf dem Gebiet des Völkerrechts kann ausschließlich intergouvernementaler (zwischenstaatlicher) Natur sein und im Gegensatz zur Zusammenarbeit auf

---

[12] Es ist zu beachten, daß durch eine Charakterisierung der Union noch keine Aussage zur Rangordnung der verschiedenen Handlungsbereiche gemacht ist, vgl. W. Schroeder, „Die Rechtsnatur der EU", S. 6.

[13] Auf die sonstigen Völkerrechtssubjekte wie z.B. stabilisierte de facto-Herrschaften oder den Heiligen Stuhl soll hier nicht näher eingegangen werden, vgl. dazu A. Verdross, B. Simma, *Universelles VR*, §§ 375ff, 415ff.

[14] BVerfG E 89, 155ff.

[15] BVerfG E 89, 155, S. 181.

[16] H. Schermers, N. Blokker, *International Institutional Law,* § 30; M. Virally, „Definition and classification of IOs", S. 51.

Organisationsebene zwischen „Vertragsparteien" stattfinden.[17] Erlassene Rechtsakte sind nicht Akte der Organisation, sondern multilaterale völkerrechtliche Abkommen zwischen den Vertragsstaaten.[18] Die Zusammenarbeit findet somit auf rein völkerrechtlicher Ebene souveräner Gleichheit ohne Überordnung eines rechtlich selbständigen Hoheitsträgers statt.[19] Man könnte in diesem Zusammenhang auch von einer „intergouvernementalen Konferenz von Vertragsparteien"[20] reden. Die rechtliche Analyse erfolgt hier nach den Regeln des Vertragsrechts.[21]

b) Der Zusammenschluß auf Organisationsebene

Eine internationale Organisation unterscheidet sich von der lediglich zwischenstaatlichen Kooperation durch ihren Verbandscharakter.[22] Sie hat eine körperschaftliche Struktur mit Mitgliedern und zur Willensbildung fähigen Organen. Sollte dieses Gebilde in das Stadium einer Organisation mit eigenen Rechten und Pflichten gelangt sein, wird das Handeln eines solchen Verbandes ausschließlich ihm selber zugerechnet.[23] Er ist ein Völkerrechtssubjekt.

In diesem Zusammenhang ist strittig, ob die für die Völkerrechtspersönlichkeit notwendige Verleihung von Rechten und Pflichten (im Gründungsvertrag) ein *konstitutives* Merkmal einer „internationalen Organisation" ist oder nicht.[24] Wird dies bejaht, versuchen die Vertreter dieser Auffassung, eine rechtliche Bezeichnung für ein Gebilde zu finden, das diese Fähigkeiten

---

[17] Die eigenen nationalen Organe werden mit der Verfolgung der Aufgaben betraut, I. Seidl-Hohenveldern, G. Loibl, *Das Recht der Internationalen Organisationen,* Rnr. 102. Es handelt sich um eine „Staatenkonferenz", I. Seidl-Hohenveldern, *Völkerrecht,* Rnr. 801; O. Kimminich, *Einführung in das Völkerrecht,* S. 160. Es gibt keine Mitglieder, vgl. C. Koenig, M. Pechstein, *Die EU,* S. 6, 26, 53; dies., *Die EU* (1998), Rnr. 58ff.

[18] A. v. Bogdandy, M. Nettesheim, „Einheitlicher Verband mit eigener Rechtsordnung", S. 8.

[19] M. Pechstein, „Rechtssubjektivität", S. 140.

[20] Diesen Terminus verwenden A. v. Bogdandy, M. Nettesheim, „Einheitlicher Verband mit eigener Rechtsordnung", S. 9, um die Qualifizierung der Union von C. Koenig und M. Pechstein zu kritisieren.

[21] Zu der Frage, ob die Vertragsregeln oder die der internationalen Organisationen auf die Union anzuwenden sind, siehe auch den interessanten Ansatz der „institutional theory of law". Dieser wurde maßgeblich von N. MacCormick, O. Weinberger, *An Institutional Theory of Law. New Approaches to Legal Positivism,* O. Weinberger, *Law, Institution and Legal Practice. Fundamental Problems of Legal Theory and Social Philosophy,* N. MacCormick (Hrsg.), *Constructing Legal Systems. „European Union" in Legal Theory,* D. Ruiter, *Institutional Legal Facts, Legal Powers and their Effects,* ders., „Normative and Real Institutions", ders., *Institutions from the Perspective of Institutional Legal Theory* und J. Wróblewski, *The Judicial Application of Law* entwickelt.

[22] Ch. Trüe, *Verleihung von Rechtspersönlichkeit an die Europäische Union,* S. 9.

[23] Vgl. I. Seidl-Hohenveldern, G. Loibl, *Das Recht der Internationalen Organisationen,* Rnr. 307.

[24] O. Kimminich, *Einführung in das Völkerrecht,* S. 162; R. Geiger, *Grundgesetz und Völkerrecht,* S. 202f; R. Streinz, *Europarecht,* S. 40; K.-D. Borchardt, *Die rechtlichen Grundlagen der EU,* S. 49; O. Dörr, „Zur Rechtsnatur der Europäischen Union", S. 337; R. Frid, *The EC and International Organizations,* S. 10, trennen zwischen dem Bestehen einer internationalen Organisation und ihrer Völkerrechtspersönlichkeit. Zweifelnd die ILC, die sich zur 42. Sitzung in 1990 auf keine genaue Formulierung („shall" oder „may enjoy legal personality") einigen konnte, besprochen bei P. Bekker, *The Legal Position of IOs,* S. 91f. Für die grs. Völkerrechtspersönlichkeit internationaler Organisationen, Epping, in: K. Ipsen, *Völkerrecht,* § 6, Rnr. 2ff. Auch Ch. Schreuer, in: *Handbuch des Völkerrechts,* S. 155.

nicht verliehen bekommen hat.[25] Die dadurch gewonnene Möglichkeit der begrifflichen Einordnung ändert aber nichts daran, daß das Handeln dieses „Verbandes" nicht ihm selbst, sondern nur seinen Mitgliedstaaten zugerechnet wird. Der Streit um die Terminologie kann daher hier dahingestellt bleiben. Im folgenden wird der Begriff der internationalen Organisation mit dem Bestehen von Völkerrechtspersönlichkeit gleichgesetzt.

c) Die völkerrechtsfähige internationale Organisation

Faßt man nun die obigen Aussagen zu den Formen staatlicher Kooperation zusammen, können folgende Voraussetzungen für das Vorliegen einer *völkerrechtsfähigen internationalen Organisation* genannt werden:

Es muß ein auf Dauer angelegter Verband vorliegen, der auf einer zwischenstaatlichen (bzw. zwischen Staaten und anderen Völkerrechtssubjekten geschlossenen) Vereinbarung des Völkerrechts beruht (1), dem eigene Aufgaben zur Erledigung übertragen wurden (2), der Mitglieder hat (3) und zur eigenen Willensbildung durch unabhängige Organe fähig ist (4).[26] Als Völkerrechtssubjekt muß eine solche Organisation zusätzlich *in der Lage* sein, eigene völkerrechtliche Rechte auszuüben, völkerrechtliche Pflichten wahrzunehmen[27] und generell in Rechtsbeziehungen zu anderen Handlungsträgern des zwischenstaatlichen Verkehrs zu treten (5).[28] Dafür müssen ihr Kompetenzen übertragen worden sein, wie sie nur einem Völkerrechtssubjekt zustehen können.[29] Die Völkerrechtsfähigkeit einer internationalen Organisation setzt nicht etwa das Vorliegen von Supranationalität (z.B. EG) voraus. Vielmehr kann die Organisation durchaus den klassischen Regeln des Völkerrechts folgen (vgl. UNO).[30]

---

25 Vgl. Ch. Trüe, *Verleihung von Rechtspersönlichkeit an die Europäische Union*, S. 9f. Dabei wird häufig ein Vergleich mit nationalem Recht gezogen. Siehe den Verweis auf innerstaatliches Recht, insbesondere Vereinsrecht, in I. Seidl-Hohenveldern, G. Loibl, *Das Recht der Internationalen Organisationen*, Rnr. 309; H. Schermers, N. Blokker, *International Institutional Law*, § 1560, 1565. Für das deutsche Recht siehe insbesondere §§ 54, 705ff BGB. Man könnte in diesem Zusammenhang auch von der Union als (öffentlichrechtlichem) Verband sprechen. Ablehnend C. Koenig, M. Pechstein, *Die EU* (1998), Rnr. 59.

26 H. Schermers, N. Blokker, *International Institutional Law*, § 32ff; O. Kimminich, *Einführung in das Völkerrecht*, S. 161f; O. Dörr, „Zur Rechtsnatur der Europäischen Union", S. 335f; I. Seidl-Hohenveldern, G. Loibl, *Das Recht der Internationalen Organisationen*, Rnr. 105; M. Virally, „Definition and classification of IOs", S. 51f; Ch. Trüe, *Verleihung von Rechtspersönlichkeit an die Europäische Union*, S. 9; R. Frid, *The EC and International Organizations*, S. 14; R. A. Wessel, „The international legal status of the European Union",
S. 112f; I. Brownlie, *Principles of International Law*, S. 681.

27 Vgl. das grundlegende Rechtsgutachten des IGH vom 11.4.49 über den Ersatz von im Dienste der UN erlittenen Schäden, ICJ Reports 1949, 147, S. 178f. Auf S. 179 heißt es: „What it does mean is that it (the UN) is a subject of international law and capable of possessing international rights and duties (...)"; H. Lecheler, „Der Rechtscharakter der 'Europäischen Union'", S. 392; Siehe auch Epping, in: K. Ipsen, *Völkerrecht*, § 6, Rnr. 2ff; H. Schermers, N. Blokker, *International Institutional Law*, § 1565.

28 P. Malanczuk, *Introduction to International Law*, S. 91; I. Brownlie, *Principles of International Law*, S. 681.

29 H. Lecheler, „Der Rechtscharakter der 'Europäischen Union'", S. 392.

30 M. Virally, „Definition and classification of IOs", S. 54f, unterscheidet zwischen Organisationen, deren Funktion die Förderung von „Zusammenarbeit" ist und solchen, deren Funktion die Förderung von „Integration" ist (z.B. EG).

d) Abgeleitete Rechtspersönlichkeit internationaler Organisationen

Die herrschende Lehre und Praxis gehen davon aus, daß die Völkerrechtspersönlichkeit von internationalen Organisationen im Gegensatz zu der staatlichen eine vom Willen der Gründungsstaaten abgeleitete ist (sog. „Willenstheorie").[31] Aus diesem Willen der Gründungsstaaten ergibt sich Inhalt und Umfang der völkerrechtlichen Rechte und Pflichten, die auch wieder eingeschränkt oder völlig beseitigt werden können. Die vorwiegend früher vertretene Gegenauffassung besagt, daß einer internationalen Organisation grundsätzlich alle die Rechte und Pflichten zustehen, die im Völkerrecht für Staaten anerkannt sind. Ihre Rechtspersönlichkeit folge originär aus dem allgemeinen Völkerrecht.[32]

Gemäß der herrschenden Lehre leitet sich der Umfang der Rechte und Pflichten zwar vom Willen der Gründungsstaaten ab, jedoch muß dieser nicht ausdrücklich im Vertrag festgehalten sein. Es reicht aus, wenn sich der Umfang auch unter Zuhilfenahme der Regeln vom effet utile und von den implied powers bestimmen läßt.[33] Die Organisation hat alle die Rechte, die zur Erfüllung ihrer im Vertrag verliehenen Aufgaben nötig sind. Darüberhinausgehende Befugnisse hat sie nicht, was den wesentlichen Unterschied zu den souveränen Staaten darstellt. Diese funktionelle Beschränkung der Rechte internationaler Organisationen auf die Erreichung ihrer Ziele rechtfertigt es jedoch nicht, deswegen ihre Völkerrechtspersönlichkeit zu leugnen.[34]

e) Die Auslegung des Vertrages

Welcher Auffassung hinsichtlich der Herleitung der Völkerrechtssubjektivität gefolgt wird, hat einen direkten Einfluß auf die Auslegung des Vertrages. Da hier die herrschende Lehre vertreten wird, muß der Wille der MS, der Union Völkerrechtspersönlichkeit zu verleihen, irgendwo im Vertrag niedergelegt sein. Die Völkerrechtspersönlichkeit besteht entgegen der „objektiven Theorie" nicht per se.

---

31 Siehe I. Seidl-Hohenveldern, G. Loibl, *Das Recht der Internationalen Organisationen,* Rnr. 307, 310; A. Verdross, B. Simma, *Universelles VR,* § 415 Fußnote 2, § 679; W. Schroeder, „Die Rechtsnatur der EU", S. 8 u. Fußnote 28; R. A. Wessel, „The international legal status of the European Union", S. 112.

32 So die „objektive Theorie"; F. Seyerstedt, „Objective International Personality of International Organizations, 1964. Dazu auch Epping, in: K. Ipsen, *Völkerrecht,* § 6, Rnr. 7; H. Schermers, N. Blokker, *International Institutional Law,* § 1565; R. A. Wessel, „The international legal status of the European Union", S. 112 Fußnote 14.

33 Es reicht somit, wenn sich die Völkerrechtspersönlichkeit aus dem normativen Gesamtzusammenhang und in Übereinstimmung mit den von der Organisation zu erledigenden Aufgaben (*funktionelle* Völkerrechtspersönlichkeit) ergeben. Siehe das richtungsweisende Gutachten des IGH, ICJ Reports 1949, *Reparation for Injuries* (Ersatz von im Dienste der UN erlittenen Schäden), 174, S. 178 ff; I. Brownlie, *Principles of International Law,* S. 689; I. Seidl-Hohenveldern, G. Loibl, *Das Recht der Internationalen Organisationen,* Rnr. 307, 326; H. Schermers, N. Blokker, *International Institutional Law,* § 1564 ff; Hilf, in: *Kommentar zur Europäischen Union,* Art. A EUV, Rnr. 26; O. Dörr, „Zur Rechtsnatur der Europäischen Union", S. 339; H. Lecheler, „Der Rechtscharakter der 'Europäischen Union'", S. 392; A. v. Bogdandy, M. Nettesheim, „Einheitlicher Verband mit eigener Rechtsordnung", S. 23, T. Heukels, J. de Zwaan, „The Configuration of the European Union", S. 202; R. Streinz, *Europarecht,* S. 40; R. A. Wessel, „The international legal status of the European Union", S. 123; C. Stephanou, „The legal nature of the Union", S. 181.

34 I. Seidl-Hohenveldern, G. Loibl, *Das Recht der Internationalen Organisationen,* Rnr. 309f, 307.

Wegen des Fehlens einer ausdrücklichen Bestimmung (vergleichbar Art. 210 EGV; Art. 281 EGV n.F.),[35] auch nach dem Vertrag von Amsterdam,[36] muß der EUV daher daraufhin untersucht werden, ob er der Union implizit Völkerrechtspersönlichkeit verleiht.

III. Die verschiedenen Auffassungen zur Rechtsnatur der Europäischen Union

1. Allgemeines

Teilweise wird der ursprüngliche Wille der Gründungsstaaten der Union, dieser die Völkerrechtspersönlichkeit zu verleihen, verneint. Denn zum Zeitpunkt des Abschlusses des Vertrages von Maastricht (subjektiv-historische Auslegung[37]) sei nicht mehr als die Schaffung einer intergouvernementalen Zusammenarbeit *gewollt gewesen.*[38] Einige MS, insbesondere Großbritannien, hatten die diesbezüglichen Vorschläge und eine Änderung des Vertrages strikt abgewiesen.[39] Dahinter steht die Angst in Kernbereichen der staatlichen Souveränität, insbesondere der Außenpolitik, (weitere) Kompetenzen an ein zwischenstaatliches Gebilde abzugeben. Zur Bejahung der Völkerrechtspersönlichkeit einer internationalen Organisation bedarf es aber nicht der Übertragung von nationalen Kompetenzen auf das neu geschaffene Gebilde. Vielmehr wird dieses mit neuen eigenen Kompetenzen ausgestattet. Die Gründungsstaaten verzichten lediglich auf die Ausübung der ihnen verbliebenen Kompetenzen in bestimmten Bereichen.[40] Diese wurden bereits mit der GASP im Hinblick auf die Abstimmungsverpflichtung (Art. J.1 IV, J.2 EUV; Art. 11 IV, 15 EUV n.F.) und das Ausarbeiten gemeinsamer Ak-

---

35 Eine ausdrückliche Bestimmung ist für das Vorliegen von Völkerrechtspersönlichkeit aber nicht konstitutiv, vgl. statt vieler A. Verdross, B. Simma, *Universelles VR*, § 412. Es sei nur an das Fehlen einer solchen Bestimmung in der UN-Charta erinnert, Seidl-Hohenveldern, K. Rudolph, in: *Charta der Vereinten Nationen*, Art. 104, Rnr. 1ff; J. Klabbers, „Presumptive Personality“, S. 244, 247. Dafür aber H. Kelsen, vgl. I. Seidl-Hohenveldern, G. Loibl, *Das Recht der Internationalen Organisationen*, Rnr. 312. Dazu auch die Ansicht der sozialistischen Lehre, R. A. Wessel, „The international legal status of the European Union“, S. 111 Fußnote 13.

36 Der Vorschlag der irischen Ratspräsidentschaft vom 5.12.96 (CONF/2500/96) hat sich diesbezüglich nicht durchsetzen können. Er sah auch vor, die Union mit den Gemeinschaften zu einer einzigen Rechtspersönlichkeit zu verschmelzen, Ch. Trüe, *Verleihung von Rechtspersönlichkeit an die Europäische Union*, S. 5f. Siehe dazu auch T. Dodd, R. Ware, A. Weston, *The European Communities (Amendment) Bill*, S. 57; A.A. Dashwood (Hrsg.), „The structure of the Union's external activities“, Position Paper, S. 221; Europäisches Parlament, „Stance on Amsterdam Treaty“, S. 4, Abs. 12.

37 Zu den Auslegungsarten im Gemeinschaftsrecht siehe, B. Beutler, R. Bieber, J. Pipkorn, J. Streil, *Die EU*, S. 245 ff.

38 T. Heukels, J. de Zwaan, „The Configuration of the European Union“, S. 198f, 202; BVerfG E 89, 155, S. 195, der EUV ließe nicht erkennen, daß die Schaffung eines selbständigen Rechtssubjektes gewollt war. Siehe dazu auch C. Koenig, M. Pechstein, *Die EU* (1998), Rnr. 61.

39 T. Dodd, R. Ware, A. Weston, *The European Communities (Amendment) Bill*, S. 57; Ch. Trüe, *Verleihung von Rechtspersönlichkeit an die Europäische Union*, S. 5f.

40 Der Sprachgebrauch und der Gesetzeswortlaut in Art. 24 GG sind insoweit mißverständlich, I. Seidl-Hohenveldern, G. Loibl, *Das Recht der Internationalen Organisationen*, Rnr. 105, 107; C. Chapuis, *Die Übertragung von Hoheitsrechten*, S. 65, 340. Die Übertragung von Kompetenzen hat auch der IGH in seinem Rechtsgutachten nicht gefordert, Rechtsgutachten vom 11.4.1949 über den Ersatz von im Dienste der UN erlittenen Schäden, ICJ Reports 1949, 147, S. 178f; S. Pieper, *Subsidiarität*, S. 261, es hat keine Übertragung von Hoheitsrechten auf die Union stattgefunden, sondern es wurden Zusammenarbeit und Koordinierung vereinbart.

tionen (Art. J.3 EUV; Art. 14 EUV n.F.) eingeschränkt.[41] Zudem ist bei der Auslegung von *Gemeinschafts*recht anerkannt, daß es nicht auf den ohnehin kaum feststellbaren[42] subjektiven Willen der Mitgliedstaaten (MS) zur Zeit des Vertragsschlusses ankommen kann, sondern daß dieser nur insofern eine Rolle spielt, als er als objektiver Wille im Vertrag zum Ausdruck gekommen ist.[43] Wegen des dynamischen Charakters des *Gemeinschafts*rechts kann die historische Auslegungsmethode meist vernachlässigt werden. Für die Auslegung von *Unions*recht muß ähnliches gelten, denn auch hier sind die Materialien weitestgehend unzugänglich[44] und die Dynamik ist im Vertrag selbst angelegt („neue Stufe", „immer engere Union", Art. A EUV; Art. 1 EUV n.F.).

Von daher muß der geschriebene Text des EUV, auf den sich die Beteiligten geeinigt haben, mehrseitig ausgelegt werden. Dies bedeutet, daß gemäß der Wortlaut-, der systematischen und der teleologischen Auslegung vorgegangen wird.

In der Literatur besteht weitgehend Einvernehmen darin, daß sich die Union kaum mit herkömmlichen Formen von internationalen Organisationen identifizieren[45] und schwer mit der völkerrechtlichen Dogmatik fassen läßt.[46] Daraus resultiert ein lebhafter Streit um die genaue rechtliche Ausgestaltung der Union, der im Anschluß überblickhaft dargestellt werden soll.

---

[41] Zur Analyse der GASP im Hinblick auf die Verleihung von Kompetenzen, siehe unten.

[42] Die Vorarbeiten zu den Verträgen sind zum einen nicht veröffentlicht und von daher unzugänglich, zum anderen beruht das Verhandlungsergebnis auf einem Kompromiß der beteiligten Gründungsstaaten, der es unmöglich macht, von einem gemeinsamen Willen zu sprechen. Dazu stellt sich das Problem, auf welchen Handlungsträger abgestellt werden soll: Den Unterhändler, die verantwortlichen Minister, die ratifizierenden Parlamente?, B. Beutler, R. Bieber, J. Pipkorn, J. Streil, *Die EU,* S. 247, 7.2.4.4; M. Zuleeg, in: *Kommentar zum EU/EG Vertrag,* Art. 1, Rnr. 30.

[43] Ch. Trüe, *Verleihung von Rechtspersönlichkeit an die Europäische Union*, S. 7; B. Beutler, R. Bieber, J. Pipkorn, J. Streil, *Die EU,* S. 247, 7.2.4.4; M. Zuleeg, „Die Auslegung des Gemeinschaftsrechts", S. 101f, die subjektiv-historische Auslegungsmethode ist abzulehnen. In Betracht kommt höchstens die objektiv-historische Auslegung, die darauf schaut, welche Funktion eine Norm zu den damaligen Gegebenheiten haben konnte. Der IGH hat in seinem Gutachten (Ersatz von im Dienste der UN erlittenen Schäden) objektive und subjektive Elemente verbunden, ICJ Reports 1949, *Reparation for Injuries,* 174, S. 179f.

[44] Die geringe Transparenz der Regierungskonferenz wurde häufig beklagt, vgl. z. B. D. Curtin, „The Constitutional Structure", S. 18ff.

[45] Daher wird sie häufig als „sui-generis" Organisation bezeichnet.

[46] U. Everling, „Reflections on the Structure of the EU", S. 1053; A. v. Bogdandy, M. Nettesheim, „Die Verschmelzung der EG", S. 2324. „Wie das Gebilde „Europäische Union" in die Institutionstypik des Völkerrechts einzuordnen ist, läßt der Maastrichter Unionsvertrag in der Schwebe", M. Herdegen, *Europarecht,* Rnr. 65; M. Pechstein, „Das Kohärenzgebot als entscheidende Integrationsdimension", S. 250; R. A. Wessel, „The international legal status of the European Union", S. 109; siehe auch S. Hölscheidt, Ch. Baldus, „Die EU und EG als terminologisches Problem", S. 1411.

2. Die Verschmelzung von EG und Europäischer Union

a) Darstellung der Einheitsthese[47]

„Es ist von *Union* statt *Gemeinschaft, Unionsrecht* statt *Gemeinschaftsrecht* zu sprechen. Allein dieses Verständnis des Unionsvertrages erlaubt es, zahlreiche der gegenwärtig diskutierten Fragen zur Struktur der Europäischen Union, ihrer Rechtsnatur und Rechtsetzung einer kohärenten dogmatischen Lösung zuzuführen“.[48]

Die beiden Vertreter der Einheitsthese, A. v. Bogdandy, M. Nettesheim, vertreten in Ausübung von „Innovationsfreudigkeit“[49] die Ansicht, daß die EG mit der Union zu einer Einheit verschmolzen sei. Diese Einheit ergäbe sich aus dem einheitlichen institutionellen Rahmen und der Einheit der Rechtsordnung.

Ausgangspunkt ihrer Argumentation ist es, die konkret handelnde Wirkungseinheit in den Vordergrund zu heben. Daher müsse zur Begründung der Einheit der Organisation auf die *Organstruktur* der Union abgestellt werden. In der Union handelten einheitliche Organe, die ihre Befugnisse aus den unterschiedlichen Vertragstexten herleiteten (vgl. Art. E EUV; Art. 5 EUV n.F.). Der Europäische Rat habe eine Leitungsfunktion hinsichtlich aller Teile der Union, wie es Art. D EUV (Art. 4 EUV n.F.) bestimme. Für die übrigen Organe lege Art. C EUV (Art. 3 EUV n.F.) den einheitlichen institutionellen Rahmen fest.[50] Durch die gemeinsamen Vorgaben (Art. B, F Abs. 1 und 2 EUV; Art. 2, 6 I, II EUV n.F.) des Vertrages würden diese Organe auf eine einheitliche Linie verpflichtet. Bei einer solchen Organidentität sei aber die Aufrechterhaltung unterschiedlicher Rechtssubjekte nicht mehr sinnvoll[51] und es müsse eine Organisationsfusion eintreten. Art. M EUV (Art. 47 EUV n.F.) stehe dieser so begründeten Einheit der Organisation nicht entgegen, da er nicht den Fortbestand der drei Gemeinschaften als solcher, sondern nur deren materiellen Besitzstand schützen wolle.[52]

Darüber hinaus könne auch die bestehende Einheit der Rechtsordnung die Einheit der Organisation begründen.[53] Der EU-Vertrag sei als Ergänzung des vormaligen Gemeinschaftsrechts zu verstehen und nehme an dessen Autonomie im Verhältnis zum nationalen Recht teil. Entscheidend sei dabei, daß der Begriff der Einheitlichkeit nicht im Sinne von Struktur- oder Inhaltsgleichheit verstanden werden darf. Die unterschiedliche Ausgestaltung von EG- und EU-Verfahren (einmal supranational, einmal intergouvernemental) stehe damit der Einheit der Rechtsordnung nicht entgegen. Durch die einheitlichen Vorgaben des Vertrages würden die Organe dann zur Herstellung der *konkreten* einheitlichen Rechtsordnung angehalten.[54]

---

47 Siehe A. v. Bogdandy und M. Nettesheim, „Einheitlicher Verband mit eigener Rechtsordnung“; dies., „Die Verschmelzung der EG“.

48 A. v. Bogdandy und M. Nettesheim, „Einheitlicher Verband mit eigener Rechtsordnung“, S. 3.

49 Das sagen A. v. Bogdandy, M. Nettesheim, „Einheitlicher Verband mit eigener Rechtsordnung“, S. 3, über ihren eigenen Ansatz.

50 A. v. Bogdandy, M. Nettesheim, „Einheitlicher Verband mit eigener Rechtsordnung“, S. 13.

51 Dies., „Die Verschmelzung der EG“, S. 2325f.

52 Dies., „Einheitlicher Verband mit eigener Rechtsordnung“, S. 12ff.

53 Diese Rechtsordnung ist dann als „Unionsrecht“ vom nationalen sowie vom Völkerrecht verschieden, vergleichbar der Qualifikation des EG-Rechts EuGH, Rs. Campolongo, Slg. 1960, S. 819, 849; BVerfG E 22, 293, S. 296. Verneinend G. Burghardt, G. Tebbe, in: *Kommentar EUV/EGV*, Vorb. zu Art. J.1-11, Rnr. 24.

54 A. v. Bogdandy, M. Nettesheim, „Einheitlicher Verband mit eigener Rechtsordnung“, S. 19.

Diese neugeschaffene Union besitze allein die Rechtspersönlichkeit, die von der EG auf sie übergegangen sei. Das Fortbestehen des Art. 210 EGV (Art. 281 EGV n.F.) stehe dem nicht entgegen, da dieser zusammen mit Art. 184 EAGV und Art. 6 EGKSV „partielle positive Regelungen einer übergreifenden einheitlichen Rechtspersönlichkeit" enthielte. Diese Auslegung der unverändert gebliebenen Vorschriften ergäbe sich aus einem gewandelten Verständnis des Vertrages.[55]

b) Kritik

Die wesentliche Aussage von A. v. Bogdandy und M. Nettesheim zur einheitlichen Organstruktur ist überzeugend. Indem A. v. Bogdandy und M. Nettesheim die „konkret handelnde Wirkungseinheit" (die Organe) in den Vordergrund stellen, legen sie dar, daß der Vertrag von Maastricht, durch Amsterdam bestätigt, eine Situation geschaffen hat, die dieselben Organe[56] nach verschiedenen Vertragswerken handeln läßt. Dem entspricht zudem die Bezeichnung des Rates als „Rat der Europäischen Union".[57] Der Europäische Rat hat nach Art. D EUV (Art. 4 EUV n.F.) eine herausgehobene Leitungsfunktion hinsichtlich *aller* Teile der Union. Über diese generelle Funktion hinaus gibt er in der GASP die allgemeinen Leitlinien für den Beschluß gemeinsamer Aktionen nach Art. J.3 Nr. 1 EUV (vgl. Art. 13 EUV n.F.) ab. Im Bereich des EGV wurde ihm ausdrücklich eine Rolle bei der Erarbeitung der Grundzüge der Wirtschaftspolitik (Art. 103 II EGV; Art. 99 II EGV n.F.) zuerkannt.[58]

Nicht gefolgt werden kann aber dem Ergebnis dieser Autoren hinsichtlich der Verschmelzung der EG, so integrationspolitisch wünschenswert es auch sein mag.[59] Die EG behält ihre durch Art. M EUV (Art. 47 EUV n.F.) geschützte Eigenständigkeit und wird nicht mit der Union zu einer Einheit verbunden.[60] Zum einen geht Art. M EUV (Art. 47 EUV n.F.) von dem Fortbestand der Gemeinschaften aus und will nicht nur den materiellen Besitzstand schützen.[61] Art. A III EUV (Art. 1 III EUV n.F.) spricht zudem von den Gemeinschaften als der „Grundlage" der Union neben der GASP und ZJI.[62] Daraus folgt, daß die Union nicht mit der EG identisch

---

55 Dies., S. 15.

56 Vgl. G. Burghardt, G. Tebbe, „Rechtliche Struktur und Politischer Prozeß", S. 6.

57 Beschluß des Rates v. 8.11.93, Abl. L 281, 18, 1993; berichtigt L 285, 41, 1993. Art. 13 GeschO Rat v. 6.12.1993, Abl. L 304, 1, 1993. Dies steht allerdings im Widerspruch zum Wortlaut der Verträge, sofern der Rat in EG-Angelegenheiten handelt, W. Schroeder, „Die Rechtsnatur der EU", S. 4; Simma/Vedder, in: *Kommentar zur Europäischen Union*, Art. 210, Rnr. 5, sprechen von „Begriffsverwirrung".

58 A. v. Bogdandy, M. Nettesheim, „Einheitlicher Verband mit eigener Rechtsordnung", S. 9.

59 Vgl. O. Dörr, „Noch einmal", S. 3163; M. Pechstein, „Rechtssubjektivität", S. 139, „Aufgabe der Rechtswissenschaft ist es nämlich nicht, komplizierte rechtliche Sachverhalte bis hin zur Allgemeinverständlichkeit zu vereinfachen, sondern sie soll rechtliche Zusammenhänge komplexitätsadäquat beschreiben und systematisieren"; R. Streinz, „Der Vertrag von Amsterdam", S. 60, spricht von der „europapolitisch motivierten Konzeption".

60 So auch M. Pechstein, „Rechtssubjektivität", S. 140ff; Ebenso S. Magiera, „Die Grundgesetzänderung von 1992", S. 6; R. Streinz, „Der Vertrag von Amsterdam", S. 61.

61 O. Dörr, „Zur Rechtsnatur der Europäischen Union", S. 344; ders., „Noch einmal", S. 3162; W. Schroeder, „Die Rechtsnatur der EU", S. 6; Pache, in: *Kommentar zur Europäischen Union,* Art. M EUV, Rnr. 22. So aber A. v. Bogdandy, M. Nettesheim, „Einheitlicher Verband mit eigener Rechtsordnung", S. 14.

62 Die „Zusammenarbeit in Justiz und Innerem" wurde durch den Vertrag von Amsterdam grundlegend geändert. Während weite Teile in den EGV übernommen wurden (Art. 61 ff EGV n.F.), umfaßt der Titel VI des

ist.[63] Art. K.1 EUV (vgl. Art. 29 EUV n.F.) stellt desweiteren einen ausdrücklichen Vorbehalt zugunsten der Zuständigkeit der „Europäischen Gemeinschaft" und nicht nur des materiellen Besitzstandes auf.[64] Ebenfalls für eine rechtliche Trennung von EG und Union spricht Art. E EUV (Art. 5 EUV n.F.), in dem ausgesagt wird, daß die Organe ihre Zuständigkeiten entweder nach den Gemeinschaftsverträgen oder nach dem EUV ausüben.[65] Am bestechendsten ist jedoch die Aussage des Kohärenzgebotes in Art. C II EUV (Art. 3 II EUV n.F.), das zusätzlich in mehreren Brückenklauseln des Vertrages konkretisiert wird.[66] Es sagt aus, daß die verschiedenen „Säulen" der Union ein kohärentes äußeres Auftreten derselben gewähren sollen, für das Rat und Kommission gemeinsam verantwortlich sind (Art. C II 2 EUV; Art. 3 II 2 EUV n.F.). Die Erwähnung dieses Kohärenzgebotes an so zentraler Stelle in den Gemeinsamen Bestimmungen wäre nicht vonnöten, würde es lediglich um die Abstimmung verschiedener Verfahren ein- und desselben Handlungssubjektes gehen.[67] Es spricht vielmehr dafür, daß die rechtlich selbständigen Gemeinschaften mit den beiden anderen „Säulen" auf ein gleichgerichtetes und sich gegenseitig ergänzendes Tätigwerden verpflichtet werden.[68] Dieser „faktische Koordinierungsbedarf"[69] liegt darin begründet, daß die EG neben der GASP für bestimmte Bereiche der Außenbeziehungen zuständig ist.[70]

Bezüglich der einheitlichen Rechtsordnung kann dahingestellt bleiben, ob sich diese tatsächlich aus dem EG-Recht entwickelt hat und sich aus den einheitlichen Vorgaben des Vertrages ergibt.[71] Bei der Schlußfolgerung der Autoren von der Einheit der Rechtsordnung auf die Einheit der Organisation (Verschmelzung zu einem Rechtssubjekt) stellt sich nämlich ein nicht zu

---

EUV nunmehr die Bestimmungen über die „polizeiliche und justitielle Zusammenarbeit in Strafsachen". Der neue Titel VI entspricht in seiner rechtlichen Ausgestaltung als intergouvernementales Verfahren der „alten" ZJI. Je nachdem, ob es für den Gesamtzusammenhang auf den Inhalt oder die rechtliche Ausgestaltung der jeweiligen Vorschrift ankommt, wird im Verlauf der Arbeit auf die 61ff EGV n.F. oder 29ff EUV n.F. verwiesen.

63 O. Dörr, „Zur Rechtsnatur der Europäischen Union", S. 344.

64 Zur Stellung der dritten „Säule" im Unionsgefüge und dem Verhältnis zur EG, siehe P.-Ch. Müller-Graff, „The Legal Bases of The Third Pillar".

65 Ebenso BverfG 89, 155, S. 176.

66 Art. 228a EGV, K.4 zweiter Spiegelstrich EUV i.V.m. Art. 100c, 100d EGV, Art. 199 II EGV, Art. J.11 II EUV, Art. K.8 II EUV (Art. 301 EGV n.F., vgl nunmehr Art. 36 EUV n.F., bzw. Art. 61 ff EGV n.F., Art. 268 EGV n.F., Art. 28 II EUV n.F., vgl. Art. 42 EUV n.F.).

67 Ch. Trüe, *Verleihung von Rechtspersönlichkeit an die Europäische Union*, S. 32, S. 23, „Kohärenz statt Fusion".

68 M. Pechstein, „Das Kohärenzgebot als entscheidende Integrationsdimension", S. 256, „das Kohärenzgebot ist daher prinzipiell als ein gegenseitiges Abstimmungsgebot zwischen den verschiedenen „Säulen" der Union zu verstehen"; H.-G. Krenzler, H. C. Schneider, „The Question of Consistency", S. 133, sprechen von horizontaler Kohärenz zwischen den Außenbeziehungen der EG und der GASP; dies., S. 137, die zweigleisige Struktur der Außenbeziehungen der Union wurde durch Maastricht aufrechterhalten; dies., „Zur Frage der Kohärenz", S. 147, sprechen von den Politiken der Gemeinschaft und der Union; P.-Ch. Müller-Graff, „Kohärenzgebot aus rechtlicher Sicht", S. 58.

69 P.-Ch. Müller-Graff, „Kohärenzgebot aus rechtlicher Sicht", S. 60.

70 Insbesondere die Handelspolitik und die Entwicklungszusammenarbeit.

71 Bezüglich letzterem Punkt siehe die Auffassung von Ch. Trüe, *Verleihung von Rechtspersönlichkeit an die Europäische Union*.

unterschätzendes Problem: Die Unionsrechtsordnung ist alles andere als homogen.[72] In ihr werden supranationale und intergouvernementale Bereiche zusammengemischt,[73] die unterschiedlichen Verfahren gehorchen, unterschiedliche rechtliche Instrumente zur Verfügung haben und nur im Fall der EG der Rechtsprechung des EuGH unterstehen.[74] Die Einheit der Rechtsordnung besteht also nicht in einem solchen Maße, daß daraus zwingend die Einheitlichkeit der Organisation folgt.[75] Vielmehr können durch eine einheitliche Rechtsordnung auch Sonderregelungen für Teilbereiche der Organisation aufgestellt werden, die diesen eine autonome Stellung verschaffen. So sah die bisher bestehende einheitliche Gemeinschaftsrechtsordnung auch nebeneinander fortbestehende Gemeinschaften vor.[76]

Widersprochen werden muß außerdem der Schlußfolgerung der Autoren, daß die einheitliche Organstruktur die Einheit der Organisation begründe. Es ist nicht ersichtlich, warum die Aufrechterhaltung zweier Rechtssubjekte keinen Sinn mehr macht, zudem eine solche Konstruktion mit der Figur der gestuften internationalen Organisation[77] erklärt werden kann. Solche Zweifel geben die Autoren auch zu, indem sie sagen, daß der Text des EUV nicht „eindeutig, zwingend und ausschließlich für die Einheitsthese spricht".[78] Es kann daher nicht von der *Organ*fusion auf die *Organisations*fusion (Verschmelzung der EG in der Union) geschlossen werden.

Schließlich wird eine derart drastische Änderung des Gefüges der Union (Verschmelzung der EG) wohl kaum ohne eine ausdrückliche vertragliche Bestimmung vorgenommen werden.[79] Der Fortbestand des Art. 210 EGV (Art. 281 EGV n.F.) trägt somit einen erheblichen Teil zu einer Verneinung einer einzigen Rechtspersönlichkeit „Union" bei.[80]

Unter Zuhilfenahme von systematischen und einigen Wortlautargumenten konnte daher erarbeitet werden, daß die Rechtspersönlichkeit der Union jedenfalls nicht aus der bestehenden Völkerrechtspersönlichkeit der EG abgeleitet werden kann. Letztere bleibt der Union als eigenständiger Rechtsträger eingegliedert.

---

[72] D. Curtin, „The Constitutional Structure", S. 25f.

[73] Obwohl die Politiken und Formen der Zusammenarbeit wohl nicht als *rein* intergouvernemental bezeichnet werden können, D. Curtin, „The Constitutional Structure", S. 25 Fußnote 33; T. Heukels, J. de Zwaan, „The Configuration of the European Union", S. 200, 227.

[74] Ch. Trüe, *Verleihung von Rechtspersönlichkeit an die Europäische Union*, S. 30f.

[75] D. Curtin, „The Constitutional Structure", S. 26, spricht von einer „non-unitary" construction.

[76] Insofern zutreffend A. v. Bogdandy, M. Nettesheim, „Einheitlicher Verband mit eigener Rechtsordnung", S. 19, 18. Das Vorliegen eines umfassenden Vertragswerkes führt somit nicht zwangsläufig zur Einheit der Organisation. So wurden die EPZ und die EG auch immer als getrennte Bereiche angesehen, obwohl sie seit der EEA in einem Vertragswerk geregelt waren, Ch. Trüe, *Verleihung von Rechtspersönlichkeit an die Europäische Union*, S. 31.

[77] Dazu unten.

[78] A. v. Bogdandy, M. Nettesheim, „Einheitlicher Verband mit eigener Rechtsordnung", S. 14. Art. E EUV (Art. 5 EUV n.F.) läßt auch eine andere Deutung zu und Art. C I EUV (Art. 3 I EUV n.F.) sieht keine rechtliche Identität von EG und Union vor, O. Dörr, „Zur Rechtsnatur der Europäischen Union", S. 344f.

[79] O. Dörr, „Zur Rechtsnatur der Europäischen Union", S. 344, stellt ebenso das Fehlen einer den Art. 210 EGV (Art. 281 EGV n.F.) auflösenden Bestimmung fest.

[80] Allerdings behaupten A. v. Bogdandy, M. Nettesheim, „Die Verschmelzung der EG", S. 2327, daß Art. 210 EGV (Art. 281 EGV n.F.) so gedeutet werden sollte, daß ein einheitlicher Verband auf der Grundlage verschiedener Verträge handelt; siehe oben.

3. Die Europäische Union als besonderer Verbund von Staaten

a) Darstellung der Position

Die Verfechter der „strikten Trennungsthese", [81] C. Koenig und M. Pechstein,[82] können als Vertreter der herrschenden Meinung angesehen werden. Sie vertreten im Kernpunkt, daß die Union keine Völkerrechtsfähigkeit besitze und ihre Rechtsordnung streng von der EG-Rechtsordnung getrennt sei.[83] Die juristische Eigenständigkeit und Völkerrechtspersönlichkeit der EG wurde nach dieser Auffassung durch den Vertrag von Maastricht nicht berührt.[84]

Ihre Argumentation gründet auf folgenden Basisannahmen: Die GASP und die ZJI (Titel V und VI des EUV)[85] seien rein zwischenstaatlich organisiert. Sie lieferten den Rahmen für eine zwischenstaatliche Zusammenarbeit von Vertragsstaaten, auf welche auch die Handlungen dieses Verbundes zurückgeführt würden.[86] Aufgrund der großen strukturellen Unterschiede zwischen EG-Recht und Unionsrecht erscheint es ihnen verfehlt von einer einheitlichen Unionsrechtsordnung zu sprechen. Die EG kenne die Rechtsinstitute der unmittelbaren Geltung und des Vorrangs des Gemeinschaftsrechts vor widersprechendem nationalen Recht (Supranationalität der EG[87]). Für die Union würden diese Grundsätze aber gerade nicht gelten, sondern es griffen nur die auch anderen völkerrechtlichen Verträgen zukommenden Wirkungen ein.[88]

Desweiteren lehnen sie eine körperschaftliche Struktur der Union ab. Diese habe weder Mitglieder, noch eigene Organe. Die häufig so bezeichneten „Mitgliedsstaaten" müßten daher in Wahrheit „Vertragsstaaten" heißen.[89] Die Union als Ganzes wird von ihnen weder mit der ersten, noch der zweiten „Säule" identifiziert, sondern habe lediglich eine *materiell-rechtliche* Bedeutung für die Abstimmung zwischen diesen Bereichen. Das Zusammenspiel der „Säulen" werde durch Art. B und C EUV (Art. 2 und 3 EUV n.F.) rechtlich gefaßt.[90] Die EG bliebe als selbständiges Subjekt bestehen. Entscheidend gegen eine Verschmelzung der EG mit der Union spräche in diesem Zusammenhang die Gefahr, daß eine solche zu einem Ausschluß der Formen der Zusammenarbeit führe und damit ein beträchtlicher Rückschritt der Integration vollzogen werde.[91]

---

[81] So A. v. Bogdandy, M. Nettesheim, „Einheitlicher Verband mit eigener Rechtsordnung", S. 8, über den Ansatz von C. Koenig und M. Pechstein.

[82] C. Koenig, M. Pechstein, *Die EU;* dies., *Die EU* (1998); M. Pechstein, „Das Kohärenzgebot als entscheidende Integrationsdimension"; M. Pechstein, „Rechtssubjektivität", S. 141f.

[83] Ähnlich R. Streinz, *Europarecht,* S. 40f; BVerfG E 89, 155.

[84] Siehe z.B. R. Streinz, *Europarecht,* S. 40.

[85] Siehe Fußnote 62.

[86] Vgl. Simma/Vedder, in: *Kommentar zur Europäischen Union,* Art. 210 EGV, Rnr. 6.

[87] R. Streinz, *Europarecht,* S. 37, Rnr. 115ff.

[88] C. Koenig, M. Pechstein, *Die EU* (1998), Rnr. 8ff.

[89] Dies., Rnr. 81.

[90] M. Pechstein, „Rechtssubjektivität", S. 141f.

[91] So M. Pechstein, „Rechtssubjektivität", S. 141. Denn bei Verschmelzung der EG in der Union hat die Union Völkerrechtspersönlichkeit aufgrund von EG-Komptenzen, kann dann aber nicht gleichzeitig Teile (GASP

Weder aus den Bestimmungen zur GASP, noch denen zur ZJI[92] könne die Union Kompetenzen herleiten, die ihr Rechtssubjektivität verliehen.[93] Die GASP ließe gerade nicht darauf schließen, daß es eine eigene Außenpolitik der Union als rechtlich verselbständigten Handlungsträger gäbe.[94]

Ihre Auffassung ist folglich, daß die Union eine „spezifische, selbst nicht rechtsfähige Form der Verklammerung supranationaler und intergouvernementaler Elemente zur Erreichung übergeordneter Ziele" ist.[95] Somit ist sie als Ganzes zwar mehr als eine bloße Form intergouvernementaler Kooperation,[96] jedoch kein eigenständiger Rechtsträger.

Dieser Ansicht ist auch das Bundesverfassungsgericht. Zwar nimmt es nicht direkt dazu Stellung, daß die Union kein Völkerrechtssubjekt sei. In mehreren Passagen arbeitet es jedoch heraus, daß Handlungen und Kompetenzen auf *die MS als Rechtsträger* zurückgeführt werden.[97] Seine Auslegung des Vertrages im Maastricht-Urteil ergibt somit, daß die durch den Vertrag gegründete „Union" (Art. A I EUV; Art. 1 EUV n.F.) keine *völkerrechtsfähige Organisation*, sondern eben ein besonderer Verbund von Staaten ist.[98]

b) Kritik

So fundiert die Analyse von C. Koenig und M. Pechstein auch sein mag, so kann doch ihr Ergebnis nicht aufrecht erhalten werden, daß die Union keine Verbandsstruktur[99] habe und die Rechtsordnungen strikt getrennt seien.

---

und ZJI) umfassen, die der Union (noch) keine Rechte und Pflichten verleihen, sondern bei den MS verblieben sind. Vertritt man allerdings, daß die GASP der Union Kompetenzen verleiht, dann stellt sich dieses Problem nicht. Es wäre dann vielmehr zu befürchten, daß der durch die EG erreichte Integrationsstand durch Ausweitung der intergouvernementalen Verfahren Schaden erleidet.

92 Siehe Fußnote 62.

93 C. Koenig, M. Pechstein, *Die EU* (1998), Rnr. 74.

94 M. Pechstein, „Das Kohärenzgebot als entscheidende Integrationsdimension", S. 249, „Wegen des Regelungsgehaltes der Vorschriften über die GASP besteht eine derartige „eigene" Außen- und Sicherheitspolitik der Union nämlich gerade nicht; dies ist reine Rhetorik"; C. Koenig, M. Pechstein, *Die EU* (1998), Rnr. 74.

95 C. Koenig, M. Pechstein, *Die EU* (1998), Rnr. 88.

96 M. Pechstein, „Rechtssubjektivität", S. 141.

97 So wie es auch festgestellt hat, daß, wenn der Staatenverbund Europa hoheitliche Aufgaben und Befugnisse wahrnimmt, es „zuvörderst die Staatsvölker der Mitgliedstaaten sind, die dies über die nationalen Parlamente demokratisch zu legitimieren haben", BVerfG E 89, 155, S. 184. Auf S. 176 äußert es sich zur GASP und betont, daß diese bewußt nicht in die supranationale Zuständigkeitsordnung der EG übernommen wurde. Die Zusammenarbeit bliebe intergouvernemental (S. 190). „Der Vertrag über die Europäische Union trifft eine völkerrechtliche Vereinbarung über einen auf Fortentwicklung angelegten mitgliedstaatlichen Verband", S. 200.

98 Generell gesehen ist das Konzept der Völkerrechtspersönlichkeit weit genug, um auch besondere Gestaltungen, wie die der Union, aufzufangen. Der IGH hat im Reparation for Injuries-Gutachten (Ersatz von im Dienste der UN erlittenen Schäden) betont, daß das Konzept der Völkerrechtsspersönlichkeit sehr flexibel ist, ICJ Reports 1949, *Reparation for Injuries*, 174, S. 178 f; W. Schroeder, „Die Rechtsnatur der EU", S. 8.

99 M. Pechstein, „Rechtssubjektivität", S. 141; ders. „Das Kohärenzgebot als entscheidende Integrationsdimension", S. 249.

Mit dem Vertrag von Maastricht haben die MS untereinander einen Verband ins Leben gerufen. Bereits die Formulierung des Art. A I EUV (Art. 1 I EUV n.F.), daß die MS untereinander eine „Union gründen“, deutet auf die Schaffung einer neuen Einheit hin.[100] Daneben legt Art. J.5 EUV (Art. 18 EUV n.F.) das Vorliegen einer Verbandsstruktur nahe, da nach Absatz 1 *die Union* vertreten wird und nicht etwa die MS.[101] Für das Vorliegen eines Verbandes sprechen auch die neuen Flexibilitätsvorschriften. Mit Art. 23 EUV n.F. wurde ein neues Verfahren in die GASP eingeführt, welches den MS eine *konstruktive Enthaltung* erlaubt. Dies bedeutet, daß ihre Stimmenthaltung zwar den einstimmigen Beschluß nicht verhindern (Art. 23 I 2 EUV n.F.), jedoch bei entsprechender förmlicher Erklärung bewirken kann, daß sie durch den Beschluß nicht gebunden sind. Sie müssen allerdings akzeptieren, daß dadurch *die Union* gebunden ist.[102] Dies deutet klar darauf hin, daß die Union als *neben den MS* bestehende Handlungseinheit gedacht ist, die auch von den Interessen der MS unabhängige Standpunkte haben und verfolgen kann.

Entgegen dem Vertragswortlaut versuchen C. Koenig und M. Pechstein zu konstruieren, daß eine mitgliedschaftliche Organisation nicht gewollt war. So wird Art. O EUV (Art. 49 EUV n.F.) so ausgelegt, daß er gerade keine Mitgliedschaft in der Union begründe,[103] obwohl Art. O EUV (Art. 49 EUV n.F.) es jedem europäischen Staat freistellt, *Mitglied der Union* zu werden. Als „Verbalrhetorik“ wird die Formulierung des Art. F I EUV (Art. 6 I EUV n.F.) bezeichnet, wonach die Union die nationale Identität ihrer *Mitgliedstaaten* achtet. Es läge näher, diese Vorschrift als eine implizite Änderung des EGV anzusehen.[104] Die Zuordnung von Mitgliedern an die Union in den Art. D Abs. 2 und J.1 Abs.1 EUV (Art. 4 II, 11 I EUV n.F.) hätte lediglich eine „kosmetische Funktion“.[105]

---

[100] Das konzediert auch U. Everling, „Reflections on the Structure of the EU“, S. 1059; T. Heukels, J. de Zwaan, „The Configuration of the European Union“, S. 200; O. Dörr, „Zur Rechtsnatur der Europäischen Union“; Ch. Trüe, *Verleihung von Rechtspersönlichkeit an die Europäische Union*; ähnlich E. Klein, A. Haratsch, „Neuere Entwicklungen des Rechts der Europäischen Gemeinschaften“, S. 788.

[101] Ch. Trüe, *Verleihung von Rechtspersönlichkeit an die Europäische Union*, S. 13.

[102] Genauer zu den Flexibilitätsvorschriften siehe C. D. Ehlermann, „Flexibility“; ders., „Differentiation, Flexibility, Closer Cooperation“, S. 23; European Policy Centre (Hrsg.), „Legal Analysis“, *Making Sense of the Amsterdam Treaty*, S. 119; T. Dodd, R. Ware, A. Weston, *The European Communities (Amendment) Bill*, S. 26; A. Duff (Hrsg.), *The Treaty of Amsterdam*, S. 196; siehe auch Kapitel 3.

[103] C. Koenig, M. Pechstein, *Die EU*, S. 24, es handele sich vielmehr um einen rechtlichen Einzelbeitritt zur EG; dies., *Die EU* (1998), Rnr. 75.

[104] Dies., *Die EU*, S. 25, 40.

[105] C. Koenig, M. Pechstein, *Die EU* (1998), Rnr. 81; Bestimmungen, die von „Mitgliedern“ sprechen: Art. A III, Art. B dritter Spiegelstrich, Art. F I, Art. J.1, Art. O I 1 EUV (Art. 3 III, Art. 2, Art. 6 I, Art. 11, Art. 49 I 1 EUV n.F.).

a.A. O. Dörr, „Zur Rechtsnatur der Europäischen Union“, S. 335; A. v. Bogdandy, M. Nettesheim, „Einheitlicher Verband mit eigener Rechtsordnung“, S. 9. Dabei sind die MS Mitglieder der Union und der EG. Die EG selber ist kein Mitglied, sondern Teil des Gebildes (Vgl. Abbildung Nr. 1, Anhang). Siehe auch Fußnote 211. Die am Wortlaut erhobene Kritik, bzw. das Mißachten desselben durch M. Pechstein und C. König kann insofern nicht überzeugen, da die Auslegung nach dem Wortlaut nur dann zu verwerfen ist, wenn dies zu unsinnigen oder unvernünftigen Ergebnissen führt oder gegen Zusammenhang, Geist und Ziele der Verträge verstößt, EuGH, Rs. 10/61 vom 27.2.62, Kommission gegen Italien, Slg. 1962; 1, S. 21, für Gemeinschaftsrecht; A. Bleckmann, *Europarecht*, Rnr. 539; Ch. Trüe, *Verleihung von Rechtspersönlichkeit an die Europäische Union*, S. 14, Anhaltspunkte, warum im Unionsrecht von diesen Auslegungsgrundsätzen abgewichen werden sollte, sind nicht ersichtlich.

Bereits die Wortlautargumente deuten darauf hin, daß der Union im EUV eine rechtliche Autonomie zugebilligt wurde. Im nächsten Schritt wird ein Blick auf einige systematische Argumente geworfen.

Dem Europäischen Rat sprechen die Autoren lediglich die Funktion einer völkerrechtlichen Konferenz und nicht die Aufgabe einer Einrichtung der Union zu.[106] Dies widerspricht dem in Art. C I EUV (Art. 3 I EUV n.F.) angeordneten einheitlichen institutionellen Rahmen der Union, der auch den Europäischen Rat umfaßt. Von ihm wird außerdem der spezifische Wille der Union zum Ausdruck gebracht.[107] Der Europäische Rat wird von einigen Autoren als „Organ",[108] von anderen als „Einrichtung"[109] der Union angesehen.[110] Jedenfalls ist die Zusammenkunft der Staats- und Regierungschefs sowie des Präsidenten der Kommission (Art. D EUV; Art. 4 EUV n.F.) mehr als eine bloße völkerrechtliche Konferenz von Vertragsparteien.

Nach der von C. Koenig und M. Pechstein vertretenen Ansicht werden Kommission, Europäisches Parlament und der EuGH nur in der Form der Organleihe[111] tätig, während der Rat als ein vollständiges aliud zum EG-Ministerrat angesehen wird.[112] Jedenfalls letzteres kann aufgrund der institutionellen Verknüpfung der Ministertreffen nur schwer aufrecht erhalten werden. Einiges spricht zudem dafür, von einer Doppelorganstellung[113] auszugehen, da es sich um identische Organe handelt.[114] Diese sind alle zu einer eigenen Willensbildung fähig.[115]

---

[106] C. Koenig, M. Pechstein, *Die EU,* S. 66f. Ähnlich, dies., *Die EU* (1998), Rnr. 170ff.

[107] Zur Rolle des Europäischen Rates, siehe oben III.1. Außerdem zu seiner Leitungs- und Verbindungsfunktion, U. Fastenrath, „Die Struktur der erweiterten EU", S. 103; W. Schroeder, „Die Rechtsnatur der EU", S. 11. Diese sehen auch C. Koenig, M. Pechstein, *Die EU,* S. 69f; Ch. Trüe, *Verleihung von Rechtspersönlichkeit an die Europäische Union*, S. 15; G. Ress, „Die Europäische Union", S. 986, der Rat ist das spezifische Unionsorgan.

[108] R. Streinz, *Europarecht,* S. 82; O. Dörr, „Zur Rechtsnatur der Europäischen Union", S. 337; T. Heukels, J. de Zwaan, „The Configuration of the European Union", S. 208, der Europäische Rat ist keine Einrichtung der EG, sondern „nur" ein Organ der Union. Trotz des fehlenden Hinweises auf die Rolle des Europäischen Rates in der ZJI gibt es kein überzeugendes Argument, daß er nicht auch dort eine impulsgebende Funktion haben kann; C. Flaesch-Mougin, „Les compétences externes de la Communauté Européenne", S. 374; D. Curtin, „The Constitutional Structure", S. 26; W. Schroeder, „Die Rechtsnatur der EU", S. 11; H. Lecheler, „Der Rechtscharakter der 'Europäischen Union'", S. 388; Hilf, in: *Kommentar zur Europäischen Union,* Art. A EUV, Rnr. 30 spricht von „Vertragsorgan".

[109] So z.B. U. Everling, „Reflections on the Structure of the EU", S. 1061; M. Herdegen, *Europarecht,* Rnr. 66.

[110] Strenggenommen wird die Bezeichnung „Organ" in der völkerrechtlichen Terminologie nur für Organisationen mit Völkerrechtspersönlichkeit verwandt, M. Herdegen, *Europarecht,* Rnr. 66; Hilf, in: *Kommentar zur Europäischen Union,* Art. A EUV, Rnr. 30; R. Streinz, *Europarecht,* S. 82, spricht allerdings von „Organ", obwohl er auf S. 41 die Rechtsfähigkeit der Union ablehnt.

[111] So auch D. Curtin, „The Constitutional Structure", S. 28; M. Herdegen, *Europarecht,* Rnr. 83; T. Heukels, J. de Zwaan, „The Configuration of the European Union", S. 206ff; U. Everling, „Reflections on the Structure of the EU", S. 1061. Unter Ausschluß des Rates C. Koenig, M. Pechstein, *Die EU,* S. 76ff. Vgl. Abbildung Nr. 1 (Anhang), das würde bedeuten, daß die in Art. 4 EGV (Art. 7 EGV n.F.) aufgeführten (und mit EAG und EGKS fusionierten) Organe gleichsam „nach oben" der Union geliehen würden, sich aber nicht direkt in der vertikalen Ebene befinden. Wird „Organleihe" bejaht, so handelt es sich nicht um Unionsorgane. Vielmehr stellen sich die EG-Organe der Union zur Verfügung, vgl. O. Dörr, „Zur Rechtsnatur der Europäischen Union", S. 337 Fußnote 19 m.w.N; C. Koenig, M. Pechstein, *Die EU* (1998), Rnr. 194.

[112] C. Koenig, M. Pechstein, *Die EU,* S. 75ff. Dazu auch dies., *Die EU* (1998), Rnr. 182ff, 194.

[113] Die Organe der Union sind „europäische Organe", so das BVerfG E 89, 155, S. 176; Ch. Trüe, *Verleihung von Rechtspersönlichkeit an die Europäische Union*, S. 16, Fußnote 49, S. 17. Entscheidend für die Doppe-

Die strikte Trennung der Rechtsordnungen, die M. Pechstein und C. König vornehmen, kann dadurch in Frage gestellt werden, daß die „Gemeinsamen Bestimmungen" (Titel I) und die Schlußbestimmungen (Titel VII) *Vorgaben* und *Ziele* für das Handeln im Rahmen der Union (Art. F I,[116] F II,[117] B, C II,[118] N, O[119] EUV; Art. 6, 2, 3 II, 48, 49 EUV n.F.) enthalten, die vertragsübergreifend gelten. Für eine solche Geltung ist erforderlich, daß diese Inhalte auch für die EG und nicht nur für die Handlungsbereiche der Union verbindlich sind.[120]

Hinsichtlich der „Gemeinsamen Bestimmungen" folgt die Geltung für die EG einerseits aus ihrer Stellung *vor* den Änderungsbestimmungen und den Titeln V und VI. Desweiteren deutet ihre Bezeichnung als „*Gemeinsame* Bestimmungen" auf eine umfassende Geltung für die Union hin.[121] Die Union ist, ersichtlich aus Art. A III EUV (Art. 1 III EUV n.F.), auf den Gemeinschaften aufgebaut und durch die Politiken der Zusammenarbeit ergänzt, folglich müssen diese Bestimmungen auch für alle ihre Gliedteile gelten. Darüber hinaus enthält Art. B EUV (Art. 2 EUV n.F.) sowohl Vorgaben speziell für die GASP und ZJI, wie auch solche, die EG-Ziele mitumfassen.[122] Ebenso integriert Art. C II 1 EUV (Art. 3 II 1 EUV n.F.) die Handels-

---

lorganstellung spricht Art. C II EUV (Art. 3 II EUV n.F.). Nur mit Doppelorganstellung kann das gleichzeitige Tätigwerden der Organe für EG und Union unter Wahrung der Kohärenz erklärt werden, dies., S. 19; i. E. ebenso G. Ress, „Ist die Europäische Union eine juristische Person?", S. 36; ders., „Die Europäische Union", S. 986; W. Schroeder, „Die Rechtsnatur der EU", S. 11f.

114 Für den Rat wird dies auch durch seine Praxis bestätigt. Er hat bereits ein Jahr vor dem Vertrag von Maastricht beschlossen, ein gemeinsames Treffen für allgemeine EG- und für EPZ-Angelegenheiten zu veranstalten. Allerdings blieb die Art der Vorbereitung getrennt. Während für EG-Angelegenheiten der Ausschuß der Ständigen Vertreter nach Art. 151 EGV (Art. 207 EGV n.F.) zuständig ist, bereitet das Politische Komitee EPZ/GASP Entscheidungen vor, S. J. Nuttall, „The Foreign and Security Policy Provisions of the Maastricht Treaty", S. 134; B. de Witte, „The Pillar Structure", S. 60. Generell dazu G. Burghardt, G. Tebbe, „Rechtliche Struktur und Politischer Prozeß", S. 6; A. v. Bogdandy, M. Nettesheim, „Einheitlicher Verband mit eigener Rechtsordnung", S. 11.

115 Bei bi- oder multilateralen Verträgen legen die Vertragsstaaten nur ihren übereinstimmenden Willen fest. Dieser wird keiner übergeordneten Handlungseinheit zugewiesen, H. Schermers, N. Blokker, *International Institutional Law,* § 44. Zum Problem der Einstimmigkeit, siehe R. A. Wessel, „The international legal status of the European Union", S. 119; M. Virally, „Definition and classification of IOs", S. 53; I. Seidl-Hohenveldern, G. Loibl, *Das Recht der Internationalen Organisationen,* Rnr. 911; G. Ress, „Ist die Europäische Union eine juristische Person?", S. 39.

116 Vgl. M. Hilf, „Europäische Union und nationale Identität der Mitgliedstaaten", S. 157-170.

117 Zur Geschichte des Art. F II EUV (Art. 6 II EUV n.F.) und der Rechtsprechung des EuGH im Bereich der Menschenrechte, siehe G. Gaja, „The Protection of Human Rights under the Maastricht Treaty" und Kapitel 2.

118 Für die Sichtbarkeit des Engagements der Union im Menschenrechtsschutz, siehe Kommissionsmitteilung „The European Union and The External Dimension of Human Rights Policy: From Rome to Maastricht and Beyond", COM (95) 567 endg., S. 21ff.

119 Art. O EUV (Art. 49 EUV n.F.) öffnet die Union für den Beitritt neuer europäischer Mitglieder. Zur Zeit ist dies insbesondere relevant im Hinblick auf die mittel- und osteuropäischen Staaten. Siehe dazu die Beurteilungen der Kommission, COM (97) 2000 endg., 15.7.97, Vol. I; COM (97) 2001-2010 endg., 15.7.97, Vol. II über einzelne Länder.

120 Diese Herstellung von Gemeinsamkeit ist gleichzeitig Indiz für das Vorliegen einer einheitlichen Rechtsordnung.

121 Ch. Trüe, *Verleihung von Rechtspersönlichkeit an die Europäische Union,* S. 28.

122 A. v. Bogdandy, M. Nettesheim, „Einheitlicher Verband mit eigener Rechtsordnung", S. 10, 16.

und Entwicklungspolitik in die Auflistung der auswärtigen Beziehungen der Union mit ein, die beide unbestritten zur EG-Kompetenz gehören.[123] Art. M EUV (Art. 47 EUV n.F.) muß so verstanden werden, daß der EGV insofern unberührt bleibt, als keine ausdrückliche oder stillschweigende, doch beabsichtigte Änderung an ihm vorgenommen wurde. Eindeutig umfassen solche Änderungen die Vorschriften der Art. G, H, I EUV (Art. 8, 9, 10 EUV n.F.), jedoch müssen sie sich logischerweise auch auf die Gemeinsamen Bestimmungen der Art. A-F EUV (Art. 1-7 EUV n.F.) beziehen, die neue Vorgaben für *alle drei* Bereiche der Union enthalten.[124] Es kann somit festgehalten werden, daß die „Gemeinsamen Bestimmungen" vertragsübergreifend gelten.[125]

Für die „Schlußbestimmungen" des EUV ergibt sich die Geltung für die EG zum einen aus Art. N EUV (Art. 49 EUV n.F.), der die Änderung des *Unions*vertrages als Ganzes, und nicht etwa der einzelnen Verträge, vorsieht. Zum anderen regelt Art. O EUV (Art. 49 EUV n.F.) den Beitritt zur Union als Gesamtheit und läßt keine Einzelbeitritte zu.[126] Am klarsten formuliert jedoch Art. M EUV (Art. 47 EUV n.F.) die Geltung für die EG, indem er festgelegt, daß der EGV nur insoweit unberührt gelassen wird, als er nicht von den Änderungsbestimmungen und den *Schlußbestimmungen* betroffen ist.

Folglich binden die Gemeinsamen- und die Schlußbestimmungen auch die EG. Sie schränken jedes andere Recht der Union, soweit dieses größere Handlungsspielräume zulassen sollte, ein.[127] Dies ist insbesondere mit Blick auf Art. F II EUV (Art. 6 II EUV n.F.) relevant, der damit einen neuen Geltungsgrund für die Menschenrechte im Gemeinschaftsrecht schafft.[128] Daher besteht auch keine Sorge, daß der in Art. F II EUV (Art. 6 II EUV n.F.) statuierte Menschenrechtsschutz leerliefe.[129] Der Ansatz, die gemeinsamen Zielsetzungen wollten nur das

---

[123] Hilf, in: *Kommentar zur Europäischen Union,* Art. C EUV, Rnr. 14.

[124] Ch. Trüe, *Verleihung von Rechtspersönlichkeit an die Europäische Union*, S. 28; Pache, in: *Kommentar zur Europäischen Union,* Art. M EUV, Rnr. 5ff, 10, im Ergebnis allerdings ablehnend. Zustimmend C. Koenig, M. Pechstein, *Die EU,* S. 40ff; C. Koenig, M. Pechstein, „Die EU-Vertragsänderung", S. 131f. Die umfassende Geltung wird jedoch häufig bestritten, da Art. M EUV (Art. 47 EUV n.F.) die „Gemeinsamen Bestimmungen" nicht ausdrücklich als Änderungsbestimmungen aufführt, wie er es für Art. G EUV (Art. 8 EUV n.F.) tut. So z. B. O. Dörr, „Zur Rechtsnatur der Europäischen Union", S. 346; U. Everling, „Reflections on the Structure of the EU", S. 1062.

[125] A. v. Bogdandy, M. Nettesheim, „Die Verschmelzung der EG", S. 2325; dies., „Einheitlicher Verband mit eigener Rechtsordnung", S. 10, 16; T. Heukels, J. de Zwaan, „The Configuration of the European Union", S. 209.

[126] A. v. Bogdandy, M. Nettesheim, „Die Verschmelzung der EG", S. 2325.

[127] M. Pechstein, „Das Kohärenzgebot als entscheidende Integrationsdimension", S. 252, 255, für das Kohärenzgebot in Art. C EUV (Art. 3 EUV n.F.); Ch. Trüe, *Verleihung von Rechtspersönlichkeit an die Europäische Union*, S. 28.

[128] Dies gilt auch ohne eine besondere Durchgriffsregelung, Ch. Trüe, *Verleihung von Rechtspersönlichkeit an die Europäische Union*, S. 29, 61; C. Koenig, M. Pechstein, *Die EU,* S. 34ff; Hilf, in: *Kommentar zur Europäischen Union,* Art. F EUV, Rnr. 1, 40, die Gemeinsamen Bestimmungen sind bindend auch für die EG. Jede Ausübung von Hoheitsgewalt unterliegt der Bindung an die Grundrechte.

[129] Ch. Trüe, *Verleihung von Rechtspersönlichkeit an die Europäische Union*, S. 31; M. Pechstein, „Das Kohärenzgebot als entscheidende Integrationsdimension", S. 252. So aber A. v. Bogdandy, M. Nettesheim, „Die Verschmelzung der EG", S. 2326, über die Gegenposition; O. Dörr, „Zur Rechtsnatur der Europäischen Union", S. 346, der die EG anderen Bindungen als die Union unterstellen will; Zur Geltung des Art. F II EUV (Art. 6 II EUV n.F.) für die EG, U. Everling, „Reflections on the Structure of the EU", S. 1072.

„Verbundhafte" des unierten Vorgehens der Unionsstaaten,[130] nicht jedoch übergreifende Vorgaben für das kohärente Auftreten eines Handlungsträgers sichern, erscheint daher zweifelhaft. Es wird somit hier die Schlußfolgerung gezogen, daß die Trennung der Rechtsordnungen nicht so strikt ist, daß hieraus die Verneinung eines selbständigen Rechtsträgers folgen muß.

Als Konsequenz aus diesen systematischen Argumenten ergibt sich, daß die Union mehr ist als eine materiell-rechtliche Abstimmungsverpflichtung.

IV. Die eigene Position

1. Die Europäische Union als internationale Organisation mit Völkerrechtspersönlichkeit

a) Ein körperschaftlicher Verband mit eigenen Aufgaben

In den vorangegangenen Abschnitten wurden bereits die Wortlaut- und systematischen Argumente, die für eine Rechtsträgerschaft der Union sprechen, diskutiert. Die aus ihnen zu ziehenden Schlußfolgerungen sollen hier kurz zusammengefaßt werden:

Die Union ist ein eigenständiger und auf Dauer angelegter Verband, der Mitglieder hat und seine Willensbildung mittels verschiedener Organe durchführt. Die EG ist in diesem Verband nicht vollständig aufgegangen, sondern integriert worden. Aufgrund der vertragsübergreifenden Bestimmungen werden die verschiedenen Teile der Union auf eine gemeinsame Linie verpflichtet. Die Abbildung 1 (das „T-Modell"[131]) verdeutlicht dieses Struktur der Union und soll zudem eine Hilfestellung bei der nun folgenden Analyse der Vertragsbestimmungen geben.

Die Union hat auch eigene Aufgaben. Durch die Gemeinsamen Bestimmungen (vgl. Art. A III, B EUV; Art. 1 III, 2 EUV n.F.) und die Ziele der GASP (vgl. Art. J.1 I EUV, „*Die Union* und die MS")[132] wurden der Union Aufgaben im Bereich der Außenbeziehungen zugewiesen. Dabei ist die GASP eine „unionsunmittelbare Politik".[133] D.h. die Union handelt mittels der GASP. Aufgaben aus der ZJI[134] wachsen der Union nur in sehr begrenztem Umfang zu. Als Handlungsträger werden durchgehend die MS bezeichnet. Lediglich Art. K.3 II, K.4 und K.9 EUV (vgl. Art. 34, 36, 42 EUV n.F.) kann entnommen werden, daß die Union die Aufgabe hat, die Zusammenarbeit zwischen den MS zu koordinieren und weiterzuentwickeln.[135]

---

130 So C. Koenig, M. Pechstein, *Die EU* (1998), Rnr. 87.

131 Die Abbildung ist im Anhang der Arbeit abgedruckt. Das vorgeschlagene Modell beruht auf der Prämisse, daß der EUV etwas Neues geschaffen hat, das auf einer Ebene liegt und sich einer bereits bestehenden Einheit („Grundlage", Art. A III EUV; Art. 1 III EUV n.F.), den drei Gemeinschaften, zur Verfolgung eines Teiles seiner Ziele bedient. Die verbindende Mitte stellen die Gemeinsamen Bestimmungen und die Schlußbestimmungen dar, die Auswirkungen für alle drei Bereiche der Zusammenarbeit haben.

132 So auch P.-Ch. Müller-Graff, „Kohärenzgebot aus rechtlicher Sicht", S. 62. Mit Amsterdam wurde diese Formulierung sogar dahingehend geändert, daß nunmehr nur noch *die Union* eine gemeinsame Außen- und Sicherheitspolitik erarbeitet und verwirklicht, Art. 11 EUV n.F.

133 W. Schroeder, „Die Rechtsnatur der EU", S. 7.

134 Siehe Fußnote 62.

135 Ch. Trüe, *Verleihung von Rechtspersönlichkeit an die Europäische Union*, S. 22.

Die Union erfüllt damit die objektiven Voraussetzungen einer eigenen Rechtspersönlichkeit. Zu klären bleibt die Frage, ob sie auch die subjektiven Anforderungen erfüllt.[136] Diese sind gegeben, wenn sich der Wille der Mitgliedstaaten zur Verleihung von Rechten und Pflichten (d.h. von Völkerrechtspersönlichkeit) aus dem Vertrag ergibt. Der Vertrag muß daher im Hinblick auf teleologische Argumente untersucht werden.

b) Kompetenzen, die nur einem Völkerrechtssubjekt zustehen können

Die Völkerrechtspersönlichkeit der Union kann sich nicht von derjenigen der EG (vgl. Art. 210 EGV; Art. 281 EGV n.F.) ableiten, da die Verschmelzung der EG in der Union, wie oben erwähnt, verneint wurde.[137] Wenn somit der Weg zu den Bestimmungen des EGV versperrt ist, kommen für die Herleitung von Rechten und Pflichten insbesondere die Schlußbestimmungen des EUV und die Vorschriften über die GASP in Betracht.[138] Diese müßten der Union Kompetenzen verleihen, die nur von einem Völkerrechtssubjekt wahrgenommen werden können.[139]

Teilweise wird vertreten, daß eine Verleihung von Außenkompetenzen, insbesondere eine Vertragsschlußkompetenz, an die Union nicht gewollt sei, da damit der von der EG erreichte Besitzstand[140] gefährdet würde.[141] Die EG sei das allein nach außen handlungsfähige Subjekt in dem Gebilde Union.[142] Die Sorge der Beeinträchtigung des acquis communautaire ist berechtigt. Es wird im Verlauf der Arbeit gezeigt, daß der gemeinschaftliche Besitzstand in Menschenrechten bereits mit Erlaß der GASP und ohne ausdrückliche Vertragsschlußkompetenz für die Union,[143] starken Übergriffen aus Titel V ausgesetzt ist. Diese Gefährdung ist jedoch unabhängig von dem Vorliegen von Rechtspersönlichkeit für die Union.

Es wird nun belegt werden, daß die Union aufgrund der ihr verliehenen Kompetenzen als selbständiger Rechtsträger handlungsfähig ist.

---

[136] Von objektiven und subjektiven Kriterien spricht R. A. Wessel, „The international legal status of the European Union", S. 121.

[137] Von der vertikalen Ebene (vgl. Abbildung Nr. 1, Anhang) kann die horizontale keine Kompetenzen ableiten.

[138] So O. Dörr, „Zur Rechtsnatur der Europäischen Union", S. 340ff. Hier ist die vertikale Ebene des T-Modells, linker Arm und Mitte, angesprochen; Ch. Trüe, *Verleihung von Rechtspersönlichkeit an die Europäische Union*, S. 38ff, nimmt zur Begründung der Rechte und Pflichten im Innenverhältnis zu den MS die GASP und ZJI zusammen.

[139] Vgl. R. Streinz, *Europarecht*, S. 40; H. Lecheler, „Der Rechtscharakter der 'Europäischen Union'", S. 392.

[140] Gemeinschaftlicher Besitzstand oder „acquis communautaire".

[141] T. Heukels, J. de Zwaan, „The Configuration of the European Union", S. 206.

[142] Vgl. M. R. Eaton, „CFSP", S. 224.

[143] Mit Amsterdam gibt es Art. 24 EUV n.F., vgl. unten.

aa) Kompetenzen im Innenverhältnis

Parallel der Argumentation des IGH in seinem Rechtsgutachten vom 11.4.1949 über den Ersatz von im Dienste der UN erlittenen Schäden[144] wird zunächst untersucht, ob der Union Handlungsbefugnisse im *Innenverhältnis* zu ihren Mitgliedstaaten verliehen wurden, aus denen sich ihre Völkerrechtspersönlichkeit ergibt.[145] Der Unterschied zur Völkerrechtspersönlichkeit im Außenverhältnis ist, daß diese nur dann wirkt, wenn sie von den Drittstaaten anerkannt wurde.[146]

Solche Handlungsbefugnisse im Innenverhältnis setzen voraus, daß die Union gegenüber den MS *rechtsverbindlich* handeln kann.[147] In Bereichen der GASP kommen die Befugnisse zur Errichtung einer regelmäßigen Zusammenarbeit zwischen den MS (gemeinsame Standpunkte) und die der stufenweisen Umsetzung gemeinsamer Aktionen (siehe Art. J.1 III EUV; Art. 12 EUV n.F.) in Betracht. Das Argument, die Union brauche keine Rechtspersönlichkeit, da sie nur die Zusammenarbeit *der MS* fördere und daher selber nicht agieren müsse,[148] überzeugt aus zwei Gründen nicht: Einerseits gehen die Aufgaben der Union mit dem Erlaß gemeinsamer Aktionen über die bloße Förderung von Zusammenarbeit der MS hinaus, andererseits wird im unklaren gelassen, wie ein bloßer Mittelpunkt zur Abstimmung der Außenpolitiken der Staaten eine eigene Außenpolitik (vgl. Art. J.1 I EUV; Art. 11 I EUV n.F.) verwirklichen soll, ohne selber Akteur zu sein.[149]

Ohne daß der Union die Handlungsformen der EG (siehe Art. 189 EGV; Art. 249 EGV n.F.) mit deren besonderer Bindungswirkung zustehen,[150] kann sie rechtsverbindlich gegenüber den MS tätig werden. Gemeinsame Standpunkte und gemeinsame Aktionen binden die MS rechtlich bei der Formulierung ihrer einzelstaatlichen Politik.[151] Im Gegensatz zur EPZ gehen sie über bloße Absichtserklärungen hinaus.[152] Letztere waren lediglich von politischer Natur, ob-

---

[144] ICJ Reports 1949, 147, S. 178f.

[145] O. Dörr, „Zur Rechtsnatur der Europäischen Union", S. 338, spricht von der „doppelten Stoßrichtung" der Völkerrechtspersönlichkeit; I. Seidl-Hohenveldern, G. Loibl, *Das Recht der Internationalen Organisationen*, Rnr. 321.

[146] Vgl. statt vieler I. Seidl-Hohenveldern, G. Loibl, *Das Recht der Internationalen Organisationen*, Rnr. 321.

[147] W. Schroeder, „Die Rechtsnatur der EU", S. 14.

[148] Hilf, in: *Kommentar zur Europäischen Union*, Art. A EUV, Rnr. 27.

[149] Siehe dazu auch oben; Ch. Trüe, *Verleihung von Rechtspersönlichkeit an die Europäische Union*, S. 37.

[150] Supranationalität der EG, siehe Fußnote 87; G. Burghardt, G. Tebbe, in: *Kommentar EUV/EGV*, Vorb. zu Art. J.1.-J.11, Rnr. 25; Ein mitgliedstaatliches Vorgehen im Alleingang und im Widerspruch zu einer gemeinsamen Aktion wird rechtlich von dem GASP-Instrument nicht beeinträchtigt. Der erlassene Rechtsakt gilt vielmehr rechtlich weiter, I. Macleod, I. D. Hendry, S. Hyett, *External Relations*, S. 417; P.-Ch. Müller-Graff, „Kohärenzgebot aus rechtlicher Sicht", S. 67f.

[151] Siehe Art. J.2 II, J.3 Nr. 4 EUV (Art. 15, 14 III EUV n.F.); G. Burghardt, G. Tebbe, in: *Kommentar EUV/EGV*, Art. J.3, Rnr. 16; R. A. Wessel, „The international legal status of the European Union", S. 119.

[152] P. Willaert, C. Marqués-Ruiz, „Etat des lieux", S. 280, bezeichnen die EPZ als ein „point de référence"; G. Burghardt, G. Tebbe, in: *Kommentar EUV/EGV*, Art. J.3, Rnr. 16.

Zur Rechtsverbindlichkeit der Maßnahmen im Rahmen der ZJI, vgl. Ch. Trüe, *Verleihung von Rechtspersönlichkeit an die Europäische Union*, S. 39ff.

wohl sie in einen internationalen Vertrag integriert waren.[153] Von den beiden Instrumenten setzen die gemeinsamen Aktionen eine stärkere Bindungswirkung als gemeinsame Standpunkte voraus,[154] da bei ersteren ein konträres Handeln das Ziel der Aktion selber konterkarieren würde. Denn wie könnte eine gemeinsame Aktion vollzogen werden, wenn aus den eigenen Reihen bei der Umsetzung widersprüchliche Handlungen vorgenommen würden? Art. J.3 Nr. 4 EUV (Art. 14 III EUV n.F.) formuliert dazu, daß die gemeinsamen Aktionen für „die Mitgliedstaaten bei ihren Stellungnahmen und ihrem Vorgehen bindend" sind. Ihre rechtliche Bindungswirkung wurde somit im Vertrag selber festgeschrieben. Hinsichtlich gemeinsamer Standpunkte sollen die MS lediglich „dafür Sorge tragen, daß ihre einzelstaatliche Politik mit den gemeinsamen Standpunkten im Einklang steht". Wegen dieser im Vergleich ungenaueren Formulierung wurde bestritten, daß gemeinsamen Standpunkten eine rechtliche Verbindlichkeit zukäme. Ihr Gebrauch und ihre Behandlung haben jedoch gezeigt, daß auch sie von den MS als rechtlich bindend angesehen werden.[155]

Wird dennoch von den gemeinsamen Vorgaben abgewichen, unterliegt dieses Vorgehen zwar nur der politischen Kontrolle durch den Rat und nicht der rechtlichen Kontrolle durch den EuGH.[156] Eine solche Änderung des Vertrages wurde sowohl in Maastricht, als auch in Amsterdam abgelehnt.[157] Dennoch handelt es sich um *Rechts*verpflichtungen.

Der Union wurde folglich durch den EUV im Innenverhältnis zu den MS eigene Handlungsmacht übertragen. Insoweit ist sie Völkerrechtssubjekt.

bb) Kompetenzen im Außenverhältnis

Es ist nun zu untersuchen, welche Kompetenzen der Union im EUV verliehen wurden oder eventuell durch entsprechende Praxis zuwachsen könnten, um in Rechtsbeziehungen[158] mit anderen Völkerrechtssubjekten zu treten.

Es wird gezeigt werden, daß den Autoren der Trennungsthese auch nicht in ihrer grundsätzlichen Ablehnung von Rechten und Pflichten aus der GASP zugestimmt werden kann.[159] Zwar erkennen C. Koenig und M. Pechstein an, daß sich im Verhältnis zu Drittstaaten eine solche Rechtspersönlichkeit aufgrund von Anerkennung in dem jeweiligen Verhältnis ergeben könne. Dies scheitere in der Realität jedoch daran, daß es der Union an einer Vertragsschluß-

---

153 Die Einbindung von Vorschriften in eine *rechtliche Form* hat im Völkerrecht keine direkten Auswirkungen auf die Rechtsnatur dieser Normen.

154 N. Petersen, „The European Union and Foreign and Security Policy", S. 20.

155 G. Burghardt, G. Tebbe, in: *Kommentar EUV/EGV*, Art. J.2, Rnr. 7, dies gilt trotz der milderen Formulierung auch für gemeinsame Standpunkte, wie sich aus der Praxis des Rates ergibt; R. A. Wessel, „The international legal status of the European Union", S. 119; I. Macleod, I. D. Hendry, S. Hyett, *External Relations*, S. 417, 418.

156 Vgl. G. Burghardt, G. Tebbe, in: *Kommentar EUV/EGV*, Vorb. zu Art. J.1-11, Rnr. 26.

157 „The structure of the Union's external activities", Position Paper, in: A.A. Dashwood (Hrsg.), S. 218; T. Dodd, R. Ware, A. Weston, *The European Communities (Amendment) Bill*, S. 24.

158 Zu den Formen solcher Rechtsbeziehungen, vgl. G. Burghardt, G. Tebbe, in: *Kommentar EUV/EGV*, Vorb. zu Art. J.1-11, Rnr. 27.

159 Siehe oben. C. Koenig, M. Pechstein, *Die EU;* dies., *Die EU* (1998); M. Pechstein, „Das Kohärenzgebot als entscheidende Integrationsdimension"; M. Pechstein, „Rechtssubjektivität", S. 141f.

kompetenz fehle und sie somit den für die Anerkennung typischen Akt des Vertragsschlusses gar nicht vornehmen könne.[160] Es wird nunmehr dargelegt werden, welche Rechte und Pflichten sich aus den Bestimmungen der GASP und den Schlußbestimmungen herleiten lassen.

aaa) Allgemeine Vertragsschlußkompetenz

Bei Fehlen einer ausdrücklichen Bestimmung wird die Völkerrechtspersönlichkeit der in Frage stehenden Organisation häufig aus der Vertragsschlußkompetenz abgeleitet.[161] Diese kann ausdrücklich verliehen sein oder sich implizit aus den Vertragsbestimmungen ergeben.[162] Bis zum Vertrag von Amsterdam hat der EUV über eine derartige Kompetenz der EU geschwiegen. Nunmehr regelt Art. 24 EUV n.F. die Frage der Vertragsschlußkompetenz in der EU. Er bestimmt, daß Abkommen *zur Durchführung von Titel V* nach dem dort festgelegten Verfahren geschlossen werden können. Dies bedeutet, daß die in Art. J.1 II EUV (Art. 11 I EUV n.F.) aufgeführten Ziele der GASP sowohl mit den in Art. 12 EUV n.F. genannten Instrumenten, als auch mittels Vertragsschlüssen erreicht werden können.

Der Vorschlag der irischen Ratspräsidentschaft vom 5.12.1996[163] sah in Kapitel 13 I vor, daß der Union in einem eigenen Artikel Rechtspersönlichkeit verliehen werden sollte. Dieses ausdrückliche Festschreibung wurde, wie bereits gesagt, im Laufe der Konferenz aufgegeben.[164] Worauf man sich jedoch einigen konnte, war die Einführung einer sachlich beschränkten Vertragsschlußkompetenz für die EU in Art. 24 EUV n.F.[165] Diese Vorschrift ist vermutlich aus den nicht zufriedenstellenden Erfahrungen mit der Verwaltung der Stadt Mostar heraus ausgearbeitet worden.[166] Der Vorsitz kann nunmehr, wenn es zur Durchführung des Titels V notwendig ist, Verhandlungen über Abkommen führen, sofern er vorher einstimmig vom Rat dazu ermächtigt wurde. Er wird dabei gegebenenfalls von der Kommission unterstützt. Das Abkommen selber wird vom Rat einstimmig geschlossen. Als Organ der Union handelt der Rat im Namen der Union, und diese wird somit zur vertragsschließenden Partei.[167] Allerdings wird teilweise vertreten, daß die „richtigen" Vertragsparteien die MS seien und der Rat in

---

[160] M. Pechstein, „Das Kohärenzgebot als entscheidende Integrationsdimension", S. 249.

[161] G. Burghardt, G. Tebbe, in: *Kommentar EUV/EGV*, Vorb. zu Art. J.1-11, Rnr. 27; A. Verdross, B. Simma, *Universelles VR*, § 415.

[162] Aufgrund der AETR-Rechtsprechung des EuGH (Kommission gegen Rat, Rs. 22/70 vom 31.3.71, Slg. 1971, S. 263) wurde im Bereich der EG-Zuständigkeiten ein weites Anwendungsfeld für implizite Außenkompetenzen geschaffen.

[163] Konferenz der Vertreter der Regierungen der Mitgliedstaaten, CONF/2500/96.

[164] European Policy Centre (Hrsg.), „Legal Analysis", *Making Sense of the Amsterdam Treaty*, S. 114.

[165] T. Dodd, R. Ware, A. Weston, *The European Communities (Amendment) Bill*, S. 57; S. Nuttal, „An Exercise in Collusive Ambiguity", S. 3, spricht von einer Bestimmung, die Rechtspersönlichkeit in beschränktem Umfang verleiht.

[166] E. Regelsberger, M. Jopp, „Und sie bewegt sich doch!", S. 257; G. Burghardt, G. Tebbe, in: *Kommentar EUV/EGV*, Vorb. zu Art. J.1-11, Rnr. 27, reden davon, daß es die sonstige Vorgehensweise kaum erlaubt, den Abschluß rechtsverbindlicher Übereinkünfte als Instrument der GASP einzusetzen.

[167] B. de Witte, „The Pillar Structure", S. 63.

Wirklichkeit auch nur für diese handeln würde.[168] Dafür spricht die Formulierung des Art. 24 EUV n.F., der es den MS freihält, die Bindung an das Abkommen zu verneinen, wenn (zunächst) bestimmte verfassungsrechtliche Vorschriften eingehalten werden müssen.[169] Außerdem haben die MS der Schlußakte zum Vertrag von Amsterdam eine Erklärung Nr. 4 beigefügt, die bestimmt, daß Art. 24 EUV n.F. keine Übertragung von Souveränität der MS auf die Union bedeutet. Diese Erklärung ist aus der Sorge heraus erwachsen, daß die EU nunmehr auch in die Bereiche eindringt, die noch von nationaler Vertragsschlußkompetenz abgedeckt sind, und diese folglich reduziert.[170] Sie muß aber wohl nicht so verstanden werden, als solle sie verhindern, daß die Union ihre bereits bestehenden Aufgaben nun auch in der Form von völkerrechtlichen Abkommen umsetzt. Das ergibt sich auch aus der Formulierung von Art. 24 EUV n.F., der eine Kompetenz zum Vertragsschluß gibt, sofern und soweit es für die Durchführung der GASP, d.h. gegenseitige Unterrichtung und Abstimmung, gemeinsames Erarbeiten der Außenpolitik notwendig ist. Die Tatsache, daß Art. 24 EUV n.F. es den MS offen hält, einen Vorbehalt zugunsten nationaler verfassungsrechtlicher Vorschriften zu erheben, kann mit einer Parallele zur „federal state clause" erklärt werden.[171] Diese erlaubt es dem Bundesstaat ebenfalls, bei Vertragsschluß zu erklären, daß die Untergliederungen nur dann gebunden sind, wenn sie ihre ausdrückliche Zustimmung gegeben haben.[172] Das bedeutet jedoch nicht, daß diese deswegen Vertragsparteien werden.[173] Angesichts der Tatsache, daß sich aus Art. 24 EUV n.F. ein hinreichender Wille ergibt, die EU mit einer beschränkten Völkerrechtspersönlichkeit auszustatten, und daß die Erklärung Nr. 4 keine rechtliche Wirkung entfaltet, wird vertreten, daß die EU über Art. 24 EUV n.F. ermächtigt wurde, als Subjekt in völkerrechtliche Beziehungen mit anderen Staaten oder internationalen Organisationen zu treten. Art. 24 EUV n.F. geht somit über eine rein technische Vorschrift hinaus.[174]

Es muß damit nicht auf den Streit eingegangen werden, ob der Union das gesamte außenpolitische Instrumentarium, insbesondere auch der Abschluß völkerrechtlicher Verträge, auf der Rechtsgrundlage gemeinsamer Aktionen und gemeinsamer Standpunkte zustehen könne.[175]

bbb) Beitrittsabkommen nach Art. O EUV (Art. 49 EUV n.F.)

Art. O EUV (Art. 49 EUV n.F.) wurde schon früh zur Stützung der These herangezogen, daß die Union ein von den MS getrenntes Rechtssubjekt ist,[176] bzw. durch diesen Artikel der Uni-

---

[168] Siehe J. Monar, „The European Union's Foreign Affairs System after the Treaty of Amsterdam", S. 416; C. Koenig, M. Pechstein, *Die EU* (1998), Rnr. 79.

[169] B. de Witte, „The Pillar Structure", S. 63f.

[170] T. Dodd, R. Ware, A. Weston, *The European Communities (Amendment) Bill*, S. 58.

[171] Siehe dazu R. Looper, „'Federal State' Clauses in Multilateral Agreements", S. 162ff.

[172] B. de Witte, „The Pillar Structure", S. 63f.

[173] R. Looper, „'Federal State' Clauses in Multilateral Agreements", S. 162ff; B. de Witte, „The Pillar Structure", S. 64.

[174] European Policy Centre (Hrsg.), „Legal Analysis", *Making Sense of the Amsterdam Treaty*, S. 114, spricht dagegen nur von „some practical improvements".

[175] So aber noch Ch. Trüe, *Verleihung von Rechtspersönlichkeit an die Europäische Union*, S. 48; G. Burghardt, G. Tebbe, „Rechtliche Struktur und Politischer Prozeß", S. 12; O. Dörr, „Zur Rechtsnatur der Europäischen Union", S. 343, als Rechtsgrundlage für die Vereinbarung vom 5.7.94 über die Verwaltung der Stadt Mostar hat offensichtlich die Gemeinsame Aktion, 93/603/GASP, hergehalten.

on Vertragsschlußkompetenz verliehen wird.[177] Die Union hat zumindest bezüglich des „Ob" der Aufnahme[178] einen Teil der Kompetenz zum Abschluß von Beitrittsverträgen auf sich vereinigt. Insofern ist sie Trägerin von Rechten und Pflichten im Verhältnis zu Drittstaaten.[179]

Im Fall von Norwegen, Österreich, Finnland und Schweden hat die Union sogar die den Beitritt vorbereitenden Rechtsakte[180] geschlossen, was ebenfalls das Bestehen einer Vertragsschlußkompetenz impliziert.[181]

ccc) Beziehungen zur Westeuropäischen Union, Art. J.4 II EUV (Art. 17 EUV n.F.)[182]

Die EU kann die Westeuropäische Union (WEU) ersuchen, die „Entscheidungen und Aktionen der EU, die verteidigungspolitische Bezüge haben, auszuarbeiten und durchzuführen".[183] Es steht außer Frage, daß die WEU selber ein Völkerrechtssubjekt ist,[184] und es bestehen, abgesehen von der teilweisen Gleichheit der Mitglieder,[185] keine besonderen rechtlichen Überschneidungen zwischen der WEU und der Union. Die WEU ist kein Bestandteil der Union, sondern lediglich „Bestandteil *der Entwicklung* der Union". Art. 17 I 2. Unterabsatz, Satz 3 EUV n.F. spricht von engeren institutionellen Beziehungen im Hinblick auf die Möglichkeit einer Integration der WEU in die Union und verdeutlicht damit, daß die MS die WEU als außerhalb der Union stehend ansehen.

Um das Ziel des Tätigwerdens der WEU für die EU in verteidigungspolitischen Angelegenheiten in rechtliche Form zu gießen, bedarf es daher einer nach außen wirkenden Vereinbarung. Diese muß zumindest den Rang einer *informellen* Vereinbarung zwischen der WEU

---

176 R. Streinz, *Europarecht,* S. 40; O. Dörr, „Zur Rechtsnatur der Europäischen Union", S. 343, vertritt, daß Art. O EUV (Art. 49 EUV n.F.) keine Aussage über die mögliche Rechtsqualität der Union, sondern nur über ihre körperschaftliche Organisation zu entnehmen sei; C. Koenig, M. Pechstein, *Die EU* (1998), S. 39, Rnr. 75.

177 Ch. Trüe, *Verleihung von Rechtspersönlichkeit an die Europäische Union*, S. 42ff. Die Union ist selbst Trägerin von Rechten und Pflichten, G. Ress, „Ist die Europäische Union eine juristische Person?", S. 33, 35f. Der Beitritt zu den Gemeinschaften wird hiermit von der Union mitgeregelt, W. Schroeder, „Die Rechtsnatur der EU", S. 17; vgl., Simma/Vedder, in: *Kommentar zur Europäischen Union,* Art. 210 EGV, Rnr. 6.

178 Sieht man die Ausarbeitung der Aufnahmebedingungen („Wie", Art. O II EUV; Art. 49 II EUV n.F.) als den einzig entscheidenden Rechtsakt der Aufnahme an, so könnte in der Tat eine Vertragsschlußkompetenz der Union aus Art. O EUV (Art. 49 EUV n.F.) nicht hergeleitet werden. Dafür, daß der mitgliedstaatliche Akt der entscheidende ist, O. Dörr, „Zur Rechtsnatur der Europäischen Union", S. 343.

179 Ch. Trüe, *Verleihung von Rechtspersönlichkeit an die Europäische Union*, S. 43; K.-D. Borchardt, *Die rechtlichen Grundlagen der EU,* S. 50; W. Schroeder, „Die Rechtsnatur der EU", S. 17.

180 Abl. C 241, 399, vom 29.8.94.

181 J. Klabbers, „Presumptive Personality", S. 250.

182 Art. 17 EUV n.F. wurde durch den Vertrag von Amsterdam ganz neu gefaßt und die Formulierungen wurden teilweise geändert. Der Abs. 2 des Art. J.4 EUV findet sich nun sinngemäß in Art. 17 II EUV n.F.

183 Art. J.4 II EUV a.F.

184 Dies ist ausdrücklich in Art. 3 des Übereinkommens über den Status der WEU, der nationalen Vertreter und des internationalen Personals vom 11.5.55 geregelt, BGBl. II, 1959, S. 705ff.

185 Ch. Trüe, *Verleihung von Rechtspersönlichkeit an die Europäische Union*, S. 46 Fußnote 185.

und der EU erlangen.[186] Das sogenannte „Ersuchen“ (Art. J.4 II EUV a.F.) seitens der EU könnte aber auch (formell) durch ein völkerrechtliches Abkommen umgesetzt werden.[187]

ddd) Die Vertretungsregelung des Art. J.5 EUV (Art. 18 EUV n.F.)

Im Gegensatz zur EPZ vertritt der Vorsitz die Union und nicht die MS.[188] Der Vorsitz ist außerdem zur „Durchführung gemeinsamer Aktionen“ und zur „Darlegung des Standpunktes der Union auf internationalen Konferenzen“ berufen. Dies kann zu dem Schluß verleiten, daß es sich dabei um eine Befugnis der Union zu *rechtsverbindlichem Tätigwerden* handelt. Dagegen spricht jedoch, daß Art. J.5 EUV (Art. 18 EUV n.F.) lediglich eine Organkompetenz,[189] bzw. Verfahrensregelung[190] darstellt und nicht selber (Verbands-) Kompetenzen verleiht. Nur wenn die Union selber zu rechtsverbindlichem Handeln ermächtigt ist, kann der Vorsitz sie dabei nach außen vertreten.[191]

eee) Rechtswirkungen von gemeinsamen Standpunkten

In gemeinsamen Standpunkten „wird das Konzept der Union für eine bestimmte Frage geographischer oder thematischer Art bestimmt“.[192] Grundsätzlich haben diese gemeinsamen Standpunkte Wirkungen im *Innenverhältnis* und regeln die Abstimmung der Politiken der MS. Fraglich ist jedoch, ob sie auch eine rechtliche Bindung *nach außen* herbeiführen können. Diese Möglichkeit der „externen“ Wirkung gemeinsamer Standpunkte leitet Jan Klabbers[193] aus einem Vergleich mit dem „Nukleartest“- Fall des IGH her.[194] Sollte also die Formulierung gemeinsamer Standpunkte so gefaßt sein, daß Drittstaaten darin eine Bindungsabsicht der Union sehen können, so muß sie sich diese zurechnen lassen. Hier wird vertreten, daß diese Auslegung gemeinsamer Standpunkte zwar in Einzelfällen gegeben sein kann, jedoch nicht von der Konzeption her gewollt war. Von daher kann sie nicht die These der Rechtspersönlichkeit der Union stützen.

---

[186] O. Dörr, „Zur Rechtsnatur der Europäischen Union“, S. 341, diese wird gem. Absatz 2 a.F. umgesetzt.

[187] Grs. bejahend, W. Schroeder, „Die Rechtsnatur der EU“, S. 13. Er verneint jedoch, daß ein solches Abkommen bereits geschlossen wurde; R. A. Wessel, „The international legal status of the European Union“, S. 125.

[188] G. Burghardt, G. Tebbe, in: *Kommentar EUV/EGV*, Art. J. 5, Rnr. 3.

[189] So O. Dörr, „Zur Rechtsnatur der Europäischen Union“, S. 342.

[190] Ch. Trüe, *Verleihung von Rechtspersönlichkeit an die Europäische Union*, S. 46.

[191] Siehe auch G. Burghardt, G. Tebbe, in: *Kommentar EUV/EGV*, Art. J. 5, Rnr. 3, die „Vertretungsmacht“ des Rates habe nur politischen Charakter. Er könne jedoch zu rechtsverbindlichem Handeln im Einzelfall besonders von den MS ermächtigt werden. Gegen die Zuweisung von Völkerrechtspersönlichkeit durch Art. J.5 EUV (Art. 18 EUV n.F.) an die EU auch P.-Ch. Müller-Graff, „Kohärenzgebot aus rechtlicher Sicht“, S. 62.

[192] Art. 15 EUV n.F.

[193] „Presumptive Personality“, S. 250.

[194] Australien gegen Frankreich, ICJ Reports, 1974, 253, Abs. 46.

Da es für die Bejahung der Völkerrechtspersönlichkeit unerheblich ist, ob die jeweiligen Organe bei der Erfüllung ihrer Aufgaben auf nur wenige Handlungsformen beschränkt sind,[195] läßt sich aus dem vorhergegangenen bereits der Schluß ziehen, daß die Union eigene Kompetenzen hat, die eine Völkerrechtspersönlichkeit begründen können.

fff) Die nachfolgende Praxis

Die Praxis der Unionsorgane und die von Drittstaaten kann eine Rolle für die (uneingeschränkte) Bejahung der Völkerrechtspersönlichkeit der Union spielen. Für die UNO hat der IGH die bestätigende Funktion einer solchen Praxis bejaht.[196] Im Gemeinschaftsrecht und für die Union ist es allerdings strittig, ob die Wiener Vertragsrechtskonvention (WVRK), insbesondere Art. 31 III b über die Auslegung, Anwendung finden kann. Für die Gemeinschaftsverträge (Titel II- IV) ist dies angesichts des hohen Integrationsgrades und der Sonderstellung der EG als supranationale Organisation zweifelhaft.[197] Für die Union sollte die Anwendung vor allem wegen des hauptsächlich zwischenstaatlichen Charakters der anderen Säulen bejaht werden.[198] Es ist auch nicht zu befürchten, daß diese Regeln gegen Grundsätze des auszulegenden EU-Rechts verstoßen und von daher unanwendbar wären.[199] Schließlich geht der EUV selber von der Prozeßhaftigkeit und fortschreitenden Entwicklung[200] der Union aus (vgl. Art. A II EUV; Art. 1 II EUV n.F.) und läßt somit zumindest Raum für die Anwendung der Grundsätze über die dynamische Auslegung im Gemeinschaftsrecht.[201]

Vielzitierte Beispiele solcher Praxis sind der Beschluß des Rates, sich in Zukunft „Rat der Europäischen Union“ zu nennen[202] und seine Auffassung, die Union könne aus völkerrechtlichen Normen verpflichtet sein.[203] Desweiteren werden die Handlungen bezüglich der Verwaltung der Stadt Mostar und die Übernahme anderer völkerrechtlicher Verpflichtungen im Zusam-

---

[195] Funktionale Völkerrechtspersönlichkeit internationaler Organisationen, vgl. I. Seidl-Hohenveldern, G. Loibl, *Das Recht der Internationalen Organisationen,* Rnr. 314; J. Klabbers, „Presumptive Personality“, S. 252; Simma/Vedder, in: *Kommentar zur Europäischen Union*, Art. 210, Rnr. 8.

[196] Rechtsgutachten des IGH vom 11.4.1949 über den Ersatz von im Dienste der UN erlittenen Schäden, ICJ Reports 1949, 147, S. 178f.

[197] Ch. Trüe, *Verleihung von Rechtspersönlichkeit an die Europäische Union*, S. 52, Fußnote 211.

[198] Die Praxis ziehen z. B. O. Dörr, „Zur Rechtsnatur der Europäischen Union“, S. 343; ders., „Noch einmal“, S. 3164; A. v. Bogdandy, M. Nettesheim, „Die Verschmelzung der EG“, S. 2324f; dies., „Einheitlicher Verband mit eigener Rechtsordnung“, S. 6, 25; W. Schroeder, „Die Rechtsnatur der EU“, S. 8; M. Herdegen, *Europarecht*, Rnr. 83; Hilf, in: *Kommentar zur Europäischen Union*, Art. A EUV, Rnr. 33; G. Ress, „Ist die Europäische Union eine juristische Person?“, S. 33, 36ff; J. Klabbers, „Presumptive Personality“, S. 251 mit ein. Die Zuwachsung von Außenkompetenzen durch konkludente Vertragsänderung hält sogar M. Pechstein, „Das Kohärenzgebot als entscheidende Integrationsdimension“, S. 249 für möglich; a.A. U. Everling, „Reflections on the Structure of the EU“, S. 1064.

[199] Ch. Trüe, *Verleihung von Rechtspersönlichkeit an die Europäische Union*, S. 52.

[200] H. Lecheler, „Der Rechtscharakter der 'Europäischen Union'“, S. 386.

[201] Vgl. dazu G. Ress, R. Bieber, „Die Dynamik des EG-Rechts als Rechtsproblem“, S. 13, 18f.

[202] Beschluß des Rates 93/581/EU/EG/EGKS/Euratom vom 8.11.93, Abl. L 281, 18; A. v. Bogdandy, M. Nettesheim, „Die Verschmelzung der EG“, S. 2324.

[203] Dies., „Einheitlicher Verband mit eigener Rechtsordnung“, S. 6. So die Auffassung des Rates in der dual use Verordnung, VO Nr. 3381/94 vom 19.12.94, Abl. L 367, 1, dritte Begründungserwägung.

menhang mit der Krisensituation in Bosnien-Herzegowina dazu gezählt.[204] Der Abschluß einer Vereinbarung mit der WEU über den Einsatz von Polizeikräften für die Verwaltung von Mostar am 9.5.1994,[205] der Abschluß einer Vereinbarung zur Verwaltung der Stadt Mostar am 5.7.1994,[206] die von der EU-Troika und dem zuständigen Kommissionsmitglied für die Union ausgehandelt und paraphiert und vom Rat förmlich gebilligt wurde[207] und schließlich die Mitunterzeichnung des Daytoner Friedensabkommens für Bosnien-Herzegowina als Zeuge sind ebenfalls zu erwähnen.[208] Erklärungen zur Demokratie und zu den Menschenrechten werden seit Errichtung der GASP im Namen „der Union" abgegeben, wohingegen sie zu Zeiten der EPZ im Namen „der EG und ihrer Mitgliedstaaten" veröffentlicht wurden.[209]

Die kurz geschilderte Praxis gibt den Konsens der Unionsorgane untereinander und zwischen ihnen und Drittstaaten wieder, daß die Union fähig ist, rechtsverbindlich zu handeln. Folglich kann die Völkerrechtspersönlichkeit der Union endgültig bejaht werden.

c) Die gestufte internationale Organisation

Aus einer Gesamtschau der obigen Diskussion ergibt sich, daß die EG nicht mit der Union zu einer Einheit verschmolzen ist, und daß die Union neben der EG ein eigenständiges Völkerrechtssubjekt ist.

Bildlich gesprochen können diese Ergebnisse am besten mit der Figur der gestuften internationalen Organisation wiedergegeben werden.[210] Diese Organisationsform sieht die Union als eine vertikale Verknüpfung zweier selbständiger Verbände, EG und Union, deren Mitglieder die fünfzehn MS sind. So kann zunächst dem Wortlaut des Art. A I EUV (Art. 1 I EUV n.F.), daß die Hohen Vertragsparteien *untereinander* eine Union gründen, ein Sinn gegeben werden. Die EG ist kein Mitglied der Union, sondern ein untrennbarer Bestandteil derselben,[211] in dem die MS eine engere Zusammenarbeit in den Gebieten der Errichtung des Gemeinsamen Marktes und der Außenbeziehungen der EG verfolgen (Art. 2, 3 EGV; Art. 2, 3 EGV n.F.).

---

[204] 93/603/GASP 8.11.93, Abl. L 286, 1 vom 20.11.93, Grundlage für die Übernahme der Verwaltung; 93/729/GASP 20.12.93, Abl. L 339, 3 vom 31.12.93, Ergänzung der gemeinsamen Aktion; 94/308/GASP 16.5.94, Abl. L 134 vom 30.5.94, Verlängerung der Beschlüsse; 94/709/GASP 12.12.94, Abl. L 326, 2 vom 17.12.94, zur weiteren Unterstützung der Verwaltung der Stadt Mostar; 95/517/GASP 4.12.95, Abl. L 298, 4, zur weiteren Unterstützung der Verwaltung der Stadt Mostar; Vgl. Simma/Vedder, in: *Kommentar zur Europäischen Union*, Art. 210, Rnr. 6.

[205] Kirchberg-Erklärung der WEU vom 9.5.94, Bulletin der Bundesregierung vom 20.5.94, 405, S. 406f. Vgl. auch Bull. EU Nr. 6, 1994, Jhrg. 27, Pkt. 1.22, S. 19.

[206] Zum Abkommen, vgl. Bull. EU, Nr. 7/8, 1994, Jhrg. 27, Pkt. 1.3.2., S. 74. Genauer dazu J. Klabbers, „Presumptive Personality", S. 251.

[207] Vgl. Bull. EU, Nr. 6, 1994, Jhrg. 27, Pkt. 1.3.9; Bull. EU, Nr, 7/8, 1994, Jhrg. 27, Pkt. 1.3.2ff; Kritisch W. Schroeder, „Die Rechtsnatur der EU", S. 17.

[208] So Ch. Trüe, *Verleihung von Rechtspersönlichkeit an die Europäische Union*, S. 58.

[209] W. Schroeder, „Die Rechtsnatur der EU", S. 18, diese Erklärungen können völkerrechtlich relevant sein, da sie Hinweise auf erga omnes Verpflichtungen enthalten.

[210] Ch. Trüe, *Verleihung von Rechtspersönlichkeit an die Europäische Union*, S. 59; O. Dörr, „Zur Rechtsnatur der Europäischen Union", S. 347. So auch W. Schroeder, „Die Rechtsnatur der EU", S. 6.

[211] O. Dörr, „Zur Rechtsnatur der Europäischen Union", S. 346; U. Everling, „Reflections on the Structure of the EU", S. 1059.

Gegenüber der horizontalen Gliederung der EG neben der Union (als nichtrechtsfähiger oder juristischer Person[212]) hat dieses Modell den klaren Vorteil, daß der vertragsübergreifende Charakter der Bestimmungen der Art. B, F, N, O EUV (Art. 2, 6, 48, 49 EUV n.F.) sich mit dieser Konstruktion leicht erfassen läßt. Gleichfalls kann die Weitergeltung von Art. 210 EGV (Art. 281 EGV n.F.) rechtlich erklärt werden.[213]

Zur Erläuterung kann insbesondere auf die Konstruktion der Europäischen Zentralbank (Art. 106 EGV; Art. 107 EGV n.F.) oder der Europäischen Investitionsbank (Art. 198d EGV; Art. 266 EGV n.F.) im Gefüge des EGV verwiesen werden.[214] Der EuGH hat die Doppelstellung der Europäischen Investitionsbank so ausgedrückt: „Der Bank kommt somit eine Doppelnatur in dem Sinne zu, daß sie einerseits hinsichtlich ihrer Geschäftsführung, (...), unabhängig, andererseits hinsichtlich ihrer Ziele mit der Gemeinschaft eng verbunden ist".[215] Ein weiteres Beispiel für solche Eingliederungen ist die UNO mit ihren rechtlich selbständigen Unterorganisationen.[216]

Dieses Modell der vertikalen Eingliederung der EG in die Union wird von A. von Bogdandy und M. Nettesheim dahingehend kritisiert, daß es an Bundesstaatsmodelle erinnere, die mit unlösbaren Problemen verbunden seien, mit denen sich noch kein Vertreter dieser Auffassung auseinandergesetzt habe.[217] Der einheitliche institutionelle Rahmen nach Art. C I EUV (Art. 3 I EUV n.F.), der in Art. E EUV (Art. 5 EUV n.F.) wieder aufgegriffen wird, könne nur mit Organidentität[218] erklärt werden. Eine solche widerspräche aber gerade dem von diesem Ansatz gewählten Bundesstaatsmodell.[219] Bei der Erfassung der Rechtsnatur der Union muß sich der Denkansatz jedoch von dem deutschen Modell lösen und bezüglich der EG von einer selbständigen Untergliederung ausgehen, die zur Erledigung bestimmter Aufgaben (siehe oben) geschaffen wurde, jedoch die Organe mit dem Gesamtgebilde teilt. Auch wenn dies bei herkömmlichen Bundesstaatsmodellen nicht üblich ist.

Die Union läßt sich folglich am überzeugendsten als gestufte internationale Organisation in die Institutionstypik des Völkerrechts einordnen. Als rechtlich autonome Organisation gehört die EG der rechtsfähigen Union als deren untrennbarer Bestandteil an. Der vom BVerfG im Maastricht-Urteil benutzte Begriff des „Staatenverbundes"[220] könnte insofern eine neue Bedeutung erlangen, und statt des Verhältnisses der MS zu dem von ihnen geschaffenen Gebilde[221] die Struktur dieses Gebildes beschreiben.[222]

---

[212] Siehe A. v. Bogdandy, M. Nettesheim, „Einheitlicher Verband mit eigener Rechtsordnung", S. 10, m.w.N.

[213] Dies., S. 11.

[214] U. Everling, „Reflections on the Structure of the EU", S. 1063; W. Schroeder, „Die Rechtsnatur der EU", S. 7.

[215] EuGH, Rs. 85/86, Kommission gegen Europäische Investitionsbank, Slg. 1988, S. 1281, Abs. 30.

[216] Ch. Trüe, *Verleihung von Rechtspersönlichkeit an die Europäische Union*, S. 59. Nachweise zu den Unterorganisationen der UNO in: H. Schermers, N. Blokker, *International Institutional Law*, § 1571.

[217] A. v. Bogdandy, M. Nettesheim, „Einheitlicher Verband mit eigener Rechtsordnung", S. 11.

[218] Vgl. G. Burghardt, G. Tebbe, „Rechtliche Struktur und Politischer Prozeß", S. 6.

[219] A. v. Bogdandy, M. Nettesheim, „Einheitlicher Verband mit eigener Rechtsordnung", S. 11f.

[220] BverfG E 89, 155, S. 181.

[221] So der Urheber des Begriffes, Paul Kirchhoff, vgl. P. Kirchhoff, „Der deutsche Staat im Prozeß der europäischen Integration", Bd. VII, § 183, Rnr. 38, 50-54.

2. Ergebnis zur Rechtsnatur der Europäischen Union

Als Ergebnis der bisherigen Ausführungen kann festgehalten werden, daß die Union eine internationale Organisation ist, der im EUV Kompetenzen sowohl im Innenverhältnis zu den MS, als auch im Außenverhältnis zu dritten Staaten verliehen worden sind. Sie genießt somit Völkerrechtspersönlichkeit. Ihre innere Struktur besteht aus drei Zuständigkeitsbereichen, die durch gemeinsame Bestimmungen verbunden werden. Im Hinblick auf einen dieser Bereiche - den der EG - bleibt festzuhalten, daß die EG durch Art. M i.V.m. Art. B und C EUV (Art. 47 i.V.m. Art. 2, 3 EUV n.F.) in ihrer Eigenständigkeit geschützt ist.

Die mit der Völkerrechtspersönlichkeit meist verbundenen Attribute sind die Vertragsschlußfähigkeit, die Mitgliedschaft in internationalen Organisationen, die Inanspruchnahme von Privilegien und Immunitäten, die Parteifähigkeit in Rechtsstreiten und das aktive und passive Gesandschaftsrecht.[223] Derartige Rechtspositionen sind nicht Voraussetzung, sondern *Folge* der Völkerrechtspersönlichkeit. Sie können somit bei ihrem Fehlen keine Leugnung von Rechtspersönlichkeit rechtfertigen. Daher schadet es auch nicht, daß die Union bislang z.B. keinen Gebrauch vom aktiven und passiven Gesandschaftsrecht macht. Art. 8c EGV (Art. 20 EGV n.F.) und Art. J.6 EUV (Art. 20 EUV n.F.) scheinen diese Kompetenz bei den MS belassen zu haben.[224] Zudem ist die Völkerrechtsfähigkeit nach dem Gutachten des IGH ein flexibel zu handhabender Begriff, der offen für neue Gestaltungen ist.[225]

Sollte eines Tages das Aufgehen der EG in der Union ausdrücklich angeordnet werden,[226] so stellt sich weiterhin die Frage nach der Vereinbarkeit der supranationalen und intergouvernementalen Elemente der Union. Diese würden voraussichtlich in unterschiedlichen Verfahren bei einheitlicher Struktur fortbestehen. Für die Befürworter der fortschreitenden Integration kann nur gehofft werden, daß damit nicht ein Rückschritt in die Zeiten Fouchet's[227] verbunden sein wird.

V. Rückschlüsse auf die Zurechnungssubjekte der verschiedenen Politikbereiche

Die gewonnenen Ergebnisse bedeuten für die nächsten Teile der Arbeit, daß die Union als Völkerrechtssubjekt Träger der GASP ist und somit ihre eigene Außen- und Sicherheitspolitik neben derjenigen der MS vollzieht.[228] Die EG bleibt als selbständige Handlungseinheit in dem

---

[222] O. Dörr, „Zur Rechtsnatur der Europäischen Union", S. 348; W. Schroeder, „Die Rechtsnatur der EU", S. 21, geht allerdings davon aus, daß der Begriff der internationalen Organisation weit genug sei, um auch die Union zu fassen. Es müsse nicht auf *sui generis*-Bezeichnungen zurückgegriffen werden.

[223] Simma/Vedder, in: *Kommentar zur Europäischen Union*, Art. 210, Rnr. 11ff; W. Schroeder, „Die Rechtsnatur der EU", S. 14; C. Koenig, M. Pechstein, *Die EU* (1998), Rnr. 59; K.-D. Borchardt, *Die rechtlichen Grundlagen der EU,* S. 46.

[224] Vgl. J. Klabbers, „Presumptive Personality", S. 251f.

[225] Reparation for Injuries-Gutachten (Ersatz von im Dienste der UN erlittenen Schäden), ICJ Reports 1949, *Reparation for Injuries*, 174, S. 178 f; W. Schroeder, „Die Rechtsnatur der EU", S. 8.

[226] So auch das Europäische Parlament, „Stance on Amsterdam Treaty", S. 4, Abs. 12.

[227] Vgl. C. Timmermanns, „The Uneasy Relationship Between the Communities and the Second Union Pillar: Back to the 'Plan Fouchet'?", S. 61-70.

[228] Nur so kann die Union der ihr mit der GASP neu zugewiesenen Aufgabe gerecht werden, vgl. R. A. Wessel, „The international legal status of the European Union", S. 129.

Gefüge der Union bestehen, schließt Verträge weiterhin im eigenen Namen und nimmt auch sonstige Rechtsgeschäfte auf „eigene Rechnung“ vor. Beide so beschriebenen Handlungsverbände haben spezifische Aufgaben, zu deren Erledigung sie vorrangig tätig werden sollen (Art. 2, 3 EGV, Art. J.1 II, K.1 EUV; Art. 2, 3 EGV n.F., Art. 11 EUV n.F., vgl. Art. 29 ff EUV n.F.). Dennoch gibt es zahlreiche Überschneidungen, die einerseits bereits vom Vertrag vorgesehen wurden (z.B. Art. C II EUV, Art. 228a EGV, Art. J.11 II EUV; Art. 3 II EUV n.F., Art. 301 EGV n.F., Art. 28 II EUV n.F.), sich in den meisten Fällen jedoch erst aufgrund der zweigeteilten Wahrnehmung der Außenkompetenzen (durch EG und EU) ergeben haben.

Als Völkerrechtssubjekt muß die Union somit, bevor sie international zum Schutz der Menschenrechte tätig wird, sowohl die völkerrechtliche Ermächtigung prüfen, als auch eine interne Handlungskompetenz haben. Beide Aspekte sollen in der Arbeit untersucht werden, wobei der Schwerpunkt auf der internen Aufgabenverteilung zwischen EG und GASP liegt.

B. Die völkerrechtlichen Grundlagen für eine aktive Menschenrechtspolitik der Europäischen Union

Eine *negative* Menschenrechtspolitik wird von der Union nur in den Fällen überhaupt in Betracht gezogen, in denen es sich um „schwere und fortgesetzte“ Verstöße gegen die Menschenrechte und „größere Unterbrechungen“ demokratischer Prozesse handelt. Prinzipiell ist der Ansatz dagegen ein *positiver*, der Anreize schaffen und Grundlagen für die Beachtung dieser Prinzipien legen soll.[229] Bevor auf die völkerrechtliche Einrahmung einer solchen Menschenrechtsaußenpolitik eingegangen wird, soll ein kurzer Blick auf die politikwissenschaftliche Diskussion um den Einbezug von Menschenrechten in die Außenpolitik von internationalen Akteuren geworfen werden, um eine kontextuelle Behandlung des Problemkreises zu ermöglichen.

I. Die Frage nach der Einbeziehung von Menschenrechten als Zielbestimmung der Aussenpolitik

Jede aktive Menschenrechtspolitik hat mit der schwierigen Aufgabe der Verbindung von zwei konträren Auffassungen von Menschenrechten und deren Beachtung zu kämpfen. Der Vertreter der einen Ansicht kann als „Universalist“ bezeichnet werden, da er davon ausgeht, daß Menschenrechte überall und gegenüber allen respektiert werden sollen. Die andere Position vertritt der „(kulturelle) Relativist“, der diesem Anspruch entgegensetzt, daß es unterschiedliche Wertsysteme gibt, die von dem Prinzip der Souveränität geschützt werden. Ein Staat habe kein Recht, seine eigenen Vorstellungen auf einen anderen zu verlagern.[230]

In der politikwissenschaftlichen Diskussion wird darum gestritten, welchen Stellenwert moralische und ethische Wertvorstellungen in den internationalen Beziehungen haben.[231] Sollen sie

---

[229] Entschließung des Rates und der im Rat vereinigten Vertreter, Demokratie und Entwicklung, Bull. EC, Nr. 11, 1991, Jhrg. 24, S. 128f; Europäischer Rat, Erklärung zu den Menschenrechten, Bull. EC, Nr. 6, 1991, Jhrg. 24, Anhang V, S. 17f; dazu genauer Kapitel 2.

[230] Zu dieser dieser andauernden Debatte siehe H. Steiner, P. Alston, *Human Rights in Context*, Kapitel 4, 166ff; J. Donnelly, *Universal Human Rights*, S. 107ff; A. Pollis, „Towards a New Universalism; Reconstruction and Dialogue“, S. 5f und die Diskussion weiter unten zur Implementierung.

[231] Besonders im Bereich von „international ethics“ begegnen sich die Disziplinen der Politik- und der Rechtswissenschaft.

das Handeln der Staaten beeinflussen oder ist es in der „anarchischen“ Welt der Staaten[232] unausweichlich, anderen Interessen den Vorrang zu geben? Relevant ist diese Frage *für die Union*, sofern vorausgesetzt wird, daß sie als „internationaler Akteur“ in der Lage ist, eine eigene Außenpolitik auszuüben.[233]

Gerade in der Außenpolitik kommt der Konflikt des internationalen Menschenrechtsschutzes besonders stark zum Ausdruck: Als zentrale Figur dieser Politik ist der Staat nicht nur der Erschaffer von Menschenrechtsnormen, sondern auch deren Verletzer.[234] Die Außenpolitik ist traditionell mit der Förderung der Interessen des Staates als wirtschaftliche und politische Einheit und nicht mit denen der Menschheit befaßt.[235] Daraus folgt, daß ein Staat einen anderen nur dann kritisiert, wenn er sich die Konsequenzen zumindest gut überlegt und ausgeschlossen hat, daß für ihn Nachteile daraus erwachsen. Es könnte somit Anreiz bestehen, das Thema der Menschenrechte einfach unter den Tisch fallen zu lassen.[236] Dem kann zwar entgegnet werden, daß die Menschenrechte - nicht zuletzt dank der konstanten Arbeit von Nichtregierungsorganisationen (NGOs) - Einzug in viele multilaterale Debatten und außenpolitische Agenden gefunden haben. Sie können nicht einfach vernachlässigt werden.[237] Zu klären bleibt jedoch nach wie vor die Frage, welchen Rang Menschenrechtsüberlegungen einnehmen, wenn sie von anderen Zielen der Außenpolitik herausgefordert werden und konkrete Entscheidungen gefällt werden müssen.[238] Zwischen den beiden politikwissenschaftlichen Positionen des Realismus und des Liberalismus[239] haben sich seit der Entstehung der Debatte[240] viele Theorien der internationalen Beziehungen entwickelt. Diese haben es sich zum Ziel

---

[232] Kenneth Waltz, *Theory of International Politics*, McGraw Hill, New York 1979, S. 102, „Among states, the state of nature is the state of war“.

[233] Hier findet sich die gleiche Diskussion um die „Handlungsfähigkeit“ der Union wie auch im vorangeschilderten rechtlichen Bereich. Ohne Anspruch auf Vollständigkeit sollen hier einige Autoren genannt werden, die dieses Thema behandeln. Siehe B. Soetendorp, „The Evolution of the EC/EU as a Single Foreign Policy Actor“, S. 103-119; M. Smith, „The EU as an international actor“, S. 247-262; H. Smith, *European Union Foreign Policy and Central America*; Christopher Hill, „The Capability-Expectations Gap“, S. 308f.

[234] B. Simma, „International Human Rights and International Law“, S. 168.

[235] Dilys M. Hill, „Human Rights and Foreign Policy“, S. 9.

[236] Ders., S. 9, spricht von „simply to drop the issue“.

[237] J. Donnelly, R. E. Howard, „Introduction“, S. 11.

[238] J. Vincent, „Human Rights in Foreign Policy“, S. 55, unterscheidet zwischen standard-setting und standard keeping; R. Higgins, „Human Rights and Foreign Policy“, S. 572ff; P. Baehr, *The role of human rights*, S. 23, jede Regierung muß entscheiden, welchem konkreten Ziel sie eine höhere Bedeutung zuweist. Diese Abwägung fällt häufig zugunsten des Handels aus. Es sei denn, die Beschränkung der Austauschvorgänge liegt im Interesse des handelnden Staates, z.B. beim Schutz von Arbeitnehmerrechten (utilitaristische Argumentation). Für einen Überblick am Beispiel Chinas vgl. J. Aschenbrenner, *The European Union, Human Rights and China*.

[239] Auch „Idealismus“ genannt, vgl. S. Burchill, „Introduction“, S. 5; H. Morgenthau, *Politics Among Nations*, S. 13, spricht vom „legalistic-moralistic approach“; teilweise wird der Ansatz auch als „liberaler Internationalismus“ bezeichnet, siehe A.-M. Slaughter Burley, „International Law and International Relations Theory: A Dual Agenda“, S. 207. Dazu auch *The Economist*, 12.4.1997, „A suitable target for foreign policy“, S. 15-25.

[240] Dies war in der ersten Hälfte des 20. Jhd, vgl. E. Carr, *Twenty Years' Crisis*, S. 1f. Die Diskussion wurde dann mit dem Ende des Krieges in den 60er Jahren wiederbelebt, S. Burchill, „Liberal Internationalism“, S. 28.

gesetzt, den bestehenden Konflikt herauszuarbeiten und die zu beobachtende Kooperation von Staaten zu erklären.[241] Da sie wegen ihrer Komplexität hier nicht einzeln dargestellt werden können, soll lediglich versucht werden, die Positionen der beiden Gegenpole zu erläutern.

Vereinfachend dargestellt vertritt ein Realist[242] die Auffassung, daß die zwischenstaatlichen Angelegenheiten von Machtpolitik bestimmt werden, und moralische Werte zumindest dann keine Rolle spielen können, wenn sie mit anderen außenpolitischen Zielen kollidieren. „Morality can only be relative, not universal".[243] In der Auffassung der Realisten bestimmen die Interessen des Staates sein konkretes Handeln. Diese Dominanz der Interessen wird von einem Fokus auf Macht und Machtspiele begleitet, bei denen es darum geht, den Staat und seine Grenzen bestmöglichst zu erhalten.[244] Der zweite Weltkrieg gab den Realisten überzeugende Argumente dahingehend in die Hand, daß Moral und Staatenbeziehungen schwer zu vereinbaren sind, und daß auch die internationale Zusammenarbeit (Völkerbund) diese Machtkonstellationen nicht ändern kann.[245] Die Kooperation von Staaten fände nur dann statt, wenn sie in deren Interesse liege, und auch nur dann gewährten die Staaten Menschenrechtserwägungen Vorrang vor anderen außenpolitischen Zielen, welche die Existenz des Staates betreffen.[246] Das Beharren auf Menschenrechten führe zu Unstabilität des internationalen Systems und möglicherweise zu Krieg. „Raising the issue (of human rights) touches on the very foundations of a régime, on its sources and exercises of power, on its links to its citizens or

---

[241] Vgl. H. Morgenthau, *Politics Among Nations*, S. 3; Zu den Theorien im Bereich des Handels siehe, Susan Strange, *State and Markets. An Introduction to International Political Economy*, Pinters, London 1988, S. 174ff. Sie nennt die drei Hauptschulen: (neo-) mercantilist (realist), neo-classical or liberal (pluralist) and Marxist (structuralist); Robert Gilpin, *The Political Economy of International Relations*, S. 12ff zu den drei Hauptthemen der „international political economy": First, whether a highly independent world economy promotes harmony or causes conflict among states; Second, what is the relationship between economic change and international political change; and third, what is the significance of a world market economy for domestic economies; Konstruktivismus und neo-liberaler Institutionalismus (Funktionalismus, Rationalismus) beschäftigen sich dagegen auch mit der Zusammenarbeit in „hard issues", d.h. Fragen der Sicherheit und des Friedens.

[242] Der politische Realismus wurde vornehmlich von Hans Morgenthau, Edward Carr und George Kennan vorangetrieben. Vgl. H. Morgenthau, *Politics Among Nations*; ders., zur Rolle des Völkerrechts in der Politik „Positivism, Functionalism and International Law"; E. Carr, *Twenty Years' Crisis*; G. Kennan, *Amerikas Außenpolitik*. Als prominenter Vertreter des Neo-Realismus ist Kenneth Waltz, *Theory of International Politics*, zu nennen.

[243] E. Carr, *Twenty Years' Crisis*, S. 21; S. Burchill, „Realism and Neo-realism", S. 72 zur Position Carr's; vgl. auch G. Kennan, *Amerikas Außenpolitik*, S. 115; S. Burchill, „Liberal Internationalism", S. 29, dieses Kämpfen um Macht in der Politik rührt von dem Fehlen einer Hierarchie im internationalen System her. Moralische Absichten werden so vereitelt; Richard B. Lillich, Frank C. Newman, „The Carter Administration's Human Rights Initiatives", S. 826, zur Politik Kissingers; dies., S. 828, ob Menschenrechte gefördert werden hängt davon ab, ob dies mit den Interessen des Staates übereinstimmt und geringe politische Kosten damit verbunden sind.

[244] Siehe E. Carr, *Twenty Years' Crisis*, S. 102f.

[245] Vgl. G. Kennan, *Amerikas Außenpolitik*, S. 109f; H. Morgenthau, *Politics Among Nations*, S. 27; E. Carr, *Twenty Years' Crisis*, S. 28f, 36ff.

[246] Siehe H. Morgenthau, *Politics Among Nations*, S. 5, 7, 10f, A.-M. Slaughter Burley, „International Law and International Relations Theory: A Dual Agenda", S. 207f; S. Burchill, „Introduction", S. 1-27; S. Burchill, „Realism and Neo-realism", S. 67-92; Ben Soetendorp, „The Evolution of the EC/EU as a Single Foreign Policy Actor", S. 105.

subjects. It is a dangerous issue..."[247] Die Diktate der Realpolitik können folglich so zusammengefaßt werden, daß das Interesse des Staates die Handlung auslöst, die Zwänge der Politik von dem unregulierten Wettbewerb der Staaten herrühren, durch Analyse dieser Zwänge das nationale Interesse am besten herausgearbeitet werden kann und schließlich eine erfolgreiche Politik verfolgt wurde, wenn der Staat geschützt und gestärkt wurde.[248]

Der realistische Ansatz orientiert sich im Gegensatz zum liberalen daran, was geschieht und was geschehen ist. Nicht aber, wie letzterer, daran, was sein sollte.[249] Da eine solche liberale Ausrichtung in vielen Fällen hochgesteckten, jedoch in der Staatenwelt nicht immer realisierbaren Idealen entspricht, wird der Liberalismus von den Realisten häufig als Utopie bezeichnet. Hier bietet es sich an, kurz Niccolo Machiavelli zu erwähnen, der als einer der ersten gewichtigen politischen Realisten bezeichnet werden kann. Schon er wandte sich grundlegend gegen den utopischen Ansatz, in der Politik einem Phantasiebild nachzueifern und suchte vielmehr nach dem wirklichen Wesen der Dinge.[250]

Den Gedanken an „das, was sein sollte" im Kopf behaltend, kann nun zum Gegenpol des realistischen Ansatzes, dem Liberalismus, übergeleitet werden. Dieser war zur Zeit W. Wilsons (1913-1921) als „liberaler Internationalismus" von der Idee geprägt, daß der in liberalen Staaten herrschende rechtliche Schutz von Menschenrechten und Demokratie auf die internationale Ebene übertragen werden soll.[251] Die internationalen Beziehungen könnten durch rechtliche Organisation der Staatengemeinschaft geregelt und so Krieg und Machtpolitik aus der Welt geschafft werden.[252] Mangels Reduktion des liberalen Ansatzes auf eine einheitliche Lehre und damit Ausgangsbasis für weitere Theorien, hatte es das liberale Gedankengut schwer, die Dominanz des Realismus zu bekämpfen.[253] Dennoch werden die Ansätze als Alternative zum Diktat der Machtpolitik auch heute weiter ausgebaut. Ihre grundlegenden Annahmen sind, daß nicht das „anarchische" Staatensystem, sondern die Zivilgesellschaft die Formulierung von staatlichen Interessen bedingt. Dabei vertritt jede Regierung die Position bestimmter Interessengruppen innerhalb des Landes und das Verhandlungsergebnis zwischen

---

[247] S. Hoffmann, „The Hell of Good Intentions", S. 8; Editorial, „What's New in Human Rights", S. 867, nach Kissinger gab es keine höhere Moralität als Frieden.

[248] Kenneth Waltz, *Theory of International Politics*, S. 117. Solche Erwägungen spielten insbesondere im Amerika der 70er Jahre eine bedeutende Rolle, Richard B. Lillich, Frank C. Newman, „The Carter Administration's Human Rights Initiatives", S. 826, 831.

[249] E. Carr, *Twenty Years' Crisis*, S. 11.

[250] N. Machiavelli, *Der Fürst*, S. 63.

[251] „We are at the beginning of an age in which it will be insisted that the same standards of conduct and of responsibility for wrong shall be observed among nations and their governments that are observed among the individual citizens of civilized states", W. Wilson in einer Rede 1917, zitiert bei E. Carr, *Twenty Years' Crisis*, S. 153; ders, *Twenty Years' Crisis*, S. 27f; S. Burchill, „Liberal Internationalism", S. 62.

[252] Vgl. E. Carr, *Twenty Years' Crisis*, S. 8f, 20f.

[253] A.-M. Slaughter Burley, „International Law and International Relations Theory: A Dual Agenda", S. 227. Auch die Theorien, die sich als Alternative zum vorherrschenden Realismus sahen, haben sich aufgrund „realistischer" und nicht der liberalen Grundannahmen entwickelt; E. Carr, *Twenty Years' Crisis*, S. 22ff, zu den Anfängen des „utopischen" Ansatzes.

den Staaten wird nicht durch die Macht im System, sondern durch die spezielle Ausgestaltung des vorher definierten Interesses bestimmt.[254]

Aufgrund verschiedener Basisannahmen und mit unterschiedlicher Intensität versuchen diese Theorien das Interagieren der Staaten, welches von den Juristen durch Völkerrecht strukturiert wird, zu beschreiben oder zu erklären. Es ist nicht verwunderlich, daß sich die Realismus/Liberalismus-Debatte der Politikwissenschaft auch auf den Bereich des Völkerrechts übertragen hat. Bereits Ende der 70er Jahre war der völkerrechtliche Menschenrechtsschutz unter Beschuß von anderen Disziplinen gekommen.[255] Es wird von den Völkerrechtlern auch immer wieder gefordert, die Existenz und Wirksamkeit des „Rechts der Staaten" zu belegen.[256]

Folgt man Jack Donnelly,[257] so hat ein internationaler Akteur, der Menschenrechte als wichtiges Element seiner internationalen Beziehungen ansieht, folgende Schritte zu vollziehen: „First, it must select a particular set of rights to pursue, secondly, it needs to explore the legal and moral implications of an intervention in a third state on humanitarian grounds, and lastly, the concern of human rights has to be included in the broader foreign policy goals the international actor wants to follow". Die interessante Frage, welche Rechte die Union mit ihrer Menschenrechtspolitik in Drittstaaten verfolgt, würde für sich genommen genug Stoff für eine weitere Arbeit geben und kann daher nur angerissen werden.[258] Der nächste Abschnitt beschäftigt sich mit der Problemstellung, inwieweit bestimmte Politikoptionen gegenüber dritten Staaten unter Berufung auf die Menschenrechte völkerrechtlich legitimiert sind. Erst in den beiden folgenden Kapiteln soll dann darauf eingegangen werden, wie und auf welchen Ebenen die Union den Menschenrechtsschutz in ihre Außenpolitik integriert (Kapitel 2 und 3).

---

[254] A.-M. Slaughter Burley, „International Law and International Relations Theory: A Dual Agenda", S. 227f; G. Kennan, *Amerikas Außenpolitik*, S. 113, bezweifelt, daß das Volk in der Regierung seinen Sprecher finden kann.

[255] A. Pollis, „Towards a New Universalism; Reconstruction and Dialogue", S. 5.

[256] Die Zweifel an der Rechtsnatur von Völkerrecht werden daran aufgehängt, daß es keine starken Sanktionen und keinen übergeordneten Handlungsträger gibt, und die Entstehung und Durchsetzung der Normen vom Konsens der Staaten abhängt. Nicht das Gesetz, sondern nur die „laws of politics" seien im zwischenstaatlichen Verkehr relevant. Diese beeinflussen und regieren das Zusammenleben der Staaten, wohingegen das Völkerrecht keinen zwingenden Charakter haben könne. Zu dieser Diskussion, siehe O. Schachter, *International Law in Theory and Practice*, Kapitel 1: The Nature and Reality of International Law und S. 345; R. Higgins, *Problems & Process*, S. 1ff; H. Morgenthau, „Positivism, Functionalism and International Law"; Stanley Hoffmann, *The Study of International Law and Theory of International Relations*, 1963, S. 50; Desweiteren P. Malanczuk, *Introduction to International Law*, S. 5ff; Martti Koskenniemi, „The politics of international law", S. 6ff; ders., „International Law Aspects of the CFSP", S. 27f; Ebenfalls zur Rolle von Völkerrecht in der Außenpolitik, G. Burghardt, G. Tebbe, „Rechtliche Struktur und Politischer Prozeß", S. 1ff.

Die Kritik der Realisten an der Rechtsnatur des Völkerrechts lebt immer wieder auf. Oft bezieht sie sich auf den Bereich der Menschenrechte. Die Realisten können jedoch die historische Tatsache nicht erklären, daß Demokratien keine Kriege gegeneinander führen, daß die Staaten häufig im Bereich des Menschenrechtsschutzes zusammenarbeiten und die Menschenrechte in vielen Instanzen auch respektieren. Die unterschiedliche Qualität des Völkerrechts im Vergleich zu nationalem Recht, muß nicht automatisch zur Versagung seiner Rechtsnatur führen. Auch ohne Ausübung von Zwang und Sanktionen, kann das Völkerrecht zur Struktur der internationalen Politik beitragen, vgl. insbesondere A.-M. Slaughter Burley, „International Law and International Relations Theory: A Dual Agenda", S. 221.

[257] J. Donnelly, R. Howard, „Introduction", S. 11.

[258] Siehe dazu L. Woods, „The European Union and Human Rights", S. 283-300.

II. Der völkerrechtliche Schutz der Menschenrechte

1. Die Herausbildung des internationalen Menschenrechtsschutzes

Die Annahme der allgemeinen Erklärung der Menschenrechte (AEMR) am 10.12.1948 durch die Generalversammlung der Vereinten Nationen[259] war der erste Versuch, durch eine Auflistung der als essentiell erachteten Menschenrechte die programmatische Bestimmung des Art. 1 III der UN-Charta in die Tat umzusetzen. Die AEMR stellt damit eine wesentliche Grundlage für die darauf folgende Kodifizierung des internationalen Menschenrechtsschutzes als einen Teilbereich des Völkerrechts dar.[260]

Eine Grundlage für die Schaffung der AEMR war der liberale Ansatz, daß die Rechtmäßigkeit eines Staates von dem Bekenntnis zur Rechtsstaatlichkeit und der Beachtung der Grund- und Menschenrechte seiner Bürger abhängt.[261] Diese Rechte stehen allen Menschen zu, da sie auf der menschlichen Natur gründen. Das Gedankengut der amerikanischen Unabhängigkeitserklärung aus dem Jahre 1776 und der französischen „Déclaration des Droits de l'homme et du citoyen" von 1789 hat hier eine nicht unwesentliche Rolle gespielt. Neu war es daher nicht, dem Einzelnen Rechte zuzugestehen, sondern diese Rechte „Menschenrechte" und nicht „Naturrechte" zu nennen. Die dahinterstehende Idee blieb dieselbe.[262] Außerdem wurde vertreten, daß ein Staat, der seine Bürger menschlich behandelt, sich auch nicht an Kriegen beteiligt. Daher wurde es von den Liberalen als Aufgabe angesehen, einen Kodex ethischer und moralischer Standards zu entwickeln, der auf die ganze Welt anwendbar ist.[263] Die Grundannahmen waren folgende: Der Liberalismus ist durch den Blick auf individuelle Freiheitssphären und persönliche Selbstbestimmung gekennzeichnet. Beide Aspekte sind dann beeinträchtigt, wenn Personen nicht mehr respektiert werden oder ihre Ziele nicht mehr frei bestimmen können.[264] Die Verletzung von Rechten stellt dabei die Grenze für Toleranz dar.[265] Wenn auch der Liberalismus des 18. Jahrhunderts vornehmlich mit bürgerlichen und politischen Rechten beschäftigt war,[266] so wurde nunmehr versucht, auch andere Traditionen in die

---

[259] Resolution 217 III, in: GAOR (III) Part I Resolutions (Doc. A/810), S. 71.

[260] Vgl. A. Pollis, „Towards a New Universalism; Reconstruction and Dialogue", S. 5.

[261] H. Steiner, P. Alston, *Human Rights in Context*, S. 188ff; B. Weston, „Human Rights", S. 656f.

[262] H. Steiner, P. Alston, *Human Rights in Context*, S. 168.

[263] S. Burchill, „Liberal Internationalism", S. 38; Zur Ausarbeitung der AEMR, vgl. H. Steiner, P. Alston, *Human Rights in Context*, S. 198ff.

[264] W. Kymlicka, *Multicultural Citizenship*, S. 155, 158.

[265] D. D. Raphael, „The Intolerable", S. 147.

[266] Die neu hervorkommende Bourgeoisie wollte mittels dieser Rechte am politischen Leben teilhaben und die strenge monarchische Führung durchbrechen, A. Pollis, „Towards a New Universalism; Reconstruction and Dialogue", S. 10.

Ausarbeitung der Menschenrechtsstandards zu integrieren.[267] So wurde z.B. Wert auf die Einbeziehung wirtschaftlicher und sozialer Rechte gelegt.[268]

Es erstaunt nicht, daß ein solches Vorhaben dennoch Widerspruch, vor allem von nichtliberalen Staaten, hervorrufen mußte. Schnell wurde es mit einer neuen Form der Hegemonie gleichgesetzt.[269] Der Fokus des liberalen Ansatzes ist vielen Kulturen, die die Gemeinschaftsinteressen voranstellen, gänzlich fremd.[270] Zudem wurde angezweifelt, daß Liberale definieren können, welche die wichtigsten Werte in anderen Gesellschaften, z.B. hierarchisch strukturierten sind. Diese seien überall verschieden. Dabei darf nicht vergessen werden, daß zur Zeit der Ausarbeitung der AEMR nur 56 Staaten Mitglieder der Vereinten Nationen und viele heutige Entwicklungsländer noch unselbständige Kolonien waren.[271] Die Zahl der an der Kodifizierung beteiligten Staaten war somit gering. Es ist jedoch zu beachten, daß das naturrechtliche Erbe der amerikanischen Unabhängigkeitserklärung und der französischen „Déclaration des Droits de l'homme et du citoyen" nur insofern eine Verbindung zum heutigen Menschenrechtsschutz aufweist, als daß die Rechte als unveräußerlich[272] gelten. Im weiteren Verlauf wird aber durchaus anerkannt, daß die konkrete Ausgestaltung der Menschenrechte aus historisch-gesellschaftlichen Gründen nicht überall identisch ist.[273] Bentham, einer der wichtigsten Vertreter des Positivismus, hat seinen Mißfallen gegenüber der Existenz von Naturrechten mit dem Satz zum Ausdruck gebracht: Das Reden über Naturrechte sei „simply nonsense; (...) rhetorical nonsense, nonsense upon stilts".[274]

Der Ausarbeitung internationaler Normen zum Schutz und zur Durchsetzung der Menschenrechte, wurden vornehmlich zwei Völkerrechtsgrundsätze entgegengehalten. Zum einen verstieße eine solche Regelung gegen das Verbot der Einmischung in die inneren Angelegenheiten eines Staates, zum anderen seien allein die Staaten Völkerrechtssubjekte. Der Einzelne könne nicht berechtigt und verpflichtet werden. Die Greueltaten des zweiten Weltkriegs haben nicht unwesentlich dazu beigetragen, daß sich diese Haltung allmählich lockerte. Die Charta der Vereinten Nationen und die AEMR haben die Abkehr vom traditionellen Völkerrechtsgrundsatz, nur Staaten könnten Träger völkerrechtlicher Rechte und Pflichten sein, eingeleitet.

---

267 Dennoch wird die AEMR häufig als ein rein liberales Dokument bezeichnet, was angesichts ihrer Vorgeschichte nicht halten kann. Noch kann sie einer anderen Tradition allein zugeordnet werden, vgl. H. Steiner, P. Alston, *Human Rights in Context*, S. 198f.

268 Vgl., American Anthropological Association, „Statement on Human Rights" zu den Vorarbeiten an der AEMR, zitiert in: H. Steiner, P. Alston, *Human Rights in Context*, S. 198.

269 S. Burchill, „Liberal Internationalism", S. 64.

270 H. Steiner, P. Alston, *Human Rights in Context*, S. 187f. Weitere Ausführungen in D. Mauzy, „The human rights and 'Asian values' debate"; Anne F. Bayefsky, „New Excuses for Old Strategies"; Y. Ghai, „Human Rights and Governance"; F. van Hoof, „Asian Challenges to the Concept of Universality: Afterthoughts on the Vienna Conference on Human Rights"; A. Sen, „Human Rights and Asian Values".

271 Partsch, in: *Charta der Vereinten Nationen*, Art. 55 (c), Rnr. 24, 26, Gesch. Rnr. 61, 70. Im Jahr 1969 waren dann bereits 126 Staaten Mitglieder der VN.

272 Präambel der AEMR, erster Absatz.

273 So formuliert P. Alston, „Importance of the Inter-Play", S. 66f, daß zwar die Rechte nicht überall genau gleich interpretiert und gewahrt werden, daß es aber keinem politischen, wirtschaftlichen oder kulturellen System erlaubt ist, ihre universale Natur zu leugnen.

274 J. Bowring (Hrsg.), *The Works of Jeremy Bentham*, S. 501.

Die anschließende Kodifizierung des Völkerrechts in diesem Bereich[275] setzt diesen „revolutionären" Charakter der Menschenrechte[276] in konkrete Rechtsverpflichtungen um. Nunmehr wird der Einzelne, unabhängig von seiner Rasse, des Geschlechts, der Sprache oder der Religion[277] unmittelbar berechtigt und verpflichtet. Ebenso wurde durch die Aufnahme der Menschenrechte als Zielbestimmung der Vereinten Nationen die Berufung auf die uneingeschränkte Souveränität der Staaten (vgl. Art. 2 Ziff. 7 UN-Charta) erheblich eingeschränkt. Es bleibt Aufgabe des heutigen Menschenrechtsschutzes, solche Bedenken zugunsten der Menschen und mittels wohlüberlegter Handlungen seitens der Staaten immer wieder zu zerstreuen.[278]

Angesichts dieser Weiterwicklung des internationalen Menschenrechtsschutzes durch die fortlaufende Kodifizierung und gewohnheitsrechtliche Verfestigung, stellt sich nun die Frage, auf welche völkerrechtlichen Rechtsquellen sich die Union berufen kann, wenn sie zugunsten der Menschenrechte in einem Drittstaat „interveniert".

2. Die völkerrechtliche Legitimität der Maßnahmen

a) Der allgemeine Zusammenhang

Die AEMR, die beiden Menschenrechtspakte, sowie die weiteren Instrumente des internationalen und regionalen Menschenrechtsschutzes stellen für die Union einen Referenzpunkt für ihr Tätigwerden zum Schutze des Einzelnen dar.[279] Aktivitäten zugunsten der Menschenrechte in Drittstaaten basieren generell auf dem in diesem Rechtsgebiet vorherrschenden Grundsatz der Universalität der Menschenrechte[280] und der Relativität des Verbotes der Intervention in die inneren Angelegenheiten eines Staates.[281] Bei Verstößen gegen erga-omnes Pflichten[282] im Bereich der Menschenrechte stellt sich die Frage nach den Konsequenzen und den rechtlichen Grundlagen eines Eingreifens im Drittstaat.[283]

---

[275] Die sechs wichtigsten Verträge sind: IPbürgR, IPwirtR, CERD, CEDAW, CAT und CRC.

[276] B. Simma, „International Human Rights and International Law", S. 167ff.

[277] Vgl. Art. 1 III UNC.

[278] Siehe auch unten die Diskussion zur Implementierung.

[279] Vgl. dazu die Kommissionsmitteilung, „From Rome to Maastricht and Beyond", COM (95) 567 endg.

[280] Vgl. Art. 2 der AEMR.

[281] Das Interventionsverbot umfaßt alle innerstaatlichen Vorgänge, die Ausfluß der innerstaatlichen Souveränität sind. Das sind grundsätzlich alle Belange der innerstaatlichen Gemeinschaft, soweit sie keinen Bezug zum Völkerrecht haben, d.h. weder der Regelung einer völkervertragsrechtlichen noch sonstigen völkerrechtlichen Norm unterliegen, Fischer, in: K. Ipsen, *Völkerrecht*, S. 898. Eine generelle Prämisse des internationalen Menschenrechtsschutzes ist die Einschränkung der Souveränität der Staaten in diesem Bereich, Bilder, „Human Rights and U.S. Foreign Policy: Short Term Prospects", S. 831.

[282] Obiter dictum des IGH in *Barcelona Traction, Light and Power Company, Limited*, Second Phase, ICJ Reports 1970, S. 32, „basic rights of the human person"; Die Frage nach einer völkerrechtlichen erga omnes Verpflichtung auf die Wahrung der Menschenrechte spielt insofern eine Rolle, als daß sie die Grundvoraussetzung für das Verhängen einer Repressalie oder Retorsion durch nicht direkt betroffene Staaten darstellt. Eine Repressalie „kann entweder dadurch gesetzt werden, daß etwas unterlassen wird, was sonst völkerrechtlich geboten wäre (...) oder aber in der Weise, daß eine sonst völkerrechtswidrige Handlung angeordnet wird", A. Verdross, B. Simma, *Universelles VR*, § 1344. Eine Retorsion ist eine dem Völkerrecht nicht widersprechende, aber unfreundliche Handlung, dies., § 1335. Strittig ist bei Verletzungen von erga omnes

Hinsichtlich des Umfangs der von der Union geschützten Freiheiten ist ihre Position leider „unnecessarily unclear and sometimes even confusing".[284] Nicht nur wird allgemein Wert auf die Wahrung „der" Menschenrechte oder auf bürgerliche und politische, sowie wirtschaftliche, soziale und kulturelle Menschenrechte gelegt. Es werden daneben Demokratie und Rechtsstaatlichkeit zu essentiellen Prinzipien der Politik erhoben (vgl. auch Art. 130u II EGV; Art. 177 EGV n.F.). Außerdem wird gefordert, Minderheiten zu schützen, Medienfreiheit zu unterstützen, die Religionsfreiheit zu gewähren, Diskriminierung zu vermeiden, kulturelle Identität zu bewahren und schließlich „verantwortliche Staatsführung" (good governance) zu fördern.[285] Sollten negative Maßnahmen nötig sein, so scheint sich die Union aber auf Fälle von schweren Verstößen gegen die grundlegenden Menschenrechte und gegen formale Aspekte von Demokratie (faire und freie Wahlen, Mehrparteiensystem, Rechenschaftspflicht etc.)[286] zu beschränken.[287]

Es soll nun untersucht werden, wie sich die Rechtslage nach Völkerrecht im Hinblick auf eine solche aktive Menschenrechtspolitik darstellt.

b) Das Gewalt- und Interventionsverbot

Das gewaltsame Tätigwerden in einem Drittstaat zugunsten der Menschenrechte der Bevölkerung oder eigener Staatsbürger verstößt gegen das Gewaltverbot und kann außer in den Fällen des Art. 51 und 39ff der UN-Charta nicht gerechtfertigt werden.[288] Der Union stehen jedoch viele weitere Mittel der Außenpolitik zur Verfügung, um ein bestimmtes Verhalten in einem Drittstaat zu kritisieren, bzw. zu sanktionieren. Vor allem angesichts der noch unterentwickel-

---

Verpflichtungen die exakte Form der Sanktion, vgl. A. Verdross, B. Simma, *Universelles VR*, §§ 49f, 1343. Dazu auch B. Simma, „Does the UN Charter Provide an Adequate Legal Basis for Individual or Collective Responses to Violations of Obligations erga omnes?", S. 125ff, 136.

283 Vgl. R. Provost, „Reciprocity in human rights and humanitarian law" und Prosper Weil, „Towards a Relative Normativity in International Law".

284 K. Arts, „European Community Development Cooperation", S. 264, allerdings zur Position der EG.

285 Vgl. Europäischer Rat in seiner Grundsatzerklärung zu den Menschenrechten, Bull. EC, Nr. 6, 1991, Jhrg. 24, Anhang V, S. 17f; Entschließung des Rates und der im Rat vereinigten Vertreter, Demokratie und Entwicklung, Bull. EC, Nr. 11, 1991, Jhrg. 24, S. 128f; Entschließung des Rates, Bull. EC, Nr. 11, 1992, Jhrg. 25, S. 93. Siehe auch die Mitteilung der Kommission, Development cooperation policy in the run-up to the year 2000, SEC (92), 915 endg. vom 15.5.92. Die Verantwortliche Staatsführung scheint dabei als allumfassendes Konzept angesehen zu werden, K. Arts, „European Community Development Cooperation", S. 264.

286 Zu den formalen und substantiellen Aspekten der Demokratie vgl. B. Simma, C. Schulte, J. Aschenbrenner, „Human rights considerations in development cooperation activities of the EC", S. 596ff m.w.N.; B. Bauer, *Der völkerrechtliche Anspruch auf Demokratie*; K. Tomasevski, *Between Sanctions and Elections*, S. 230, 232, Wahlrechte stellen einen kleinen Teil der Menschenrechte dar und Menschenrechte, insbesondere Minderheitenrechte, stellen wiederum ein Korrektiv für Demokratie dar.

287 Entschließung des Rates, Bull. EC, Nr. 11, 1992, Jhrg. 25, S. 93f, die von der Erweiterung der zu schützenden Rechte nur bei positiven Maßnahmen spricht.

288 Str., zur humanitären Intervention vgl. Randelzhofer, in: *Charta der Vereinten Nationen*, Art. 2 Nr. 4, Rnr. 49ff; O. Schachter, *International Law in Theory and Practice*, S. 117ff. Zu Art. 51 UNC, A. Verdross, B. Simma, *Universelles VR*, § 467ff; N. Rodley, „Human Rights and Humanitarian Intervention", S. 327f; B. Simma, „Does the UN Charter Provide an Adequate Legal Basis for Individual or Collective Responses to Violations of Obligations erga omnes?", S. 137.

ten militärischen Komponente der GASP[289] kommen hauptsächlich wirtschaftliche und diplomatische Mittel in Betracht. Sie reichen von der Nutzung diplomatischer Kanäle, über Stellungnahmen in internationalen Organisationen, über die Unterbrechung ministerieller und sportlicher Kontakte, über die Verweigerung von Entwicklungshilfe bis hin zu Handelssanktionen.[290] Zwar ermächtigt keine Norm des Völkerrechts die Staaten und sonstige Völkerrechtssubjekte ausdrücklich, zugunsten der Menschenrechte einzugreifen;[291] solange jedoch weder das Gewalt- noch das Interventionsverbot verletzt sind, wird ein solches Tätigwerden auch nicht untersagt.[292] Der oben als Beispiel erwähnte wirtschaftliche Zwang verstößt nicht gegen das Gewaltverbot und kann somit zusammen mit diplomatischem und politischem Druck nur im Rahmen des Interventionsverbotes Bedeutung erlangen.[293] Ebenso können positive Maßnahmen kaum mit dem Gewalt-, wohl aber mit dem Interventionsverbot kollidieren.

c) Das Interventionsverbot genau betrachtet

Aufgrund der fortschreitenden Internationalisierung der Menschenrechte[294] hat sich die Rechtslage hinsichtlich einer Verletzung des Interventionsverbotes bedeutend geändert. Es wird heute überwiegend vertreten, daß gegen das Interventionsverbot (*domaine reservé*[295]) zum einen dann nicht verstoßen wird, wenn die im Rahmen eines Vertrages bestehenden Verpflichtungen im Menschenrechtsschutz gegenüber einem Vertragspartner geltend gemacht werden.[296] Wird außerhalb eines solchen Vertragsregimes zur Achtung der Menschenrechte

---

289 Vgl. Art. J.4 EUV (Art. 17 EUV n.F.).

290 Vgl. P. Baehr, *The role of human rights*, S. 31ff.

291 Das Völkerrecht ermöglicht es jedoch über das Repressalienrecht, begangenes Unrecht wiedergutzumachen, vgl. A. Verdross, B. Simma, *Universelles VR*, § 1342ff.

292 J. Donnelly, R. Howard, „Introduction", S. 12. Zu den Grundlagen des Interventionsverbotes vgl. K. Mills, „Reconstructing Sovereignty", S. 296f; Resolution des Instituts für internationales Recht, Ann. Institut de Droit International, Vol. 63, 1989 II, S. 349f.

293 A. Verdross, B. Simma, *Universelles VR*, § 476; Randelzhofer, in: *Charta der Vereinten Nationen*, Art. 2 Nr. 4, Rnr. 15; F. Hoffmeister, *Menschenrechts- und Demokratieklauseln*, S. 183, der zwischenstaatliche Anwendungsbereich des in Art. 2 Nr. 7 UNC beschriebenen Interventionsverbotes wurde durch die Friendly-Relations-Declaration 2625 vom 24.10.1970 festgelegt; ders., S. 187, ein Verstoß gegen das Interventionsverbot liegt dann vor, wenn das verwendete Mittel geeignet ist, die Willensfreiheit des betreffenden Staates zu beseitigen.

294 Y. Ghai, „Human Rights and Governance", S. 3ff; B.-A. Andreassen, T. Swinehart, „Promoting Human Rights in Poor Countries", S. IX.

295 Früher beanspruchte der Staat als „closed system" die Alleinzuständigkeit für die Regelung der Beziehungen zwischen ihm und seinen Bürgern, vgl. A. Cassese, *Human Rights in a Changing World*, S. 13.

296 Jeder andere Vertragsstaat kann die Einhaltung der Verpflichtung geltend machen, ohne daß dabei in die inneren Angelegenheiten des Verletzerstaates eingegriffen wird, A. Verdross, B. Simma, *Universelles VR*, § 494. Die staatliche Souveränität wurde insoweit eingeschränkt, Delbrück, in: Dahms/Delbrück/Wolfrum, S. 219ff. Die Entwicklung des internationalen Menschenrechtsschutzes auf Ebene der Verträge kann beträchtliche Erfolge, was Zahl der Abkommen und sich verpflichtende Mitgliedstaaten angeht, aufweisen. Von den sechs wichtigsten Verträgen (IPbürgR, IPwirtR, CERD, CEDAW, CAT und CRC) haben immerhin mehr als 3/4 der Staaten der Welt fünf und die Hälfte sogar sechs ratifiziert, Report by the Committee on International Human Rights Law and Practice, in: J. Crawford (Hrsg.), *International Law Association, Helsinki Conference 1996*, International Law Association, London 1996, S. 338. Für die genauen Zahlen, siehe J. B. Marie, „Instruments Internationales relatifs aux Droits de l'Homme: Classification et état des ratifications au 1er

und demokratischen Grundfreiheiten *aufgefordert*, gibt es zum anderen bereits Gewohnheitsrecht, welches dies legitimiert (*droit de regard*).[297] Auf der einen Seite können die Vereinten Nationen mit ihren Mitteln selber tätig werden, um auf die schwerwiegende Mißachtung von Menschenrechten in einem Staat zu reagieren.[298] Auf der anderen Seite können solche Menschenrechtsverletzungen auch auf bilateraler Ebene aufgegriffen werden, ohne daß dies einen Eingriff in die inneren Angelegenheiten eines Staates darstellt.[299] Hinsichtlich des Umfangs einer auf den *droit de regard* gestützten Forderung nach der Einhaltung der Menschenrechte ist zu sagen, daß davon gewohnheitsrechtliche Verpflichtungen, allgemeine Rechtsprinzipien, Normen resultierend aus der Interpretation von Art. 55c, 56 UN-Charta und Normen des soft law erfaßt werden.[300]

Da die Union selber nicht Mitglied eines völkerrechtlichen Vertrages zum Schutze der Menschenrechte ist,[301] kann sie sich zwar nicht auf Vertragsrecht berufen. Als Völkerrechtssubjekt

---

Janvier 1997", S. 89-105; R. B. Lillich, *International Human Rights. Problems of Law, Policy and Practice,* S. 5. Dabei sollte nicht vergessen werden, daß auch Menschenrechtsverträge den Prozeß der Gewohnheitsrechtsbildung anstoßen können. Sie tun dies, indem die dort verkörperten Normen auch von Nicht-Parteien akzeptiert werden, T. Meron, *Human Rights and Humanitarian Norms as Customary Law,* S. 92.

[297] Vgl. auch A. Verdross, B. Simma, *Universelles VR*, § 494; P.-H. Imbert, „L'apparente simplicité des droits de l'homme", S. 21, 22; O. Schachter, *International Law in Theory and Practice,* S. 345; Die Stützung auf Gewohnheitsrecht (droit de regard) hat den Vorteil gegenüber Vertragsrecht, daß ersteres in vielen Verfassungen einen höheren Status als völkerrechtliches Vertragsrecht, welches häufig unvollständig ist, genießt (z.B. Art. 25 GG), und sich schließlich nicht die schwierige Frage stellt, ob nur in dem Vertrag vorgesehene Gegenmaßnahmen oder auch andere zulässig sind (Vertragsrecht als „self-contained regime"). Vgl. O. Schachter, *International Law in Theory and Practice,* S. 335f; B. Simma, P. Alston, „Sources of Human Rights Law", S. 85ff; B. Simma, „Self-Contained Regimes", S. 111-136; F. Hoffmeister, *Menschenrechts- und Demokratieklauseln,* S. 190, zur Äußerung von Kritik; ders., S. 232, zum Vorrang des Vertragesregimes, solange nicht grundlegende Menschenrechte systematisch verletzt werden.

[298] P.-H. Imbert, „L'apparente simplicité des droits de l'homme", S. 21, 22; O. Schachter, *International Law in Theory and Practice,* S. 345; B. Simma, P. Alston, „Sources of Human Rights Law", S. 98. Diese im Rahmen der VN bei solchen Gelegenheiten stattfindenden kollektiven moralischen Wertungen und Urteile setzen gewisse allen Staaten gemeinsame Werte voraus. Durch die, wenn auch limitierte internationale Wertordnung wird es den Staaten ermöglicht, daß sie diese Urteile auch ausdrücken und danach handeln können, D. Donoho, „Relativism versus Universalism", S. 357. Ob allerdings, wie es P. Van Dijk, „A Common Standard of Achievement" auf S. 110 vorschlägt, eine solche „Unterordnung" der Staaten unter die Streitschlichtung der UN-Organe bereits Ausdruck der allgemeinen Überzeugung ist, daß die Menschenrechte rechtlich universell gelten, wird hier bezweifelt. Zur Entstehungsgeschichte und Arbeitsweise der zentralen UN- Menschenrechtskommission, vgl. E. Riedel, „Menschenrechtskommission", S. 572ff.

[299] B. Simma, P. Alston, „Sources of Human Rights Law", S. 98f; P. Malanczuk, *Introduction to International Law,* S. 220. Vgl. auch A. Verdross, B. Simma, *Universelles VR*, § 494, die für die Zulässigkeit der Aufforderung Art. 56 der UN-Charta heranziehen.

[300] B. Simma, P. Alston, „Sources of Human Rights Law", S. 98f, so wird den Standards der AEMR Verbindlichkeit für alle Staaten angedacht. Die Problemlosigkeit der Herausbildung von Gewohnheitsrecht (droit de regard), welches Kritik völkerrechtlich legitimiert, rührt daher, daß es sich hierbei um einen Bereich des konstanten Austausches zwischen Staaten in Hinblick auf die gegenseitig bestehenden Handlungsoptionen, nicht aber um die Anerkennung substantieller Verpflichtungen des internationalen Menschenrechtsschutzes handelt.

[301] Für die EG ergibt sich dies aus dem Gutachten des EuGH über den Beitritt zur EMRK, Gutachten 2/94, 28.3.96, Slg. 1996, I-1759, demnach es an der nötigen Kompetenz fehle. Die generelle Völkerrechtspersönlichkeit der Union wurde oben bejaht. Allerdings ist damit noch nicht die Frage geklärt, ob die Union die nötigen Kompetenzen für einen Beitritt hätte.

stehen ihr jedoch die anderen Rechtsgrundlagen (z.B. droit de regard) und Durchsetzungsmöglichkeiten zur Verfügung. Sie kann ebenfalls, wie jedes andere Völkerrechtssubjekt auch, von den Mitteln der Retorsion und Repressalie im Menschenrechtsbereich Gebrauch machen.[302] Hinsichtlich der präventiven positiven Politik der Union in Drittstaaten entstehen seltener Probleme. Ein Konflikt mit der Souveränität des Heimatstaates ist vor allem dann denkbar, wenn durch die Maßnahmen direkter Einfluß auf das jeweilige politische System ausgeübt wird.

Sollen statt einer bloßen Aufforderung oder statt Prävention *Gegenmaßnahmen* ergriffen werden, wird die Rechtslage sehr kontrovers diskutiert. Eine Grundvoraussetzung für ein Tätigwerden im negativen Bereich ist jedenfalls, daß es sich um *schwere und andauernde* Verletzungen international anerkannter Menschenrechte[303] oder die Verletzung von jus cogens[304] handeln muß.[305] Strittig ist außerdem, welche Rechtsquellen des Völkerrechts in einem solchen Fall für das Bestehen einer *allgemeinen* Verpflichtung (erga omnes) auf die Wahrung der Menschenrechte in Betracht kommen, und welche von ihnen den weitestgehenden Schutz von Menschenrechten und demokratischen Freiheiten erlauben. Neben internationalen Verträgen[306] sind Gewohnheitsrecht und allgemeine Rechtsgrundsätze (Art. 38 IGH-Statut), die allesamt mit jus cogens identisch sein können,[307] in Erwägung zu ziehen.

Weit verbreitet ist die Ansicht, zur Begründung universaler erga omnes Pflichten im Menschenrechtsbereich auf Gewohnheitsrecht zurückzugreifen. Von einer zunehmenden Zahl von Autoren wird aber auch vertreten, daß es Alternativen bezüglich der Herleitung aus dem Völkerrecht gibt. Bevor die hier vertretene Meinung dazu dargelegt wird, soll auf die Herausbildung von Gewohnheitsrecht und Auslegungsmethoden der UN-Charta eingegangen wer-

---

[302] Zur Definition siehe Fußnote 282. So liegt z.B. die Kürzung oder Aussetzung von autonomer Entwicklungshilfe in der Souveränität der Staaten, und sie können über den Entzug nach Völkerrecht frei entscheiden (daher Retorsion), vgl. Y. Ghai, „Human Rights and Governance", S. 25. Eine Repressalie läge nur dann vor, wenn *vertraglich zugesicherte* Finanzhilfe ohne Rechtfertigungsgrund ausgesetzt würde, siehe A. Verdross, B. Simma, *Universelles VR*, § 1334, 1344.

[303] B. Simma, P. Alston, „Sources of Human Rights Law", S. 87, „gross and persistent breaches". Vgl. auch Art. 2 und 4 der Resolution des Instituts für internationales Recht, Ann. Institut de Droit International, Vol. 63, 1989 II, S. 349f; T. Meron, *Human Rights and Humanitarian Norms as Customary Law*, S. 103, denn eine geringe Verletzung wäre kein „matter of international concern". Zu Umfang und Grenzen des Interventionsverbotes, vgl. F. Ermacora, in: *Charta der Vereinten Nationen*, zu Art. 2 Nr. 7 m.w.N.

[304] Vgl. Art. 53 WVRK. Diese Normen stehen nicht zur Disposition der Staaten, A. Verdross, B. Simma, *Universelles VR*, § 524. Daher können sie auch nicht dem Bereich der ausschließlich inneren Angelegenheit der Staaten zugeordnet werden. Als jus cogens Menschenrechte gelten die grundlegenden sich aus der Menschenwürde ergebenden Rechte.

[305] Vgl. auch R. Higgins, „Human Rights and Foreign Policy", S. 563ff und F. Hoffmeister, *Menschenrechts- und Demokratieklauseln*, S. 188.

[306] Diese eignen sich zwar einerseits gut als solide Rechtsgrundlage einer völkerrechtlichen Verpflichtung im Menschenrechtsbereich. Immer mehr Staaten erkennen ihren Inhalt als verbindlich an, vgl. Fußnote 296. Andererseits stellt sich das nicht zu vernachlässigende Problem, daß dennoch viele Staaten nach wie vor von diesem System ausgenommen bleiben. Daher ist es schwierig, eine universale Geltung der Menschenrechte mittels Vertragsrecht zu begründen und dieses wird daher im weiteren außer Betracht bleiben; vgl. B. Simma, P. Alston, „Sources of Human Rights Law", S. 82, 83f.

[307] H. Mosler, *EPIL*, S. 518; A. Verdross, B. Simma, *Universelles VR*, § 526, unter Verweis auf den Kommentar der ILC zum späteren Art. 53 der WVRK: „It is not the form of a general rule of international law but the particular nature of the subject matter with which it deals that may ... give it the character of jus cogens".

den. Besteht demnach eine erga-omnes Verpflichtung zum Schutz bestimmter Menschenrechte, liegen keine ausschließlich inneren Angelegenheiten vor.

aa) Das Gewohnheitsrecht in der „Identitätskrise“[308]

Zur Herausbildung von Gewohnheitsrecht ist nach allgemeiner Auffassung die allgemeine Praxis und die Anerkennung derselben als Recht (*opinio juris*) vonnöten.[309] Auf welchem der beiden Elemente der Schwerpunkt liegt, hat sich im Laufe des 20. Jahrhunderts von der Praxis zur opinio juris verlagert.[310] Diese Verschiebung der Prüfung von einer induktiv-retrospektiven zur deduktiven macht sich besonders im Bereich des internationalen Menschenrechtsschutzes bemerkbar.[311] Strittig ist, ob und inwieweit die Bestimmungen der AEMR, weitergeführt durch die beiden Pakte und weitere Menschenrechtsverträge, zu Gewohnheitsrecht verfestigt wurden. Diese Frage ist nicht leicht zu beantworten und soll hier nicht im Detail untersucht werden. Vielmehr bestehen bereits überzeugende Untersuchungen zu diesem Thema.[312] Gegenüber den Stimmen, die die AEMR *en bloc* als Gewohnheitsrecht

---

[308] B. Simma, P. Alston, „Sources of Human Rights Law“, S. 88.

[309] A. Verdross, B. Simma, *Universelles VR*, § 552ff; P. Malanczuk, *Introduction to International Law*, S. 39; H. Steiner, P. Alston, *Human Rights in Context*, S. 27ff; F. Kirgis, „Custom on a Sliding Scale“, S. 146, die vier Elemente von Gewohnheitsrecht sind in der Rechtsprechung des IGH und in der Praxis auf zwei reduziert worden; Ian Brownlie, *Principles of International Law*, S. 4ff.

[310] Während der StIGH im Lotus Fall, *France v. Turkey* (1927), PCIJ, Ser. A, Nr. 10 und der IGH im *Asylum* Case, ICJ Reports 1950, S. 276 und in den *Continental Shelf* Cases, ICJ Reports 1969, S. 43f davon ausging, daß beide Voraussetzungen nebeneinander vorliegen müssen, lag dennoch der Schwerpunkt auf der Praxis: Es wurde erst nach der Praxis in der Vergangenheit gesucht und dann gefragt, ob diese Praxis auch von einer opinio juris begleitet ist (induktives Vorgehen). In der Lehre wurde die Analyse des subjektiven Elementes für die Herausbildung von Gewohnheitsrecht stark kritisiert. Resultat war, daß teilweise auf die Praxis allein abgestellt wurde, vgl. B. Simma, P. Alston, „Sources of Human Rights Law“, S. 88 unter Verweis auf H. Kelsen, „Théorie du droit international coutumier“, in: *Revue internationale de la théorie du droit, Nouvelle Série* 253, 1939 und P. Guggenheim, „Les deux elements de la coutume en droit international“, in: *La technique et les principes du droit public: Etudes en l'honneur de Georges Scelle* 1950, Jhrg. 1, S. 275.

Später jedoch hat der IGH im *Nicaragua* Fall, ICJ Reports, 14, 1986, den Schwerpunkt auf die opinio juris zu Lasten der Praxis gelegt, F. Kirgis, „Custom on a Sliding Scale“, S. 147f. In der Literatur war dieser Trend bereits in den 70er Jahren zu bemerken. Entscheidend war nunmehr der *Ausdruck der Rechtsüberzeugung* durch Äußerungen in internationalen Foren und zwischen Staaten. Die Praxis galt nur noch als bestätigendes Element, B. Simma, P. Alston, „Sources of Human Rights Law“, S. 89. Eine andere Entwicklung ist, daß die Staatenpraxis häufig nicht nur als das angesehen wird, was Staaten tun, sondern auch als das, was sie (lediglich) sagen, Malanczuk, *Introduction to International Law*, S. 43. Es ist jedoch verfehlt, UN-Generalversammlungsresolutionen als „instant“ customary law anzusehen, A. Verdross, B. Simma, *Universelles VR*, § 566.

[311] Um zur Bejahung von Gewohnheitsrecht zu kommen, wird zunehmend lediglich auf die opinio juris oder andere Faktoren anstelle der allgemeinen Praxis abgestellt, B. Simma, P. Alston, „Sources of Human Rights Law“, S. 84, 98. Das bedeutet, daß allein aufgrund der universalen Anerkennung des Bestehens von Menschenrechten die entgegenstehende Praxis schlicht irrelevant wird.

[312] So z.B. O. Schachter, *International Law in Theory and Practice*, S. 335f; B. Simma, P. Alston, „Sources of Human Rights Law“, S. 82ff; T. Meron, *Human Rights and Humanitarian Norms as Customary Law*, S. 79ff; M. Koskenniemi, „The Pull of the Mainstream“, S. 1946ff; N. Rodley, „Human Rights and Humanitarian Intervention“, S. 321ff; American Law Institute, *Restatement*, § 702; Richard Lillich, „Civil Rights“, S. 115-170.

ansehen und ihr so rechtliche Verbindlichkeit zuweisen,[313] stehen die Autoren, die das Vorliegen von Gewohnheitsrecht in dem von Ideologie, Politik und „double standards" sowie wiederkehrenden Verletzungen geprägten Feld der Menschenrechte gänzlich verneinen.[314]

Angesichts der Internationalisierung der Menschenrechte durch die Arbeit der UN-Institutionen und der weiten Akzeptanz derselben ist es überzeugender, die AEMR und andere internationale Instrumente auf die Bestimmungen hin zu untersuchen, die ins Gewohnheitsrecht übernommen worden sind, anstatt eine solche Qualität von vornherein zu verneinen (bzw. pauschal zu bejahen).[315] Wird eine solche differenzierte Analyse vorgenommen, werden gewöhnlich zumindest Sklaverei, Völkermord, Folter, grausame, unmenschliche und herabwürdigende Behandlung und systematische Rassendiskriminierung als gewohnheitsrechtlich verfestigt aufgezählt.[316] Diese Liste wird jedoch zunehmend auf gewisse Verfahrensrechte, Gleichheit vor dem Gesetz, Nichtdiskriminierung, Beachtung demokratischer Grundfreiheiten, das Recht zur Selbstbestimmung und einige wirtschaftliche und soziale Rechte ausgedehnt.[317] Die erga omnes Natur dieser gewohnheitsrechtlichen Verpflichtungen führt bei ihrer Verletzung zu einem Eingriff in Rechtspositionen *aller* Staaten. Denn diese Pflichten gelten nicht nur relativ, sondern bestehen gegenüber der gesamten Staatengemeinschaft.[318]

Nur in einer solchen *weiten Auslegung* würden die Aktivitäten der Union in Drittstaaten auf eine gewohnheitsrechtliche Grundlage zu stützen sein. Festgehalten werden kann somit, daß, so rechtspolitisch wünschenswert die Ausdehnung der auf der Liste enthaltenen Rechte auch sein mag, doch angezweifelt wird, ob dieses Ziel mittels der Annahme von *Gewohnheitsrecht* erreicht werden kann.[319] Bei den Versuchen einer umfassenderen Belegung von Normen des internationalen Menschenrechtsschutzes mittels Gewohnheitsrecht können einige Schwierigkeiten nicht überzeugend gelöst werden: Entweder wird das Element der Staatenpraxis quasi gänzlich zugunsten der opinio juris oder anderer Kriterien aufgegeben oder es wird so ver-

---

313 Häufig wird die gesamte AEMR als Gewohnheitsrecht bezeichnet, unabhängig davon, wie stark die entgegenstehende Praxis ausgeprägt ist, F. Kirgis, „Custom on a Sliding Scale", S. 147f. Vgl. O. Schachter, *International Law in Theory and Practice,* S. 335f; McDougal, MS; Lasswell H, Chen, L, *Human Rights and World public order,* 1980, S. 273f, 325f; D'Amato, Anthony, *International Law, Process and Prospect,* S. 123-147.

314 Vgl. G. J. H. van Hoof, *Rethinking the Sources of International Law,* S. 107-108; A. Cassese, *International Law in a Divided World,* 1986, S. 299.

315 Vgl. E. Riedel, „Human Rights Clauses in Lomé and Other Agreements", S. 735.

316 O. Schachter, *International Law in Theory and Practice,* S. 335ff; D. Mauzy, „The human rights and 'Asian values' debate", S. 226; IGH in *Barcelona Traction, Light and Power Company, Limited,* Second Phase, ICJ Reports 1970, S. 32; T. Meron, *Human Rights and Humanitarian Norms as Customary Law,* S. 92ff; P. Malanczuk, *Introduction to International Law,* S. 220f; F. Hoffmeister, *Menschenrechts- und Demokratieklauseln,* S. 209ff, 212, 216, 217f.

317 O. Schachter, *International Law in Theory and Practice,* S. 339f, 341; T. Meron, *Human Rights and Humanitarian Norms as Customary Law,* S. 92ff; N. Rodley, „Human Rights and Humanitarian Intervention", S. 333.

318 IGH in *Barcelona Traction, Light and Power Company, Limited,* Second Phase, ICJ Reports 1970, S. 32; P. Malanczuk, *Introduction to International Law,* S. 59; American Law Institute, *Restatement,* § 702, Comments and Reporters' Notes, Nr. 3.

319 So auch P. Alston, „Sources of Human Rights Law", S. 96, 100; R. Jennings, „The Identification of International Law", S. 5, „it is not only not customary law: it does not even faintly resemble customary law".

fremdet, daß es mit der ursprünglichen Idee von Staatenpraxis nicht mehr viel zu tun hat.[320] Die Liste der Rechte, die aufgrund der *traditionellen Kriterien*, allgemeine Praxis und opinio juris, als Gewohnheitsrecht erga omnes herauskristallisiert werden könnte, wäre konsequenterweise recht kurz.[321]

bb) Art. 55c, 56 UN-Charta

Der Ansatz, die allgemeine Verpflichtung zur Achtung der Menschenrechte über die Menschenrechtsbestimmungen der Charta,[322] insbesondere Art. 55c, 56 UN-Charta, in Form der „autoritativen Interpretation"[323] herzuleiten, ist dogmatisch überzeugend. Er begegnet jedoch der erheblichen Schwierigkeit, daß der Anwendungsbereich einer solchen Auslegung nicht genau bestimmt werden kann. Welche Vorschriften der AEMR, der beiden Menschenrechtspakte, welche Verträge, Resolutionen[324] (das Recht auf Entwicklung?) und sonstige Erklärungen stellen eine Auslegung der Charta-Bestimmungen dar und welche nicht? Zweitens ist fraglich ob ein solches Vorgehen damit zu vereinbaren ist, daß die Vorschriften der Charta sehr kurz und generell, die der jeweiligen Instrumente jedoch teilweise sehr ausführlich und detailliert ausgestaltet sind.[325] Auch wenn der Ansatz sich dogmatisch besser für eine Vielzahl von Rechten begründen läßt und somit auch im Sinne der Union wäre, ist doch Vorsicht geboten. Zusammen mit den oben geäußerten Zweifeln hinsichtlich der gewohnheitsrechtlichen Fundierung von Menschenrechten muß diese Vorsicht aber nicht zu dem Schluß führen, daß es keine völkerrechtliche Grundlage für einen allgemeinen Menschenrechtsschutz gibt,[326] ge-

---

[320] So stellt O. Schachter, *International Law in Theory and Practice,* S. 336, z.B. auf die Übernahme vieler Menschenrechtsbestimmungen in nationale Verfassungen, die ständigen Verweise der UN- Resolution auf eine Verpflichtung der Staaten, den *Barcelona Traction* Fall und nationale Gerichtsentscheidungen ab; P. Malanczuk, *Introduction to International Law,* S. 43, möchte für die Bejahung von Staatenpraxis nicht nur darauf abstellen, was Staaten tun, sondern auch was sie sagen; A. Kiss, „The Role of the Universal Declaration", S. 47ff, scheint ausdrücken zu wollen, daß entgegenstehende Praxis dann irrelevant ist, wenn eine Rechtsüberzeugung besteht; F. Kirgis, „Custom on a Sliding Scale", S. 146ff, möchte das Problem lösen, indem er Gewohnheitsrecht auf eine „sliding scale" stellt und sein Vorliegen immer dann bejaht, wenn eines der beiden Kriterien ausreichend stark gegeben ist.

[321] Und häufig kürzer, als es der Westen wahrhaben möchte, D. Mauzy, „The human rights and 'Asian values' debate", S. 226. Unbestritten völkergewohnheitsrechtlich anerkannte Menschenrechte sind das Recht auf Leben, Freiheit und körperliche Unversehrtheit, vgl. I. Hörndler, *Menschenrechte und Entwicklungshilfe,* S. 215.

[322] Diese sind so generell gehalten oder mit den Worten von P. Alston und H. Steiner, *Human Rights in Context,* S. 118, „scattered, terse, even cryptic", daß aus ihnen schwerlich konkrete Schußfolgerungen für den internationalen Menschenrechtsschutz gezogen werden können; T. Meron, *Human Rights and Humanitarian Norms as Customary Law,* S. 82. Dennoch wird generell vertreten, daß die Charta die Verpflichtung für die Mitgliedstaaten aufstellt, Menschenrechte zu achten und zu fördern, S. Duke, „The State and Human Rights Sovereignty", S. 27.

[323] Diese Ansicht wurde vor allem von L. Sohn vertreten, L. Sohn, „The New International Law", S. 17ff.

[324] T. Meron, *Human Rights and Humanitarian Norms as Customary Law,* S. 82; B. Simma, P. Alston, „Sources of Human Rights Law", S. 100. Die UN-Generalversammlung besitzt generell nur die Befugnis zur Abgabe von „Empfehlungen", vgl. Art. 10ff der UN-Charta. Allgemein zur Rechtswirkung von Resolutionen der Generalversammlung, B. Simma, „Zur völkerrechtlichen Bedeutung von Resolutionen der UN-Generalversammlung", S. 45ff.

[325] T. Meron, *Human Rights and Humanitarian Norms as Customary Law,* S. 84f.

[326] So aber A. Rubin, „Are Human Rights Legal?", S. 45ff.

schweige denn die Union bei ihrem Handeln gegen Völkerrecht verstößt. Die Lage sollte vielmehr dazu anreizen, alle Quellen des Völkerrechts für eine solche Analyse auszuschöpfen.[327]

cc) Allgemeine Rechtsgrundsätze

Entgegen verbreiteter Auffassung zählen zu den Rechtsquellen des Völkerrechts nicht nur internationale Abkommen und Gewohnheitsrecht.[328] Die von den „Kulturvölkern anerkannten allgemeinen Rechtsgrundsätze" (Art. 38 I c) IGH-Statut) eignen sich am besten, breitgefächerte völkerrechtliche erga omnes Verpflichtungen auf die Wahrung der Menschenrechte und demokratischen Grundfreiheiten zu begründen.[329] Bereits die Formulierung, daß der Gerichtshof *nach dem Völkerrecht* entscheidet, stellt klar, daß es sich bei den allgemeinen Rechtsprinzipien nicht bloß um moralische Prinzipien, sondern um geltendes Recht handelt.[330]

Das Redaktionskomitee hatte bei der Formulierung des Art. 38 IGH-Statut vor allem jene Rechtsgrundsätze im Auge, die „in foro domestico" entstehen.[331] Diese Ansicht ist jedoch keinesfalls zwingend, und es wurde bereits von vielen Autoren dargelegt, daß zu einer solchen Beschränkung keine Notwendigkeit besteht.[332] Als Kategorien von allgemeinen Rechtsgrundsätzen können daher zumindest drei unterschieden werden: 1) Principles generally recognized in national law, 2) Principles directly originating in international relations, 3) Principles applicable to all kinds of legal relations.[333] Diese Kategorien können auch dadurch unterschieden werden, wie sich der Konsens der Staaten bezüglich der Geltung dieser Prinzipien manifestiert.[334] Entgegen der Ansicht der kommunistischen Völkerrechtslehre und entgegen einigen

---

327 Siehe A. Verdross, B. Simma, *Universelles VR*, § 526, 606, 639.

328 Vgl. G. J. H. van Hoof, *Rethinking the Sources of International Law*, S. 132 und Fußnote 529, der G. Tunkin als stärksten Gegner von allgemeinen Rechtsprinzipien aufführt.

329 Art. 38 I c) IGH-Statut bezieht sich zwar vom Wortlaut her nur auf die *vom IGH* anzuwendenden Rechtssätze, wird jedoch im allgemeinen als Ausgangspunkt für dogmatische Diskussionen und Anwendungsfragen des Völkerrechts genommen. Dies gründet sich zum Großteil auf den Konsens, daß Art. 38 IGH-Statut die, wenn auch verbesserungsbedürftige, doch bislang beste Formulierung völkerrechtlicher Normen darstellt, H. Mosler, *EPIL*, S. 515.

330 H. Mosler, *EPIL*, S. 517.

331 I. Brownlie, *Principles of International Law*, S. 16; A. Verdross, B. Simma, *Universelles VR*, § 606; O. Schachter, *International Law in Theory and Practice*, S. 50; G. J. H. van Hoof, *Rethinking the Sources of International Law*, S. 138.

332 Zu den Auffassungen siehe, B. Vitanyi, „Les Positions Doctrinales", S. 48ff; B. Simma, P. Alston, „Sources of Human Rights Law", S. 102.

333 H. Mosler, *EPIL*, S. 512ff, er erwähnt daneben noch „Principles of Legal Logic" wie z.B. lex specialis derogat legi generali, nemo plus juris transferre potest quam ipse habet; O. Schachter, *International Law in Theory and Practice*, S. 50, will noch zwei weitere Kategorien von Prinzipien dazufügen. Diese bauen auf dem Grundgedanken des menschlichen Wesens als einer rationalen und sozialen Kreatur auf und weisen so Bezüge zur naturrechtlichen Doktrin auf.

334 Zumindest insofern, als es zur Zuständigkeitsbegründung des IGH der Äußerung eines Konsenses bedürfe. Denn auch die Völkerrechtler, die von der naturrechtlichen Grundlage allgemeiner Rechtsgrundsätze ausgingen, hielten diesen für nötig, G. J. H. van Hoof, *Rethinking the Sources of International Law*, S. 139f. Vorherrschend ist wohl die Auffassung, die auch für das Vorliegen von allgemeinen Rechtsgrundsätzen generell den Konsens der Staaten fordert, H. Mosler, *EPIL*, S. 514. Dem schließen sich auch B. Simma, P. Alston,

juristischen Auffassungen der dritten Welt[335] genügt es, daß eine repräsentative Mehrheit der „großen Kulturkreise und der hauptsächlichen Rechtssysteme der Welt" (Art. 9 IGH-Statut) zur Bejahung eines *allgemein anerkannten* Rechtsgrundsatzes der ersten Gruppe herauskristallisiert werden kann.[336] Für die Prinzipien aus der zweiten Kategorie wird die „Allgemeinheit" dahingegen so verstanden, daß die Prinzipien *generell* in bestimmten Konstellationen des *Völkerrechts* angewandt werden und jedoch auch nur dort gelten können. Für die dritte Kategorie ist festzuhalten, daß die zur Diskussion stehenden Prinzipien *allgemein in allen Rechtssystemen* gelten und für deren zufriedenstellendes Funktionieren verantwortlich sind.[337] Zu ihrer Entstehung ist die „general acceptance" ihres Inhaltes durch die Staaten, somit ein durch Erklärungen dokumentierter oder formloser Konsens, notwendig.[338]

Die Verpflichtung auf internationale Menschenrechte ist in der dritten Kategorie von allgemeinen Rechtsprinzipien, vorbehaltlich des erwähnten Konsenses, anzusiedeln. Die Argumentation gründet auf der Erwägung, daß Rechtsprinzipien basierend auf nationalem Recht (erste Kategorie) im Menschenrechtsbereich nicht ohne weiteres auf die internationale Ebene übertragen werden können. Denn traditionell ist der Einzelne gerade kein Subjekt des Völkerrechts und somit kein Träger von internationalen Rechten und Pflichten. Bezüglich der zweiten Kategorie ist abzulehnen, daß die Menschenrechte *nur* in internationalen Beziehungen Wirkung entfalten und angewandt werden. Sie gehören folglich nicht unmittelbar in diese Fallgruppe.[339] So bleiben die „General Principles Applicable to all Kinds of Legal Relations" für die Fundierung der Menschenrechte in allgemeinen Rechtsgrundsätzen. Es muß daher nach dem Konsens gesucht werden, der zum Ausdruck bringt, daß die Beachtung der internationalen Menschenrechte *allgemein in allen Rechtssystemen* (siehe oben) von Bedeutung ist.

Zur Feststellung kann auf die von O. Schachter entwickelte Liste des zur Entstehung von Gewohnheitsrecht im Bereich der Menschenrechte notwendigen „Beweises" Bezug genommen werden.[340] Er zählt auf „the incorporation of human rights provisions in many national consti-

---

„Sources of Human Rights Law", S. 105 an. Ebenso A. Verdross, B. Simma, *Universelles VR*, § 606, die äußere Form der Anerkennung ist unerheblich.

[335] Sie behaupten, daß wegen der grundsätzlichen Verschiedenheit der Rechtssysteme keine übereinstimmenden Rechtsgrundsätze a priori vorhanden seien, O. Schachter, *International Law in Theory and Practice*, S. 50f. Wenn diese Diskussion auch ihren Ursprung in den Gegensätzen „bourgeois" und „sozialistisch" gefunden hat, so hat sie doch auch heute noch Aktualität in der Diskussion um die Universalität der Menschenrechte, häufig ersetzt durch das Paradigma der „Kultur". Verglichen mit damals ist es heute in der komplexen und heterogenen Gemeinschaft von 180 Staaten noch schwieriger, einen gemeinsamen Nenner als in den vom westlichen Gedankengut dominierten Zeiten zu finden, G. J. H. van Hoof, *Rethinking the Sources of International Law*, S. 70f; G. Tunkin, „General Principles of Law, S. 527.

[336] G. J. H. van Hoof, *Rethinking the Sources of International Law*, S. 142; Rechtsvergleichende Untersuchungen können hier eine große Rolle spielen, werden in der Praxis des IGH aber oft durch die Rechtsauffassungen der Richter ersetzt, P. Malanczuk, *Introduction to International Law*, S. 49.

[337] H. Mosler, *EPIL*, S. 512, 513.

[338] Häufig wurden solche Prinzipien von der internationalen Richterschaft bejaht, ohne daß auf deren Entstehungsquellen genau verwiesen wurde, H. Mosler, *EPIL*, S. 522f; A. Verdross, B. Simma, *Universelles VR*, § 606.

[339] H. Mosler, *EPIL*, S. 524 führt sie aber dennoch in der zweiten Kategorie auf. Vielleicht um zu verdeutlichen, daß durch das Völkerrecht zunehmend Einschränkungen der staatlichen Souveränität - als zentrales Element der internationalen Beziehungen - entstehen.

[340] O. Schachter, *International Law in Theory and Practice*, S. 336.

tutions and laws, frequent references in United Nations resolutions and declarations to the „duty" of all States to observe faithfully the Universal Declaration of Human Rights, resolutions of the United Nations and other international bodies condemning specific human rights violations as violative of international law, statements by national officials criticizing other States for serious human rights violations, the Barcelona Traction judgment, some decisions in various national courts that refer to the Universal Declaration as a source of standards for judicial decision". Der Unterschied von seinem zu dem hier vorgeschlagenen Ansatz ist, daß die Kriterien nicht zur Bestimmung von Staatenpraxis, sondern allein zur Identifizierung des Konsenses über allgemeine Rechtsgrundsätze, herangezogen werden.[341] Solche „spontan entstandenen allgemeinen Rechtsgrundsätze"[342] sind dogmatisch sauber zu erklären, was bei „instant custom"[343] nicht der Fall ist. Die teilweise erhobene Kritik, nicht rechtsverbindlichen soft law Instrumenten würde dadurch eine in Wahrheit nicht gegebene rechtliche Qualität zugestanden, kann nicht ohne weiteres aufrecht erhalten werden. Denn diese stellen lediglich den Anhaltspunkt für den Konsens der Staaten dar, der vor, während und nach der sich mit solchen Instrumenten befassenden Verhandlung - formlos oder durch Erklärung - hergestellt wurde.[344]

Durch zahlreiche Verweise auf die in der AEMR enthaltenen Rechte in nationalen Gesetzen, Gerichtsentscheidungen, soft law Instrumenten, auf internationalen Konferenzen,[345] in regionalen Menschenrechtskonventionen[346] und in bilateralen Stellungnahmen[347] wird daher manifestiert, daß die elementaren Menschenrechte und demokratischen Grundfreiheiten[348] der AEMR im Völkerrecht außerhalb von Vertrags- und Gewohnheitsrecht Geltung entfalten.[349]

---

[341] So auch B. Simma, P. Alston, „Sources of Human Rights Law", S. 105.

[342] A. Verdross, B. Simma, *Universelles VR*, § 606.

[343] B. Cheng, „United Nations Resolutions on Outer Space: 'Instant' Customary Law?", S. 237-262.

[344] A. Verdross, B. Simma, *Universelles VR*, § 639, 518ff.

[345] So erklärte der indonesische Minister Alatas während der Wiener Menschenrechtskonferenz: „Indeed, there can and should be no room for confrontation or acrimony, considering that we proceed from the same basic premises: our shared view on the universal validity of basic human rights and fundamental freedoms; our common adherence to the Universal Declaration of Human Rights and our commitment to the Charter which requires us to cooperate (...)", Wien 14.6.93.

[346] So z.B. die Präambel der EMRK.

[347] Die von der EG in alle Rahmenabkommen eingeführte Menschenrechtsklausel erlaubt eine Bandbreite von Reaktionen, die von Stellungnahmen bis zur Suspendierung reichen. In der Standardformulierung für die Klausel wird ebenfalls ein Verweis auf die elementaren Menschenrechte der AEMR vorgeschlagen, vgl. Kommissionsmitteilung, COM (95) 216 endg., S. 13. Ebenso wird vom Europäischen Rat in seiner Grundsatzerklärung zu den Menschenrechten die Verbindung zu den Prinzipien der AEMR hergestellt, Bull. EC, Nr. 6, 1991, Jhrg. 24, Anhang V, S. 17f.

[348] Zur einer genauen Analyse des Rechts auf Demokratie, siehe B. Bauer, *Der völkerrechtliche Anspruch auf Demokratie*. Vgl. auch F. Hoffmeister, *Menschenrechts- und Demokratieklauseln*, S. 325ff. Als Anhaltspunkt für die von der Union geschützten demokratischen Freiheiten, siehe den gemeinsamen Standpunkt zu Menschenrechten, demokratischen Prinzipien, Rechtsstaatlichkeit und verantwortlicher Staatsführung in Afrika, CFSP/98/078, vom 25.5.98, http://wwwarc. iue.it/iue/efpball?nd=98%2f078. Er nennt: „the right to choose and change leaders in free and fair elections; separation of legislative, executive and judicial powers; guarantees of freedom of expression, information, association and political organisation".

[349] So auch A. Verdross, B. Simma, *Universelles VR*, § 1234 und wohl auch B. Simma, P. Alston, „Sources of Human Rights Law", S. 102ff. Ähnlich P. Van Dijk, „A Common Standard of Achievement", S. 110.

Unterstützt wird diese Auslegung allgemeiner Rechtsgrundsätze vom obiter dictum des IGH im *Barcelona Traction* Fall[350] und außerdem durch den bereits zitierten *Nicaragua* Fall.[351] In letzterem prüft der IGH nicht nur das Vorliegen eines gewohnheitsrechtlichen Gewaltverbots, sondern äußert sich dazu, ob Menschenrechte ein militärisches Eingreifen rechtfertigen können. Es ist durchaus vertretbar, aus seiner Formulierung zu den Menschenrechten herzuleiten, daß er dabei eine andere Rechtsquelle als Vertrag und Gewohnheitsrecht im Sinn hatte. Dies macht angesichts der Entwicklungen im Gewohnheitsrecht - Betonung der opinio juris zu Lasten der Praxis - insbesondere bei Menschenrechten Sinn, denn hier stellt sich das Problem (wie beim Gewaltverbot auch[352]), daß eine einschränkende Norm zwar weitverbreitet als verbindlich akzeptiert wird, praktisch jedoch durchgehend verletzt wird. Auch N. Rodley stellt in seiner Analyse der IGH-Entscheidungen fest, daß der IGH zwar von der allgemeinen Verpflichtung Menschenrechte zu achten spricht, diese jedoch nicht ausdrücklich dem Gewohnheitsrecht zuordnet.[353]

dd) Zwischenergebnis

Durch die Heranziehung allgemeiner Rechtsgrundsätze wird die universale Geltung der grundlegenden Menschenrechte, wie sie in der UN-Charta angesprochen und in der AEMR aufgeführt sind, erreicht. Diese Verpflichtung besteht erga-omnes. Die Union kann ihre Menschenrechtsaußenpolitik[354] somit auf anerkannte Normen des Völkerrechts stützen. Schweren und fortgesetzten Verstößen gegen Menschenrechte und größeren Unterbrechungen demokratischer Prozesse kann mit dem zur Verfügung stehenden wirtschaftlichen und diplomatischen Instrumentarium begegnet werden. Prävention in diesem Bereich durch positive Maßnahmen stellt ebenfalls keine Verletzung des Interventionsverbots dar. Dieses Ergebnis schließt es nicht aus, daß auch Gewohnheitsrecht besteht, das sich mit den allgemeinen Rechtsgrundsätzen decken kann. Sein Umfang ist jedoch geringer. Das Völkerrecht im Bereich der Menschenrechte gibt somit Richtlinien für Handlungen von Völkerrechtssubjekten.

3. Der Prozeß der Implementierung

Die Diskussion um die völkerrechtliche Legitimität der Menschenrechtspolitik der Union löst noch nicht das Problem ihrer Umsetzung. Durch die Klärung des rechtlichen Zusammenhangs kann nur grundsätzlich der Weg für die Verfolgung dieser Politik geebnet werden. Wie diese im Miteinander der Staaten tatsächlich umgesetzt wird, ist Grundlage tiefverwurzelter Meinungsverschiedenheiten.

---

[350] *Barcelona Traction, Light and Power Company, Limited,* Second Phase, ICJ Reports 1970, S. 32.

[351] *Nicaragua v. US,* ICJ Reports, 1986; Zu weiteren Fällen des IGH, die sich mit Menschenrechten befaßt haben, siehe N. Rodley, „Human Rights and Humanitarian Intervention", S. 321ff.

[352] So der Bericht des Committee on the Formation of Customary Law, *The Role of State Practice,* S. 8ff. Außerdem teilen das Gewaltverbot und die elementaren Menschenrechte den Charakter des jus cogens.

[353] N. Rodley, „Human Rights and Humanitarian Intervention", S. 328; P. Malanczuk, *Introduction to International Law,* S. 220.

[354] Zu den Maßnahmen im einzelnen, siehe Kapitel 2 und 3.

a) Die Universalitäts-/Relativitätsdebatte

Weiter oben wurde bereits auf die gegensätzlichen Grundauffassungen zur Geltung der Menschenrechte verwiesen. Es wurden sowohl der „Universalist", als auch der „Relativist" kurz angesprochen.[355] Außerdem wurden die Schwierigkeiten bei der Erarbeitung der Allgemeinen Erklärung der Menschenrechte beschrieben. Die Versuche, eine Rechtsgrundlage für die Universalität der Menschenrechte zu finden, ist so alt wie die Menschenrechtsbewegung selbst. Immer wieder wurden sie von den verschiedensten Seiten herausgefordert und angezweifelt.[356] Einige dieser Wogen haben sich mit dem Ende des Kalten Krieges zwar geglättet, sind jedoch in den 90-er Jahren als ein Gegensatz mit anderer Dynamik wieder aufgelebt. Ungeachtet der rechtlichen Fortentwicklung des internationalen Menschenrechtsschutzes wird die Universalität der Menschenrechte von einigen Regierungen, insbesondere im asiatischen Raum, bestritten.[357]

Die Vorwürfe gegen die „Hegemonie" der westlichen Staaten basieren vornehmlich auf dem Gedanken, daß es keine allgemein gültigen Werte für liberale und hierarchisch strukturierte Gesellschaften geben könne (siehe oben). Je nach den Werten eines Staates und seiner kulturellen und religiösen Traditionen könnten die Menschenrechte differieren.[358] Die Aufdrängung eines westlichen Konzepts gefährde das politische System eines Staates, seine Kultur, seine Werte und seine Regierungsführung.[359] Diese Regierungen zitieren den liberalen Wert der Toleranz[360] und machen geltend, ihre Gesellschaft nach eigener Manier und ohne Einfluß von außen organisieren zu wollen. Dies läge in ihrer Souveränität und müsse von den anderen Staaten respektiert werden, wie es sich auch in dem Grundsatz der Nichteinmischung niederschlage.[361] Im einzelnen wird z.B. die bedingte Gewährung oder Aussetzung von finanzieller Unterstützung, gekoppelt an die Beachtung der Menschenrechte, als verbotene Einmischung in die inneren Angelegenheiten[362] oder auch als Verletzung des „Rechts auf Entwicklung" angesehen.[363] Auch jede andere Form des Eintretens für Menschenrechte wird als verbotene

---

355 Vgl. Fußnote 230.

356 Y. Ghai, „Human Rights and Governance", S. 2.

357 D. Mauzy, „The human rights and 'Asian values' debate", S. 217, 220, das Wiederaufkommen asiatischer Werte kann zum einen mit dem gesteigerten Selbstbewußtsein der asiatischen Staaten aufgrund ihrer wirtschaftlichen Erfolge der 90er Jahre erklärt werden. Zum anderen war es eine Reaktion auf die als unmoralisch empfundenen Versuche des Westens, seine Kultur zu exportieren.

358 Eine nützliche Übersicht über die Literatur in diesem Feld, kann in A. D. Renteln, *International Human Rights: Universalism versus Relativism*, gefunden werden.

359 A. Sen, „Human Rights and Asian Values", S. 39.

360 Dieser ist neben dem Grundsatz der persönlichen Autonomie wichtiger Bestandteil des Liberalismus, welcher dem internationalen Menschenrechtsregime zugrunde liegt, John Rawls, „The Law of Peoples", S. 43; S. Burchill, „Liberal Internationalism", S. 38, für Anhänger des Liberalismus ist es zeitlebens eine schwierige Frage gewesen, inwieweit Interventionen aus moralischen Gründen zulässig sind.

361 I. Brownlie, *Principles of International Law*, S. 291; Y. Ghai, „Human Rights and Governance", S. 4.

362 Fischer, in: K. Ipsen, *Völkerrecht*, S. 901; und daher als unzulässige Repressalie angesehen. Zu den Voraussetzungen einer zulässigen Repressalie siehe A. Verdross, B. Simma, *Universelles VR*, § 1334ff.

363 Ein solches Argument kann jedoch bereits aus dem Grund nicht tragen, daß die Verfolgung des Rechts auf Entwicklung Menschenrechte nicht verletzen darf. Zum Recht auf Entwicklung als Recht der „dritten Generation", Ch. Loh, „The Vienna Process and the Importance of Universal Standards in Asia", S. 152. Zur Argumentation der asiatischen Regierungen, Ch. Muzaffar, „EU-policy: a perspective from Asia", S. 69; Y. Ghai, „Human Rights and Governance", S. 20.

Einmischung betitelt. Die Berufung auf asiatische Werte,[364] die von den westlichen verschieden sind, soll den herrschenden Gegensatz zwischen den asiatischen und den westlichen Staaten verdeutlichen. Aus diesen Werten ergäben sich andere Prioritäten und andere Auffassungen zum Verhältnis Bürger-Staat. Außerdem folgt aus dieser anderen Schwerpunktsetzung, daß in den asiatischen Staaten wirtschaftlichen und sozialen Rechten mehr Gewicht als bürgerlichen und politischen beigemessen wird. Nicht selten wird das Hervorheben dieser „Gemeinschaftswerte" jedoch dazu benutzt, um bürgerliche und politische Rechte Einzelner zugunsten der Gemeinschaft zu unterdrücken.[365]

Der Grund der Meinungsverschiedenheiten zwischen Industrienationen und weniger entwikkelten Staaten besteht nicht allein darin, daß es schwierig ist, eine gemeinsame Interpretation der häufig sehr weiten Normen zu finden. Ihr hoher Grad an Abstraktheit („unmenschlich", „herabwürdigend", „Gleichbehandlung") führt zu einer so großen Elastizität der Begriffe, daß sie in der Tat für unterschiedliche Menschen Unterschiedliches bedeuten können.[366] Die Hauptursache ist aber vielmehr darin zu sehen, daß der internationale Menschenrechtsschutz den Einzelnen adressiert und berechtigt, gleichzeitig aber Auswirkungen auf das politische System der Staaten hat. Die Gewaltenteilung und ihre Grenzen, so wie die Beziehungen des Staates zur Gesellschaft, werden von den Normen des Menschenrechtsschutzes unmittelbar angesprochen.[367] Gerade auf dem Weg zu einem neuen Selbstbewußtsein, nicht zuletzt wegen ihrer wirtschaftlichen Erfolge,[368] wollen sich diese Länder aber nicht vorschreiben lassen, wie sie ihre Gesellschaft zu organisieren hätten. Bereits oben wurde die Konfliktlage geschildert, daß der Staat nicht nur der ist, der Völkerrechtsnormen erschafft, sondern auch gerade der, der sie verletzt.[369] Unterstützt durch weitere weniger entwickelte Länder, welche die Universalität der Menschenrechte ebenfalls verneinen, und begünstigt durch den aufgekommenen Skeptizismus, es gäbe keine allgemeingültigen moralischen Werte,[370] nehmen diese asiatischen Positionen im internationalen Menschenrechtsschutz nach wie vor eine nicht zu unterschätzende Stellung ein.

b) Die Wiener Weltmenschenrechtskonferenz

Die Wiener Weltmenschenrechtskonferenz hat zu dem formalen Kompromiß geführt, daß die universale *Natur* der Menschenrechte (bürgerliche und politische, sowie wirtschaftliche und

---

364 Dazu D. Mauzy, „The human rights and 'Asian values' debate", S. 215ff.

365 Anne F. Bayefsky, „New Excuses for Old Strategies", S. 52, das Ziel dieser Regierungen ist es, Freiheit bei der Praktizierung von Intoleranz zu erreichen, ohne dabei von außen kritisiert zu werden. Siehe auch J. Aschenbrenner, *The European Union, Human Rights and China.*

366 H. Steiner, P. Alston, *Human Rights in Context,* S. 178f.

367 D. Mauzy, „The human rights and 'Asian values' debate", S. 210.

368 Die Wirtschafts- und Finanzkrise in Asien im Laufe des letzten Jahres hat an diesen Erfolgen zum ersten Mal beträchtlich gerüttelt.

369 Siehe Fußnote 234 und den dazugehörigen Text.

370 Von daher muß so gut wie alles toleriert werden, solange es für die wirtschaftliche Entwicklung, Wachstum und Frieden förderlich ist, Susan Mendus, „Introduction", S. 5. Das gilt auch dann, wenn die Werte eigens von den Regierungen benutzt werden, denn Kritik würde zu Konflikten führen, die in den zwischenstaatlichen Beziehungen vermieden werden sollen, siehe *The Economist,* 12.4.1997, „A suitable target for foreign policy", S. 15-25.

soziale) außer Frage steht.[371] Dennoch hat auf der Menschenrechtskonferenz in Wien kein wahrer Interessen- und Ideenaustausch zwischen der dritten und der westlichen Welt stattgefunden.[372] Die endgültigen Formulierungen, insbesondere unter Bezugnahme des Absatzes 5 des Schlußdokumentes,[373] lassen sich in beide Richtungen auslegen.[374] Gerade der Hinweis auf die nationalen Besonderheiten darf aber nicht dazu führen, daß durch eine unterschiedliche Interpretation der *Kern* des jeweiligen Menschenrechts ausgehöhlt und somit substanzlos wird. Das würde zu einer Leugnung dieser universalen Natur führen, was keinem politischen System erlaubt ist.[375] Die nationalen Unterschiede dürfen nur insoweit eine Rolle spielen, als daß ein Mindeststandard an Rechten in jedem Staat eingehalten wird, darüber hinaus jedoch eigene Gestaltungen zulässig sind.

Wenn auch keine wahre Annäherung der Positionen der dritten und der westlichen Welt gefunden werden konnte, so hat die Weltmenschenrechtskonferenz jedoch vielleicht eines erreicht: Eine größere Akzeptanz in der dritten Welt, daß es universale Werte gibt, auch wenn ihre Kodifikation im Westen vorangetrieben worden ist.[376]

Trotz rechtlicher und moralischer Argumente für ein Einschreiten sollte die Tatsache, daß es viele nicht liberale Kulturen gibt, welche die persönliche Autonomie der Menschen nicht achten, dennoch nicht zur Annahme eines „automatischen Eingriffsrechts" für liberale Staaten verleiten.[377] Die Union kann den gegen eine aktive Menschenrechtspolitik geäußerten politischen und moralischen Bedenken nur begegnen, indem sie möglichst schnell zur Ausarbeitung des lange angemahnten Kriterienkatalogs[378] für den Erlaß von Gegenmaßnahmen schreitet und außerdem intern die Frage des fehlenden Grundrechtekatalogs löst.

III. Ergebnis

Menschenrechte sind eine Zielbestimmung der Außenpolitik vieler Staaten[379] und der Union[380] geworden. Nicht nur in der politikwissenschaftlichen, sondern auch in der rechtswissen-

---

[371] Die universale Natur der Menschenrechte „is beyond question", UN Doc. A/CONF.157/23, 12.7.1993, Abs. 1.

[372] D. Mauzy, „The human rights and 'Asian values' debate", S. 226; F. van Hoof, „Asian Challenges to the Concept of Universality: Afterthoughts on the Vienna Conference on Human Rights", S. 1-16.

[373] „All human rights are universal, indivisible and interdependent and inter-related. (...) *While the significance of national and regional particularities and various historical, cultural and religious backgrounds* must be borne in mind, it is the duty of states, regardless of their political, economic and cultural systems, to promote and protect human rights and fundamental freedoms" (Hervorhebungen von der Verfasserin), UN Doc. A/CONF.157/23, 12.7.1993, Abs. 5.

[374] Nach B. Kausikaan, „Asia's different standard", S. 231, ist the „implementation, interpretation, and elaboration of the international law on human rights (is) unavoidably political".

[375] Vgl. P. Alston, „Importance of the Inter-Play", S. 66f.

[376] W. Barnds, „Asia: progress and problems", S. 30.

[377] W. Kymlicka, *Multicultural Citizenship*, S. 158; Vgl. dazu das Zitat von S. Hoffmann, Fußnote 247.

[378] Siehe K. Arts, „European Community Development Cooperation", S. 266; E. Riedel, „Human Rights Clauses in Lomé and Other Agreements", S. 748.

[379] Vgl. P. Baehr, *The role of human rights*, Part II.

[380] Vgl. Art. 130u II EGV (Art. 177 II EGV n.F.) und J.1 II EUV (Art. 11 I EUV n.F.).

schaftlichen Diskussion wird der Einbezug der Menschenrechte kontrovers diskutiert. Dennoch haben sich in den letzten Jahrzehnten die Auffassungen verfestigt, die das Vorliegen einer politischen und rechtlichen (wie auch einer moralischen) Grundlage für die aktive Verfolgung des Menschenrechtsschutzes vertreten. Diese werden hier zugrunde gelegt. Der Prozeß der Implementierung der internationalen Normen wird solange problematisch bleiben, wie es verschiedene politische und gesellschaftliche Systeme in der Welt gibt. Aus diesem Grund sollte aber kein Staat, der sich selber demokratischen und rechtsstaatlichen Prinzipien verpflichtet hat, vor einer Durchsetzung der grundlegenden Rechte von Individuen zurückschrecken. Er muß sich seiner Verantwortung stellen.

C. Zusammenfassung

Im Mittelpunkt der zurückliegenden Betrachtungen des ersten Teils dieses Kapitels stand der Versuch, den komplexen Aufbau der Union rechtlich zu fassen und ihn dem Leser leichter verständlich[381] zu machen. Es stellte sich außerdem die Frage, ob die Union als Völkerrechtssubjekt am zwischenstaatlichen Verkehr teilnehmen kann. Völkerrechtssubjektivität wurde definiert als die Fähigkeit einer Handlungseinheit, in Rechtsbeziehungen zu treten und völkerrechtliche Rechte und Pflichten zu haben.[382] Es wurde herausgearbeitet, daß die Union auch im Verhältnis zu Drittstaaten ein Völkerrechtssubjekt ist. Der EUV verleiht ihr die notwendigen Kompetenzen. Die EG hat daneben ihre eigenständige Rechtspersönlichkeit nach Art. 210 EGV (Art. 281 EGV n.F.) behalten. Insgesamt läßt sich die Struktur der Union mit dem Bild einer gestuften internationalen Organisation umschreiben, die die EG als einen autonomen Bestandteil umfaßt.

In zweiten Teil dieses Kapitels wurde gezeigt, daß sich die Union auf völkerrechtliche Normen berufen kann, um die Wahrung der Menschenrechte in Drittstaaten nicht-militärisch durchzusetzen. Hinsichtlich der von ihr geschützten Rechte kann ein umfassender Menschenrechtsschutz am überzeugendsten auf allgemeine Rechtsprinzipien gestützt werden. Daneben bieten sich selbstverständlich auch die Rechtsquellen des Gewohnheitsrechts und des Vertragsrechts, sowie die interpretative Auslegung der Charta nach Art. 55c, 56 UN-Charta an. Ob ein solches Tätigwerden auch politisch opportun, gefragt und notwendig ist, ist eine Erwägung, die auf einem anderen Blatt steht. Die staatliche Souveränität, bzw. deren Geltendmachung erschwert auch heute, nach dem Ende des Kalten Krieges, häufig die Ahndung von Menschenrechtsverletzungen.[383] Ansätze, diese Gegensätze zu überbrücken, finden sich insbesondere in dem Vorschlag des „cross-cultural dialogue“.[384] Die Union muß versuchen, aufgrund kohärenter Kriterien und losgelöst von utilitaristischen Erwägungen zum Schutze der Rechte und Freiheiten Einzelner in dritten Staaten tätig zu werden.

Schließlich darf nicht vergessen werden, daß sich nicht nur die Frage nach den völkerrechtlichen Grundlagen für ein Handeln der Union in Drittstaaten stellt, sondern daß auch die

---

381 The „somewhat confusing character (of the Union) which is unique in international law“, T. Heukels, J. de Zwaan, „The Configuration of the European Union“, S. 196.

382 P. Malanczuk, *Introduction to International Law,* S. 91; siehe auch IGH, ICJ Reports 1949, *Reparation for Injuries*, 174, S. 179, Zitat Fußnote 27.

383 Anne F. Bayefsky, „New Excuses for Old Strategies“, S. 43. Auf S. 47ff führt die Autorin mehrere GA-Resolutionen auf, die sich mit dieser Debatte beschäftigen.

384 A. A. An-Na'im, „Toward a Cross-Cultural Approach“.

Union selber aufgrund der oben entwickelten Prinzipien an die Beachtung der elementaren Menschenrechte gegenüber ihren Bürgern (Art. 8 EGV; Art. 17 EGV n.F.) völkerrechtlich gebunden ist.

In den folgenden Kapiteln soll untersucht werden, auf welcher Ebene innerhalb der Union die Menschenrechts*außenpolitik* betrieben wird und welche Kompetenzkonflikte sich dabei stellen. Dabei wird die oben erarbeitete Struktur der Union zu Grunde gelegt und der bereits erwähnte Konflikt zwischen supranationalen und intergouvernementalen Bestandteilen weiter vertieft.

2. Kapitel: Die unterschiedlichen Ebenen für eine Menschenrechtsaußenpolitik der Europäischen Union - der acquis communautaire

Das erste Kapitel hat die Rechtsnatur der Union untersucht und erörtert, auf welche völkerrechtlichen Grundlagen sich das Rechtssubjekt Union zur Verfolgung seiner Menschenrechtspolitik stützen kann. Im folgenden sollen diese Ergebnisse auf die konkrete Menschenrechtspolitik der Union bezogen werden. Daher werden zunächst die unterschiedlichen Ebenen einer solchen Politik innerhalb der Union untersucht und die organisatorischen Vorkehrungen, um Menschenrechte möglichst frühzeitig in den Entscheidungsprozeß zu integrieren, dargestellt (Punkt A). Der Rest dieses Kapitels wird sich dann mit der Menschenrechtspolitik auf EG-Ebene beschäftigen und deren Hauptcharakteristika herausarbeiten (Punkt B). Am Ende wird ein kurzer Überblick über die für die EG-Menschenrechtspolitik relevanten Änderungen durch den Vertrag von Amsterdam gegeben (Punkt C). Erst im nächsten Kapitel wird die Menschenrechtspolitik der GASP beschrieben, gefolgt von einer Einschätzung über die jeweilige Effektivität der unterschiedlichen Ebenen (EG/GASP) im internationalen Menschenrechtsschutz.

A. Der Platz für die Menschenrechte in der Unionsstruktur

Die Union nimmt sowohl im Rahmen der eigenständig gebliebenen EG, als auch mit Mitteln der GASP am internationalen Menschenrechtsschutz teil. In der GASP kommt dies über den Zielverweis in Art. J.1 EUV (Art. 11 EUV n.F.) zum Ausdruck. Die EG verpflichtet sich besonders deutlich in Art. 130 u II EGV (Art. 177 II EGV n.F.) dem Ziel der Wahrung der Menschenrechte gegenüber Drittstaaten. Die GASP und die EG sind über Art. F II EUV (Art. 6 EUV n.F.) der Beachtung von Menschenrechten beim Handeln in den Innen- und Außenbeziehungen verpflichtet.[1] Zur externen Dimension der Menschenrechtspolitik wird im folgenden Stellung genommen.

Es sei nur kurz ein Wort zum Menschenrechtsschutz in den Innenbeziehungen erlaubt: Die Erkenntnis der Notwendigkeit einer effektiven internen Menschenrechtspolitik wurde weitestgehend vom EuGH vorangetrieben und fand ihren Beginn auf EG-Ebene in den wohlbekannten Urteilen Stauder, Nold und Hauer.[2] Nach dieser Rechtsprechung ist die Union den Men-

---

1 Es könnte so wirken, als schlösse Art. F II EUV (Art. 6 II EUV n.F.) den Bereich der GASP nicht mit ein, da er nur von allgemeinen Grundsätzen *des Gemeinschaftsrechts* spricht, jedoch steht die Vorschrift in den Gemeinsamen Bestimmungen und gilt daher für alle „Säulen", G. Gaja, „The Protection of Human Rights under the Maastricht Treaty", S. 559. Näher dazu siehe unten. Die Vorschrift gilt auch für die Außenbeziehungen, B. Brandtner, A. Rosas, „Human Rights and the External Relations", S. 471. Der EuGH macht in seinem Gutachten 2/94, 28.3.96, Slg. 1996, I-1759, Abs. 32, ebenfalls keine Unterscheidung zwischen interner und externer Kompetenz.

2 Rs. 29/69, Slg. 1969, S. 419; Rs. 4/73, Slg. 1974, S. 491; Rs. 44/79, Slg. 1979, S. 3727. Der EuGH benutzt in seinen Urteilen den Begriff „Grundrechte" anstelle von „Menschenrechten". Grundrechte können als der umfassende Begriff für Menschenrechte und Bürgerrechte angesehen werden, Frank Emmert, Europarecht, S. 296. Der Unterschied ist, daß Menschenrechte „jedermanns" Rechte sind und Bürgerrechte von Staats- (Unions-) bürgerschaft abhängig sind.

Der Grund für die Entwicklung von Grundrechtstandards war, daß der EuGH in den Urteilen Van Gend en Loos, Rs. 26/62 vom 5.2.63, Slg. 1963, S. 1 und Costa Enel, Rs. 6/64 vom 15.7.64, Slg. 1964, S. 1251 die schenrechten als „allgemeine Grundsätze des Gemeinschaftsrechts" verpflichtet, ohne der EMRK beigetreten zu sein oder einen eigenen Katalog der Menschenrechte entwickelt zu haben.[3]

Über Art. C EUV (Art. 3 EUV n.F.) wird die Union verpflichtet, ein einheitliches Auftreten nach außen zu gewährleisten. Die unterschiedlichen Gliedteile sollen keine sich widersprechenden Politiken verfolgen. Diese Kohärenzverpflichtung umfaßt das Tätigwerden in Fragen des internationalen Menschenrechtsschutzes. Die Verantwortung für diese Kohärenz liegt seit dem Vertrag von Amsterdam in der *kooperativen* Zusammenarbeit von Kommission und Rat, Art. 3 EUV n.F.

Dies schilderte in Kürze die unterschiedlichen Ebenen der Menschenrechtspolitik der Union.

Institutionell gibt es kein *Organ*, das speziell mit dem Schutz von Menschenrechten beauftragt ist. Jedoch haben die einzelnen Organe seit den 80er Jahren Vorkehrungen getroffen, Menschenrechte möglichst früh in den Entscheidungsfindungsprozeß einzugliedern.[4] So werden Menschenrechtsangelegenheiten für das Parlament von dem Unterausschuß für Menschenrechte in Kooperation mit dem Ausschuß für Entwicklungszusammenarbeit vorbereitet.[5] Die Kommission hat eine Einheit „Menschenrechte und Demokratisierung" eingerichtet, die unter der Leitung von DG IA agiert,[6] und der Rat hat schließlich eine Arbeitsgruppe für Menschenrechte gegründet, die die Aufgabe hat, zwischen den zahlreichen Ratsarbeitsgruppen[7] eine einheitliche Linie herzustellen (siehe Abbildung Nr. 2, Anhang).

Diese Bemühungen sind sicherlich ein erster Schritt, um der Wahrung der Menschenrechte einen zentraleren Platz in der Entscheidungsfindungsstruktur zuzuweisen. Allerdings sind laut

---

Direktwirkung und den Vorrang des Gemeinschaftsrechts etabliert hatte. Der Auslöser war dann die Zurückhaltung, vor allem zweier mitgliedstaatlichen Verfassungsgerichte (Deutschland und Italien), den Vorrang des Gemeinschaftsrechts auch im Bereich der Grundrechte anzuerkennen, F. Emmert, *Europarecht,* S. 297; Siehe auch D. Napoli, „EU's Foreign Policy", S. 301 und A. Clapham, *Human Rights and the European Community,* S. 29.

3 Siehe J. Kokott, F. Hoffmeister, Note on Opinion 2/94, S. 664ff; Gutachten 2/94, 28.3.96, Slg. 1996, I-1759, Absatz 36. Das EP hat in seinem Bericht über die Menschenrechte in der Union (1995) eine Liste von Grundrechten ausgearbeitet, die bürgerliche und politische, sowie wirtschaftliche und soziale Rechte umfaßt, EP doc. A4-112/97, 8.4.97; EuZW 1997, S. 421. Bereits in 1989 hat das EP einen ähnlichen Katalog von Menschenrechten verfaßt, der aber nicht weiter aufgegriffen wurde, de Gucht Report vom 12.4.89, Abl. C 120/51 vom 16.5.89, vgl. R. Rack, „The Role of the European Parliament: Past and Future", S. 805; J. van der Klaauw, Human Rights News, in: *NQHR*, Nr. 2, 1997, S. 204ff. In letzter Zeit ist die Diskussion um die Grundrechtecharta wieder neu entbrannt und es werden Vorschläge für einen solchen Katalog erarbeitet.

4 M. Fouwels, „The European Union's CFSP and Human Rights", S. 316.

5 E. Boumans, M. Norbart, „The European Parliament and Human Rights", S. 39.

6 Diese Einheit wurde 1988 ins Leben gerufen und arbeitete zu dem Zeitpunkt noch unter dem Generalsekretariat der Kommission, wurde aber 1993 in DG IA überführt, Ministerrat, *Annual Memorandum*, 15.5.91, S. 236-237. Es ist bedauerlich, daß die Verbindung zum Generalsekretariat aufgehoben wurde, da durch sie die Koordinierungsfunktion dieser Einheit stärker zum Ausdruck kam, als bei Unterstellung unter eine einzelne Generaldirektion.

7 Diese sind vorgesehen, um den Ausschuß der Ständigen Vertreter (AuStV, Art. 151 EGV; Art 207 EGV n.F.) oder das Politische Komitee mit Informationen zu versorgen. Die Arbeitsgruppen des AuStV und des Politischen Komitees wurden 1994 fusioniert in Reaktion auf die gemeinsame institutionelle Struktur, die mit Maastricht eingeführt worden war. Dennoch gibt es nach wie vor Probleme mit der Koordination, P. Willaert, C. Marqués-Ruiz, „Etat des lieux", S. 266.

Martine Fouwels[8] die Arbeitsgruppen des Rates und der Kommission nicht mit genügend Mitteln ausgestattet und werden auch nicht immer in ihrer Arbeit ernst genommen. Dies führt dazu, daß ihre Arbeit weniger Einfluß auf die Entscheidungsfindung hat, als sie haben könnte. Die Situation stellt sich zwar beim Parlament erfolgversprechender dar, jedoch bleibt auch dort viel Raum für Verbesserungen. Ein erster Schritt wäre sicherlich, die Kommissionsarbeitsgruppe wieder wie vormals dem Generalsekretariat und nicht einer einzelnen Generaldirektion zu unterstellen. Die Arbeitsgruppe des Rates sollte über eine bloße Koordinierungsfunktion hinaus mit substantiellen Aufgaben betraut werden.[9] Solange die Organe und Arbeitsgruppen jedoch mehr damit befaßt sind, Macht zu bewahren und sich von anderen Einheiten abzugrenzen, wird es schwierig sein, zielorientiert die Menschenrechte zu fördern.[10]

B. Der „acquis communautaire“ in Menschenrechten

Hintergrund der Überlegungen dieses Kapitels ist, daß das „Gemeinschaftsprinzip“ als supranationale Handlungsform gewisse Vorteile schafft und sich dadurch von der zwischenstaatlichen GASP abhebt. Der Unterschied der EG (Titel II) zur GASP besteht zum einen in der Abstimmung mit qualifizierter Mehrheit, zum anderen in der Rolle der Kommission als Motor für das Vorantreiben von Politiken (ausschließliches Initiativrecht), desweiteren in dem größeren Einfluß des Parlaments und schließlich in der umfassenden Rechtsprechungsbefugnis des EuGH. Das intergouvernementale Verfahren der GASP ist dagegen von der grundsätzlichen Einstimmigkeit bei Abstimmungen und dem Fehlen einer antreibenden Kraft und demokratischer Kontrolle gekennzeichnet. Der EUGH ist in der GASP durch Art. L EUV (Art. 46 EUV n.F.) von jeglicher Kontrolle ausgeschlossen.[11] Dies geschieht in Anerkennung der Souveränität der Mitgliedstaaten, daß jede Entscheidung von ihrem Konsens gedeckt sein muß.[12]

Die Untersuchung der Menschenrechtspolitik der EG wird daher unter dem Gesichtspunkt erfolgen, welche Entscheidungsmechanismen und Verfahren zur Anwendung kommen, um herauszuarbeiten, wo und inwieweit das „Gemeinschaftsprinzip“ bei den Menschenrechten Anwendung findet. Im nächsten Kapitel ist dann unter anderem darauf einzugehen, wie effektiv die Menschenrechtspolitik in der GASP im Vergleich zur Politik der EG ausgestaltet ist.

I. Begriffsbestimmung des acquis communautaire

Der gemeinschaftsrechtliche Besitzstand - auch „acquis communautaire“[13] genannt - wird in Art. B fünfter Spiegelstrich und in Art. C I EUV (Art. 2, 3 I EUV n.F.) ausdrücklich erwähnt.

---

[8] M. Fouwels, „The European Union's CFSP and Human Rights“, S. 317.

[9] Dies., S. 317.

[10] P. Willaert, C. Marquéz-Ruiz, „Etat des lieux“, S. 304.

[11] M. Cremona, „External Relations Powers“, S. 255f; M. Westlake, *The Council of the EU*, S. 215; J. Monar, „Das duale System von EG und EPZ/GASP im Test“, S. 76. Allerdings kann er über Art. M EUV (Art. 47 EUV n.F.) zur Grenze der Zuständigkeit zwischen EG und GASP Recht sprechen. Näher dazu Kapitel 4.

[12] M. Westlake, *The Council of the EU*, S. 211ff, will allerdings Tendenzen zur Übernahme von Gemeinschaftspraktiken in der GASP erkennen. Für einen „dritten Weg“ plädieren E. Regelsberger, W. Wessels, „The CFSP Institutions and Procedures: A Third Way for the Second Pillar“, S. 29-54.

[13] Der Begriff „acquis communautaire“ wird nur in der französischen, englischen und holländischen Version des EU-Vertrages verwendet. In den sonstigen Sprachen werden andere Bezeichnungen benutzt.

Implizit spielt er eine Rolle bei der Aufnahme neuer Mitglieder im Verfahren des Art. O EUV (Art. 49 EUV n.F.),[14] sowie in Art. M EUV (Art. 47 EUV n.F.).[15] Allerdings wird der Begriff an keiner Stelle des Vertrages definiert. Seine Grundaussage ist, daß die Gemeinschaft so respektiert werden muß, wie sie sich im fraglichen Zeitpunkt dem beitretenden Staat oder dem handelnden Organ darstellt.[16] Diese Bestandsgarantie umfaßt sowohl das Primär- und Sekundärrecht, als auch die Auslegung des Gemeinschaftsrechts durch den EuGH.[17] Konkret bedeutet dies, daß im Vertrag enthaltene Kompetenzen und Regelungen, Verordnungen, Richtlinien, Empfehlungen, Stellungnahmen und Abkommen mit Drittstaaten[18] oder internationalen Organisationen,[19] sowie sonstige Normen und Regeln darunterfallen.

Im Hinblick auf diese Definition wird im nächsten Abschnitt zunächst das Entstehen einer Menschenrechtsaußenpolitik der EG erörtert, um dann zur genaueren Analyse des acquis communautaire überzugehen.

II. Die Entwicklung einer Menschenrechtsaußenpolitik auf EG-Ebene

1. Von einer ad-hoc Strategie der EG zur vertraglichen Grundlage

Die EG hat schon vor dem Inkrafttreten der EEA (1987) Menschenrechtsüberlegungen in die Gestaltung ihrer Außenbeziehungen miteinbezogen. Dies ist vor dem Hintergrund zu sehen, daß weder die Handels- noch die Entwicklungspolitik neutral gegenüber Drittstaaten sind, sondern quasi zwangsläufig außenpolitische Erwägungen umfassen.[20] 1971 hat der EuGH in der allseits bekannten AETR-Rechtsprechung entschieden, daß die EG nicht nur die explizit im Vertrag aufgeführten Außenkompetenzen besitzt, sondern daß ihr auch die Kompetenzen implizit zufließen, die sie zur Erfüllung der entsprechenden internen Kompetenznorm benö-

---

[14] F. Heidinger, A. Hubalek, M. Pramberger, *Introduction*, S. 8.

[15] Vgl. die Erörterungen in Kapitel 1 zur Stellung der EG.

[16] F. Heidinger, A. Hubalek, M. Pramberger, *Introduction*, S. 9.

[17] Dies., S. 9. Siehe auch P. Pescatore, „Aspects judiciaires de l'acquis communautaire", S. 617-651 und die Definition von C. C. Gialdino, „Some Reflections on the Acquis Communautaire", S. 1091: "It means, in substance, that the applicant States must accept „without reservation" the whole of the following: the founding Treaties and their political objectives, all measures enacted after establishment of the Community, as well as the options chosen for the developments of the European construct".

[18] Diese sind bekanntlich ein „integrierender" Bestandteil des Gemeinschaftsrechts, EuGH, Rs. 181/73, Hägemann II, Slg. 1974, S. 449; EuGH, Rs. 12/86, Demirel, Slg. 1987, S. 3719, Abs. 7.

[19] Vereinbarungen können entweder unter Gebrauch der Vertragsschlußkompetenz oder als Verwaltungsabkommen von der Kommission geschlossen werden. Vgl. R. Frid, *EC and International Organizations*, S. 126ff, für die aktive Teilnahme in der jeweiligen Organisation, die über „zweckdienliche Beziehungen" hinausgeht, ist eine Vertragsschlußkompetenz erforderlich und das vorgesehene Verfahren nach Art. 228 EGV (Art. 300 EGV n.F.) einzuhalten, siehe unten.

[20] E. Rhein, „The Community's External Reach", beschreibt die frühe Entwicklung der Beteiligung der EG an auswärtigen Angelegenheiten *au sens large*, S. 38ff; ders., S. 37f nennt fünf Gründe für die Entwicklung der Beschäftigung der EG mit „external affairs *au sens large*". Ebenso C. Flaesch-Mougin, „Les compétences externes de la Communauté Européenne", S. 351ff, 373, die Außenbeziehungen der EG wurden bereits seit Mitte der 80er Jahre zunehmend „politisiert". Zur Verfolgung dieser „Außenpolitik" stehen der EG allerdings nur wirtschaftliche Mittel zur Verfügung; Club von Florenz (Hrsg.), „Der unmögliche Status quo", S. 122 spricht davon, daß die Schaffung der GASP die Außenpolitik, die seit Abschluß des EGV nach und nach ins Leben gerufen worden war, in den Hintergrund gerückt hat.

tigt.[21] Damit hat der EuGH unter anderem den dynamischen Charakter[22] der EG-Außenbeziehungen bestätigt. Die frühen Aktionen zum Schutz der Menschenrechte gegenüber Uganda (1977), Equatorial Guinea (1978), der Zentralafrikanischen Republik (1979/1980) und Liberia (1980)[23] waren meistens ad-hoc entwickelt und von einer negativen Politik (Sanktionen anstatt positiver Förderung) geprägt.[24] Der Ansatz, Menschenrechte in die Beziehungen zu den Ländern, mit denen Kooperationsbeziehungen bestehen, zu integrieren, wurde in besonderem Maße in der Lomé-Konvention (Abkommen von Lomé) mit inzwischen 71[25] Entwicklungsländern vorangetrieben. Die dritte Lomé-Konvention enthielt bereits 1984 den ersten, wenn auch vagen Hinweis auf Menschenrechte.[26] In 1986 verabschiedeten die Außenminister der EG im Rahmen der EPZ die erste offizielle Erklärung über die Rolle der Menschenrechte als „Eckpfeiler" der europäischen Kooperation und als „wichtiges Element" in den Außenbeziehungen, blieben aber ansonsten noch sehr unbestimmt in Hinsicht auf das genaue Verständnis von Menschenrechten.[27] Der erste geschriebene Verweis auf den Schutz der Menschenrechte war in der Präambel der EEA zu finden. Dort wurde festgehalten, daß die MS sich ihrer Verantwortung bewußt sind, für „die Grundsätze der Demokratie und die Wahrung des Rechts und der Menschenrechte, denen sie sich verpflichtet fühlen, einzutreten".[28] Eine wegweisende Entschließung im Bereich von Menschenrechten und Entwicklung (im folgenden Ratsresolution) wurde vom Rat und den MS im November 1991 verabschiedet,[29] nachdem der Europäische Rat im Juni desselben Jahres (im folgenden Junideklaration) den unteilbaren Charakter von Menschenrechten, deren fundamentale Bedeutung, die Relativierung der „domaine reservé" und die Legitimität der Einbeziehung von Menschenrechtsklauseln in Abkommen mit Drittstaaten betont hatte.[30] Die Ratsresolution ist insofern bedeutsam, als daß sie zum ersten Mal versucht, konkrete Richtlinien für die Führung der Politik aufzustellen und Menschenrechte und Demokratie in Bezug zur „verantwortungsvollen Staatsführung" setzt. Sie drückt das so aus, daß die Menschenrechte ein Teil eines „umfassenden Katalogs von Erfordernissen"[31] sind, um eine ausgewogene und dauerhafte Entwicklung zu erreichen. Die Bandbreite für Aktionen auf EG-Ebene wurde durch die Schlußfolgerungen des Rates und der

---

[21] Kommission gegen Rat, Rs. 22/70 vom 31.3.71, Slg. 1971, S. 263.

[22] M. Cremona, „External Relations Powers", S. 249, so kann z.B. der Anwendungsbereich von Art. 113 EGV (Art. 133 EGV n.F.) unter Bezug auf die AETR-Rechtsprechung auf Dienstleistungen erweitert werden. Insbesondere bedeutsam ist der dynamische Charakter deswegen, weil er eine kontinuierliche Neudefinition der Abgrenzung zwischen mitgliedstaatlichen und EG-Kompetenzen verlangt.

[23] G. Oestreich, *Konvention von Lomé*, S. 304-321, 439-449.

[24] K. Tomasevski, *Development Aid Revisited*, S. 71.

[25] A. Cox, A. Koning, *Understanding European Community Aid*, S. 9. Südafrika trat der Konvention erst im April 1997 bei und profitiert nur von einigen Vergünstigungen der Konvention, dies., S. 8.

[26] D. J. Marantis, „Human Rights, Democracy and Development", S. 6ff; Vgl. COM (95) 216 endg., S. 7.

[27] Erklärung zu den Menschenrechten, vom 21.7.86, EPZ- und Ratstreffen, Bull. EC, Nr. 7/8, 1986, Pkt. 2.4.4., S.112f; K. Arts, „Human rights, democracy and good governance: at odds or at ease with each other?", S. 260.

[28] EEA Präambel, Sartorius II, Nr. 151, S. 2.

[29] Entschließung des Rates „Demokratie und Entwicklung", Bull. EC, Nr. 11, 1991, Jhrg. 24, S. 128f.

[30] Erklärung über die Menschenrechte, Bull. EC, Nr. 6, 1991, Jhrg. 24, Anhang V, S. 17f.

[31] Bull. EC, Nr. 11, 1991, Jhrg. 24, S. 128, Pkt. 2.3.1, Abs. 2.

im Rat vereinigten Vertreter der Regierungen der MS im November 1992 erweitert.[32] Mit dem Vertrag von Maastricht schließlich wurde das Engagement der EG durch die Einführung des Art. 130u EGV (Art. 177 EGV n.F.) auf eine feste rechtliche Grundlage gestellt.[33] Nach dessen Absatz 2 trägt die Entwicklungspolitik der EG dazu bei, „das allgemeine Ziel einer Fortentwicklung und Festigung der Demokratie und des Rechtsstaats, sowie das Ziel der Wahrung der Menschenrechte und Grundfreiheiten zu verfolgen".

Davon abgesehen, daß Handelspolitik und Entwicklungspolitik Teile einer umfassenden Außenpolitik[34] sind,[35] fehlt der EG damals wie heute eine globale Kompetenz im Bereich der auswärtigen Beziehungen. Daran hat weder die 1970 geschaffene EPZ, noch die GASP etwas geändert, da beide Vorschriften über eine Form der staatlichen Kooperation enthalten, welche von der EG getrennt geblieben ist.[36] Der Vorschlag auf der IGC 1996 für Amsterdam, die GASP-Bestimmungen in den Bereich der Gemeinschaft zu integrieren, wurde einstimmig abgelehnt.[37] In Kapitel 4 wird untersucht werden, inwiefern die Bestimmungen des Titels V bedenklicherweise dazu neigen, das Feld der Außenpolitik ausschließlich der EU und ihren Handlungsformen in der GASP zu unterstellen.

2. Der positive Ansatz der EG

Die Politik der EG im Bereich der Menschenrechte stellt die positive Förderung vor die bestrafende Ahndung von Verletzungen. Diese Politikorientierung wurde in der bereits besprochenen Junideklaration[38] und der Ratsresolution vom November 1991[39] festgelegt und hat seitdem das Bild des Menschenrechtsengagements der EG geprägt. In Abkehr von der traditionellen Form der negativen Antwort auf die Mißachtung von Menschenrechten[40] wurde mehr Wert auf eine partizipative, präventive und unterstützende Politik gelegt. Jedoch wird die Anwendung von negativen Maßnahmen nicht gänzlich ausgeschlossen, sondern als „ultima ratio" im Falle von schweren und andauernden Verletzungen vorbehalten.[41] Dabei ist zu beachten, daß die Ratsresolution sich nur auf Entwicklungshilfe bezieht und keine Aussa-

---

[32] Bull. EC, Nr. 11, 1992, Jhrg. 25, Pkt. 1.4.50. Siehe auch die Mitteilung der Kommission, Development cooperation policy in the run-up to the year 2000, SEC (92), 915 endg. vom 15.5.92.

[33] Die Europäische Kommission, „The European Union and the External Dimension of Human Rights Policy", COM (95) 567, S. 5, weist noch einmal auf die fundamentale Bedeutung der Einführung einer Vertragsbestimmung im Bereich des Menschenrechtsschutzes hin. Es wird noch später darauf einzugehen sein, ob die EG auch eine allgemeine Kompetenz im Bereich der Menschenrechte hat.

[34] Zur Definition siehe Kapitel 3.

[35] Zur Handelspolitik, siehe P. Alston, „International Trade", S. 156; R. Rummel, *Zusammengesetzte Außenpolitik,* S. 26; Eberhard Rhein, „The Community's External Reach", S. 40.

[36] I. Macleod, I. D. Hendry, S. Hyett, *External Relations*, S. 411; K. W. Lange, „Die Gemeinsame Außen- und Sicherheitspolitik der EU", S. 442; J. Janning, „Aussen- und Sicherheitspolitik nach Maastricht", S. 63. Siehe vor allem die Analyse in Kapitel 1.

[37] A.A. Dashwood (Hrsg.), „Part IV EC External Relations and the CFSP", Topics for discussion, S. 218.

[38] Bull. EC, Nr. 6, 1991, Jhrg. 24, Anhang V, S.17f, Pkt. 1.45.

[39] Bull. EC, Nr. 11, 1991, Jhrg. 24, S. 128f, Pkt. 2.3.1.

[40] D. J. Marantis, „Human Rights, Democracy and Development", S. 12; P. Alston, „International Trade", S. 155.

[41] Bull. EC, Nr.11, 1991, Jhrg. 24, S. 128, Pkt. 2.3.1, Abs. 6.

gen zur Handelspolitik trifft. Diese wurde jedoch allgemein in der Junideklaration mitbehandelt und so ebenfalls dem positiven Ansatz unterstellt.[42] Die Kommission hat darüber hinaus eine umfassende und ausdrückliche Aussage zu der positiven Menschenrechtspolitik der EG in ihrer Mitteilung: „The European Union and The External Dimension of Human Rights Policy: From Rome to Maastricht and Beyond"[43] getroffen, indem sie feststellt, daß die Handlungsfelder einem „positive, practical and constructive approach" entsprechen.[44]

Die explizite Verbindung der Beachtung von Menschenrechten mit wirtschaftlicher Kooperation (Handel und Entwicklungshilfe) wird häufig mit dem Wort „Konditionalität" umschrieben. Dieses gibt an sich noch keine Aussage zur Stoßrichtung der beabsichtigten Maßnahme ab. Es umschreibt lediglich die in 1989 begonnene Praxis der Geberländer, das Gewähren von Entwicklungshilfe und präferentieller Handelsbeziehungen an die Beachtung von Menschenrechten und demokratischen Prinzipien zu knüpfen.[45] Diese Verknüpfung betrifft sowohl das Gewähren derselben als Anreiz zur Erreichung der aufgestellten Ziele, als auch den möglichen Entzug der vorteilhaften bedingten Maßnahme. Im ersten Fall kann von einer Politik der „positiven Sanktionen"[46] gesprochen werden, im letzteren Fall von „negativer Konditionalität".[47]

Diese *politische* Konditionalität Ende der 80er Jahre war eine logische Fortführung der *wirtschaftlichen* Konditionalität, die bereits weit praktiziert wurde, um „dauerhafte Entwicklung" in den Kooperationspartnerländern zu erreichen. Im Bereich der Führung der Wirtschaftspolitik Bedingungen zu stellen, wurde von der Weltbank und dem IMF in den 1970er und 1980er Jahren in ihre Politiken eingeführt[48] und ist nach wie vor von großer Bedeutung. Dies haben die Beispiele Indonesien im Frühjahr 1998 und Rußland 1998 gezeigt. Dennoch erwies sich die Ausrichtung auf rein wirtschaftliche „good governance"[49] als unzureichend, das Ziel von dauerhafter Entwicklung umfassend zu erreichen.[50] So richteten die Geberländer und die EG,

---

42 K. Tomasevski, *Development Aid Revisited*, S. 72.

43 COM (95) 567 endg.

44 COM (95) 567 endg., S. 10.

45 K. Tomasevski, *Between Sanctions and Elections*, S. 9; O. van Cranenburgh, „Linkage Policies", S. 45.

46 Positive Sanktionen sind eine Verbindung von der Androhung des Entzugs der Unterstützung mit Diplomatie auf hoher Ebene und einer Anzahl von wirtschaftlichen Anreizen, G. A. Lopez, D. Cortright, „Economic Sanctions in Contemporary Global Relations", S. 4; P. J. Kuyper, „Trade Sanctions", S. 389, am Beispiel Südafrikas; O. von Cranenburgh, „Linkage Policies", S. 45.

47 „Punitive Conditionality", K. Tomasevski, *Development Aid Revisited*, S. 41, 44.

48 K. Tomasevski, *Between Sanctions and Elections*, S. 10; dies., „The influence of the World Bank and IMF", S. 385-395. Diese erste Stufe wird auch mit „first generation conditionality" umschrieben, O. Stokke, „Foreign Aid: What now?", S. 95.

49 Der Begriff der „good governance" (verantwortungsvolle Staatsführung) wurde von der Weltbank 1989 entwickelt im Zusammenhang mit Subsahara Afrika, World Bank: *Sub-Sahara Africa - From Crisis to Sustainable Growth*, 1989. Sie definiert sie als the „manner in which power is exercised in the management of a country's economic and social resources for development". Dabei bleibt die Weltbank ihrem lediglich wirtschaftlichen Mandat treu, O. Stokke, „Foreign Aid: What now?", S. 81, Fn. 76, 77.

50 Der Erfolg von Strukturanpassungsprogrammen hatte sich nicht, wie versprochen, eingestellt, so daß nach Erklärungen für diesen Fehlschlag gesucht wurde, O. Stokke, „Foreign Aid: What now?", S. 81.

angetrieben von den vorteilhaften politischen Änderungen des Ende des Kalten Krieges,[51] ihre Programme auch an der politischen Seite der Regierungsführung des Nehmerlandes aus.

Die EG hat folglich die Beachtung von Menschenrechten und Demokratie zu einem wesentlichen Element ihrer auswärtigen Politiken gemacht.

III. Die Instrumente und Entscheidungsprozesse in der EG

Wie angekündigt konzentriert sich die Analyse in diesem Teil auf die einzelnen Elemente des acquis communautaire auf der Basis der oben gegebenen Definition. Daher wird zunächst ein Blick auf das Primärrecht geworfen, um dann die sekundärrechtlichen Regelungen im Hinblick auf die Instrumente und Entscheidungsprozesse einer spezifischen Untersuchung zu unterstellen. Die Rechtsprechung des EuGH im Bereich der Menschenrechte findet hierbei insoweit Beachtung, als es für eine umfassende Betrachtung erforderlich ist.

1. Eine allgemeine Kompetenz für Menschenrechte?

Die Frage nach einer Kompetenz der EG für Regelungen in Bezug auf Menschenrechte ist wieder neu entflammt anhand des jüngsten Vorschlags der Kommission, die Budgetlinien des Kapitels B7-7[52] und die sonstige finanzielle und technische Hilfe auf eine einzige Rechtsgrundlage in Form einer EG-Verordnung zu stellen.[53] Diese Finanzmittel beziehen sich alle auf die Förderung von Menschenrechten und Demokratie in Drittstaaten und reichen von Wahlunterstützung bis zum Schutz von Minderheiten. Der Sinn des Vorschlages ist es, eine globale Strategie im Gegensatz zu dem bislang geographisch orientierten Ansatz[54] zu entwikkeln und die Koordination innerhalb der EG und mit den Mitgliedstaaten zu verbessern. Vor allem aber gilt es, die Übersichtlichkeit zu erhöhen. Heute gibt es 78 Verordnungen, die mit technischer und finanzieller Hilfe zur Förderung von Menschenrechten und Demokratie zu tun haben![55]

Die Verordnung umfaßt die Förderung von wirtschaftlichen und sozialen Rechten, die Unterstützung im Übergang zur Demokratie, Initiativen zur Beachtung des Rechtsstaatlichkeitsprinzips und vieles mehr (siehe Art. 2 des Vorschlags, Anhang). Sie soll nach Ansicht der Kommission auf Art. 130w EGV (Art. 179 EGV n.F.) als Rechtsgrundlage gestützt wer-

---

[51] G. R. Olsen, „Public Opinion, International Civil Society and North-South Policy since the Cold War", S. 334, „when the Cold War ended, policy towards developing countries became increasingly - although far from exclusively - subject to moral and normative attitudes". Darüber hinaus hat das Ende des Kalten Krieges eine Nachfrage nach Demokratie und Menschenrechten geschaffen, die von den Entwicklungsländern selber kam, M. Marin, „Democracy cannot be imposed from the outside", S. 50.

[52] „Europäische Initiative für Demokratie und den Schutz von Menschenrechten", siehe Kommissionsberichte SEC (92) 1915 endg.; COM (95) 191; COM (96) 672.

[53] COM (97) 357. Siehe auch J. van der Klaauw, Human Rights News, in: *NQHR*, Nr. 4, 1997, S. 510f; European Council Legal Service, Opinion, 16.10.97, Doc. 10597/97. Inzwischen wurden zwei Verordnungsentwürfe im Juli 1998 vom Rat an das Parlament geleitet.

[54] Siehe Bericht der Kommission zur Implementierung der Fördermaßnahmen zur Überwachung von Menschenrechten und Demokratischen Prinzipien, COM (96) 672, S. 6.

[55] Interview mit einem Bediensteten der Rechtsabteilung der Kommission.

den. Die Rechtsabteilung des Rates[56] ist hingegen der Auffassung, daß die Verordnung zum einen nicht auf Art. 130 w EGV (Art. 179 EGV n.F.) gestützt werden könne, wenn das Zielland kein Entwicklungsland ist, vor allem aber ein Großteil der Maßnahmen überhaupt nicht von der EG geregelt werden kann, da die Kompetenz für solche Initiativen allein bei den Mitgliedstaaten läge. Insofern käme nur eine Gemeinsame Aktion nach Art. J.3 EUV (Art. 14 EUV n.F.) in Betracht. Ginge es nach dem Rat, würde also die Verordnung aufgespalten werden in zwei identische mit unterschiedlichen Rechtsgrundlagen (Art. 130w EGV (Art. 179 EGV n.F.) für Entwicklungsländer und Art. 235 EGV (Art. 308 EGV n.F.) für alle anderen Staaten)[57] und vor allem ein Großteil der anvisierten Maßnahmen aus dem Anwendungsbereich herausgenommen werden.

Die Ansicht der Rechtsabteilung stützt sich zum großen Teil auf zwei Rechtssachen vor dem EuGH: Auf das Gutachten 2/94 zum Beitritt der EG zur EMRK[58] und den Fall des Kooperationsabkommens mit Indien.[59] Im 2/94er Gutachten stellte der EuGH fest, daß „keine Bestimmung des Vertrages den Gemeinschaftsorganen allgemein die Befugnis (verleiht), Vorschriften auf dem Gebiet der Menschenrechte zu erlassen oder völkerrechtliche Verträge in diesem Bereich abzuschließen“,[60] also auch nicht Art. 130u ff EGV (Art. 177 ff EGV n.F.). Im Indien-Fall wurde diese Schlußfolgerung dahingehend relativiert, daß die EG zwar ermächtigt ist, eine Entwicklungspolitik zu betreiben, die Menschenrechte und Demokratie fördert. Die Ziele des Art. 130u II EGV (Art. 177 II EGV n.F.)[61] sind jedoch denen des Art. 130u I (Art. 177 I EGV n.F.)[62] EGV untergeordnet, insofern als das *Hauptanliegen* Entwicklung sein muß und nicht die Förderung von Menschenrechten.[63] Das bedeutet, daß die EG zwar Menschenrechtsklauseln in ihre Kooperationsabkommen, gestützt auf Art. 130y EGV (Art. 181 EGV n.F.), einfügen darf,[64] jedoch keine Kompetenz hat, „reine“ Menschenrechtsmaßnahmen aus Anlaß der Entwicklungspolitik vorzunehmen.[65] Dennoch kann laut EuGH *im Einzelfall* das Ziel der Entwicklungspolitik hinter dem der Menschenrechtsförderung zurückstehen. Dies gilt insofern, als daß das Ergreifen von „geeigneten Maßnahmen“ im Falle der Verletzung von Menschenrechten zwangsläufig eine Anpassung der relevanten Entwicklungshilfeprogramme

---

56 European Council Legal Service, Opinion, 16.10.97, Doc. 10597/97.

57 Ein solcher Vorschlag liegt jetzt beim Parlament, J.van der Klaauw, Human Rights News, in: *NQHR*, Nr. 3, 1998, S. 379.

58 Vom 28.3.96, Slg. 1996, I-1759.

59 Rs. C-268/94, Portugal gegen Rat, 3.12.96, Slg. 1996, I-6207.

60 Paragraph 27. Zu dem Urteil siehe A. Clapham, „Where is the EU's Human Rights Common Foreign Policy?“, S. 676f; J. Kokott, F. Hoffmeister, Note on Opinion 2/94, S. 664ff.

61 Fortentwicklung und Festigung der Demokratie und des Rechtsstaats, Wahrung der Menschenrechte und Grundfreiheiten.

62 Nachhaltige wirtschaftliche und soziale Entwicklung, harmonische Eingliederung der Entwicklungsländer in die Weltwirtschaft, Bekämpfung der Armut.

63 Rs. C-268/94, Portugal gegen Rat, 3.12.96, Slg. 1996, I-6207, Abs. 20.

64 Daran ändert auch die Tatsache nichts, daß die Menschenrechtsklausel in dem in Frage stehenden Abkommen die Beachtung derselben als „essential element“ darstellt, EuGH, C-268, Portugal gegen Rat, 3.12.96, Slg. 1996, I-6207, Abs. 26.

65 Siehe Rs. C-268/94, Portugal gegen Rat, 3.12.96, Slg. 1996, I-6207, Abs. 20. Vgl. J. Weiler, S. Fries, „The Competences of the EU in Human Rights“, S. 148f.

an die konkrete Maßnahme erfordert.[66] Das geht nicht etwa, wie von Portugal vorgebracht, über den Anwendungsbereich von Art. 130 y EGV (Art. 181 EGV n.F.) hinaus.

Dieses Ergebnis trifft aber noch keine Aussage zu Art. 235 EGV (Art. 308 EGV n.F.) und dessen Eignung, eine Rechtsgrundlage für eine allgemeine Menschenrechtspolitik darzustellen. Der EuGH hat dazu im Gutachten 2/94[67] festgestellt, daß Art. 235 EGV (Art. 308 EGV n.F.) den Zweck habe, die Lücke zu füllen in dem Fall, daß keine expliziten oder impliziten Kompetenzen der EG eine Handlungsbefugnis geben. Ist es in einem solchen Fall notwendig, die EG mit Mitteln auszustatten, um eines der Ziele des Vertrages zu erreichen, kommt Art. 235 EGV (Art. 308 EGV n.F.) zum Tragen.[68] Um die Antwort bereits vorwegzunehmen: der EuGH hat entschieden, daß Art 235 EGV (Art. 308 EGV n.F.) keine geeignete Rechtsgrundlage für den Beitritt der EG zur EMRK darstellt, da ein solcher „eine wesentliche Änderung des gegenwärtigen Gemeinschaftssystems zum Schutz der Menschenrechte zur Folge" hätte.[69] Welche Schlußfolgerungen daraus für eine allgemeine Menschenrechtspolitik zu ziehen sind, wird nach der hier vertretenen Auffassung vom EuGH in dem Gutachten nicht festgelegt.[70] J. Weiler und S. Fries[71] legen das Urteil so aus, daß im Falle einer Vertragslücke Maßnahmen im Bereich der Menschenrechte auf die relevanten EG-Vertragsvorschriften oder Art. 235 EGV (Art. 308 EGV n.F.) gestützt werden können, solange sie das institutionelle Gleichgewicht respektieren und nicht von verfassungsrechtlicher Bedeutung sind. Das würde bedeuten, daß die EG im Bereich ihrer auswärtigen Politik, entgegen der Auffassung der Rechtsabteilung des Rates,[72] auch solche Initiativen fördern kann, deren *Hauptanliegen* Menschenrechtsschutz ist. Der Rat möchte hingegen die EG auf Maßnahmen beschränken, die entweder Art. 130 w EGV (Art. 179 EGV n.F.) untergeordnet sind (oben), oder die hauptsächlich die wirtschaftliche Unterstützung der „countries in transition"[73] betreffen, wofür Art. 235 EGV (Art. 308 EGV n.F.) die richtige Rechtsgrundlage wäre.[74] Auch im letzteren Fall würde es sich um eine Konstellation der Unterordnung handeln.

Der EuGH läßt in seinem Urteil C-268/94, Portugal gegen Rat,[75] wenig Raum für eine andere Auslegung, als diejenige, daß die Ziele des Art. 130u II EGV (Art. 177 II EGV n.F.) denen des Absatzes 1 untergeordnet werden müssen. Wenn man dies notgedrungen akzeptiert, aber nicht gutheißt, bleibt dennoch Raum für eine „menschenrechtsfreundliche" Anwendung des

---

66 Siehe Rs. C-268/94, Portugal gegen Rat, 3.12.96, Slg. 1996, I-6207, Abs. 26; J.van der Klaauw, Human Rights News, in: *NQHR*, Nr. 2, 1997, S. 206f.

67 Gutachten 2/94, 28.3.96, Slg. 1996, I-1759.

68 Ders., Abs. 29.

69 Ders., Abs. 34; J. Kokott, F. Hoffmeister, Note on Opinion 2/94, S. 664ff.

70 So auch J. Kokott, F. Hoffmeister, Note on Opinion 2/94, S. 664ff; R. G. Bono, „Reflexiones en torno al futuro de la protección de los derechos humanos", S. 57; F. Emmert, *Europarecht*, § 23, Rnr. 11; a.A. A. Bleckmann, *Europarecht*, Rnr. 103.

71 „The Competences of the EU in Human Rights", S. 10ff.

72 European Council Legal Service, Opinion, 16.10.97, Doc. 10597/97, S. 6.

73 D.h. der Zentral- und Osteuropäischen Staaten und der Staaten der ehemaligen Sowjetunion.

74 European Council Legal Service, Opinion, 16.10.97, Doc. 10597/97, S. 6; Z.B. Phare Verordnung 3906/89, vom 18.12.89, Abl. L 375, 11, zuletzt geändert durch VO Nr. 753/96 of 22 April 1996, Abl. L 103, 5, 26.4.96; Tacis Verordnung 2053/93, Abl. L187, 1, 29.7.93; VO 1279/96 vom 25.6.96, Abl. L 165, 1.

75 Vom 3.12.96, Slg. 1996, I-6207.

Art. 235 EGV (Art. 308 EGV n.F.).[76] Es wird hier folglich vertreten, daß eine Menschenrechtspolitik, die die Grenzen des 2/94 Gutachtens wahrt (keine wesentliche Änderung des gegenwärtigen Gemeinschaftsystems zum Schutze der Menschenrechte durch Einbindung der EG in ein völkerrechtliches, andersartiges System; keine grundlegenden institutionellen Auswirkungen auf die EG oder die MS; keine verfassungsrechtliche Dimension[77]), auf Art. 235 EGV (Art. 308 EGV n.F.) gestützt werden kann. So bringt auch Dänemark im Urteil „Portugal gegen Rat" vor, daß Art. 235 EGV (Art. 308 EGV n.F.) dann die erforderliche Rechtsgrundlage gewesen wäre, wenn die EG ein Abkommen abschließen wollte, dessen Hauptzweck der Schutz der Menschenrechte sei.[78] Zugegebenerweise hat der EuGH sich dazu nicht geäußert, da er bereits Art. 130 y EGV (Art. 181 EGV n.F.) als ausreichende Rechtsgrundlage ansah. Dennoch läßt das Urteil, das über ein halbes Jahr nach dem Gutachten 2/94 erlassen wurde, eine dahingehende Interpretation zu, zumal der EuGH sich auch in 2/94 zumindest nicht ablehnend zu einer derartigen Auslegung des Art. 235 EGV (Art. 308 EGV n.F.) geäußert hat.[79]

Art. 235 EGV (Art. 308 EGV n.F.) erfordert zunächst, daß keine spezielle Vorschrift des Vertrages eine Befugnis zum Tätigwerden im Menschenrechtsbereich bereitstellt, was oben bereits bejaht wurde. Des weiteren muß das Tätigwerden sich auf die Verwirklichung eines der Ziele der Gemeinschaft beziehen und erforderlich sein.[80] Die hier interessierende Frage, die kontrovers diskutiert wird, ist die des *Zieles der Gemeinschaft*. Der EuGH äußert sich dazu in den oben zitierten Urteilen nicht und beschränkt sich darauf festzulegen, daß die Wahrung der Menschenrechte eine Voraussetzung für die *Rechtmäßigkeit* von Gemeinschaftsakten ist.[81] Die durch den Maastrichter Vertrag eingeführten Bestimmungen des Art. F II EUV (Art. 6 II EUV n.F.),[82] Art. 130u ff EGV (Art. 177 ff EGV n.F.) und des Bekenntnisses seiner Präambel zu den „Grundsätzen der Freiheit, der Demokratie und der Achtung der Menschenrechte" lassen bereits die Hinwendung der EG zur Verfolgung einer vertraglich abgesicherten Menschenrechtspolitik erkennen. Angesichts der Erneuerungen durch den Vertrag von Amsterdam im Hinblick auf die Einführung von Absatz 1 von Art. F EUV (Art. 6 I EUV n.F.), von Art. F.1 EUV (Art. 7 EUV n.F.), der Ergänzung von Art. O EUV (49 EUV n.F), Art. 6a, Art. 73k und Art. 117 EGV (Art. 13, 63, 136 EGV n.F.), kann der EG kaum mehr abgespro-

---

[76] Damit ist gemeint, daß Art. 235 EGV (Art. 308 EGV n.F.) eventuell auch dann als Rechtsgrundlage für Maßnahmen im Bereich der Menschenrechte dienen kann, wenn diese losgelöst von einer anderen Politik der Gemeinschaft sind.

[77] Gutachten 2/94, 28.3.96, Slg. 1996, I-1759, Abs. 34, 35.

[78] C-268/94, Portugal gegen Rat, 3.12.96, Slg. 1996, I-6207, Abs. 20.

[79] J. Kokott, F. Hoffmeister, Note on Opinion 2/94, S. 668; B. Brandtner, A. Rosas, „Human Rights and the External Relations", S. 471f.

[80] Für die Prüfungsvoraussetzungen im einzelnen, siehe I. E. Schwartz, *Kommentar zum EU/EG Vertrag*, Art. 235, Rnr. 52 ff; E. Grabitz, *Kommentar zur Europäischen Union*, Art. 235, Rnr. 25 ff. Bei der Prüfung der Erforderlichkeit spielt dann das Subsidiaritätsprinzip eine Rolle.

[81] Gutachten 2/94, 28.3.96, Slg. 1996, I-1759, Abs. 34; ders., in Abs. 33 führt der EuGH seine bisherige Rechtsprechung zu den Menschenrechten und deren Qualifikation als allgemeine Rechtsgrundsätze kurz aus.

[82] Siehe zur Geltung des Art. F II EUV (Art. 6 II EUV n.F.) auch für die EG die Ausführungen in Kapitel 1.

chen werden, daß die Wahrung der Menschenrechte zu einem ihrer Ziele gehört, wenn dieses auch nicht explizit in Art. 2, 3 EGV (Art. 2, 3 EGV n.F.) aufgeführt ist.[83]

Die gerade genannten Vorschriften begutachtend erscheint es, als wäre die Wahrung der Menschenrechte durch die Union etablierter in Bezug auf die internen Verhältnisse,[84] als im Hinblick auf Drittstaaten. Der externe, hier relevante Bereich wird häufig allein der GASP zugerechnet, da dort ausdrücklich die Achtung der Menschenrechte als eines der Ziele aufgeführt ist (J.1 EUV; Art. 11 EUV n.F.). Diese Sichtweise übersieht allerdings den Art. 130u II EGV (Art. 177 II EGV n.F.), die Tatsache, daß Art. F II EUV (Art. 6 II EUV n.F.) auch für die EG verbindlich ist und die Entwicklung der Menschenrechtspolitik auf EG-Ebene seit zwanzig Jahren (acquis communautaire, siehe oben). Ein Ziel der Arbeit ist daher, klar herauszuarbeiten, wo die einzelnen Befugnisse und die Überschneidungen in der Menschenrechtspolitik liegen. Es soll ein Prinzip entwickelt werden, das einerseits die Abgrenzung der beiden Zuständigkeitsbereiche regelt und andererseits den gemeinschaftsrechtlichen Besitzstand vor Eingriffen aus dem intergouvernementalen (zwischenstaatlichen) Bereich schützt. Abschließend ist zu Art. 235 EGV (Art. 308 EGV n.F.) zu sagen, daß dieser weder vom Wortlaut und Sinn und Zweck des Vertrages, noch in der Auslegung des EuGH eine klare Absage an eine Menschenrechtspolitik der EG erteilt.

Bei alledem ist zu beachten, daß die Diskussion um Art. 235 und Art. 130w, y EGV (Art. 308, 179, 181 EGV n.F.) noch keine Aussage darüber getroffen hat, ob die EG befugt ist, außerhalb von diesen Artikeln ihre auswärtigen Politiken, namentlich die Handels-[85] und Assoziierungspolitik[86] (Art. 113, 238 EGV; Art. 133, 310 EGV n.F.), in den Dienst der Menschenrechte zu stellen. Dies bejahen E. Riedel[87] und F. Hoffmeister[88] mit dem Argument für Art. 238 EGV (Art. 310 EGV n.F.), daß darauf basierende Verträge alle Gebiete des Gemeinschafts-

---

[83] Vgl. F. Hoffmeister, *Menschenrechts- und Demokratieklauseln*, S. 425f. Zur genauen Anwendung des Tatbestandsmerkmales „Ziel der Gemeinschaft", siehe I. E. Schwartz, *Kommentar zum EU/EG Vertrag*, Art. 235, Rnr. 52 ff; E. Grabitz, in: *Kommentar zur Europäischen Union*, Art. 235, Rnr. 25 ff.

[84] Art F II EUV scheint wegen des Verweises auf die allgemeinen Grundsätze des Gemeinschaftsrechts hauptsächlich die interne Dimension anvisiert zu haben, desweiteren betreffen Art. F.1 EUV (Art. 7 EUV n.F.), Art. 6a, 73k, 117 (Art. 13, 63, 136 EGV n.F.) den Binnenmarkt, B. Brandtner, A. Rosas, „Human Rights and the External Relations", S. 470f.

[85] Unter Verweis auf Art. 113 EGV (Art. 133 EGV n.F.) hat die EG Handelsverträge abgeschlossen und das Allgemeine Präferenzen-System (APS) erlassen, die ebenfalls einen Verweis auf die Beachtung von Menschenrechten enthalten; E. Riedel, „Human Rights Clauses in Lomé and Other Agreements", S. 734, nennt hier die Handelsabkommen mit den Baltischen Staaten und das vorläufige Abkommen mit den CIS-Staaten. Desweiteren APS Verordnung Nr. 3281/94, 19.12.94, ABl. L 348, 1, zuletzt geändert durch Verordnung Nr. 2623/97, 19.12.97, Abl. L 354, 9 und APS Verordnung 1256/96, 20.6.96, Abl. L 160, 1, zuletzt geändert durch Verordnung Nr. 2623/97, 19.12.97, Abl. L 354, 9, insbesondere deren Art. 9ff; Siehe genauer Abschnitt B III 2b.

[86] So zum Beispiel die Lomé-Konvention, die Europaabkommen mit den Zentral- und Osteuropäischen Staaten und die neuen Abkommen mit einigen Mittelmeerländern im Rahmen der „Europa-Mittelmeer Partnerschaft", beschlossen in Barcelona in 1995. Zu letzterer siehe A. Cox, A. Koning, *Understanding European Community Aid*, S. 10; siehe genauer Abschnitt B III 2b.

[87] E. Riedel, „Human Rights Clauses in Lomé and Other Agreements", S. 734ff.

[88] F. Hoffmeister, *Menschenrechts- und Demokratieklauseln*, S. 407ff, 427ff, 451.

rechts umfassen können[89] und somit auch den acquis communautaire in Menschenrechten. Die Vertragsschlußkompetenz des Art. 113 EGV (Art. 133 EGV n.F.) ermächtige implizit auch zur Regelung von Menschenrechtsmaterien angesichts der Gesamtheit der Menschenrechtsbestimmungen des EUV und des acquis communautaire in diesem Bereich. Sollte dies als eine unzulässige Ausdehnung des Prinzips der begrenzten Einzelermächtigung in Art. 3b EGV (Art. 5 EGV n.F.) angesehen werden, so wird vertreten, daß zumindest die Grundsätze des Völkerrechts eine Befugnis zur Suspendierung eines Vertrages geben.[90]

Folglich hat die EG eine Kompetenz, ihre Menschenrechtspolitik den Zielen der Entwicklungs-, Handels-, Wirtschafts- und Assoziationspolitik *unterzuordnen*. Aber selbst nach dieser restriktiven Auslegung der Gemeinschaftskompetenzen kann sie den Menschenrechten *im Einzelfall* den Vorrang geben. Nach hier vertretener Auffassung hat die EG sogar eine allgemeine Kompetenz über Art. 235 EGV (Art. 308 EGV n.F.), solange sie die Grenzen des EMRK-Gutachtens wahrt. Jedoch besteht im keinem Fall eine *ausschließliche* Zuständigkeit der Gemeinschaft für Regelungen zum Schutze der Menschenrechte und der Demokratie. Im folgenden wird nunmehr dargestellt, wie die EG ihre Befugnisse in der Menschenrechtsaußenpolitik genutzt hat.

2. Die Instrumente

a) Die Menschenrechtsklauseln in Abkommen mit Drittstaaten

aa) Die Entwicklung

Die Praxis der EG, Menschenrechtsklauseln in die Rahmenverträge mit Drittstaaten einzufügen, hat mit der Mitteilung der Kommission vom 23.5.95[91] und der darauffolgenden Billigung durch den Rat[92] Richtlinien für ein weiteres einheitliches Vorgehen erhalten.[93] Dies war notwendig, da das bisherige Vorgehen viele unterschiedliche Klauseln je nach Region und Entwicklungsstand des Partnerlandes hervorgebracht hatte.

Die erste Form einer Menschenrechtsklausel wurde in das vierte Lomé-Abkommen zwischen der EG und den AKP-Staaten bereits in 1989 eingeführt.[94] Art. 5 des Abkommens bestimmt,

---

[89] Rs. 12/86 Demirel g. Stadt Schwäbisch Gmünd, Slg. 1987, 3719ff, 3751, Abs. 9. Dazu gehört auch die Rechtsprechung des EuGH, K. Lenaerts, E. de Smijter, „The European Union's Treaty-Making Competence", S. 17.

[90] F. Hoffmeister, Fußnote 88; E. Riedel, „Human Rights Clauses in Lomé and Other Agreements", S. 735, sieht jedoch Probleme insofern, als daß die Menschenrechtsklausel regelmäßig auch als Grundlage zu positivem Handeln genutzt wird und dieses den Anwendungsbereich der Minimumstandards des Völkerrechts unangemessen ausdehnen könnte. Das verneint er schließlich, da er die meisten Artikel der AEMR als Gewohnheitsrecht ansieht. Siehe auch die Diskussion in Kapitel 1.

[91] COM (95) 216 endg.

[92] 29.5.95, Bull. EU, Nr. 5, 1995, Jhrg. 28, Pkt. 1.2.3; F. Hoffmeister, *Menschenrechts- und Demokratieklauseln*, S. 175.

[93] F. Hoffmeister, *Menschenrechts- und Demokratieklauseln*, S. 117, erwähnt bereits die Richtlinien des Rates für KSZE-Staaten vom 11.5.92 als richtungsweisend.

[94] K. Tomasevski, *Between Sanctions and Elections*, S. 42, diese erste Klausel war noch nicht gedacht, negative Konditionalität in die Konvention einzuführen; Die dritte Lomé-Konvention (1984) enthielt bereits einen Hinweis auf Menschenrechte in ihrer Präambel und in Art. 4, blieb jedoch sehr allgemein hinsichtlich der Verbindung von Entwicklung und Menschenrechten. Zur Entwicklung der Lomé-Konvention im Hinblick

daß „Ziel der Zusammenarbeit (...) eine auf den Menschen als ihren hauptsächlichen Betreiber und Nutznießer ausgerichtete Entwicklung (ist), die somit die Achtung und die Förderung der Menschenrechte insgesamt voraussetzt“. Es erscheint nicht weiter verwunderlich, daß die AKP-Staaten den ersten Anwendungsfall einer solchen Klausel hergeben, da die Praxis vor allem im negativen Menschenrechtsschutz bedauerlicherweise an Beispielen der Parteilichkeit reich ist.[95] Die erste Klausel in einem Kooperationsabkommen außerhalb des AKP-Raumes ist in dem Abkommen mit Argentinien aus dem Jahr 1990[96] zu finden. Klauseln dieser Art werden gewöhnlich mit dem Begriff der „Basisklausel“ („Grundlagenklausel“) umschrieben.[97] Eine Gemeinsamkeit bestand jedoch insofern mit Art. 5 der Lomé-Konvention, als daß die „Basisklausel“ ebensowenig eine direkte Möglichkeit für Gegenmaßnahme oder gar Suspendierung vorsah.[98] Das war der Grund, warum die EG im Jahr 1992 in den Abkommen mit Brasilien,[99] Albanien,[100] den baltischen Staaten[101] und den Andenpakt-Ländern[102] die sog. Wesentlichkeitsklausel eingeführt hat, die kombiniert mit der dann entwickelten „Baltikum“-Klausel[103] die rechtliche Grundlage für eine unverzügliche Suspendierung lieferte.[104] In Fort-

---

auf Menschenrechte siehe auch B. Simma, C. Schulte, J. Aschenbrenner, „Human rights considerations in development cooperation activities of the EC“, S. 586ff. Sowie D. J. Marantis, „Human Rights, Democracy and Development“, S. 5ff.

95 K. Tomasevski, *Between Sanctions and Elections*, S. 48 stellt die Frage, warum die Sanktionen gegenüber China nach dem Tiennanmen-Massaker so kurz dauerten, während Haiti und Sudan sich weitaus strengeren Maßnahmen gegenüber sahen. In die gleiche Richtung, J. van der Klaauw, Human Rights News, in: *NQHR*, Nr. 2, 1996, S. 217.

96 EG Abl. 1990, Abkommen vom 2.4.90, L 295, 67.

97 Art. 1 I lautet im Englischen „Cooperation is based on...“. Weitere Beispiele umfassen das Rahmenabkommen mit Paraguay (1992), Art. 1, das Handels- und Kooperationsabkommen mit Macao (1992), Art. 1, K. Arts, „Human rights, democracy and good governance: at odds or at ease with each other?“, S. 265; sowie Abkommen mit Chile (1990) und Uruguay (1992), E. Riedel, „Human Rights Clauses in Lomé and Other Agreements“, S. 728. Auch das Abkommen mit der Mongolei (Abl. 1993, L 41, 45) enthält diese Klausel, D. Napoli, „EU's Foreign Policy“, S. 307.

E. Riedel, „Human Rights Clauses in Lomé and Other Agreements“, S. 727, das Modell der Lomé- Konvention wurde nicht übernommen, da es als Ausprägung des spezifischen Verhältnisses der AKP-Staaten zur EG angesehen wurde.

98 COM (95) 216 endg., S. 7. Dies scheint K. Arts, „Human rights, democracy and good governance: at odds or at ease with each other?“, S. 259, anders zu sehen, indem sie sagt, daß die Basisklausel (und die Wesentlichkeitsklausel) „provide the EC with a strong legal basis to suspend such agreeements“.

99 Abkommen vom 29.6.92, Abl. 1992, L 163.

100 EG Abl. 1992, Abkommen vom 25.11.92, L 343, 2.

101 EG Abl. 1992, Abkommen vom 31.12.92, L 403, 2 (Estland), 11 (Lettland), 20 (Litauen).

102 Abkommen vom 23.4.93, Bull. EU, Nr. 4, 1993, Pkt. 1.3.39. Zum Andenpakt gehören Peru, Kolumbien, Equador, Venezuela und Bolivien.

103 Bei den Abkommen mit den baltischen Staaten und Albanien.

104 Der Unterschied zwischen der „Baltikum“-Klausel und der Wesentlichkeitsklausel ist, daß die Wesentlichkeitsklausel sich darin erschöpft, für die Suspendierung eine Verbindung zu Art. 60 III des Wiener Vertragsrechtsübereinkommens („wesentliche Bestimmung“) herzustellen, was den ganzen Vorgang der recht komplizierten Prozedur des Übereinkommens (Art. 65) unterstellt. Die „Baltikum“-Klausel hingegen enthält das Recht beider Vertragsparteien, das in Frage stehende Abkommen im Falle eines „serious breach of its essential provisions“ ganz oder teilweise unverzüglich auszusetzen, COM (95) 216 endg., S. 7.

führung des Ansatzes der unmittelbaren Suspendierung wurde in den Abkommen mit Rumänien und Bulgarien in 1993 die sog. „Bulgarien“-Klausel eingeführt, die - auf der „Baltikum“-Klausel aufbauend - ein graduierteres Verfahren im Falle der Verletzung des Vertrages vorsieht. Die unmittelbare Suspendierung mittels der „Baltikum“-Klausel wurde somit gemindert durch ein Vermittlungsverfahren, das eine Auswahl verschiedener Prozeduren zur Verfügung stellt und die weitere Anwendung des Abkommens in den Vordergrund rückt.[105] Wiederum auf diesen Errungenschaften aufbauend wurde im Rahmen der Überprüfung der Lomé IV-Konvention nach Verstreichen der halben Laufzeit in 1995 sowohl der Art. 5 erweitert, als auch ein neuer Artikel 366a eingeführt, der den Fall der Nichterfüllung der Konvention regelt. Im Vergleich zu den oben besprochenen Klauseln, insbesondere der „Bulgarien“-Klausel, legt Art. 366a noch sehr viel mehr Wert auf gegenseitige Konsultationsmechanismen.[106]

bb) Bilanz

Bereits vor der oben erwähnten Mitteilung der Kommission und der Billigung durch den Rat,[107] wurden Menschenrechtsklauseln in über dreißig Abkommen genereller Natur (d.h. keine sektoriellen Abkommen, wie z.B. über Textil- oder Agrarprodukte) eingefügt[108] und sind danach in mehr als zwanzig Abkommen zu finden.[109] Die Menschenrechtsklausel ist folglich in allen Regionen der Welt als Instrument der Menschenrechtspolitik eingesetzt und anerkannt.[110] Somit stellen diese Klauseln einen festen Bestandteil des acquis communautaire dar. Trotz der zunehmenden Einfügung solcher Klauseln in Abkommen mit dritten Staaten ist die EG - und insbesondere die Kommission - stets darauf bedacht, das positive Element einer darauf gestützten Menschenrechtspolitik zu betonen.[111]

Siehe dazu die Erklärung des Rates vom 11.5.92, Bull. EG, Nr. 5, 1992, Jhrg. 25, 1.2.13 die Beziehung der EG mit den KSZE-Staaten betreffend. Dort wurde erklärt, daß die Achtung der Menschenrechte und demokratischen Grundprinzipien, wie sie im Helsinki-Schlußakt von 1975 und in der Paris-Charta ausgedrückt sind, einen essentiellen und integralen Teil der Abkommen mit den KSZE-Staaten bilden.

105 COM (95) 216 endg., S. 8. Nur im Falle von „special urgency“ kann das Abkommen ohne weitere Schritte suspendiert werden. Um die Kriterien zu bestimmen, wann ein solcher Fall vorliegt, wurde in dem Abkommen mit Rußland eine Gemeinsame Erklärung ausgearbeitet, die später auch in anderen Verträgen mit CIS-Staaten Anwendung gefunden hat, E. Riedel, „Human Rights Clauses in Lomé and Other Agreements“, S. 730.

106 Ders., S. 731.

107 Siehe Fußnote 91, 92.

108 Siehe „Annex 3“ der Kommissionsmitteilung COM (95) 216 endg.

109 B. Brandtner, A. Rosas, „Human Rights and the External Relations“, S. 473. Es ist jedoch zu beachten, daß die Entwicklung hier nicht zu einem Stillstand kommt, sondern daß die EG sich zunehmend mit der Frage einer Sozialklausel, die Zwangs- und Kinderarbeit bekämpfen will, befaßt, D. Napoli, „EU's Foreign Policy“, S. 308. Siehe auch Kommissionsmitteilung COM (96) 402 endg., „The Trading System and International Recognized Labour Standards“.

110 71 AKP Staaten, 20 OSZE Staaten, 15 lateinamerikanische Staaten, 2 Mittelmeerstaaten, 6 asiatische Staaten, F. Hoffmeister, *Menschenrechts- und Demokratieklauseln*, S. 176 (für Ende 1995). Vietnam kam am 1.6.96 dazu, Ministerrat, *Memorandum 1996*, S. 9.

111 D. Napoli, „EU's Foreign Policy“, S. 306; COM (95) 216 endg., S. 7; Komitee für Auswärtige Angelegenheiten, EP doc. A4-0212/96, S. 10.

Probleme hinsichtlich der Integration solcher Klauseln sind insbesondere im Hinblick auf China, Mexico und Australien aufgetreten. Da China die Änderung des bestehenden Kooperationsabkommens im Hinblick auf die Klausel ablehnt,[112] ist das teils veraltete Abkommen von 1985 immer noch in Kraft, wohingegen es bei Australien gar nicht erst zum Abschluß eines rechtlich verbindlichen Abkommens kam. Es wurde stattdessen eine politische Erklärung unterzeichnet.[113] Mexico schließlich ließ sich nur nach sehr langen Verhandlungen zur Aufnahme der Klausel in den Vertrag ein.[114] Diese partiellen Probleme sollten jedoch nicht von der generell positiven Bewertung der Menschenrechtsklausel ablenken.

b) Unilaterale Maßnahmen

Neben den Aktivitäten im Bereich der Vertragsverhältnisse unternimmt die EG auch zahlreiche Initiativen im Bereich der sog. autonomen oder unilateralen Maßnahmen.[115] Solche Verordnungen regeln entweder den Fluß der Entwicklungszusammenarbeit oder die Handelsströme. Sie unterstellen diese Vorgänge entweder der Achtung der Menschenrechte als Grundlage für die Zusammenarbeit oder beziehen sich direkt auf die Unterstützung zur Herstellung demokratischer Strukturen und menschenrechtsfreundlicher Regime.

aa) Finanzielle und technische Hilfe

Die Entwicklungszusammenarbeit der EG erstreckt sich auf eine Bandbreite von Instrumenten wie Programmhilfe, Nahrungsmittelhilfe, Unterstützung von NGOs, humanitäre Hilfe und Projekthilfe.[116] Diese Instrumente werden teils durch technische, teils durch finanzielle Hilfe bereitgestellt. Technische Hilfe umfaßt hauptsächlich die Vermittlung von technischen, wirtschaftlichen und organisatorischen Kenntnissen und Fähigkeiten.[117] Finanzielle Hilfe gewährt demgegenüber die Bereitstellung von Kapital als günstiges Darlehen oder nicht zurückzahlbaren Zuschuß.[118]

---

[112] E. Riedel, „Human Rights Clauses in Lomé and Other Agreements", S. 739; F. Hoffmeister, *Menschenrechts- und Demokratieklauseln*, S. 155f.

[113] Bull. EU, Nr. 6, 1997, Jhrg. 30, Pkt. 1.4.103. Siehe auch Agence Europe Nr. 6903, 30.1.97, S. 8f; Nr. 6905, 1.2.97, S. 8; Agence France Presse, (Lexis-Nexis Anfrage) 6.5.97, „EU drops human rights clause in Australia accord".

[114] Human Rights Watch World Report 1998, Introduction, S. XXV.

[115] Der Begriff unilateral (einseitig) erscheint hier angebrachter, da er den Gegensatz zur vertraglichen Form zum Ausdruck bringt (also in Verordnungs*form*). Autonome (unabhängige) Maßnahmen bezeichnen zwar ebenfalls solche, zu deren Umsetzung keine Vertrags*verpflichtung* besteht (d.h. ebenfalls Verordnungen). Auf die meisten dieser Verordnungen wird jedoch inzwischen in den Kooperationsabkommen Bezug genommen, so daß sie nicht mehr gänzlich unabhängig (autonom) von dem zugrundeliegenden Vertrag sind. Letzeres war zum Beispiel der Fall bei den Phare- und Tacis-Verordnungen, sowie bei der ALA-VO. Im Gegensatz dazu war die MEDA-VO von Anfang an dazu gedacht, die „Europa-Mittelmeer Partnerschaft" umzusetzen.

[116] A. Cox, A. Koning, *Understanding European Community Aid*, S. 28.

[117] Z.B. die Bereitstellung von Beratern und Fachkräften, Ausrüstung und Material, die Aus- und Fortbildung einheimischer Fachkräfte und lokaler Träger, BMZ (Hrsg.), *Journalisten - Handbuch*, S. 126.

[118] Z.B. die Finanzierung von Sachgütern und Anlageinvestitionen, BMZ (Hrsg.), *Journalisten - Handbuch*, S. 118.

Die wichtigsten dieser Verordnungen sollen kurz dargestellt werden. Die Phare- Verordnung,[119] erlassen in 1989, hat eine rasche Entwicklung von Nahrungsmittelhilfe über Unterstützung in wirtschaftlicher Umstrukturierung zu spezieller Beitrittsvorbereitung gemacht.[120] In diesem Zusammenhang sind die Beachtung der Menschenrechte und demokratischen Grundprinzipien zu einem Hauptanliegen der Förderung geworden.[121] Im Hinblick auf die Tacis-Länder[122] sind zwar keine Beitrittsverhandlungen in Aussicht genommen, die Beachtung der Menschenrechte und Demokratie ist aber in der Tacis-Verordnung[123] als Voraussetzung für die wirtschaftliche Zusammenarbeit festgehalten.[124] Die Meda-Verordnung[125] erwähnt in Art. 2.1 die Förderung von politischer Stabilität und Demokratie, unter Verweis auf den ersten Sektor der Barcelona-Deklaration,[126] als Ziel der Unterstützung (siehe auch Anhang II der VO). Darüber hinaus zeigt die Meda-Verordnung (wie die Tacis-VO[127]) in Art. 3 eine interessante Parallele zur Menschenrechtsklausel in Verträgen auf, indem sie die Wahrung der Menschenrechte und Demokratie sowohl als „wesentlichen Bestandteil" darstellt, als auch das Ergreifen von „geeigneten Maßnahmen" im Falle der Mißachtung vorsieht.[128] Schließlich ist noch die ALA-Verordnung[129] zu erwähnen, die in Art. 1, 2, 6 Verweise auf die Beachtung der Menschenrechte enthält und ebenfalls das Ändern oder Unterbrechen der Unterstützung vorsieht (Art. 2 III).

---

[119] „Poland and Hungary assistance for the Restructuring of the Economy", Verordnung 3906/89, Abl. L 375, 11, zuletzt geändert durch Verordnung 753/96, Abl. L 103, 5.

[120] C. R. N. Matthews, „Phare-Tacis: EU cooperation with its Eastern neighbours", S. 68. Phare hat sich von einem nachfrageorientierten zu einem beitrittsorientierten Programm gewandelt, Europäische Kommission, *The Phare Program. An interim evaluation*, S. 17. Siehe dazu auch K.J. Ners, „Western assistance to post-communist countries in Central and Eastern Europe", S. 199.

[121] Im Juni 1993 hat der Europäische Rat in Kopenhagen die Kriterien aufgestellt, unter denen der Beitritt zur Union erfolgen kann. Dazu gehören unter Punkt 1 die Stabilität der Institutionen, welche Demokratie, Rechtsstaatlichkeit, Menschenrechte und den Schutz von Minderheiten garantieren.

[122] Tacis bedeutet „Technical Assistance to the Commonwealth of Independent States" (und die Mongolei).

[123] Tacis-Verordnung 2053/93, Abl. L187, S.1, und Verordnung 1279/96 of 25 June 1996, Abl. L 165, 4.7.96, 1.

[124] Art. 3.1 bestimmt, daß die Maßnahmen auf den Übergang zur Marktwirtschaft und Stärkung von Demokratie gerichtet sind. Art. 3.11 führt sogar eine den vertraglichen Menschenrechtsklauseln vergleichbare Bestimmung ein, die das Ergreifen von angemessenen Maßnahmen ermöglicht. Anhang II führt u.a. die „Stärkung der Zivilgesellschaft" als Bereich für Unterstützung an.

[125] Zur Begleitung der „Europa-Mittelmeer Partnerschaft", die Marokko, Algerien, Tunesien, Ägypten, Jordanien, Libanon, Syrien, Israel, Zypern, Malta und die Türkei zusammenbringt, A. Cox, A. Koning, *Understanding European Community Aid*, S. 78; Verordnung 1488/96 vom 23.7.96, Abl. L 189, 1.

[126] Der Europäische Rat in Barcelona hat in 1995 der „Europa-Mittelmeer Partnerschaft" zugestimmt und drei Sektoren festgelegt: 1. Partnerschaft in Politik und Sicherheit unter Bezug auf Menschenrechte, 2. Partnerschaft in Wirtschaft und Finanzen im Hinblick auf die Schaffung einer Freihandelszone, 3. Partnerschaft in sozialen und kulturellen Angelegenheiten.

[127] Siehe Fußnote 124.

[128] Eine ähnliche Entwicklung ist bei der Phare-Verordnung zu bemerken. Der Rat hat in der neuen Verordnung 622/98, vom 16.3.98, Abl. L 85, 1 über die Assoziationspartnerschaften zwar keine formelle Änderung der Phare-Verordnung erlassen, in Zukunft die Gewährung von finanzieller Unterstützung von der Beachtung der Menschenrechte abhängig gemacht (Art. 4).

[129] Sie umfaßt die asiatischen und lateinamerikanischen Staaten, Verordnung 443/92, vom 25.2.92, Abl. L 52, 1.

Einen interessanten Fall der Verbindung eines von der Formulierung her negativen Instruments (die Klausel) mit der positiven Förderung von Menschenrechten ist der Fall Weißrußlands. Die Kommission hat, gestützt auf die in der Tacis-Verordnung enthaltenen Menschenrechtsklausel, die Ausarbeitung eines Zivilgesellschaftsprogrammes für Weißrußland vorgeschlagen.[130] Dies ist vor dem Hintergrund zu sehen, daß in Reaktion auf die Verfassungskrise in 1996 alle Kooperation de facto (nicht formell) suspendiert wurde. Dennoch hat der Rat signalisiert, daß die Fortführung der Kooperation dort möglich ist, wo es direkt Menschenrechten, Freiheit der Medien und dem Demokratisierungsprozeß zugute kommt.[131] Im Juni 1998 waren die Verhandlungen mit den Behörden Weißrußlands noch zu keinem konkreten Ergebnis gekommen.[132] Trotzdem macht dieser Fall wieder einmal den positiven Ansatz der EG in der Menschenrechtsförderung deutlich.[133]

In Bezug auf die AKP-Länder wird ein Großteil der finanziellen und technischen Hilfe von der Lomé-Konvention mit umfaßt und über den Europäischen Entwicklungsfonds (EDF) finanziert. Daher ist sie als vertragliche Maßnahme hier nicht relevant.[134] Jedoch werden gerade im Bereich der Menschenrechte und demokratischen Prinzipien auch in diesen Ländern viele Initiativen über das reguläre Budget unterstützt. Dafür dienen vor allem die speziellen Budgetlinien, wie die „Unterstützung von NGOs“ und „Menschenrechte und Demokratie in Entwicklungsländern“. Die meisten solcher Budgetlinien wurden in 1994 auf Vorschlag des Europäischen Parlaments in einem Budgetkapitel zusammengefaßt, das „Europäische Initiative für Demokratie und den Schutz der Menschenrechte“ betitelt wurde.[135] Im Rahmen dieses Budgetkapitels wurden ebenfalls die drei Demokratieprogramme (Phare-, Tacis- und Meda-Demokratie) geschaffen. Darüber hinaus werden zahlreiche andere Initiativen im Bereich des Menschenrechtsschutzes unterstützt, die in ihrem Anwendungsbereich über das Gewähren von technischer und finanzieller Hilfe hinausgehen.[136]

bb) Das Allgemeine Präferenzensystem (APS)

Auch das Gewähren von Handelspräferenzen stellt eine Form der Entwicklungszusammenarbeit dar.[137] Welche Art gewählt wird, hängt regelmäßig von der sozio-ökonomischen

---

[130] COM (97) 441 endg., geändert durch COM (97) 602 endg. Siehe auch die Empfehlungen von Human Rights Watch/Helsinki, *Republic of Belarus. Crushing Civil Society*, S. 5 und J. van der Klaauw, Human Rights News, in: *NQHR*, Nr. 4, 1997, S. 514.

[131] Ratsschlußfolgerungen vom 24.2.97; Ratsdeklaration vom 19.4.97, Bull. EU, Nr. 4, 1997, Jhrg. 30, Pkt. 1.4.6; Ratsschlußfolgerungen vom 15.9.97; alle zitiert in dem Kommissionsvorschlag, Fußnote 130.

[132] Interview mit einer für den Fall zuständigen Bediensteten der Kommission.

[133] Siehe Fußnote 111.

[134] A. Cox, A. Koning, *Understanding European Community Aid*, Kapitel 2 und S. 54ff.

[135] Kaptiel B7-7. Siehe Kommissionsberichte SEC (92) 1915 endg.; COM (95) 191; COM (96) 672; D. Napoli, „EU's Foreign Policy“, S. 305f.

[136] B. Brandtner, A. Rosas, „Human Rights and the External Relations“, S. 482. Veranlaßt durch die fehlende Rechtsgrundlage in Form einer Verordnung, z.B. für die Programme der technischen und finanziellen Hilfe, hat die Kommission den oben besprochenen Vorschlag für eine Menschenrechtsverordnung erlassen.

[137] I. Macleod, I. D. Hendry, S. Hyett, *External Relations*, S.338; dies., S.275, Ziel ist es die Einkünfte aus den Exporten für die Entwicklungsländer zu erhöhen. Siehe auch die Präambel, Punkt 5, der Verordnung 1256/96, 20.6.96, Abl. L 160, 1.

Situation des betreffenden Landes ab. Einige Länder brauchen lediglich offene Märkte, während andere technische und/oder finanzielle Hilfe benötigen und wieder andere zum Großteil auf Nahrungsmittelhilfe angewiesen sind.[138] Im folgenden soll nunmehr das Gewähren von Handelspräferenzen dargestellt werden.

Das APS beruht auf zwei Verordnungen von 1994 und 1996,[139] die sich auf industrielle, bzw. landwirtschaftliche Produkte beziehen. Abhängig von den einzelnen Produkten und den begünstigten Ländern wird bis zu 65% des Zolles erlassen (Art. 2).[140] Die am wenigsten entwickelten Länder (LDC) sind gänzlich vom Zoll befreit (Art. 3). Daneben gibt es die sogenannten „als Anreiz konzipierten Sonderregelungen", die zusätzliche Präferenzen erteilen, wenn das in Frage stehende Empfängerland bestimmte Arbeitnehmerrechte und umweltrechtliche Bestimmungen einhält (Art. 7, 8).[141] Art. 9 der Verordnungen sieht demgegenüber vor, daß die Präferenzen entzogen werden können, wenn das entsprechende Land sich der Zwangs- oder Gefangenenarbeit bedient.

Einen konkreten Anwendungsfall für den Gebrauch der APS-Menschenrechtsklausel bietet Myanmar (Burma), dessen Handelspräferenzen im März 1997 gestützt auf die APS-Verordnungen und den EGV zeitlich begrenzt widerrufen wurden.[142] Grund war die Nutzung von Zwangsarbeit, basierend auf einer von der Kommission durchgeführten Nachforschung.[143]

Zwar kein Fall einer „als Anreiz konzipierten Sonderregelung" (special incentive) i.S.d. APS-Verordnung, sondern ein positiver Gebrauch von Handelspräferenzen im Zusammenhang mit negativer Konditionalität ist in Jugoslawien zu beobachten.[144] Nachdem die Sozialistische Föderative Republik Jugoslawien (SFRY) in 1991 zerfallen ist, wurde das mit ihr bestehende Abkommen zunächst suspendiert und dann eingestellt.[145] Kurz darauf wurden jedoch die durch das Abkommen gewährten Handelspräferenzen durch Verordnungen im Verhältnis zu Bosnien-Herzegowien, Kroatien, Mazedonien und Slowenien wieder eingeführt.[146] Diese Präferenzen wurden fortlaufend erneuert.[147]

---

[138] A. Hecker, in: Lenz, *EG Vertrag*, Art. 130 u, Rnr. 1.

[139] Siehe Fußnote 85.

[140] Vgl. A. Bleckmann, *Europarecht*, Rnr. 1454.

[141] Um dieses Verfahren umzusetzen, hat die Kommission einen Bericht über das Verhältnis zwischen Handel und Sozialnormen unter Verweis auf die ILO, WTO und OECD erlassen, COM (97) 260 endg. Der zweite Schritt ist nun, das genaue Verfahren festzulegen. Dazu hat die Kommission bereits einen Vorschlag erlassen COM (97) 534 endg.

[142] Festgelegt in Verordnung 552/97, 24.3.97, Abl. L 85, 8f. Zum APS und gerechten Arbeitsbedingungen im Allgemeinen siehe COM (96) 402 endg., S. 14f.

[143] B. Brandtner, A. Rosas, „Human Rights and the External Relations", S. 477f.

[144] Ein Beispiel von „positive incentive measures", Verordnung 3567/91, vom 2.12.91, Abl. L 342, 1, Präambel.

[145] Mangels einer Menschenrechtsklausel wurden diese Schritte auf allgemeines Völkerrecht gestützt, P. J. Kuyper, „Trade Sanctions", S. 416.

[146] Verordnung 3567/91, vom 2.12.91, Abl. L 342, 1.

[147] B. Brandtner, A. Rosas, „Human Rights and the External Relations", S. 478f, jedoch hat sich die geographische Deckung über die Zeit geändert.

c) Beziehungen zu internationalen Organisationen tätig im Bereich der Menschenrechte

aa) Der Aufbau der Beziehungen

Die EG kann nicht nur Verträge mit anderen *Staaten* oder *Staatengruppen*, sondern auch mit internationalen Organisationen abschließen. Dies wird in Art. 228 I EGV (Art. 300 EGV n.F.) ausdrücklich, unter Hinweis auf die relevanten Kompetenznormen,[148] erwähnt. Unter Ausnutzung dieser Befugnisse hat die EG zahlreiche Verbindungen zu anderen Organisationen aufgebaut.[149] Dazu gehören die Mitgliedschaft vor allem in der FAO, WTO und EBRD,[150] der Hauptfall[151] des Beobachters[152] (UN-Generalversammlung, ECOSOC, UNCTAD, Economic Commission for Europe, UNEP, ILO, WHO, WIPO, UNIDO,[153] OECD, Europarat[154]), die Mitarbeit in der OSZE[155] und das Aufrechterhalten bloßer „zweckdienlichen Beziehungen" im Rahmen der Art. 229-231 EGV (Art. 302-304 EGV n.F.).[156] Für Kooperation im Bereich des Menschenrechtsschutzes sind insbesondere die Vereinten Nationen, die OSZE und der Europarat zu nennen, mit denen vielfältige Beziehungen unterhalten werden.[157]

---

148 Z.B. 109 III, 113 III, 130m, 130r IV, 130y EGV.

149 Für eine Auflistung der zahlreichen Beziehungen der EG zu anderen internationalen Organisationen siehe auch Europäische Kommission, *Relations between the European Community and International Organizations.*

150 I. Macleod, I. D. Hendry, S. Hyett, *External Relations*, Kapitel 7. Für die WTO und das Abkommen über GATS und TRIPS in Hinblick auf die Kompetenz der Gemeinschaft, siehe Gutachten des EuGH 1/94, Slg. 1994, I-5267.

151 Das liegt daran, daß bis heute Mitgliedschaft in internationalen Organisationen i.d.R. Staaten vorbehalten ist, I. Macleod, I. D. Hendry, S. Hyett, *External Relations*, S. 170.

152 Der Beobachterstatus gibt grundsätzlich das Recht, an den Treffen teilzunehmen, doch kein Stimmrecht. Die Erteilung des Rederechts liegt i.d.R. im Ermessen des Vorsitzenden. Desweiteren werden Beobachter grundsätzlich nicht an den Kosten der Organisation beteiligt, außer an Verwaltungsausgaben, siehe R. Frid, *EC and International Organizations,* S. 170, 380; sowie I. Macleod, I. D. Hendry, S. Hyett, *External Relations*, S. 170; R. Rummel, *Zusammengesetzte Außenpolitik,* S. 36, Beobachterstatus verleiht Informations-, Sitz- und gewisse Rederechte.

153 Für die UN-Familie, siehe das Kommissionsdokument SEC (93) 361, Anhang 1.

154 R. Frid, *EC and International Organizations,* S. 172.

155 Die KSZE wurde durch Beschluß der beteiligten Staaten auf einem Gipfel in Budapest im Dezember 1994 in OSZE (vom 1.1.95 an) umbenannt, Europäische Kommission, *General Report 1994*, S. 362, Pkt. 1068. Die MS koordinieren ihr Handeln in der OSZE trotz des zwischenstaatlichen und politischen Charakters der zu behandelnden Fragen häufig mit der Kommission, R. Frid, *EC and International Organizations,* S. 190.

156 Siehe I. Macleod, I. D. Hendry, S. Hyett, *External Relations*, S. 166f, für eine Analyse des Anwendungsbereichs von Art. 229-231 EGV (302-304 EGV n.F.); R. Frid, *EC and International Organizations,* S. 126ff, die Art. 229-231 (302-304 EGV n.F.) beziehen sich nur auf die Beziehungen zwischen der Kommission und den Verwaltungsorganen; dies., S. 128 ein Fall, wo die EG keinen Beobachterstatus hat, aber dennoch zweckdienliche Beziehungen aufgestellt hat, ist die „Universal Postal Union".

157 Für die Aktivitäten in Verbindung mit der UN, der OSZE und dem Europarat siehe D. Napoli, „EU's Foreign Policy", S. 308ff; I. Macleod, I. D. Hendry, S. Hyett, *External Relations*, S. 166ff, die Besonderheit der Beziehungen zur UN, dem Europarat und der OECD werden durch die Art. 229-231 EGV (Art. 302-304 EGV n.F.) klargestellt; Kommissionsmitteilung COM (95) 567 endg., S. 7ff; Europäische Kommission, *General Report 1994*, S. 358ff; Europäische Kommission, *General Report 1995*, S. 278ff; Europäische Kommission, *General Report 1996*, S. 268ff; Europäische Kommission, *General Report 1997*, S. 275ff.

Die Beteiligung der EG an internationalen Organisationen ist häufig mit den Mitgliedstaaten geteilt, was beiden Seiten eine früher in Art. 116 EGV a.F. ausgedrückte und durch Rechtsprechung bestätigte[158] Kooperationspflicht auferlegt.[159] Nur in den Fällen, die unter keinen der Zuständigkeitsbereiche der Union zu subsumieren sind, sind die MS frei in ihrem Handeln. Dieses konzertierte Engagement hat im Bereich des Menschenrechtsschutzes zu zahlreichen Aktivitäten der Union geführt: So hat sie aktiv an den drei großen Weltkonferenzen in Verbindung mit Menschenrechten (Wiener Menschenrechtskonferenz, Juni 1993; Peking, Weltfrauenkonferenz, September 1995; Kopenhagen, Weltsozialgipfel, März 1995) teilgenommen.[160] Im Jahr 1997 hat die Kommission zum ersten Mal die Sitzung der UN-Menschenrechtskommission in Genf eröffnet.[161] Die Einführung der „human dimension" in die Arbeit der KSZE in 1990 durch die Charta von Paris[162] verlief parallel zu der wachsenden Beschäftigung der EG- Institutionen mit der Beachtung der Menschenrechte in der Welt[163] und hat seitdem das Engagement der Union in der KSZE geprägt. Die besonderen Beziehungen zum Europarat finden auch darin gewichtigen politischen Ausdruck, daß die Kommission den Beitritt zur EMRK bei der Vorbereitung der Aufnahme der ost- und mitteleuropäischen Länder als neue Mitglieder im Hinblick auf die Kopenhagen-Kriterien in ihre umfassende Länderbeurteilung miteinbezieht.[164]

bb) Das Auftreten in internationalen Organisationen

Wie oben erörtert, genießt die EG in den meisten internationalen Organisationen Beobachterstatus. Sollten ihre Rechte im Einzelfall darüber hinausgehen, z.B. durch die Gewährung von Rederecht oder Mitgliedstatus (FAO, WTO), stellt sich die Frage, wie die Gemeinschaft vertreten wird. In den Bereichen, die in ihre ausschließliche Kompetenz fallen, ist allein die Gemeinschaft zuständig.[165] Sofern ein Gemeinschaftsstandpunkt existiert, wird er entweder von der Kommission allein, einer gemeinsamen Delegation von Mitgliedstaaten und Kommission (daneben existieren keine getrennten Delegationen mehr) oder einer

---

158 Gutachten 2/91, Slg. 1993, I-1061; Gutachten 1/94, Slg. 1994, I-5267.

159 Vgl. auch Art. J.6 EUV (Art. 20 EUV n.F.) zur Kooperation der MS mit der Union im Rahmen der GASP. Die fehlende Wahrnehmung des aktiven und passiven Gesandschaftsrechts seitens der Union wurde in Kapitel 1 nicht als Hindernis für ihre Rechtspersönlichkeit angesehen.

160 Ministerrat, *Memorandum 1995*, S. 2.

161 J. van der Klaauw, Human Rights News, in: *NQHR*, Nr. 2, 1997, S. 210. J.5 II EUV bestimmt, daß der Standpunkt der Union in internationalen Organisationen grundsätzlich vom Vorsitz dargelegt wird.

162 Kommissionsmitteilung COM (95) 567 endg., S. 8, sie wurde von den Staats- und Regierungschefs der Union, sowie von der EG mitunterschrieben. Die wachsende Beteiligung der Union an Aktivitäten der KSZE hat durch die Umsetzung des Stabilitätspakts noch größere Wirkungskraft erreicht. Dieser wurde in einer gemeinsamen Aktion am 20.12.93 beschlossen und auf der Abschlußkonferenz am 26./27.5.94 in Paris in Kraft gesetzt, Europäische Kommission, *General Report 1994*, S. 259, Pkt. 742. Die KSZE überwacht die Umsetzung des Paktes, Europäische Kommission, *General Report 1995*, S. 282, Pkt. 724.

163 D. Napoli, „EU's Foreign Policy", S. 309.

164 B. Brandtner, A. Rosas, „Human Rights and the External Relations", S. 486; Kommissionsmitteilung COM (95) 567 endg., S. 8.

165 I. Macleod, I. D. Hendry, S. Hyett, *External Relations*, S. 171; F. Hoffmeister, *Menschenrechts- und Demokratieklauseln*, S. 393f, unter Berufung auf das FAO-Urteil des EuGH, Rs. C-25/94, 19.3.96, Slg. 1997-I, 1469.

„bizephalen“ Delegation aus Kommission und Rat (zuzüglich getrennter mitgliedstaatlicher Delegationen) dargelegt.[166] In Bereichen gemischter Kompetenz[167] gilt die oben erwähnte Kooperationspflicht. Geht es um Maßnahmen, die in die von Art. M EUV (Art. 47 EUV n.F.) geschützte Autonomie der EG fallen, sollte sie diese auch nach außen vertreten können.[168] Allerdings wird häufig bei Angelegenheiten, die GASP- und EG-Bereiche berühren, der Standpunkt allein vom Vorsitz bzw. der „Troika“ bestehend aus dem Vorsitz, sowie dem Land, das den vorherigen und darauffolgenden Vorsitz innehat, (Art. J. 5 EUV; Art. 18 EUV n.F.) dargelegt. Dies widerspricht der Zuständigkeitsverteilung des Vertrages.[169]

3. Die Entscheidungsprozesse in der EG-Menschenrechtspolitik

a) Die negative Politik

aa) Wirtschaftssanktionen

Die lange Tradition der Gemeinschaft im Erlassen von Wirtschaftssanktionen[170] hat sich nicht selten auf Fälle von Menschenrechtsverletzungen bezogen. Bevor der Maastrichter Vertrag in Kraft trat, war das geltende Verfahren ungeklärt, jedoch wurde in der Regel die die Beziehungen unterbrechende Verordnung auf Art. 113 EGV (Art. 133 EGV n.F.) gestützt, zusammen mit einer vorhergehenden Entscheidung im Rahmen der EPZ.[171] Heute regelt 228a EGV (Art. 301 EGV n.F.) das Verfahren und beendet den Streit, ob Beschränkungen des Ex- und Imports von Dienstleistungen, insbesondere Transportdienstleistungen, in den Anwendungsbereich von Art. 113 EGV (Art. 133 EGV n.F.), bzw. Gemeinschaftskompetenz fallen[172] zugunsten

---

166 I. Macleod, I. D. Hendry, S. Hyett, *External Relations*, S. 175; Ch. Vedder, *Kommentar zur Europäischen Union*, Art. 228, Rnr. 29.

167 So bei der Menschenrechtspolitik, vgl. auch F. Hoffmeister, *Menschenrechts- und Demokratieklauseln*, S. 399.

168 Dazu genauer Kapitel 4.

169 Dies gewährleistet zwar einerseits ein einheitliches Vorgehen, andererseits macht es der EG ihre Kompetenzen streitig. Siehe dazu Kapitel 4. Zur Zusammensetzung der Troika im Speziellen und der Vertretung in der GASP im Allgemeinen, siehe Kapitel 3.

170 B.-Ch. Ryba, „La Politique Etrangère et de Securité Commune“, S. 25. Frühe Beispiele sind Südafrika 1962-89 und Rhodesien 1966-1979.

171 Zu dieser Praxis siehe I. Macleod, I. D. Hendry, S. Hyett, *External Relations*, Kapitel 19; P. J. Kuyper, „Trade Sanctions“, S. 389ff; J.O. Schroeder, *Community Embargoes and Liability for Embargo Damages*; S. Bohr, „Sanctions by the United Nations Security Council and the European Community“, S. 256-268; S. Konstadinidis, „The New Face of the Community's External Relations“, S. 19ff. Beispiele dafür sind Irak 1990, Jugoslawien 1991 und später Haiti 1993-1996, Unitá (Angola) 1993. Alle diese Aktionen sind in Verbindung mit einer UN-Resolution ergangen.

172 Der Anwendungsbereich von Art. 113 EGV (Art. 133 EGV n.F.) war einerseits umstritten im Hinblick auf die Reichweite der Beschränkungen und andererseits im Hinblick auf das Ziel der verfolgten Maßnahme (außenpolitisch), I. Macleod, I. D. Hendry, S. Hyett, *External Relations*, S. 353, 269ff. Maßnahmen im Bereich des Dienstleistungsverkehrs fallen dann unter Art. 113 EGV (Art. 133 EGV n.F.), sofern sie dem Handelsverkehr untergeordnet werden können, vgl. EuGH Gutachten 1/78, Slg. 1979, S. 2871, P. J. Kuyper, „Trade Sanctions“, S. 395. Zweifelnd I. Macleod, I. D. Hendry, S. Hyett, *External Relations*, S. 361, mit Verweis auf das EuGH Gutachten 1/94.

einer Kompetenz der EG nach Art. 228a EGV (Art. 301 EGV n.F.).[173] Die Einschränkung von Finanzleistungen[174] fällt unter Art. 73g EGV (Art. 60 EGV n.F.), der sich allerdings auf Art. 228a EGV bezieht. Desweiteren umfaßt Art. 228a EGV (Art. 301 EGV n.F) sehr allgemein die Aussetzung, Einschränkung oder vollständige Einstellung der „Wirtschaftsbeziehungen". Darunter fallen somit alle Formen von „Wirtschaftssanktionen", deren Hauptfall das Embargo ist,[175] welche sich vom Wortlaut her jedoch gleichermaßen auf die Einschränkung oder Unterbrechung von präferentieller Behandlung beziehen (APS, Kooperationsabkommen).[176]

Das hier vorliegende Spannungsfeld ist dadurch gegeben, daß die EG Maßnahmen erläßt, die die MS direkt verpflichten (i.d.R. eine Verordnung nach Art. 189 EGV; Art. 249 EGV n.F.) und gleichzeitig in ihnen verbliebene Zuständigkeiten (Außenpolitik) eingreifen. Auf der anderen Seite ist die EG jedoch für den Warenverkehr mit Drittstaaten nach Art. 113 EGV (Art. 133 EGV n.F.), eventuell ausgedehnt auf Maßnahmen im Bereich des Dienstleistungsverkehrs, und auch für die Entwicklungszusammenarbeit zuständig. Darüber hinaus ist der Menschenrechtsschutz auch ein Ziel der Gemeinschaft, wie oben dargelegt wurde. Dies bedeutet, daß auch ein schutzwürdiges Interesse der EG zum Erlaß solcher Maßnahmen besteht. Dieses wird dadurch gewahrt, daß - in der Theorie - die EG nach Art. 228a EGV (Art. 301 EGV n.F.) für den konkreten Inhalt der Sanktionen zuständig ist, wohingegen mittels der GASP nur die Entscheidung über das „Ob" der Maßnahmen gefällt wird.[177] Diese Unterscheidung wird jedoch in der Praxis nicht immer eingehalten.[178]

Der gefundene Kompromiß - die EG unterstellt ihre wirtschaftlichen Mittel der vorherigen politischen Entscheidung in der GASP, die MS gestehen der EG eine Kompetenz auch im auswärtigen Dienstleistungsverkehr und Transportwesen zu - über den Anwendungsbereich des Art. 228a EGV (Art. 301 EGV n.F.) kann wie folgt dargestellt werden:

---

[173] Dies war besonders kontrovers bei den Sanktionen gegen Libyen im Hinblick auf die Verordnung Nr. 945/92 vom 14.4.92, die sich auch auf die Einschränkung von Dienstleistungen bezog, I. Macleod, I. D. Hendry, S. Hyett, *External Relations*, S. 360f. Fälle von Sanktionen als Reaktion auf Menschenrechtsverletzungen sind Haiti 1993-1996, Sudan 1994 und Ex-Jugoslawien 1994, P. Willaert, C. Marqués-Ruiz, „Etat des lieux", S. 258f. Dabei war das Waffenembargo gegen Sudan vom 15.3.94 nicht auf eine UN-Resolution gestützt, M. Fouwels, „The European Union's CFSP and Human Rights", S. 301. Ebenso war der Beschluß 95/515/GASP, Abl. 1995, L 298, 1, der die bestehenden Sanktionen gegen Nigeria bestätigt und zwei neue einführt nicht auf eine UN-Resolution gestützt, dies., S. 301. Es stellt aber keinen Anwendungsfall des Art. 228a EGV (Art. 301 EGV n.F.) dar, siehe P. Gilsdorf, P. Kuijper, in: *Kommentar EUV/EGV*, Art. 228a, Rnr. 8, Fn. 11.

[174] Als Sanktionen kommen folgende in Frage: die Kosten für Kapital zu erhöhen, Finanzflüsse einzuschränken, Leihe oder Investitionen zu unterbrechen, I. Eland, „Economic Sanctions as Tools of Foreign Policy", S. 39ff.

[175] Es kann definiert werden als eine von der Regierung initiierte Beschränkung ihrer Bürger, aus außenpolitischen Motivationen und in Reaktion auf illegale Akte des adressierten Staates, keinen Handel mit einem Land zu treiben, S. Bohr, „Sanctions by the United Nations Security Council and the European Community", S. 256. Sanktionen können umfassend, selektiv-permanent oder selektiv-temporär sein, P. J. Kuyper, „Trade Sanctions", S. 390.

[176] P. Willaert, C. Marqués-Ruiz, „Etat des lieux", S. 258; I. Macleod, I. D. Hendry, S. Hyett, *External Relations*, S. 356; F. Fink-Hooijer, „The CFSP", S. 175; P. J. Kuyper, „Trade Sanctions", S. 414, am Beispiel Jugoslawiens, wenn auch vor Maastricht.

[177] Dadurch wird die (außen-) politische Dimension abgedeckt. Eine andere Frage ist die der Verpflichtung der EG, aufgrund des GASP-Beschlusses auch tatsächlich tätig zu werden, siehe Kapitel 4.

[178] P. Willaert, C. Marqués-Ruiz, „Etat des lieux", S. 258.

Eine vorherige GASP-Entscheidung erfordern

- Export- und Importrestriktionen von Waren
- die Beschränkung des Dienstleistungsverkehrs mit Drittstaaten und
- die Einschränkung des Kapital- und Zahlungsverkehrs mit Drittstaaten (Art. 73g i.V.m. Art. 228a EGV; Art. 60 i.V.m. Art. 301 EGV n.F.).

In diesen Bereichen würde die alleinige Entscheidung der EG über die Aussetzung der Wirtschaftsbeziehungen in den Handlungsspielraum der Mitgliedstaaten eingreifen und das verfolgte außenpolitische Ziel über die Förderung der Handelspolitik hinausgehen.[179]

Da jedoch die EG über die letzten Jahre mit immer mehr Staaten in vertragliche Verbindung getreten ist und zusätzlich immer mehr unilaterale Handelspräferenzen über das APS gewährt, stellte sich bereits im Fall Jugoslawien in 1991 die Frage, wie eine Reduzierung der Ex- und Importvorgänge stattfinden könne, ohne den bestehenden Vertrag zu verletzen, bzw. gewährte Vorteile existieren zu lassen.[180] Art. 228a EGV (Art. 301 EGV n.F.) trägt auch diesem Punkt Rechnung, indem er die Aussetzung von Handelspräferenzen (APS, Abkommen) ebenfalls seinem Anwendungsbereich unterstellt. Dies greift jedoch nur insofern, als daß das umfassende Ziel das Erlassen von „Wirtschaftssanktionen" im Sinne einer Reduktion der Austauschvorgänge sein muß. Anderenfalls wäre die Eigenständigkeit der EG und ihrer Instrumente bedroht.[181]

Folglich können auch unter Art. 228a EGV (Art. 301 EGV n.F.) fallen:

- die Suspendierung von (gemischten) Abkommen
- die Aussetzung des APS
- die Suspendierung von finanzieller und technischer Hilfe, die auf Art. 235 EGV (Art. 308 EGV n.F.) gestützt wurde.

Dies bedeutet, daß die meisten negativen Maßnahmen im Bereich des Menschenrechtsschutzes unter Art. 228a EGV (Art. 301 EGV n.F.) subsumiert werden können,[182] sofern sie als *ultima ratio* auf die Reduzierung von Austauschvorgängen und nicht lediglich auf die Be-

---

179 I. Macleod, I. D. Hendry, S. Hyett, *External Relations*, S. 353, allerdings ist diese Argumentation der MS angreifbar, denn es wird vertreten, daß eine Maßnahme dann unter 113 EGV fällt, wenn sie ein handelspolitisches Instrument benutzt, auch wenn die Zielsetzung weiter ist. Vgl. die Argumentation von Generalanwalt Jacobs, Rs. C-120/94 Kommission gegen Griechenland, Slg. 1996-3, S. I-1513ff, Abs. 42. Ähnlich Rs. C-70/94 Werner gegen Deutschland, Slg. 1995, S. I-3189ff, Abs. 10; Rs. C-124/95 The Queen ex parte Centro-Com Srl and H. M. Treasury and the Bank of England, Slg. 1997-1, S. I-123, Abs. 25.

180 P. J. Kuyper, „Trade Sanctions", S. 413ff.

181 Siehe Art. B letzter Spiegelstrich, Art. C I, Art. M EUV (Art. 2, 3 I, 47 EUV n.F.).

182 Siehe Komitee für Auswärtige Angelegenheiten, EP doc. A4-0212/96, S. 17. In seinen Kommentaren zur Kommissionsmitteilung COM (95) 567 schlägt das „Economic and Social Committee" vor, eine „communitarised human rights policy" aufzustellen, statt der vorherrschenden intergouvernementalen Kooperation, J. van der Klaauw, Human Rights News, in: *NQHR*, Nr. 4, 1997, S. 512f.

schränkung präferentieller Behandlung zielen.[183] Dies bedeutet, daß der Bereich der Negativmaßnahmen zu einem großen Teil von intergouvernementalen Entscheidungsmechanismen überlappt wird. Hier wird jedoch vertreten, daß ein Bereich für eigenständige Maßnahmen der EG mit dem Ziel des Menschenrechtsschutzes ohne vorherige GASP-Entscheidung verblieben ist. Dieser Bereich greift dann, wenn das oben beschriebene Spannungsfeld nicht gegeben ist. Das ist der Fall, wenn es sich entweder um die Reduktion von Gemeinschaftsinstrumenten (unilateral oder vertraglich) ohne Aussetzung der Austauschvorgänge oder um *nebeneinanderstehende* Politiken der EG und der MS, wie im Bereich der Entwicklungshilfe, handelt.

Damit kann die EG allein beschließen:

- die bloße Reduzierung von Präferenzen aus (gemischten) Abkommen[184]
- die bloße Reduzierung von Handelspräferenzen (APS)
- die bloße Reduzierung von Präferenzen aus finanzieller und technischer Hilfe gestützt
  auf Art. 235 EGV (Art. 308 EGV n.F.)
- die Suspendierung von finanzieller und technischer Hilfe gestützt auf Art. 130w EGV (Art. 179 EGV n.F.)
- die Suspendierung reiner EG-Abkommen gestützt auf 130y EGV.

Die ersten drei Beispiele spiegeln die Eigenständigkeit der EG in den von Art. M EUV (Art. 47 EUV n.F.) erfaßten Bereichen wieder. In den letzten beiden Fällen betreibt die EG, abgesehen von der Koordinationspflicht des Art. 130x EGV (Art. 180 EGV n.F.), eine von den MS unabhängige Politik. Somit ist sie auch allein berechtigt, die Unterstützung zu suspendieren, wenn es die Umstände erfordern.[185]

Interessanterweise sind genau in den letztgenannten Beispielen in den vergangenen Jahren Tendenzen sichtbar, die sogar eine *formelle* Einigung auf Mehrheitsabstimmungen im Bereich der negativen Politik erkennen lassen. Im folgenden sollen daher diese neuen Entwicklungen dargestellt werden.

---

[183] Zu dieser Unterscheidung siehe auch Komitee für Entwicklungszusammenarbeit, *Interim Report on the proposal for a Council Decision on a framework procedure for implementing Article 366a of the Fourth Lomé Convention (COM (96) 69)*, EP doc. A4-0175/97 vom 21.5.97, S. 20f.

[184] Beachte bei gemischten Abkommen jedoch die komplizierten Suspendierungsarten, P. Allot, „Adherence to and Withdrawal From Mixed Agreements", S. 97ff.

[185] Diese Interpretation der Sachlage trägt der Erkenntnis Rechnung, daß eine IO mit *eigenen Kompetenzen* ausgestattet wird, I. Seidl-Hohenveldern, G. Loibl, *Das Recht der Internationalen Organisationen*, Rnr. 105, 107. Diese können von denen der Mitglieder ganz getrennt sein. Das bedeutet für die Entwicklungszusammenarbeit, daß die MS ihre Hoheitsrechte nur insoweit eingeschränkt haben, als sie sich der Kooperationspflicht unterstellt haben. Die EG ist für ihre Entwicklungszusammenarbeit allein zuständig.

bb) Neue Entwicklungen im Bereich der Mehrheitsentscheidungen

aaa) Die Lomé-Konvention

Soweit aufgrund der wenig transparenten Informationen feststellbar, wurde die Lomé-Konvention noch kein Mal formell, mit anderen Worten *juristisch* korrekt,[186] unter Berufung auf internationales Recht (vor 1989), Art. 5 (ab 1989), bzw. Art. 5 i.V.m. Art. 366a (nach 1995) suspendiert.[187] Der einzige Fall einer Suspension nach der Einführung des Art. 366a war Niger, wo es jedoch ebenfalls zu der üblichen *politischen* Entscheidung zwischen Ausschüssen der Kommission und des Rates im Konsensverfahren kam.[188] Dieser Fall gab Anlaß, eine genaues Verfahren auszuarbeiten, das es in Zukunft erleichtert, die Konvention in formeller Weise zu suspendieren. Erschwerend tritt bei dieser Konvention noch hinzu, daß sie ein gemischtes Abkommen darstellt, dessen Aussetzung abhängig von der unterschiedlichen Beteiligung der MS und der EG ist.[189]

---

[186] D.h. ein Ratsbeschluß auf Vorschlag der Kommission. Das Gleiche gilt für die übrigen Abkommen, die eine Menschenrechtsklausel enthalten. Statt dessen gibt es eine Vielzahl von Antworten auf Menschenrechtsverletzungen, welche sich insgesamt über drei Ebenen erstrecken. Die erste umfaßt Démarchen, öffentliche Stellungnahmen und Resolutionen (GASP-Bereich), die zweite „prozedurale" Sanktionen, wie z.B. das Absagen von Kontakten auf höchsten Niveau (recht selten), und die dritte Ebene Handelssanktionen, Komitee für Auswärtige Angelegenheiten, EP doc. A4-0212/96, S. 9.

[187] Das mag daran liegen, daß lange Unklarheit über das einzuhaltende Verfahren bestand, A. Rosas, „Mixed Union - Mixed Agreements", S. 136; E. Riedel, „Human Rights Clauses in Lomé and Other Agreements", S. 740.

[188] Interview mit Frau Mosca, DG VIII, zuständig für die Lomékonvention. Inzwischen kam es zu einer Anwendung des Art. 366a im Fall von Togo im Juli 1998. Es war die Reaktion auf Unregelmäßigkeiten bei den Präsidentschaftswahlen im Juni 1998. Das in Art. 366a vorgesehene Schlichtungsverfahren wurde zwischen der Union und den AKP-Staaten begonnen und ebnet den Weg für „geeignete Maßnahmen", J. van der Klaauw, Human Rights News, in: *NQHR*, Nr. 3, 1998, Jhrg. 16, S. 376.

Die Fälle der *politischen* Unterbrechung der Finanzleistungen der Lomékonvention seit 1990 umfassen Angola, Burundi, Kamerun, Kongo, Äthiopien, Equatorial Guinea, Gambien, Haiti, Liberien, Kenya, Malawi, Mozambique, Nigeria, Ruanda, Somalia, Sudan, Surinam, Togo und Zaire, siehe Antwort von Herrn Pinheiro für die Kommission vom 26.7.96, Abl. C 322, 101; F. Hoffmeister, *Menschenrechts- und Demokratieklauseln,* Kapitel 11; K. Tomasevski, *Between Sanctions and Elections*, S. 43; Komitee für Entwicklungszusammenarbeit, EP doc. A40175/97, S. 21; Europäisches Parlament, Komitee für Auswärtige Angelegenheiten, *Report on the Communication from the Commission on the inclusion of respect for democratic principles and human rights in agreements between the Community and third countries (COM (95) 216),* S. 10; Working document, DG VIII, 11.10.95, unveröffentlicht, S. 3. Diese Fälle sind jedoch nicht alle in einem puren Menschenrechskontext zu sehen, sondern vielmehr als Reaktionen auf Unmöglichkeit der Vertragserfüllung, auf Krieg, auf Menschenrechtsverletzungen oder auf Unterbrechungen des demokratischen Prozesses zu betrachten.

[189] Grundsätzlich verfährt jeder Teil nach den für ihn geltenden Vorschriften, sofern Einigkeit über die prinzipielle Suspendierung besteht. Das bedeutet, die EG erläßt einen internen Akt und die MS verfahren nach internationalem Recht, I. Macleod, I. D. Hendry, S. Hyett, *External Relations*, S. 163. Es gibt jedoch gemischte Abkommen, in denen jeder Teil einen Bereich desselben *alleine* durch seine Kompetenz abdeckt und somit auch allein zur Suspendierung befugt ist. Ansonsten müssen beide Seiten den Vorgang abstimmen, siehe zu der komplizierten Frage R. Rosas, „Mixed Union - Mixed Agreements", S. 125ff. Allerdings ist wieder ein Trend weg von gemischten Abkommen zu beobachten. So z.B. bei den Abkommen mit Andorra, Australien, Bangladesh und Pakistan, ders., S. 145; P. Allot, „Adherence to and Withdrawal From Mixed Agreements", S. 97ff.

Die Kommission hat bezüglich des Verfahrens eine Mitteilung[190] erlassen, die vom Komitee für Entwicklungszusammenarbeit des Europäischen Parlaments kommentiert wurde.[191] In diesem Bericht unterscheidet das Komitee zwischen „Handelssanktionen" (Importbeschränkungen) und der Unterbrechung von „Handelspräferenzen" und finanzieller Hilfe im Rahmen der Lomé-Konvention. Nur die Beschneidung der präferentiellen Behandlung (die letzten zwei Beispiele) wäre von einer Suspendierung der Konvention umfaßt.[192] Das vorgeschlagene Verfahren sieht die Einleitung eines Vermittlungsverfahrens und - im Falle des Fehlschlagens - geeignete Maßnahmen vor, zu deren Umsetzung der Rat jeweils *mit qualifizierter Mehrheit* abstimmt. Das Parlament hatte in dem Vorschlag verlangt, daß es seine Zustimmung zu jeder Ratsentscheidung geben müsse. Vom Rat wurde dieser Vorstoß allerdings deutlich zurückgewiesen. Im Sommer 1998 hat das Parlament einen zweiten Vorschlag bezüglich des Verfahrens angenommen, der wiederum eine Entscheidung mit qualifizierter Mehrheit vorsieht, sich aber auf ein Anhörungsrecht des Parlamentes beschränkt.[193] Der Vorstoß im Hinblick auf die Entscheidungsverfahren stellt einen bedeutenden Schritt weg von dem Gebrauch der Einstimmigkeit bei negativen Maßnahmen[194] dar.

bbb) Unilaterale Maßnahmen

Im Bereich der unilateralen Maßnahmen ist zunächst das Verfahren zur Suspendierung des APS zu nennen. Das Vorgehen der EG im Hinblick auf Myanmar (Burma) wurde bereits beschrieben.[195] Die Aussetzung der Handelspräferenzen erfolgte aufgrund von Art. 12.3 der beiden Verordnungen[196] mit qualifizierter Mehrheit. Die suspendierende Verordnung[197] legt darüber hinaus in Art. 2 fest, daß auch die Beendigung dieser restriktiven Maßnahme der qualifizierten Mehrheit unterliegt.

Die Verordnungen der technischen und finanziellen Hilfe an Entwicklungsländer und „countries in transition" enthalten teilweise ausdrückliche Verweise auf Mehrheitsabstimmungen im Falle des Erlassens von „geeigneten Maßnahmen", teilweise ist ein solches Verfahren noch zu verhandeln. So sieht die Tacis-Verordnung[198] in Art. 3.11 vor, daß der Rat auf Vorschlag der Kommission mit qualifizierter Mehrheit entscheidet. Die gleiche Regelung wurde für die Phare-Verordnung gefunden, indem die neue Verordnung über die Assoziati-

---

[190] COM (96) 69.

[191] Komitee für Entwicklungszusammenarbeit, *Interim Report on the proposal for a Council Decision on a framework procedure for implementing Article 366a of the Fourth Lomé Convention (COM (96) 69)*, EP doc. A4-0175/97 vom 21.5.97.

[192] Damit ist gemeint, daß die Suspendierung der Konvention lediglich den Verlust der Präferenzen zur Folge hat, nicht jedoch Exportbeschränkungen nach sich zieht, ders., S. 20f, unter Auflistung der einzelnen Handelspräferenzen. In der Praxis wurde bislang jedoch nur die finanzielle Seite der Lomékonvention ausgesetzt.

[193] J. van der Klaauw, Human Rights News, in: *NQHR*, Nr. 3, 1998, Jhrg. 16, S. 376.

[194] J. van der Klaauw, Human Rights News, in: *NQHR*, Nr. 4, 1997, Jhrg. 15, S. 513.

[195] Siehe oben Punkt III 2 b) bb).

[196] Siehe Fußnote 85.

[197] Siehe Fußnote 142.

[198] Siehe Fußnote 123.

onspartnerschaften[199] nunmehr eine Abstimmung mit qualifizierter Mehrheit vorsieht, wenn ein Erfordernis für das Gewähren der Hilfe nicht eingehalten wird (Art. 4). Schließlich sind auch im Rahmen der Meda-Verordnung Schritte in die gleiche Richtung unternommen worden. Nachdem Art. 16 zunächst nur bestimmte, daß ein Verfahren zur Suspendierung ausgearbeitet werden sollte, hat die Kommission inzwischen aber einen Vorschlag an den Rat gerichtet, der ebenfalls die Abstimmung mit qualifizierter Mehrheit vorsieht.[200] Im April 1998 wurde der Vorschlag vom Rat gebilligt.[201]

b) Die positive Politik

Die positive Förderung von Menschenrechten und demokratischen Freiheiten umfaßt insbesondere diverse Initiativen im Bereich der Entwicklungszusammenarbeit. Der Rat hat dazu in der Ratsresolution[202] festgehalten, daß positive Maßnahmen

> die Abhaltung von Wahlen, den Aufbau neuer demokratischer Institutionen und die Stärkung der Rechtsstaatlichkeit, die Stärkung der Gerichtsbarkeit, der Rechtsprechung, Verbrechensverhütung und ordnungsgemäßen Behandlung von Straffälligen, die Stützung von NGOs, die Annahme eines dezentralisierten Ansatzes für Zusammenarbeit und die Sicherstellung gleicher Möglichkeiten für alle

unterstützen können.

Eine eigene Generaldirektion (ECHO, seit 1992) befaßt sich mit der Ausführung der humanitären Hilfe, um die schnelle und flexible Gewährung in Krisensituationen zu gewährleisten.[203] Zur humanitären Hilfe zählen die Krisennahrungsmittelhilfe und andere humanitäre Maßnahmen, von Unterstützung bei Naturkatastrophen bis hin zur Flüchtlingshilfe.[204] Dabei ist es unvermeidbar, daß sich die Bereiche der humanitären Hilfe und der Entwicklungszusammenarbeit überlappen.[205]

Die Entscheidungen in der Entwicklungspolitik (Richtlinien und Verordnungen) werden vom Rat in der Zusammensetzung der Entwicklungshilfeminister mit qualifizierter Mehrheit auf der Basis von Kommissionsvorschlägen gefällt (Art. 130 w EGV; Art. 179 EGV n.F.). Abkommen werden gemäß Art. 130y, 228 EGV (Art. 181, 300 EGV n.F.) geschlossen, wobei gemäß Art. 228 II EGV (Art. 300 II EGV n.F.) qualifizierte Mehrheit die Regel ist. Die oben aufgeführten Maßnahmen der finanziellen und technischen Hilfe (in Verordnungen) werden

---

199 Siehe Fußnote 128.

200 COM (97) 516 endg. vom 10.11.97.

201 J. van der Klaauw, Human Rights News, in: *NQHR*, Nr. 2, 1998, Jhrg. 16, Pkt. II.F. Der Erlaß solcher Verfahrensvorschriften war sehr kontrovers, und Mehrheitsentscheidungen wurden von einigen MS mit der Begründung abgelehnt, daß diese Bereiche in die Zuständigkeit der GASP gehören und von daher nicht mit qualifizierter Mehrheit entschieden werden könnten. Die Fortentwicklung des EUV, und im Besonderen der GASP, im Hinblick auf die Entscheidungsprozesse durch den Vertrag von Amsterdam hat jedoch dazu beigetragen, daß der Vorschlag schließlich gebilligt wurde.

202 Siehe Fußnote 29.

203 A. Cox, A. Koning, *Understanding European Community Aid*, S. 20.

204 Dazu die ECHO Verordnung von 20.6.96, Nr. 1275/96, Abl. L 163 vom 2.7.96.

205 A. Cox, A. Koning, *Understanding European Community Aid*, S. 35.

von der Kommission verwaltet,[206] einerseits aufgrund ihrer grundsätzlichen Zuständigkeit für die Umsetzung des Gemeinschaftsrechts (Art. 155 EGV; Art. 211 EGV n.F.), andererseits aufgrund spezieller Ermächtigung in den diversen Verordnungen und drittens in ihrer Funktion als Verwalterin des Budgets (Art. 205 EGV; Art. 274 EGV n.F.).[207] Dabei ist die Arbeit der Kommission an die Beteiligung der Komitees, bestehend aus Vertretern der Mitgliedstaaten, gebunden.[208] Dieses Verfahren wurde ebenfalls in der vorgeschlagenen Menschenrechtsverordnung einer einheitlichen Form unterstellt.[209] Die Verfahren im Rahmen des Abkommens von Lomé spielen sich in den meisten Bereichen auf der Ebene des Ministerrats, des Botschafterausschusses und der Paritätischen Versammlung nach Art. 338ff ab, und die Entscheidungsfindung ist geteilt zwischen der Gemeinschaft/MS und den AKP-Ländern. Auch hier finden qualifizierte Mehrheitsbeschlüsse Anwendung.[210]

c) Ergebnis

Es kann somit festgehalten werden, daß im positiven und auch im negativen Bereich Mehrheitsbeschlüsse gefällt werden, somit das „Gemeinschaftsprinzip" Anwendung findet. Dieses wurde zwar durch Art. 228a EGV (Art. 301 EGV n.F.) im Bereich des negativen Menschenrechtsschutzes eingeschränkt, hat sich jedoch gerade in neuerer Zeit wieder behaupten können.

C. Die relevanten Änderungen von Amsterdam

„Weder kleine Taten noch „Reförmchen"!",[211] „Union without constitution",[212] „Le traité d'Amsterdam. Une occasion perdue?"[213], solche Kommentare über den Vertrag von Amsterdam sind mit Leichtigkeit zu finden. Doch gab es wirklich keine Änderungen und Fortschritte in dem hier interessierenden Bereich? Der Vertrag von Amsterdam ist das Ergebnis von zweijährigen Studien und Verhandlungen und wurde am 2.10.97 von den Mitgliedstaaten unterzeichnet.[214] Seine Aufgabe, die Union auf den Beitritt der neuen Kandidaten vorzubereiten,

---

206 Sie legt auch den übergreifenden finanziellen Rahmen fest, A. Cox, A. Koning, *Understanding European Community Aid*, S. 25.

207 Dies ist insbesondere relevant für die finanziellen Maßnahmen, die bislang auf keine sekundäre Rechtsgrundlage gestützt wurden, sondern unter dem Budgetkapitel „Europäische Initiative für Demokratie und den Schutz von Menschenrechten" geführt werden. Für die rechtliche Zulässigkeit dieser Vorgehensweise, Ch. Vedder, in: *Kommentar zur Europäischen Union*, Art. 238, Rnr. 17a.

208 B. Simma, J. Aschenbrenner, C. Schulte, „Human rights considerations in development cooperation activities of the EC", S. 585.

209 Siehe Art. 10 ff der vorgeschlagenen Verordnung.

210 A. Cox, A. Koning, *Understanding European Community Aid*, S. 24.

211 M. Borchmann, „Amsterdam - Weder kleine Taten noch „Reförmchen"!", Editorial, *EuZW* 1997.

212 Editorial Comments, „Union without constitution", *CMLR* 1997.

213 J. V. Louis, „Le traité d'Amsterdam. Une occasion perdue?", S. 5-18.

214 Bereits am 17.6.97 war er von den politischen Entscheidungsträgern gebilligt worden, M. Petite, „Ambition and Realism", S. 1. Der Vertrag wird voraussichtlich 1999 in Kraft treten, European Policy Centre (Hrsg.), „Legal Analysis", *Making Sense of the Amsterdam Treaty*, S. 129.

hat der Vertrag nicht oder nur sehr unzureichend erfüllt.[215] Seine sonstigen Änderungen in Hinsicht auf das gute Funktionieren von Vertrag und Institutionen, die Auswirkungen auf den Menschenrechtsschutz auf *EG*-Ebene haben, sollen hier kurz dargestellt werden.

I. Das institutionelle Gefüge

1. Das Europäische Parlament

Obwohl in den Problemen und Fragen um die Größe der Kommission und die Stimmengewichtung im Rat, wo am meisten Reformbedarf bestand, keine Einigung erzielt werden konnte, hat der Vertrag von Amsterdam zumindest eine signifikante Verstärkung der Rolle des Parlaments gebracht.[216] Dies drückt sich darin aus, daß 23 zusätzliche Materien dem Verfahren der Mitentscheidung unterstellt wurden, darunter auch Art. 130w EGV (Art. 179 EGV n.F.), der bislang dem Verfahren der Zusammenarbeit nach Art. 189c EGV (Art. 252 EGV n.F.) unterlag.[217] Darüber hinaus wurde das Recht des Parlaments, der Benennung des Kommissionspräsidenten zuzustimmen, festgelegt.[218] Dieser soll mit Amsterdam eine gestärkte Rolle innerhalb der Kommission erhalten. Art. 219 I EGV n.F. bestimmt: „Die Kommission übt ihre Tätigkeit unter der politischen Führung ihres Präsidenten aus". Diese politische Führung betrifft ebenfalls die Menschenrechtspolitik und angesichts des besonderen Engagements des Parlaments in diesem Bereich,[219] kann es somit auf die Politik der Kommission in diesem Feld Einfluß nehmen.

2. Die Kommission

Die neue Rolle des Kommissionspräsidenten erstreckt sich auch auf die Änderung und Straffung der einzelnen Aufgaben der Kommissare. Dies kann, zusammen mit der erklärten Absicht der Kommission, die Direktionen zu reorganisieren,[220] eine Effizienzsteigerung der Arbeit bedeuten. Ein erster Schritt auf dem Weg zu einer besser personifizierten und koordinierten Arbeit der Kommission im Bereich der Außenbeziehungen der EG, der zu der Anerken-

---

[215] J. V. Louis, „Le traité d'Amsterdam. Une occasion perdue?", S. 6; M. Borchmann, „Amsterdam - Weder kleine Taten noch „Reförmchen"!", Editorial; Editorial Comments, „Union without constitution", S. 1105, 1109. Die negative Bilanz der Regierungskonferenz wird häufig auf das Fehlen eines klaren politischen Zieles oder Projekts zurückgeführt, F. Dehousse, „Reflet de la nouvelle Europe", S. 266; Europäisches Parlament, „Stance on Amsterdam Treaty", S. 2, Abs. 3; D. Curtin, „The Constitutional Structure", S. 17f.

[216] M. Borchmann, „Amsterdam - Weder kleine Taten noch „Reförmchen"!", Editorial; M. Nentwich, G. Falkner, „Towards a New Institutional Balance", S. 26f; J. V. Louis, „Le traité d'Amsterdam. Une occasion perdue?", S. 14; F. Dehousse, „After Amsterdam", S. 533.

[217] European Policy Centre (Hrsg.), „Legal Analysis", *Making Sense of the Amsterdam Treaty*, S. 124; M. Petite, „Ambition and Realism", S. 22.

[218] M. Borchmann, „Amsterdam - Weder kleine Taten noch „Reförmchen"!", Editorial; Art. 214 II EGV n.F.

[219] A. Clapham, *Human Rights and the European Community*, S. 14, spricht davon, daß das Parlament von den Institutionen der Union am meisten Wert auf eine klar definierte Menschenrechtspolitik gelegt hat. Zur Rolle des Europäischen Parlaments in Menschenrechten siehe R. Rack, „The Role of the European Parliament: Past and Future".

[220] Erklärung Nr. 32 der Schlußakte des Vertrages von Amsterdam; M. Petite, „Ambition and Realism", S. 25.

nung der Kommission als zentraler politischer Akteur führen kann,[221] ist der Vorschlag, einen Vize-Präsidenten zuständig für alle auswärtigen Angelegenheiten zu ernennen.[222] Wenn man auch in der Frage der Größe der Kommission zu keiner Einigung kam, so hat die Konferenz doch einige nützliche Änderungen eingeführt.[223]

II. Die Menschenrechtsbestimmungen des Unionsvertrages

1. Die Europäische Union und Menschenrechte

Der neugefaßte Art. F EUV (Art. 6 EUV n.F.) spricht in Absatz 1 von den grundlegenden Werten (Freiheit, Demokratie, Achtung der Menschenrechte und Grundfreiheiten, Rechtsstaatlichkeit), auf denen die Union gegründet ist. Er verstärkt somit die Bedeutung, die ihnen von ihr und den Mitgliedstaaten beigemessen wird.[224] Die Nichtbeachtung dieser im Vertrag von Amsterdam aufgenommenen Werte kann sogar mit dem neuen Verfahren des Art. F.1 EUV (Art. 7 EUV n.F.) sanktioniert werden.[225] Der Art. F EUV a.F. spricht lediglich von den „Regierungssystemen der MS, die auf demokratischen Grundsätzen beruhen".

2. Die Rolle des EuGH

Die Zuständigkeit des EuGH wird durch den neugefaßten Art. L d) EUV (Art. 46 d) EUV n.F.) auf Art. F II EUV (Art. 6 II EUV n.F.) ausgeweitet, insoweit als der EuGH nach dem Unionsvertrag zuständig ist und sich auf das Handeln der Organe der Union beschränkt. Damit wird die bereits bestehende Praxis des Gerichtshofes kodifiziert, die Beachtung der Menschenrechte über den „Umweg" der allgemeinen Rechtsgrundsätze in seine Prüfung der Rechtmäßigkeit von Gemeinschaftsakten (Art. 173 EGV; Art. 230 EGV n.F.) miteinzubeziehen.[226]

Ungeregelt ist hingegen die Frage des Beitritts der EG zur EMRK geblieben.[227] Nach dem grundsätzlich verneinenden Gutachten des EuGH[228] in dieser Hinsicht hätte von der Vertragsrevision eine positive oder zumindest klärende Regelung erwartet werden können. Das könnte

---

[221] M. Nentwich, G. Falkner, „Towards a New Institutional Balance", S. 10f, er ist auch im Zusammenhang mit der neuen Zusammensetzung der Troika in der GASP zu sehen. Dazu im Einzelnen in Kapitel 3.

[222] Erklärung Nr. 32 der Schlußakte des Vertrages von Amsterdam.

[223] M. Petite, „Ambition and Realism", S. 24.

[224] Editorial Comments, „Neither a bang nor a whimper", S. 771; J. V. Louis, „Le traité d'Amsterdam. Une occasion perdue?", S. 14.

[225] Siehe dazu, M. Petite, „Ambition and Realism", S. 6.

[226] J. V. Louis, „Le traité d'Amsterdam. Une occasion perdue?", S. 9; F. Emmert, *Europarecht,* S. 249.

[227] M. Petite, „Ambition and Realism", S. 6; A. Duff (Hrsg.), *The Treaty of Amsterdam,* S. 162; B. Brandtner, A. Rosas, „Human Rights and the External Relations", S. 489.

[228] Gutachten 2/94, 28.3.96, Slg. 1996, I-1759.

zum einen für die Bürger der Union einen zusätzlichen Beschwerdeweg eröffnen,[229] zum anderen das Problem des fehlenden Grundrechtskatalogs lösen.[230]

III. Die Suspendierung von Abkommen

Da häufig die Einstimmigkeitsregel als der Hauptfaktor für Behinderung der weiteren Integration angesehen wird, hat der Vertrag von Amsterdam die Ausweitung von qualifizierter Mehrheit im Vertragsgefüge in Angriff genommen.[231] Im Bereich des EGV betrifft diese Neuerung Art. 56 II (46 II n.F.), 109n (125 n.F.), 109q (Art. 128 n.F.), 109r (129 n.F.), 130i (166 n.F.), 209a (280 n.F.), 213a (285 n.F.) und 213b (286 n.F.).[232] Gerade das Gegenteil wurde allerdings bei den neu eingeführten Kompetenzen vereinbart, nämlich grundsätzliche Einstimmigkeit - so z.B. die Bestimmung des Verstosses gegen Art. F.1 EUV (Art. 7 EUV n.F.), Maßnahmen gegen die in Art. 6a EGV (Art. 13 EGV n.F.) aufgeführten Diskriminierungen, die Ausdehnung der Gemeinschaftskompetenz im Rahmen des Art. 113 EGV (Art. 133 EGV n.F.) auf Dienstleistungen und geistiges Eigentum und die Suspendierung von Abkommen, Art. 228 II EGV; Art. 300 II EGV n.F.

Hier interessiert die neue Regelung zur Suspendierung von seitens der EG geschlossenen Abkommen. Art. 300 II EGV n.F. sieht vor, daß die Suspendierung zwar grundsätzlich durch mehrheitlichen Beschluß erfolgt, aber nicht im Falle von Assoziierungsabkommen, zu denen die Lomé-Konvention zählt.[233] Diese Regelung stellt damit die oben beschriebene innovative Ausgestaltung des Verfahrens des Art. 366a der Lomé-Konvention wieder in Frage und läßt es offen, wie diese beiden Ansätze vereinbart werden können. Die einzig sinnvolle Auslegung ist, daß alle „geeigneten Maßnahmen" unter das neue Verfahren des Art. 366a der Konvention fallen, und nur die endgültige Suspendierung des Abkommens als „ultima ratio"[234] dem Art. 228 II EGV (Art. 300 II EGV n.F.) unterstellt wird.[235]

IV. Flexibilität

Kein Nachdenken über die Änderungen von Amsterdam kommt um eine kurze Besprechung der neuen Flexibilitätsvorschriften herum, die eine verstärkte Zusammenarbeit innerhalb eines kleineren Kreises von MS vorsehen.[236] Unter strengen und recht zahlreichen Bedingungen

---

229 A. Clapham, „Where is the EU's Human Rights Common Foreign Policy?", S. 677f.

230 Siehe J. Kokott, F. Hoffmeister, Note on Opinion 2/94, S. 669, die drei Möglichkeiten vorschlagen, die jetzige Situation zu verbessern.

231 M. Nentwich, G. Falkner, „Towards a New Institutional Balance", S. 18.

232 European Policy Centre (Hrsg.), „Legal Analysis", *Making Sense of the Amsterdam Treaty,* S. 124.

233 Solche Abkommen sind häufig zusätzlich gemischte Abkommen, I. Macleod, I. D. Hendry, S. Hyett, *External Relations*, S. 371f.

234 Genaugenommen ist eine Suspendierung der Konvention die „vorletzte" ultima ratio, denn Import- und Exportbeschränkungen würden noch darüber hinausgehen; vgl. Fußnote 183.

235 Interview mit Frau Mosca, DG VIII, zuständig für die Lomékonvention.

236 Der Amsterdamvertrag hat drei neue Regelungen diesbezüglich eingeführt: Generalklauseln in Titel VII des geänderten EUV, spezielle Klauseln im EGV (Art. 11 EUV n.F.), und die Vorschriften in dem Titel über die ZJI (Art. 40 EUV n.F.); siehe auch H. Kortenberg, „Closer Cooperation", S. 848ff.

können die MS die „Organe, Verfahren und Mechanismen“ des EUV (Art. 43 EUV n.F.) in Anspruch nehmen und durch Rechtsakte und Beschlüsse die geplante Zusammenarbeit in Angelegenheiten des ersten (und dritten) Pfeilers durchführen.[237] Desweiteren muß eine qualifizierte Mehrheit im Rat vorliegen, und kein MS darf ein Veto erhoben haben.[238] Diese Vetovorschrift erinnert an den Luxemburger Kompromiß von 1966 und ist der Preis, der für die Einführung der Mehrheitsentscheidung gezahlt werden mußte.[239] Macht ein MS demnach „wichtige“ von ihm zu benennende Gründe gegen die Abstimmung mit qualifizierter Mehrheit geltend, so entfällt ein Beschluß über die verstärkte Zusammenarbeit. Der Rat kann dann nur noch mit qualifizierter Mehrheit verlangen, daß die Angelegenheit dem Europäischen Rat zur einstimmigen Entscheidung vorgelegt wird, Art. 40 EUV n.F., Art. 11 EGV n.F.[240] Die Kommission ist insofern in einer starken Position, als ein Vorschlag von ihr Voraussetzung für eine konkrete verstärkte Zusammenarbeit im EG-Bereich ist.[241] Diese Zusammenarbeit muß sich stets auf eine Befugnisnorm des Vertrages stützen können,[242] nicht zuletzt um dem Prinzip der begrenzten Einzelermächtigung gerecht zu werden.[243]

Einige MS könnten also beschließen, z.B. im Bereich der Entwicklungspolitik Gebrauch von den Flexibilitätsvorschriften zu machen und in engere Zusammenarbeit zu treten. Damit erstreckt sich die Idee der „konzentrischen Kreise“ oder des „Europas der vielen Geschwindigkeiten“ nunmehr auf alle Bereiche, die in die konkurrierende Kompetenz der Gemeinschaft fallen.[244]

V. Die „Architektur“ der Europäischen Union

Die durch Maastricht eingeführte komplizierte Struktur der Union (vgl. Art. A III EUV; Art. 1 III EUV n.F.) wurde beibehalten und sogar durch die für jeden Zuständigkeitsbereich unterschiedlichen Flexibilitätsvorschriften, Ausnahmeklauseln, Protokolle und Erklärungen noch schwieriger verständlich gemacht.[245] Eine große Zahl der Vorschriften der Zusammenarbeit in

---

[237] Siehe Art. 11 EGV n.F., Art. 43 EUV n.F.; J. V. Louis, „Le traité d'Amsterdam. Une occasion perdue?“, S. 17; European Policy Centre (Hrsg.), „Legal Analysis“, *Making Sense of the Amsterdam Treaty,* S. 118; M. Petite, „Ambition and Realism“, S. 28, spricht von „strict, but workable“ conditions. Siehe dazu auch G. Gaja, „How flexible is flexibility?“, S. 862ff.

[238] C. D. Ehlermann, „Flexibility“, S. 59; Art. 40 II EUV n.F.

[239] C. D. Ehlermann, „Flexibility“, S. 59; Editorial Comments, „Neither a bang nor a whimper“, S. 769, sehr kritisch über die Veto-Vorschrift, die den beerdigt geglaubten Luxemburger Kompromiß nun offiziell in den Vertrag einführt; M. Nentwich, G. Falkner, „Towards a New Institutional Balance“, S. 21; A. Duff (Hrsg.), *The Treaty of Amsterdam,* S. 195, Großbritannien hatte auf der Festschreibung des Vetos beharrt.

[240] E. Regelsberger, M. Jopp, „Und sie bewegt sich doch!“, S. 261, es bleibt fraglich, inwieweit die MS diese Möglichkeit als Drohgebärde und Verhinderung von Entscheidungen oder als sinnvolle Ausnahmesituation ansehen.

[241] Art. 11 II EGV n.F.; J. V. Louis, „Le traité d'Amsterdam. Une occasion perdue?“, S. 17.

[242] Art. 11 I d) EGV n.F.

[243] Editorial Comments, „Neither a bang nor a whimper“, S. 769.

[244] Art. 11 I a) EGV n.F. Der Vertrag von Maastricht hat diese Idee durch die Anfügung des Sozialprotokolls und der Währungsunion in den Vertrag eingeführt, Editorial Comments, „Neither a bang nor a whimper“, S. 768. Zur Vorgeschichte, siehe auch A. Duff (Hrsg.), *The Treaty of Amsterdam,* S. 185f.

[245] Editorial Comments, „Union without constitution“, S. 1107f; F. Dehousse, „Reflet de la nouvelle Europe“, S. 266, 272.

der ZJI wurden in den Gemeinschaftsbereich überführt.[246] Damit einher ging eine Vergrößerung der Anzahl der technischen Verbindungsvorschriften für die drei Gliedteile der Union.[247] Es erscheint unvermeidlich, daß die nächste Reform Klarheit über den rechtlichen Status der Union und das Verhältnis der unterschiedlichen Kompetenzbereiche zueinander schafft.

D. Abschließende Bemerkung

Die offizielle Verknüpfung von Entwicklung und Handel mit Menschenrechten seitens der EG ist relativ jungen Datums. Dies betrifft sowohl die negativen, wie auch die positiven Aspekte einer solchen Politik. Dennoch war die EG bereits früher damit konfrontiert, auf massive Menschenrechtsverletzungen reagieren zu müssen. Dies geschah in den meisten Fällen ad-hoc. Eine ausgearbeitete Vorgehensweise fehlte. Der Einfluß solcher Initiativen im Drittland war minimal, da sie weder effektiv auf Verletzungen reagierten, noch die Beachtung der Menschenrechte wesentlich förderten.[248] Es vergingen etwa zwanzig Jahre, bis ernsthafte Anstrengungen unternommen wurden, Menschenrechtsüberlegungen differenziert in die Handels- und Entwicklungspolitik miteinzubeziehen.[249] Auf die einzelnen Dokumente, die zu dieser Umorientierung führten, wird an dieser Stelle nicht mehr eingegangen.[250] Festgehalten werden soll, daß sie den Weg für die von der EG verfolgte „positive, praktische und konstruktive" Politik[251] ebneten. Negative Maßnahmen werden nicht gänzlich ausgeschlossen, sondern als „ultima ratio" im Falle von schweren und andauernden Verletzungen vorbehalten.[252] Dieser im wesentlichen positive Ansatz wird von der EG durch aktive Unterstützung von sinnvollen Initiativen und durch einen konstruktiven Dialog mit dem jeweiligen dritten Staat umgesetzt.[253] Als Instrumente stehen ihr dafür vor allem die Abkommen mit Drittstaaten und die Menschenrechtsklausel, sowie die autonomen Maßnahmen zur Verfügung. Zusammen mit den weiteren Tätigkeitsfeldern machen sie den acquis communautaire in Menschenrechten aus.

Die nach wie vor bestehende EG basiert auf dem Grundsatz der Integration. Bereits mit dem EGV sollte ein „immer engerer Zusammenschluß der europäischen Völker" geschaffen werden.[254] Der Gemeinschaft stehen zur Verfolgung einer aktiven Menschenrechtspolitik die Rechtshandlungen des Art. 189 EGV (Art. 249 EGV n.F.) und Abkommen zur Verfügung. Entscheidungen können mit qualifizierter Mehrheit getroffen werden. Die Kommission agiert

---

[246] Siehe dazu M. Petite, „Ambition and Realism", S. 7ff; C. D. Ehlermann, „Flexibility", S. 60.

[247] F. Dehousse, „Reflet de la nouvelle Europe", S. 272.

[248] D. J. Marantis, „Human Rights, Democracy and Development", S. 7.

[249] K. Arts, „Implementing the Right to Development?", S. 49.

[250] Erklärung zu den Menschenrechten, vom 21.7.86, EPZ- und Ratstreffen, Bull. EC, Nr. 7/8, 1986, Pkt. 2.4.4., S.112f; Entschließung des Rates „Demokratie und Entwicklung", Bull. EC, Nr. 11, 1991, Jhrg. 24, S. 128f; Erklärung über die Menschenrechte, Bull. EC, Nr. 6, 1991, Jhrg. 24, Anhang V, S. 17f.

[251] Die Europäische Kommission, „The European Union and the External Dimension of Human Rights Policy", COM (95) 567, S. 10.

[252] Entschließung des Rates „Demokratie und Entwicklung", Bull. EC, Nr.11, 1991, Jhrg. 24, S. 128, Pkt. 2.3.1, Abs. 6.

[253] Siehe die Kommissionsberichte SEC (92) 1915 endg.; COM (95) 191; COM (96) 672.

[254] Präambel des EGV, erste Begründungserwägung.

nicht nur als „Hüterin der Verträge“, sondern auch als Motor im Entscheidungsfindungsprozeß. Der EuGH „sichert die Wahrung des Rechts bei der Auslegung und Anwendung“ des EGV.[255] Diese „Gemeinschaftsmethode“ hat in der Vergangenheit zu durchaus vielversprechenden Ergebnissen geführt.[256] Davon sollten auch nicht die vereinzelten Probleme mit der Einführung der Menschenrechtsklausel ablenken. Ein interessantes Beispiel der Verknüpfung der Klausel mit dem Gewähren positiver Maßnahmen stellt der Fall Weißrußlands dar.

Der Vertrag von Amsterdam hat im Hinblick auf Menschenrechte zu einigen Änderungen geführt. Zunächst wird durch die Ergänzung des Art. F EUV (Art. 6 EUV n.F.) im Hinblick auf die „grundlegenden Werte der Union“ deren Bedeutung verstärkt. Durch Art. F.1 EUV (Art. 7 EUV n.F.) wird die Möglichkeit der Sanktion gegenüber Staaten, die diese Werte nicht respektieren, eröffnet. Die Zuständigkeit des EuGH wurde erweitert, die Kommission soll einen Kommissar zuständig für Außenbeziehungen erhalten und dem EP wurde das Recht zugebilligt, der Ernennung des Kommissionspräsidenten zuzustimmen. Auf diese Weise kann es Einfluß im Hinblick auf die Menschenrechtspolitik durch die Kommission nehmen.

Insgesamt erlauben die global gespannten Wirtschaftsbeziehungen es der EG, eine effektive und umfassende Menschenrechtsaußenpolitik zu betreiben.

---

[255] Art. 164 EGV (Art. 220 EGV n.F.).

[256] Siehe dazu W. Heinz, H. Lingnau, P. Waller, *Evaluierung von Positivmaßnahmen*; European University Institute, *Leading by Example: A Human Rights Agenda for the European Union for the Year 2000*; B. Simma, J. Aschenbrenner, C. Schulte, „Human Rights Considerations in the Development Cooperation Activities of the EC“.

3. Kapitel: Die unterschiedlichen Ebenen für eine Menschenrechtsaußenpolitik der Europäischen Union - die GASP

Während Kapitel 2 das Engagement der EG in Menschenrechten im Verhältnis zu Drittstaaten darstellte, soll nun der „politische Gegenpart" dieser Aktivitäten ins Auge gefaßt werden. Wie bereits erwähnt, kann die Betätigung der *Union* nur dann vollständig dargestellt werden, wenn sowohl die Menschenrechtspolitik der EG wie auch die der EU zusammengenommen werden.[1] Diese sind über den einheitlichen institutionellen Rahmen und die Kohärenzverpflichtung des Art. C EUV (Art. 3 EUV n.F.) verbunden und beide der Wahrung und Förderung der Menschenrechte verpflichtet.[2] Zunächst wird die Entwicklung und Ausprägung der GASP im Hinblick auf Menschenrechte geschildert (Punkt A). Daran anschließend wird auf die für die GASP relevanten Änderungen durch den Vertrag von Amsterdam eingegangen (Punkt B), um dann schließlich das Menschenrechtsengagement der ersten und der zweiten „Säule" einander gegenüberzustellen (Punkt C).

A. Die Gemeinsame Außen- und Sicherheitspolitik (GASP)

I. Begriffsbestimmung und Gründe für die Errichtung der GASP

1. Eine Definition von Außenpolitik

Außenpolitik kann als „governmental activity which is concerned with relationships between the state and other actors, particularly states, in the international system"[3] definiert werden. Angewandt auf die Union bedeutet dies, daß sowohl alle Aktivitäten der EG im Bezug auf Drittstaaten, wie auch die der EU mittels der GASP erfaßt werden.[4] Die „Gemeinsame Außen- und Sicherheitspolitik" bezieht sich streng genommen jedoch nur auf den Titel V des EUV. So heißt es, daß eine Gemeinsame Außen- und Sicherheitspolitik „nach Maßgabe dieses Titels" erarbeitet wird.[5]

Außenpolitische Erwägungen können dann auf EG-Ebene eine Rolle spielen, wenn man die Handels-, Entwicklungs- und Assoziierungspolitik, d.h. wirtschaftliche Aspekte der Kooperation, zur Außenpolitik im Sinne der oben gegebenen weiten Definition zählt. Zwischen der Union und Australien gab es kürzlich Meinungsverschiedenheiten, die diesen Konflikt verdeutlichen.[6] Anläßlich der Aushandlung eines Handels- und Kooperationsabkommens hat Australien geltend gemacht, daß die Menschenrechtsklausel in einem solchen Abkommen nichts verloren hätte, denn Handel sollte nicht für die Förderung von Menschenrechten be-

---

1 Wie bereits in Kapitel 1 gesagt, wird von der „Union" gesprochen, um EG und GASP in einem Begriff zusammenzufassen. Der Begriff „EU" wird verwendet, um den Gegensatz zur „EG" (Gemeinschaft) herauszustellen und bezieht sich nur auf das Handeln der Union in den Formen der GASP.

2 Siehe Kapitel 2, Punkt A.

3 B. White, „Analysing Foreign Policy: Problems and Approaches", S. 1.

4 Vgl. H. Smith, *European Union Foreign Policy and Central America,* S. 19, für die EG vor dem Vertrag von Maastricht.

5 Siehe Art. J.1 I EUV a.F.; I. Macleod, I. D. Hendry, S. Hyett, *External Relations*, S. 414.

6 Sie wurden bereits in Kapitel 2 erwähnt.

nutzt werden („two track"- Argument[7]).[8] Dagegen spricht jedoch, daß Wirtschaft und Politik „inseparably intertwined" sind und ihre Trennung notwendigerweise eine künstliche ist. Auch die Handelspolitik gehört zu einer umfassenden Außenpolitik.[9] In Kapitel 1 wurde aufgezeigt, daß Menschenrechte einen bedeutenden Bestandteil der Außenpolitik eines internationalen Akteurs bilden. Die völkerrechtliche Verpflichtung auf den Schutz und die Förderung von Menschenrechten macht nicht bei der Handelspolitik Halt, sondern dehnt sich auf sie aus. Handelsmaßnahmen verletzen nicht das Gewaltverbot[10] und können vielmehr den Menschenrechtsschutz über die Ebene purer Rhetorik hinausheben.[11] Sie dürfen folglich nicht aus dem Begriff der Außenpolitik ausgegrenzt werden. Gleiches gilt für die Entwicklungszusammenarbeit und Assoziierung mit dritten Staaten.

2. Die Gemeinsame Außen- und Sicherheitspolitik

Die gemeinsame Außen- und Sicherheitspolitik erstreckt sich auf *alle* Bereiche der Außen- und Sicherheitspolitik (siehe Art. J.1 I EUV; Art. 11 I EUV n.F.).[12] Dies verdeutlicht die entscheidende Erneuerung im Vergleich zur EPZ, daß *militärische* Sicherheitsaspekte von nun an in die Ausarbeitung der abgestimmten Politik miteingeschlossen wurden.[13] Art. J.1 II zweiter Spiegelstrich EUV und Art. J.4 I EUV (Art. 11 I zweiter Spiegelstrich und Art. 17 I EUV n.F.) bestätigen dies noch einmal ausdrücklich, wenn auch Art. J.4 EUV (Art. 17 EUV n.F.) Sonderregelungen für die *Verteidigungs*politik enthält. Wegen des weiten Wortlautes des Art. J.1 I EUV (Art. 11 EUV n.F.) umfaßt die GASP auf den ersten Blick auch die Handels- und Entwicklungspolitik der EG und könnte daher als die allumfassende, richtungsweisende und verbindliche auswärtige Politik angesehen werden.[14] Es ist das Hauptanliegen dieser Arbeit zu

---

7 Philip Alston, „Linking Trade and Human Rights", S. 153, demzufolge sollen Menschenrechte nur mit politischen Mitteln, nicht aber mit wirtschaftlichen gefördert werden.

8 Agence Europe Nr. 6903, 30.1.97. S. 8f; dies., Nr. 6905, 1.2.97, S. 8; Agence France Presse (lexis nexis Nachforschung), 6.5.97, „EU drops human rights clause in Australia accord".

9 Philip Alston, „Linking Trade and Human Rights", S. 153. In vielerlei Hinsicht ist Handelspolitik auch Außenpolitik, Philip Alston, „International Trade as an Instrument of Positive Human Rights Policy", S. 156.

10 A. Vedross, B. Simma, *Universelles VR,* § 473.

11 Kissinger, „Continuity and Change in American Foreign Policy", S. 851, würde man Menschenrechte von anderen Gebieten entkoppeln, würde dies bedeuten, daß eine Verletzung nicht mit Kosten für den handelnden Staat verbunden ist.

12 Hinter dieser „vermeintlichen Tautologie" verbirgt sich die bedeutendste Änderung hinsichtlich der Gemeinsamen Außen- und Sicherheitspolitik, G. Burghardt, G. Tebbe, *Kommentar EUV/EGV*, Art. J.1, Rnr. 7.

13 E. Regelsberger, „EPZ und GASP - attraktiver Verbund mit Schlupflöchern", S. 190, damit wird die künstliche Trennung zwischen politischen, wirtschaftlichen und militärischen Aspekten von Sicherheit aufgehoben. So auch P.-Ch. Müller-Graff, „Kohärenzgebot aus rechtlicher Sicht", S. 64; M. Jopp, „Die außen- und sicherheitspolitische Identiät Europas mit der Perspektive einer gemeinsamen Verteidigungspolitik", S. 331, spricht von „soft security", um die Außenpolitik der EPZ zu beschreiben. Die europäische Außenpolitik hat sich von klassischer Diplomatie über Krisenmanagement, politischer und wirtschaftlicher Sicherheit zu militärischer Sicherheit entwickelt, A.A. Dashwood (Hrsg.), „Part IV EC External Relations and the CFSP", Topics for discussion, S. 216.

14 Der Vorschlag der Kommission (vom 28.2.91) auf der Regierungskonferenz zum Vertrag von Maastricht, sowie das Dokument der irischen Ratspräsidentschaft sahen vor, alle auswärtigen Politiken in ein Kapitel zu integrieren und somit die Kohärenz zu fördern. Dieser Ansatz wurde jedoch von den meisten Mitgliedstaaten aus verschiedenen Gründen abgelehnt und schließlich verworfen, B.-Ch. Ryba, „La Politique Etrangère et de

klären, inwieweit die GASP in Bereiche der EG-Regelungskompetenz eindringen darf und wie ein Ausgleich zwischen zwischenstaatlichem Verfahren, nationaler Souveränität und gemeinschaftlicher Autonomie im Bereich des Menschenrechtsschutzes hergestellt werden kann.[15] Dabei ist zu beachten, daß es ein Ziel der Union ist, den gemeinschaftlichen Besitzstand zu wahren und fortzuentwickeln (Art. B EUV; Art. 2 EUV n.F.).

Die GASP baut auf der EPZ auf mit dem Ziel, die Sichtbarkeit der Union im politischen Bereich zu erhöhen.[16] Zum einen war die EPZ, zumindest zur Zeit ihrer Gründung,[17] keine in Vertragsform gegossene Absprache, sondern ein „gentlemen's agreement". Dies ist im Lichte des Scheiterns der Fouchet-Pläne von 1962 zu sehen.[18] Doch auch nach der rechtlichen Festlegung in der EEA fehlte der EPZ häufig der nötige Impuls um zu handeln.[19] Der Wille, mit der GASP in eine rechtliche Vereinbarung zu treten, die die MS bindet und zudem effektivere Handlungsmechanismen zur Verfügung stellt, wird in der Formulierung des bindenden Charakters der gemeinsamen Aktionen und der richtungsweisenden Funktion des gemeinsamen Standpunktes deutlich.[20] Zudem wird die GASP einem einheitlichen institutionellem Gefüge unterstellt.[21] Die „abgestimmte" Politik der EPZ wurde mit der GASP zu einer „gemeinsamen" und verdeutlicht ebenfalls einen qualitativen Sprung.[22] Im Vergleich zur Regelung der EPZ weist der EUV damit mehrere Besonderheiten auf, die den Wandel von einer eher reaktiven EPZ zur aktiven GASP[23] verstärken sollen.[24]

Grund für ein solches Verlangen war nicht zuletzt die Erkenntnis, daß die Union nach dem Auseinanderfallen der Sowjetunion, durch die veränderte Situation in den osteuropäischen Ländern nach der Absage an den Kommunismus (somit allgemein des Endes des Ost-West-

---

Securité Commune", S. 15. In der Regierungskonferenz 1996 wurde vorgeschlagen, die GASP ganz dem EG-Bereich zu unterstellen, jedoch mit speziellen Entscheidungsmechanismen oder die Außen- und Sicherheitspolitik aufzuspalten und nur letztere bei der GASP zu lassen. Auch diese beiden Vorschläge wurden zugunsten des status quo abgelehnt, A.A. Dashwood (Hrsg.), „The structure of the Union's external activities", The Debate, S. 247. Vgl. auch F. Dehousse, „After Amsterdam", S. 527.

15 Siehe Kapitel 4.

16 Art. B, zweiter Spiegelstrich EUV (Art. 2 EUV n.F.) erhebt die Behauptung der Identität der Union auf der internationalen Ebene zu einem Ziel, das vor allem durch die Errichtung der GASP verwirklicht werden soll. Es war in der EPZ nicht vorgesehen, daß autonom gehandelt werden sollte. Vielmehr sollten entweder die MS als zusammenhängende Kraft, Art. 30 II d) EEA, oder durch den Ministerrat der EG aktiv werden, M. Cremona, „External Relations Powers", S. 251.

17 Diese wird auf den Luxemburger Bericht von 1970 zurückgeführt. Sie erhielt eine vertragliche Grundlage mit dem Erlaß der EEA 1986, M. Dembinski, „Langer Anlauf, kurzer Sprung", S. 13; F. Dehousse, „After Amsterdam", S. 527.

18 G. Burghardt, G. Tebbe, in: *Kommentar EUV/EGV*, Vorb. Art. J.1-11, Rnr. 5f, 8.

19 Ch. Hill, „EPC's Performance in Crises", S. 139-150, gibt einen Überblick über die letzten Krisen der EPZ und eine Bewertung derselben.

20 Siehe oben Kapitel 1 zur Bindungswirkung von GASP-Instrumenten.

21 M. Westlake, *The Council of the EU*, S. 211.

22 F. Fink-Hooijer, „The CFSP", S. 174.

23 B.-Ch. Ryba, „La Politique Etrangère et de Securité Commune", S. 15; F. Fink-Hooijer, „The CFSP", S. 174; C. Flaesch-Mougin, „Les compétences externes de la Communauté Européenne", S. 375; Club von Florenz (Hrsg.), *Der unmögliche Status quo*, S. 124.

24 Zum Vergleich von GASP und EPZ siehe M. R. Eaton, „CFSP", S. 219ff.

Konflikts), aufgrund der deutschen Wiedervereinigung und der zunehmenden wirtschaftlichen Integration durch den Ausbau der Wirtschafts- und Währungsunion einerseits Stellung in dem neuen Sicherheitsgefüge beziehen mußte. Andererseits sollte ein politisches Gegengewicht zu der wirtschaftlichen Macht der EG geschaffen werden.[25] Der Europäische Rat von Lissabon (26./27.6.92),[26] sowie der Europäische Rat von Brüssel (29.10.93)[27] haben die Prioritäten der Union im Hinblick auf die geographischen Gebiete sowie die Funktion und den Inhalt der GASP festgelegt.[28]

Die genaue vertragliche Ausgestaltung der GASP im Hinblick auf die neuen und alten Instrumente und deren Funktionieren im Vertragsgefüge wird unten bei IV. erörtert werden. Die nächsten zwei Abschnitte untersuchen zunächst die Rechtsnatur und Rechtswirkungen der GASP (II.), sowie die Verankerung der Menschenrechte in der gemeinsamen Außenpolitik (III.).

II. Rechtsnatur und Rechtswirkungen der GASP

Seit dem Scheitern der Europäischen Verteidigungsgemeinschaft in 1954 aufgrund des französischen Vetos hat das intergouvernementale Prinzip von der europäischen Außenpolitik Besitz ergriffen.[29] Er spiegelt sich sowohl im Grundsatz der Einstimmigkeit, sowie in der begrenzten Rolle von Kommission, Parlament und Gerichtshof in der GASP wider. Die Vorschriften über die GASP sind völkerrechtlicher Natur und nicht supranational wie in der EG ausgestaltet.[30] Das manifestiert sich darin, daß der Unionsvertrag zwischen EG-Recht und zwischenstaatlichem Recht trennt. Nur in drei von sieben Titeln ist der Verträg Änderungsvertrag zu den bestehenden Gemeinschaften, während die anderen Teile, zu denen die GASP gehört, außerhalb des EG-Rechts geblieben sind.[31]

---

[25] Kurzum, eine Absage an den „außenpolitischen Zwerg“, M. Dembinski, „Langer Anlauf, kurzer Sprung“, S. 38; P. de Schoutheete de Tervarent, „L'introduction d'une Politique Extérieure et de Sécurité commune. Motivations et Résultats“, S. 130; P. Willaert, C. Marquéz-Ruiz, „Etat des lieux“, S. 253; E. Brok, „Not A „Maastricht II“, S. 3; B.-Ch. Ryba, „La Politique Etrangère et de Securité Commune“, S. 15.

[26] Bull. EC, Nr. 6, 1992, Jhrg. 25, Anhang.

[27] Bull. EC, Nr. 10, 1993, Jhrg. 26, S. 7.

[28] Als geographische Gebiete wurden Mittel- und Osteuropa, die ehemalige Sowjetunion und der Balkan, die Mittelmeerländer und der Mittlere Orient festgelegt. Zu den Prioritäten zählten unter anderem die Entwicklung einer aktiven statt reaktiven Politik, die Einheit und Kohärenz der auswärtigen Politiken, und im Hinblick auf die konkreten Aktionen die Wahrung der Menschenrechte und der Schutz der Minderheiten, die Förderung der regionalen Stabilität, der KSZE-Prozess, die Abrüstungspolitik, sowie die Bekämpfung der organisierten Kriminalität.

[29] G. Burghardt, G. Tebbe, „Rechtliche Struktur und Politischer Prozeß“, S. 3f. Die GASP ist ein zwischenstaatliches Verfahren, K. W. Lange, „Die Gemeinsame Aussen- und Sicherheitspolitik der Europäischen Union“, S. 442; J. Janning, „Aussen- und Sicherheitspolitik nach Maastricht“, S. 63. Es gibt keine supranationale Rechtsetzung, C. Koenig, M. Pechstein, *Die EU* (1998), Rnr. 13.

[30] K. W. Lange, „Die Gemeinsame Außen- und Sicherheitspolitik der EU“, S. 442; G. Burghardt, G. Tebbe, *Kommentar EUV/EGV*, Vorb. Art. J.1-11, Rnr. 24; M. Cremona, „External Relations Powers“, S. 247.

[31] P.-Ch. Müller-Graff, „Kohärenzgebot aus rechtlicher Sicht“, S. 57; G. Burghardt, G. Tebbe, *Kommentar EUV/EGV*, Vorb. Art. J.1-11, Rnr. 24; M. Cremona, „External Relations Powers“, S. 255, sagt, daß die GASP konzipiert war, außerhalb des „new legal order“ des Gemeinschaftsrechts zu operieren.

Die Rechtsakte der EU unter Nutzung der GASP haben keine Rechtswirkung vergleichbar denen (siehe Art. 189 EGV; Art. 249 EGV n.F.) der EG.[32] Das bedeutet insbesondere, daß die Grundsätze der unmittelbaren Wirkung (Verordnungen und auch primäres Gemeinschaftsrecht[33]) und des Vorrangs des Gemeinschaftsrechts[34] in der GASP nicht gelten.[35] Daraus folgt ebenfalls, daß Alleingänge der Mitgliedstaaten, die einer GASP- Entscheidung widersprechen, durch diese rechtlich nicht unmittelbar beeinträchtigt werden.[36]

Es kann somit festgehalten werden, daß die GASP eine zwischenstaatliche Übereinkunft ist, die im Bereich des traditionellen Völkerrechts verblieben ist.

III. Menschenrechte in der GASP

1. Von der EPZ zur GASP

Menschenrechtsüberlegungen haben schon in der EPZ eine wichtige Rolle gespielt, was daran deutlich wird, daß es eine reiche Anzahl offizieller Stellungnahmen in internationalen Organisationen zu dem Thema gibt und zahlreiche der vorbereitenden Dokumente des Politischen Komitees auf den Schutz der Menschenrechte in der Welt verweisen.[37] Konkrete Aktionen im Hinblick auf bestimmte Länder waren jedoch eher ein Schwachpunkt der politischen Zusammenarbeit und scheiterten häufig an dem Widerstand der MS, einen gemeinsamen Standpunkt zu finden.[38] In der GASP wird die gemeinsame Menschenrechtspolitik über Art. J.1 II EUV (Art. 11 I EUV n.F.) als ein Ziel der Außen- und Sicherheitspolitik bestimmt.[39] Dabei ist bemerkenswert, daß der Vertrag selber keine Hierarchie zwischen den einzelnen Zielen auf-

---

[32] Eine Ausdehnung der EG-Instrumente auf die GASP „would not have been appropriate", A. Dashwood, „The legal framework of the CFSP", S. 226.

[33] Vgl. EuGH Urteil Van Gend en Loos, Rs. 26/62 vom 5.2.63, Slg. 1963, S. 1.

[34] Vgl. EuGH Urteil Costa Enel, Rs. 6/64 vom 15.7.64, Slg. 1964, S. 1251.

[35] G. Burghardt, G. Tebbe, *Kommentar EUV/EGV*, Vorb. zu Art. J.1.-J.11, Rnr. 25, P.-Ch. Müller-Graff, „Kohärenzgebot aus rechtlicher Sicht", S. 67. Dies bedeutet jedoch nicht, daß die MS nicht an die Rechtsakte der GASP gebunden wären. Es handelt sich dabei um eine völkerrechtliche Bindung im Gegensatz zu einer gemeinschaftsrechtlichen. Siehe dazu Kapitel 1.

[36] P.-Ch. Müller-Graff, „Kohärenzgebot aus rechtlicher Sicht", S. 67. Eine andere Frage ist jedoch, welche Rechtsfolgen ein Verstoß gegen Völkerrecht nach sich zieht und welche Stellung das Völkerrecht im jeweiligen innerstaatlichem Recht hat.

[37] M. Zwamborn, „Human Rights Promotion And Protection", S. 23ff. In 1978 erklärten die Staats- und Regierungschefs auf dem Gipfel des Europäischen Rates in Kopenhagen, daß die Achtung von repräsentativer Demokratie und von Menschenrechten in jedem Mitgliedstaat ein notwendiges Element der Mitgliedschaft ist, zitiert bei A. Clapham, „Where is the EU's Human Rights Common Foreign Policy?", S. 633. Im Jahr 1986 haben die Außenminister eine Erklärung zu den Menschenrechten erlassen, die sich auf das Verhältnis zu Drittstaaten bezieht, Bull. EC, Nr. 7/8, 1986, Jhrg. 19, Pkt. 2.4.4., S.113.

[38] Zur EPZ und Menschenrechten, siehe M. Zwamborn, „Human Rights Promotion And Protection", S. 23ff; P. Baehr, *The Role of Human Rights in Foreign Policy.* Sowie zur EPZ im allgemeinen A. Pijpers, E. Regelsberger, W. Wessels (Hrsg.), *Die Europäische Politische Zusammenarbeit in den 80er Jahren;* R. Rummel, W. Wessels (Hrsg.), *Die Europäische Politische Zusammenarbeit;* E. Regelsberger, P. de Tervarent, W. Wessels (Hrsg.), *Foreign Policy of the European Union;* M. Holland (Hrsg), *Common Foreign and Security Policy.*

[39] Die GASP hat „die Entwicklung und Stärkung von Demokratie und Rechtsstaatlichkeit sowie die Achtung der Menschenrechte und Grundfreiheiten" zum Ziel.

stellt[40] und nicht klärt, in welchem Verhältnis Art. 130 u II EGV und Art. J.1 II fünfter Spiegelstrich EUV (Art. 177 II EGV n.F. und Art. 11 I fünfter Spiegelstrich EUV n.F.) zueinander stehen.[41] Darüber hinaus sind die Ziele des Art. J.1 II EUV (Art. 11 EUV n.F.) so weit formuliert, daß es die Diskussion um deren rechtliche Verbindlichkeit akademisch erscheinen läßt.[42] Es kann somit festgehalten werden, daß die „Achtung der Menschenrechte" und die „Entwicklung und Stärkung von Demokratie" einen Aktionsbereich der GASP darstellen und über den Zielkatalog auf eine Ebene mit der „Wahrung der gemeinsamen Werte" und der „Stärkung der Sicherheit" gestellt wurden.

2. Der positive Ansatz in der GASP

Bei der Diskussion der EG-Menschenrechtsaußenpolitik wurde erörtert, daß die Gemeinschaft generell die positive Förderung von Menschenrechten und Demokratie vor die negative Ahndung von Menschenrechtsverletzungen und Unterbrechungen des Demokratieprozesses stellt. Strenggenommen sind es die Instrumente der EG in der Handels- und Entwicklungspolitik, die diesen positiven Ansatz in die Tat umsetzen.[43] Dennoch folgt ihm die EU mit den ihr zur Verfügung stehenden Mitteln der GASP. Das wird aus der Kommissionsmitteilung „From Rome to Maastricht and Beyond"[44] ersichtlich, die sich allgemein auf die Menschenrechtspolitik *der Union* bezieht.[45] Diese Orientierung wird auch vom Ratsmemorandum[46] bestätigt, das als Ziel der Unionspolitiken „Prävention statt Reaktion" anvisiert (was jedoch nicht bedeutet, daß in Krisenfällen nicht schnell reagiert werden muß).[47]

3. Kompetenz im Menschenrechtsbereich

Gekorene Völkerrechtssubjekte haben im Gegensatz zu geborenen nur die Kompetenzen, die ihnen im Gründungsvertrag zugestanden werden, und damit auch nur eine funktionelle Völkerrechtssubjektivität. Die Union hat keine eigenen Kompetenzen für Menschenrechte, denn

---

40 E. Bonino, „La réforme de la politique étrangère et de sécurité commune", S. 238.

41 P. Willaert, C. Marqués-Ruiz, „Etat des lieux", S. 261 bemerken nur, daß die Zielbestimmung in beiden „Säulen" auftauchen; M. Holland, „Reinventing the EPC Wheel?", S. 9; Europäische Kommission, *Report on the Operation of the Treaty on European Union,* II.B.156.

42 G. Burghardt, G. Tebbe, *Kommentar EUV/EGV,* Art. J.1, Rnr. 9; dies., „Rechtliche Struktur und Politischer Prozeß", S. 7, sprechen davon, daß das „Ob" des Zusammenhandelns vom politischen Willen der MS abhängt. Der EuGH hat keine Kompetenz zu entscheiden, ob die EU hätte tätig werden müssen, F. Fink-Hooijer, „The CFSP", S. 178. Es besteht folglich keine rechtliche Verpflichtung zur Zusammenarbeit. Sollte ein vitales nationales Interesse entgegenstehen, können die MS die Kooperation ablehnen, vgl. M. Holland, *European Community Integration,* S. 125.

43 Siehe die „Ratsresolution" vom November 1991, Entschließung des Rates „Demokratie und Entwicklung", Bull. EC, Nr. 11, 1991, Jhrg. 24, S. 128f. Solche Initiativen umfassen z.B. die Unterstützung im Übergang zur Demokratie, die Wahlunterstützung, die Förderung von NGOs und den politischen Dialog. Lediglich letzterer kann als ein Instrument angesehen werden, das vor allem in der GASP bedeutsam ist.

44 COM (95) 567 endg.

45 P. Willaert, C. Marqués-Ruiz, „Etat des lieux", S. 267, spricht von „communications mixtes", um die Übung der Kommission zu beschreiben, Mitteilungen für mehrere Teile der Union gleichzeitig zu verfassen.

46 Ministerrat, *Memorandum 1995.*

47 Ders., S.13.

es hat keine Übertragung derselben von den Mitgliedstaaten auf die Union stattgefunden. Die Union hat jedoch *neue* Kompetenzen, die die Durchführung einer gemeinsamen Menschenrechtspolitik betreffen. Die MS haben insoweit auf die Ausübung ihrer Kompetenzen im Menschenrechtsbereich verzichtet, als sie nun zur Abstimmung und Zusammenarbeit verpflichtet sind.[48]

Das bedeutet, daß die Union intern eine Kompetenz hat, Menschenrechtsangelegenheiten zum Gegenstand gemeinsamer Standpunkte und Aktionen zu machen und die MS dadurch völkerrechtlich zu verpflichten. Begrenzt wird diese Zuständigkeit durch Art. J.1, B, C I und M EUV (Art. 11, 2, 3 I und 47 EUV n.F.). Im Verhältnis zu Drittstaaten hat die Union, wie in Kapitel 1 aufgezeigt, bislang nur sehr limitierte Kompetenzen. Sie kann die Zusammenarbeit der MS regeln, Beitrittsabkommen abschließen, die den Menschenrechtsschutz miteinbeziehen, und Verträge über ihre Beziehungen zur WEU (Art. J.4 II EUV; Art. 17 EUV n.F.) schließen. Seit Amsterdam hat sie zudem eine Vertragsschlußkompetenz und kann von den Flexibilitätsvorschriften Gebrauch machen.

Im nächsten Abschnitt werden die Instrumente der GASP dargestellt, um ein komplettes Bild des zur Verfügung stehenden Instrumentariums der Union zu geben und aufzuzeigen, wie sich die Mittel der GASP in den positiven Ansatz einfügen.

IV. Instrumente und Entscheidungsmechanismen der GASP

1. Instrumente

a) Der gemeinsame Standpunkt und die gemeinsame Aktion

Information, gegenseitige Unterrichtung und gemeinsame Positionen waren bereits charakteristisch für das Agieren der EPZ. Der Vertrag von Maastricht hat diese Zusammenarbeit kodifiziert und zudem in verbindlichere Sprache gegossen.[49] Art. J.2 EUV (Art. 16 I EUV n.F.) bestimmt in Absatz 1, daß „zu jeder außen- und sicherheitspolitischen Frage von allgemeiner Bedeutung eine gegenseitige Abstimmung und Unterrichtung stattfindet", um möglichst wirksam und konvergiert zu handeln. In den Fällen, in denen es vom Rat als erforderlich erachtet wird, legt er gemäß Absatz 2 (vgl. Art. 15 EUV n.F.) einen gemeinsamen Standpunkt fest, der die MS bindet,[50] ihre einzelstaatliche Politik damit „in Einklang zu bringen". Daneben blieb die EPZ-Praxis bestehen, gemeinsame Stellungnahmen zu verabschieden, die zwar keine gemeinsamen Standpunkte i.e.S. sind, die MS jedoch auch über die allgemeine Pflicht des Art. J.1 IV EUV (Art. 11 II EUV n.F.) zu kohärentem Verhalten verpflichten.[51]

In den Bereichen der GASP, in denen „wichtige gemeinsame Interessen" bestehen, kann der Rat auch zu dem Mittel der gemeinsamen Aktion gem. Art. J.1 III, J.3 EUV (Art. 12, 14 EUV n.F.) greifen und konkret tätig werden. Die gemeinsame Aktion reflektiert das Bedürfnis, die GASP mit einem wirkungsvollen Instrument auszustatten, das sich aber von denen der EG

---

[48] Ch. Trüe, *Verleihung von Rechtspersönlichkeit an die Europäische Union*, S. 37f; M. Cremona, „External Relations Powers", S. 250.

[49] I. Macleod, I. D. Hendry, S. Hyett, *External Relations*, S. 416; Europäische Kommission, *General Report 1994*, S. 261, Pkt. 746.

[50] Zur verpflichtenden Wirkung der gemeinsamen Standpunkte siehe Kapitel 1.

[51] I. Macleod, I. D. Hendry, S. Hyett, *External Relations*, S. 417.

unterscheidet.[52] Die EU kann in Gebrauch dieses Instruments selber *handeln*, ohne auf eine Umsetzung durch die Gemeinschaft mit deren Mitteln zurückgreifen zu müssen.[53] Der Rat entscheidet über die gemeinsame Aktion auf der Grundlage der allgemeinen Leitlinien des Europäischen Rates (Art. J.3. Nr.1, J.8 II, D EUV; vgl. Art. 13 EUV n.F.), was das politische Gewicht der gemeinsamen Aktion unterstreicht und einen seltenen Beispielsfall der Unterordnung des Rates unter Richtlinien des Europäischen Rates darstellt.[54] Diese allgemeinen Leitlinien sollen die Beschlüsse des Rates jedoch nicht vorwegnehmen, sondern die potentiellen Anwendungsbereiche gemeinsamer Aktionen konkretisieren.[55]

Gemeinsame Standpunkte können genutzt werden, um der gegenseitigen Unterrichtung und Abstimmung mehr Gewicht zu geben und um die politische Position der EU auszudrücken. Sie sind darüber hinaus gedacht, die „regelmäßige Zusammenarbeit" der MS (Art. J.2.I EUV; Art. 16 EUV n.F.) zu erleichtern.[56] Gemeinsame Aktionen erläutern dagegen nicht nur Politikorientierungen, sondern beinhalten vor allem die notwendigen Schritte, um die Politik auch zu verwirklichen. Somit legt die gemeinsame Aktion nicht nur das „Ob", sondern auch den Umfang, Dauer und die Mittel zur Umsetzung der anvisierten Maßnahme fest (Art. J.3 Nr.1 EUV; Art. 14 I EUV n.F.). Diese Unterscheidung wurde, so eindeutig sie auch in der Theorie erscheinen mag, von den Institutionen nicht immer eingehalten. Es führte dazu, daß keine klare Linie im Gebrauch der verschiedenen Instrumente erkennbar ist.[57] Der Vertrag ist ebenfalls keine Hilfe, da er keine genauen Anhaltspunkte für den Einsatz der neuen Handlungsformen gibt. Das Erfordernis der Anlehnung an Leitlinien des Europäischen Rates und das kompliziertere Verfahren hat darüber hinaus dazu geführt, daß die gemeinsame Aktion, gedacht als Hauptanwendungsfeld der GASP (nicht zuletzt um eine Verbesserung im Vergleich zur EPZ zu schaffen), recht selten genutzt wurde im Gegensatz zu gemeinsamen Standpunkten und vor allem Deklarationen.[58]

---

[52] P. Willaert, C. Marqués-Ruiz, „Etat des lieux", S. 280. Der Beschluß über eine gemeinsame Aktion, wie auch über einen gemeinsamen Standpunkt, ist ein Beschluß „sui generis", dem Völkerrecht unterstellt, I. Macleod, I. D. Hendry, S. Hyett, *External Relations*, S. 417 Fußnote 14, S. 418.

[53] K. W. Lange, „Die Gemeinsame Außen- und Sicherheitspolitik der EU", S. 444.

[54] G. Burghardt, G. Tebbe, *Kommentar EUV/EGV*, Art. J.3, Rnr. 1; I. Macleod, I. D. Hendry, S. Hyett, *External Relations*, S. 417.

[55] H. Krenzler, H. Schneider, „Zur Frage der Kohärenz", S.152. In der Praxis ist es bislang so gewesen, daß der Rat nur dann eine gemeinsame Aktion beschlossen hat, wenn der Europäische Rat recht konkrete Leitlinien erlassen hat, nicht jedoch dann, wenn dem Rat ein weiter Ermessensspielraum zugebilligt wurde, G. Burghardt, G. Tebbe, *Kommentar EUV/EGV*, Art. J.3, Rnr. 11. Diese Tendenz scheint im Widerspruch zu der lediglich richtungsweisenden Funktion der allgemeinen Leitlinien zu stehen.

[56] A.A. Dashwood (Hrsg.), „The structure of the Union's external activities", Position Paper, S. 217.

[57] M. Fouwels, „The European Union's CFSP and Human Rights", S. 300; P. Willaert, C. Marqués-Ruiz, „Etat des lieux", S. 274, 307.

[58] Dies., S. 307, stattdessen ist ein Zuwachs in gemeinsamen Standpunkten zu vermerken. Die Kommission in ihrem Bericht, *Conférence intergouvernementale*, S. 68, stellt fest, daß gemeinsame Standpunkte genutzt wurden, um Aktionen in die Tat umzusetzen, „Aktionen", um administrative Fragen zu regeln und schließlich die im Vertrag nicht vorgesehene Form der Deklaration proliferiert.

b) Die klassischen diplomatischen Instrumente

aa) Überblick

Die diplomatischen Mittel der EPZ, vor allem Démarchen und Deklarationen,[59] die gemeinsame Unterstützung oder Ablehnung von Resolutionen in internationalen Organisationen, der politische Dialog,[60] die Leistung von „guten Diensten", Besuche auf hoher politischer Ebene und die Beteiligung an internationalen Verhandlungen und Konferenzen sind nach wie vor ein fester Bestandteil der GASP, ohne daß sie ausdrücklich im Vertrag normiert wurden.[61] Entgegen der ursprünglichen Intention sind sie sogar viel verbreiteter geblieben als die neu eingeführten Instrumente des gemeinsamen Standpunkts und der gemeinsamen Aktion.[62]

bb) Der politische Dialog

Bevor zum nächsten Punkt des Sonderfalls des Art. 228a EGV (Art. 301 EGV n.F.) übergegangen wird, verdient der politische Dialog noch eine kurze Betrachtung, da er ein wichtiges Element der Menschenrechtspolitik der Union ist. Er stellt sowohl einen festen Bestandteil des positiven Ansatzes in der Entwicklungspolitik der EG dar,[63] als auch - wegen der politischen Dimension - ein Mittel der GASP, um die Menschenrechte positiv zu fördern. Die Einfügung von Bestimmungen über den politischen Dialog in ein Abkommen mit Drittstaaten hat daher häufig zum Abschluß eines gemischten Abkommens anstelle eines reinen Gemeinschaftsabkommens geführt.[64] Die Union hat sowohl durch Abkommen, wie durch informelle Übereinkunft[65] mit dem jeweiligen Drittland, den politischen Dialog zum festen Bestandteil ihrer regionalen[66] und bilateralen[67] Kooperation gemacht. Dennoch wurde er nicht immer da-

---

59 Eine Démarche ist eine offizielle Mitteilung an die zuständige Behörde des Empfängerstaates mit dem allgemeinen Ziel, die Interessen des Entsenderstaates zu fördern oder zu schützen. Der Zweck ist entweder lediglich die eigene Position zu überbringen oder gegen etwas zu protestieren, H.-P. Kaul, Démarche, S. 998. Eine Deklaration wird von Staaten oder anderen Völkerrechtssubjekten im internationalen Verkehr genutzt, um ihren Willen, ihre Absicht oder Meinung zu kommunizieren. Dabei ist der Inhalt an keine Form gebunden, C.-A. Fleischhauer, „Declaration", S. 971f.

Häufig ist der Unterschied zwischen den beiden Instrumenten schwierig auszumachen. M. Fouwels sieht Deklarationen als das flexiblere Mittel an im Hinblick auf den Gebrauch im positiven wie im negativen Sinn, sowie in konkreten Situationen und als allgemeine Stellungnahme, „The European Union's CFSP and Human Rights", S. 298.

60 M. Dembinski, „Langer Anlauf, kurzer Sprung", S. 29, der politische Dialog genoß bereits eine wichtige Stellung in der EPZ und war im Gegensatz zum Krisenmanagement auch von einigem Erfolg gekrönt.

61 P. Willaert, C. Marqués-Ruiz, „Etat des lieux", S. 290, 308; M. Fouwels, „The European Union's CFSP and Human Rights", S. 296f; B.-Ch. Ryba, „La Politique Etrangère et de Securité Commune", S. 23.

62 P. Willaert, C. Marqués-Ruiz, „Etat des lieux", S. 290, 308.

63 Siehe die „Ratsresolution" vom November 1991, Fußnote 43, S. 128, Pkt. 4.

64 A. Rosas, „Mixed Union - Mixed Agreements", S. 145.

65 So z.B. die Erklärung über die Aufnahme eines politischen Dialoges mit Chile am 21.6.96 am Rande des Europäischen Rates in Florenz und mit dem Andenpakt am 30.6.96 in Rom, Ministerrat, *Memorandum 1996*, S. 9.

66 Zum Beispiel sind der Botschafterausschuß und der Ministerrat, Art. 29-32 der Lomékonvention, der San José-Dialog mit den zentralamerikanischen Ländern und der „strukturierte Dialog" mit den CEEs, um den Beitritt politisch vorzubereiten, zu nennen. Dieser Dialog war bereits in die ersten Europaabkomen eingfügt worden, Bull. EC, Vol.24, Nr.12, 1991, Pkt.1.3.2. Desweiteren gibt es den Dialog mit ASEAN, siehe Kom-

für genutzt, Menschenrechtsprobleme auch wirklich anzusprechen.[68] Das gilt nicht ohne weiteres bei den mittel- und osteuropäischen Ländern wegen der Aussicht des Beitritts und bei der Lomé-Konvention wegen der gemeinsamen und entwickelten Institutionen.[69] Der politische Dialog kann das gegenseitige Vertrauen und die erfolgreiche Zusammenarbeit durchaus erhöhen, ist jedoch kein geeignetes Instrument als Antwort auf schwere Menschenrechtsverletzungen und entfaltet seine Wirkung erst dann, wenn er im Zusammenspiel mit anderen Maßnahmen genutzt wird.

c) Sanktionen

Art. 228a EGV (Art. 301 EGV n.F.) wurde bereits ausführlich bei den Entscheidungsmechanismen in der EG besprochen.[70] Es soll hier nur noch darauf hingewiesen werden, daß der Rat, sollten „Sofortmaßnahmen" vonnöten sein, durch Art. 228a EGV (Art. 301 EGV n.F.) ermächtigt ist, Sanktionen im Rahmen der GASP zu beschließen. Folglich sind Sanktionen auch ein *Instrument* der GASP, ohne in der zweiten „Säule" ausdrücklich erwähnt zu sein.[71] Wirtschaftssanktionen sind daher nicht eine reine Gemeinschaftsmaßnahme, gestützt auf die auswärtigen Kompetenzen der EG. Trotz der Einbindung der Maßnahmen in die GASP bleibt

---

missionsmitteilung COM (98) 40 endg., S. 17, der sich auch auf Menschenrechte und demokratische Prinzipien bezieht. Schließlich wurden auch in die Partnerschafts- und Kooperationsabkommen mit den Tacis-Ländern Bestimmungen über den politischen Dialog integriert. Da diese Abkommen zum Großteil entweder gerade erst abgeschlossen wurden oder noch verhandelt werden gibt es noch keine Erfahrungen mit dem Dialog bezüglich der Tacis-Region, siehe Kommissionsmitteilung COM (97) 400, S. 5.

67 In dieser Hinsicht ist der Fall China interessant, der eine besondere Hervorhebung des politischen Dialogs darstellt. Die Union hat 1998 entschieden, anstelle einer Resolution in der UN-Menschenrechtskommission in Genf, sich auf den politischen Dialog mit China über die Menschenrechte zurückzuziehen. Dieser sei ein wichtiger Schritt hin zu einem gemeinsamen Verständnis der Menschenrechte und im jetztigen Zeitpunkt sinnvoller als jede Konfrontation. Das Ausmaß der tatsächlichen Gespräche über Menschenrechte bei diesen Treffen ist sehr schwer zu bestimmen und wird nicht selten durch die vorherrschenden wirtschaftlichen Interessen in Frage gestellt. Siehe dazu, J. Aschenbrenner, *The European Union, Human Rights and China.*

68 M. Fouwels, „The European Union's CFSP and Human Rights", S. 310, es ist leider unmöglich, umfassende und systematische Informationen über den Verlauf dieser Treffen zu erhalten und zu erfahren, inwieweit Menschenrechte eine Rolle gespielt haben.

Im Fall der lateinamerikanischen Länder wurde nur einmal auf die Verletzung von Menschenrechten und Demokratie in einem Abschlußdokument des politischen Dialogs verwiesen, indem der „coup d'état" in Peru verurteilt wurde, Interview mit einer Bediensteten der Kommission DG IB. Ebenso bestätigt die neue Europa-Mittelmeer Partnerschaft zwar die guten Absichten der Parteien, Menschenrechte und Demokratie in die Kooperation miteinzubeziehen, sie wurde jedoch noch nicht für die konkrete Diskussion über Menschenrechte und demokratische Prinzipien genutzt, Kommissionsbericht, „Progress Report", COM (97) 69 endg., S. 7. Das beeinträchtigt allerdings nicht die Betonung seitens der Kommission, daß Menschenrechte und Grundfreiheiten von fundamentaler Bedeutung sind, und ihre Aufforderung an die Mittelmeerländer, die relevanten Konventionen zu unterzeichnen, dies., S. 8.

69 Europäische Kommission, DG I A, "Pre-accession strategy for the Associated Countries of Central Europe", http:/europa.eu.int/comm/dg1a/preaccession/strategy.htm, S. 3. Alle Europaabkommen enthalten seit Mai 1993 Bestimmungen über den politischen Dialog Bull. EC, Nr. 5, 1992, Jhrg. 25, Pkt. 1.2.13., S. 82. Dieser Dialog bezieht sich auf alle Bereiche von der Zusammenarbeit in kulturellen Angelegenheiten bis hin zu außenpolitischen Fragen inklusive der Menschenrechte, Kommissionsmitteilung COM (96) 360. Für die AKP-Länder, D. J. Marantis, „Human Rights, Democracy and Development", S. 5ff.

70 Kapitel 2.

71 M. Fouwels, „The European Union's CFSP and Human Rights", S. 297.

der Rat nach wie vor an das Vorschlagsrecht der Kommission gebunden und kann dieses nicht durch einen Beschluß in der GASP ersetzen, sofern er mit den Mitteln der Gemeinschaft tätig werden will.[72] Vielmehr muß er im Anwendungsbereich des Art. 228a EGV (Art. 301 EGV n.F.) zweimal entscheiden: Einmal in der GASP und dann im Rahmen des EGV auf Vorschlag der Kommission.[73]

d) Klassifizierung der Instrumente

Der Vertrag von Amsterdam hat die diplomatischen Instrumente der EPZ um gemeinsame Standpunkte, gemeinsame Aktionen und Wirtschaftssanktionen ergänzt, die alle zusammen nunmehr das Instrumentarium der GASP ausmachen. Im nächsten Abschnitt soll versucht werden, diese Instrumente gemäß ihrer positiven bis negativen Zielsetzung her zu klassifizieren, ähnlich der Unterscheidung in der ersten „Säule" (EGV) zwischen positiven und negativen Maßnahmen. Dabei ist im Auge zu behalten, daß die Trennung „weicher" als im EG-Bereich ist, da die außenpolitischen Instrumente i.d.R. diplomatischer Natur sind und ihre Ziele auf andere Weise zu erreichen suchen als wirtschaftliche Maßnahmen, nämlich durch das Erhalten „guter" Beziehungen.[74] Dazu kommt, daß die GASP-Mittel herkömmlicherweise weder mit dem Begriff der „negativen Konditionalität" in Verbindung gebracht werden, noch die positive Förderung von Menschenrechten mit den Mitteln der Entwicklungspolitik zum Gegenstand haben.[75]

---

[72] K. W. Lange, „Die Gemeinsame Außen- und Sicherheitspolitik der EU", S. 443. Das bedeutet, daß Wirtschaftssanktionen nicht allein auf Art. J.3 EUV (Art. 14 EUV n.F.) gestützt werden können, wenn sie den Gebrauch von Gemeinschaftsinstrumenten vorsehen. Die ausschließliche Kompetenz der EG im Bereich der Handelspolitik (Art. 113 EGV; Art. 133 EGV n.F.) scheint diese Möglichkeit bereits für den Bereich des Warenverkehrs mit Drittstaaten auszuschließen. Art. 228a EGV (Art. 301 EGV n.F.) bestätigt dies noch einmal und Art. 73g EGV (Art. 60 EGV n.F.) weitet den Anwendungsbereich für Sanktionen auf den Kapitalverkehr aus, siehe ders., S. 444. Ist ein Tätigwerden der EG nicht beabsichtigt bzw. nicht vom EGV gedeckt, dann kann der Rat allein unter der GASP handeln und die Mitgliedstaaten als solche verpflichten.

[73] Es kann theoretisch sogar Fälle geben, in denen der Rat *viermal* (dreimal in der GASP und einmal in der ersten „Säule") entscheidet, wenn er von dem in Art. J.3 Nr.2 EUV a.F. vorgesehenen Verfahren Gebrauch macht und neben dem grundsätzlichen Beschluß über eine gemeinsame Aktion (1), einstimmig die Bereiche festlegt, über die mit qualifizierter Mehrheit entschieden werden kann (2), und dann mit einer solchen Mehrheit über sie entscheidet (3), S. Konstadinidis, „The New Face of the Community's External Relations", S. 29. Er scheint jedoch zu übersehen, daß die zweite Entscheidung einstimmig sein muß. Ausführlicher zum Entscheidungsverfahren siehe unten.

[74] J. Vincent, „Human Rights in Foreign Policy", S. 56. Das spielt insbesondere eine Rolle im Bereich der Menschenrechte insofern, als die Intention, das Partnerland nicht zu verärgern, zum Herunterspielen der Menschenrechtsverletzungen führt.

[75] Siehe oben den Text zu Fußnote 43.

Dennoch ist es möglich, eine „Abfolge“ der unterschiedlichen Instrumente aufzustellen:

Positiver Bereich

- Gemeinsame Aktion, die die Förderung von Menschenrechten oder den Übergang zur Demokratie unterstützt (z.B. die Entsendung von Wahlbeobachtern, was jedoch eng mit der Entwicklungspolitik der EG verbunden ist)
- Gemeinsamer Standpunkt, der den Fortschritt in der Beachtung der Menschenrechte und die Entwicklung der Demokratie in einem Drittland zum Gegenstand hat, sowie die Äußerung dieses Standpunktes in internationalen Organisationen (J.5 II EUV)
- Unterstützung für eine Resolution, erarbeitet in einer internationalen Organisation, die das Menschenrechtsengagement eines Staates lobt oder die Zurückweisung einer kritisierenden Resolution
- Eine autonome Deklaration (häufig vertraulich), die positive Entwicklungen in einem Land lobt
- Die Nutzung des politischen Dialogs, um eine Angelegenheit von beidseitigem Interesse oder von Besorgnis anzusprechen
- Eine Deklaration oder Démarche, die das Verhalten eines Drittlandes bezüglich der Beachtung der Menschenrechte oder des Übergangs zur Demokratie verurteilt
- Unterstützung für eine Resolution, erarbeitet in einer internationalen Organisation, die das Menschenrechtsengagement eines Staates kritisiert und Veränderungen fordert
- Ein gemeinsamer Standpunkt, der die Besorgnis der EU über ein bestimmtes Ereignis oder eine gewisse Situation in einem Drittland zum Ausdruck bringt
- Aufschub von Ministertreffen
- Unterbrechung oder Abbruch des politischen Dialogs und der bilateralen diplomatischen Beziehungen
- Gemeinsame Aktion als Antwort auf Menschenrechtsverletzungen in einem Drittstaat inklusive der Möglichkeit von Wirtschaftssanktionen unter Art. 228a EGV (Art. 301 EGV n.F.).[76]

Negativer Bereich

---

[76] Siehe die vergleichbare Liste für den Bereich der Entwicklungspolitik im „Implementation Report of the 28 November Resolution“, COM (94) 42 final, S. 11.

Bis auf die beiden letzten Beispiele, die eng mit dem Druck verbunden sind, der unter der ersten „Säule" ausgeübt werden kann, können die Instrumente der GASP zwar eine negative Konnotation haben, zielen aber anders als negative EG-Mittel stets darauf, die Kommunikation mit dem Drittstaat aufrechtzuerhalten. Das ist ein wesentlicher Unterschied der diplomatischen Mittel zu den wirtschaftlichen. Abschließend bleibt zu bemerken, daß jede listenartige Aufstellung der Maßnahmen unter der ersten und der zweiten „Säule" zwar die Übersichtlichkeit erhöhen mag, letztendlich jedoch eine künstliche Aufspaltung des „auswärtigen" Instrumentariums der Union darstellt. Nur äußerst selten wird eine Maßnahme allein einen der beiden Zuständigkeitsbereiche abdecken und den anderen Bereich außer Betracht lassen. Wenn in Kapitel 4 daher versucht wird, ein Schutzprinzip für den acquis communautaire zu entwikkeln, soll das weder die Gemeinschaft künstlich von den anderen Formen der Zusammenarbeit abtrennen, noch die Errungenschaften der EG in den Vordergrund stellen. Zweck ist es vielmehr, ein *justitiables* Prinzip auszuarbeiten, auf das sich die EG berufen kann, wenn in ihre Zuständigkeitsbereiche in einer Weise eingegriffen wurde, die nicht toleriert werden kann.

Die Ausarbeitung einer Abstufung der einsetzbaren Mittel ist darüber hinaus nur ein erster Schritt, der weder das Problem des fehlenden Kriterienkatalogs (wann eingegriffen werden soll), noch der fehlenden Festschreibung der von der Union geschützten Grund- und Menschenrechte löst.[77]

2. Gebrauch der Instrumente im Bereich der Menschenrechte

a) Das Tätigwerden der EU

Es wurde bereits gesagt, daß die klassischen diplomatischen Instrumente entgegen der Absicht des Maastrichtvertrages weit häufiger verwendet werden, als die gemeinsame Aktion und der gemeinsame Standpunkt. Im Bereich der Menschenrechte hat dies zwischen November 1993 und Oktober 1996 zu 89 (1993/1994), 60 (1994/1995) und 35 (1995/1996) Deklarationen[78] und 50 (1993/1994), 83 (1994/1995) und 96 (1995/1996) Démarchen[79] geführt. Erstere wurden in den meisten Fällen genutzt, um eine kritische Situation in einem speziellen Land anzusprechen, doch einige betrafen auch die allgemeine Situation oder äußerten sich positiv über die Beachtung der Menschenrechte und Demokratie im Zielland. Die Démarchen wurden fast

---

[77] Das hat in der Vergangenheit bedauerlicherweise immer wieder zu willkürlichen Reaktionen auf Menschenrechtsverletzungen geführt. Das bedeutet, daß kleine, geo-politisch irrelevante Staaten häufig mit schärferen Maßnahmen konfrontiert werden als wirtschaftlich bedeutende Staaten, M. Fouwels, „The European Union's CFSP and Human Rights", S. 321. Vgl. etwa E. Riedel, „Human Rights Clauses in Lomé and Other Agreements", S. 748f m.w.N. Ebenso K. Arts, „Human rights, democracy and good governance: at odds ar at ease with each other?", S. 266, siehe auch Fußnote 28. D. J. Marantis, „Human Rights, Democracy and Development", S. 23f. Ein Katolog von zu schützenden Rechten wurde bereits früher vom Europäischen Parlament ausgearbeitet, de Gucht Report vom 12.4.89, Abl. C 120/51 vom 16.5.89, R. Rack, „The Role of the European Parliament: Past and Future", S. 805f. J. van der Klaauw, Human Rights News, in: *NQHR*, Nr. 2, 1997, S. 204ff, Europäisches Parlament, *Report on Respect for Human Rights, 1995*.

[78] Ministerrat, *Memorandum 1994*, S. 5; Ministerrat, *Memorandum 1995*, S. 5; M. Fouwels, „The European Union's CFSP and Human Rights", S. 298.

[79] M. Fouwels, „The European Union's CFSP and Human Rights", S. 298; Ministerrat, *Memorandum 1995*, S. 5, spricht von 70 Démarchen in 1995.

ausschließlich zur Verurteilung im Falle von Menschenrechtsverletzungen in einem gewissen Land genutzt.[80]

Der Gebrauch der neuen Instrumente, gemeinsame Aktion und gemeinsamer Standpunkt, ist mit mehr Zuverlässigkeit zu bestimmen als Deklarationen und Démarchen, da sie beide veröffentlicht werden.[81] Von 29 gemeinsamen Standpunkten zwischen November 1993 und Juli 1997 betrafen 11 die Menschenrechte in einem Drittland entweder direkt oder zumindest als Nebenziel.[82] In 1998 verabschiedete die EU desweiteren drei gemeinsame Standpunkte, die den Menschenrechtsschutz (mit-) beabsichtigten, und zwar gegenüber Afghanistan, Jugoslawien und Ruanda.[83] Dabei sollte noch einmal daran erinnert werden, daß gemeinsame Standpunkte hauptsächlich dazu dienen, die MS auf eine gemeinsame Linie zu bringen und auf das gemeinsame Ziel zu verpflichten. Grundsätzlich sollen jedoch keine konkreten Aktivitäten mit einem gemeinsamen Standpunkt verfolgt werden. Dies bedeutet wiederum, daß die internen Auswirkungen der Entscheidung größer sind als die auf das Drittland. Hier zeigt sich, wie zurückhaltend die EU die neuen Instrumente bislang genutzt hat, und es erscheint zweifelhaft, wie mit 14 gemeinsamen Standpunkten in 5 Jahren eine wirksame Menschenrechtspolitik betrieben werden kann.

Im Bereich der gemeinsamen Aktionen sieht das Handlungsbild nicht vielversprechender aus als bei den gemeinsamen Standpunkten. Eher im Gegenteil. Von ohnehin nur 23 gemeinsamen Aktionen zwischen November 1993 und Juni 1997 betrafen 10 Menschenrechtsaspekte.[84] Der große Anteil der Aktionen zur Wahlunterstützung reflektiert die wachsende Rolle der Union in diesem Gebiet. So hat auch die Kommission in ihrer Mitteilung „The European Union and The External Dimension of Human Rights Policy: From Rome to Maastricht and Beyond“[85] Wahlunterstützung als ein „neues Thema“ in der Menschenrechtspolitik dargestellt.

---

[80] M. Fouwels, „The European Union's CFSP and Human Rights“, S. 298.

[81] Zum einen im Amtsblatt unter der Rubrik „In Anwendung von Titel V des Vertrages über die Europäische Union erlassene Rechtsakte“, zum anderen im *Repertoire de la legislation en vigeur* der Europäischen Kommission.

[82] Europäische Kommission, *Repertoire de la legislation en vigeur,* S.1171-1175; Ruanda 94/697/GASP; Ukraine 94/779/GASP; Burundi 95/91/GASP; Angola 95/413; Nigeria 95/515/GASP und 95/544/GASP; Osttimor 96/407/GASP; Burma 96/635/GASP; Cuba 96/697/GASP; Iraq 96/741/GASP; Die Stadt Mostar 97/193.

[83] CFSP 98/006; CFSP 98/045; CFSP 98/047, http://wwwarc.iue/it/iue/efpb2?nd=&cp=&d...ghts &txqual=+phrase+all+words+&mmode=and. Allerdings betrifft der gemeinsame Standpunkt zu Jugoslawien hauptsächlich sicherheitsrechtliche Aspekte, weniger die Menschenrechte direkt.

[84] Bosnien Herzegowina 93/603/GASP; Russland Wahlunterstützung 93/604/GASP; Südafrika Wahlunterstützung 93/768/GASP; Stabilitätspakt 94/367/GASP; Friedensprozeß im Nahen Osten 95/205/GASP; Palästina Wahlunterstützung 95/403/GASP; Sonderbeauftragter für die „Afrikanische Region der Großen Seen“ 96/250/GASP; Bosnien Herzegowina Wahlunterstützung 96/406/GASP; Zaire Wahlunterstützung 96/656/GASP, Sonderbeauftragter für den Friedensprozeß 96/676/GASP.

[85] COM (95) 567 endg., S. 19f. Diese große Bedeutung zeigt sich auch darin, daß die Unterstützung im Übergang zur Demokratie einen Großteil der Ressourcen des Budgetkapitels B7-7, sowie Mittel anderer Allokationen eingenommen hat, Kommissionsmitteilung zur Implementierung der Fördermaßnahmen zur Überwachung von Menschenrechten und Demokratischen Prinzipien, COM (96) 672, S. 7.

b) Die Wahlunterstützung im speziellen

Wegen dieses verstärkten Engagements im Bereich der Demokratieförderung sollen an dieser Stelle einige Worte zur Wahlunterstützung der Union gesagt werden. Die Union hat zwischen 1990 und 1995 44 Länder mit hauptsächlich technischer Hilfe in der Vor- und Nachwahlphase unterstützt.[86] Nur selten hat die Union eigene Beobachter ins Feld geschickt.[87]

Die zunehmende Beteiligung an Wahlbeobachtungsaktivitäten und die Unterstützung im Übergang zur Demokratie lassen die Gefahr erkennen, daß Menschenrechte mit der Beachtung der Demokratie, und Demokratie mit Mehrparteienwahlen gleichgesetzt werden. Ersteres vergißt jedoch, daß Menschenrechte als Kontrolle der neuen Regierung, Korrektiv für Ergebnisse einer Wahl (insbesondere im Hinblick auf Minderheiten) und als Garantien für die Wahrnehmung von Partizipationsrechten vonnöten sind.[88] Daher sollten Beobachtermissionen nicht die Menschenrechtsdimension ihrer Aufgabe vergessen.[89] Die Tendenz, Menschenrechtsaktivitäten als solchen immer geringere Ressourcen in den Budgetkapiteln zuzuweisen,[90] sollte einer kritischen Betrachtung unterzogen werden. Der zweite Aspekt vernachlässigt, daß Mehrparteienwahlen immer nur ein erster Schritt auf dem dornigen Weg zur Demokratie sind und mit langfristigen Programmen begleitet werden müssen.[91] Ein Wechsel von einer Diktatur zur Demokratie kann nicht über Nacht geschehen, und Dauerhaftigkeit kann nur erreicht werden, wenn das Ziel der Initiative ein substantielles Verständnis von Demokratie bleibt anstatt des prozeduralen, das vornehmlich auf Wahlen schaut.[92] Menschenrechte und

---

86 Kommissionsmitteilung COM (96) 672, S. 6f. Zu solchen Aktivitäten gehören z.B. die Unterstützung für die Unabhängigkeit des Gerichtswesens, für die Bildung einer Zivilgesellschaft, für die Teilnahme von Frauen am politischen Prozess, für Bürgerbildung und den Aufbau parlamentarischer Strukturen, für die Schulung von Wahlgremien, Hilfe bei der Modernisierung politischer Parteien, Maßnahmen, um die Wahrnehmung politischer Rechte zu unterstützen, finanzielle Hilfe beim Ausarbeiten von Wahlgesetzen.

87 Hierbei sind insbesondere die palästinensischen Wahlen im Januar 1996 zu nennen, bei denen die Union mit 300 Beobachtern und einer Koordinierungseinheit teilgenommen hat. Daneben hat die Union als eine der ersten gemeinsamen Aktionen im Dezember 1993 Wahlbeobachter nach Rußland geschickt als Beitrag zu der Initiative des Europarats und der KSZE. Zur Vorbereitung der ersten allgemeinen Wahlen in Südafrika hat die Union in einer gemeinsamen Aktion die Entsendung von Beobachtern und das Errichten einer Koordinierungseinheit vorgesehen, Kommissionsmitteilung COM (96) 672, S. 6ff; P. Willaert, C. Marqués-Ruiz, „Etat des lieux", S. 283, 286f; B.-Ch. Ryba, „La Politique Etrangère et de Securité Commune", S. 27, 30.

Es können grundsätzlich vier Bereiche der Wahlunterstützung durch die Union unterschieden werden: 1. Eine gemeinsame Aktion im Rahmen der GASP, 2. Die Bereitstellung von logistischer Hilfe, 3. Teilnahme an Wahlbeobachtungsmissionen des Europarats oder der OSZE, 4. Sogenannte EPZ-Aktionen, Unterscheidung eines Vertreters der Union auf einem Treffen mit dem European Centre for Development Policy Management (ECDPM), S. Mair, *Election Observation*, S. 6

88 T. Farer, Elections, Democracy, and Human Rights: Toward Union, in: Human Rights Quarterly, 1989, Vol.11, S. 508f; K. Tomasevski, *Between Sanctions and Elections*, S. 229ff. Laut Human Rights Watch, *World Report*, S. XXXiii hat sich die internationale Gemeinschaft häufig „excessively preoccupied with elections as a surrogate for respect for human rights" gezeigt. Der Fokus auf Demokratie in der Entwicklungszusammenarbeit ist somit jünger als der auf Menschenrechte, O. Stokke, „Foreign Aid: What now?", S. 79. Im Zusammenhang mit Konditionalität, K. Tomasevski, *Between Sanctions and Elections*, S. 165ff.

89 A. Tostensen, D. Faber, K. Jong, *Towards an Integrated Approach*, S. 7.

90 K. Tomasevski, *Between Sanctions and Elections*, S. 158. Sie bemerkt ebenfalls, daß NGOs anstelle von Regierungen die Hauptempfänger von Unterstützung im Bereich der Menschenrechte sind.

91 K. Tomasevski, *Development Aid Revisited*, S. 13ff.

92 Siehe W. Heinz, H. Lingnau, P. Waller, *Evaluierung von Positivmaßnahmen*, S. 36.

Demokratie sollten daher als gegenseitig sich verstärkend und nicht sich ausschließend angesehen werden.

Der Bereich der Wahlunterstützung spiegelt eindrucksvoll die Rolle der Union in der Welt (Behauptung ihrer Identität, Art. B EUV; Art. 2 EUV n.F.) und vor allem das Erfordernis der Koordination zwischen EU und EG wider. Wegen der „politischen Dimension" solcher Operationen wurden seit Maastricht die Instrumente der GASP für Wahlunterstützung i.w.S.[93] eingesetzt, und gleich drei der ersten gemeinsamen Aktionen seit Maastricht betrafen solche Fälle.[94] Es ist davon auszugehen, daß diese Initiativen in Zukunft eher zu- als abnehmen werden. Parallel dazu wird die Frage nach den Zuständigkeiten (EG/EU) zum Beschluß und zur Umsetzung von Maßnahmen zur Förderung von Demokratie in den nächsten Jahren ohne (vertragliche) Regelung nicht einfacher, sondern eher kontrovers werden.

c) Ergebnis

Zusammenfassend läßt sich sagen, daß die EU nur sparsam von dem neuen Instrumentarium Gebrauch gemacht hat und sich die Mittel der EPZ, trotz fehlender Erwähnung im Vertrag, größerer Beliebtheit erfreuen.[95] Es ist fraglich, ob ein solches Vorgehen der festgeschriebenen Intention der MS, die Sichtbarkeit und das politische Gewicht der Union in der Welt zu erhöhen, gerecht wird. Insgesamt reflektiert der Gebrauch der Instrumente darüber hinaus nicht die politische Bedeutung der in Frage stehenden Angelegenheit, sondern scheint von Praktikabilitätserwägungen getragen zu sein.[96] Es wird folglich darauf hingewiesen, daß die Kapazität der EU noch weit ausbaubar ist und in keinem Verhältnis zu der Aktivität auf EG-Ebene steht, deren Positivmaßnahmen in der Regel zufriedenstellend bewertet werden.[97] Diese Bemerkung leitet unmittelbar zum nächsten Punkt über, in dem der Hauptunterschied zwischen der EG und der EU, das „völkerrechtliche Entscheidungsverfahren" in der GASP, genauer zu untersuchen ist.

---

[93] Diese Programme umfassen nicht notwendigerweise nur die Hilfe beim Abhalten von Wahlen, sondern auch Unterstützung im Übergang zur Demokratie im allgemeinen.

[94] Kommissionsmitteilung COM (96) 672, S. 7, Rußland 1993, Südafrika 1994, Friedensprozess im Nahen Osten 1994.

[95] Dies bedauert auch das Europäische Parlament in seinem Bericht über Fortschritte in der GASP (*Progress Report*), A4-0193/97, Abs. 3.

[96] So haben einige „policy papers" und informelle Dokumente mehr politisches Gewicht als gemeinsame Aktionen, P. Willaert, C. Marqués-Ruiz, „Etat des lieux", S. 308. Die Kommission hat in ihrem Bericht, *Conférence intergouvernementale,* festgestellt, daß die bisher beschlossenen gemeinsamen Aktionen sich einerseits sehr auf das Mandat des Europäischen Rates verengen und andererseits von sehr unterschiedlicher Natur sind.

[97] Siehe dazu W. Heinz, H. Lingnau, P. Waller, *Evaluierung von Positivmaßnahmen.*

3. Das Entscheidungsverfahren in der GASP

a) Die Rolle der Organe in der GASP

aa) Der Rat

Es liegt in der Zuständigkeit des Rates, in der Zusammensetzung der Außenminister,[98] „die für die Festlegung und Durchführung der GASP erforderlichen Entscheidungen" zu treffen und „für ein einheitliches, kohärentes und wirksames Vorgehen der Union" Sorge zu tragen (Art. J.8 II EUV; Art. 13 III EUV n.F.). Des weiteren findet die „regelmäßige Zusammenarbeit", die zum Ausarbeiten gemeinsamer Standpunkte oder Aktionen (Art. J.1 III EUV; Art. 12 EUV n.F.) führen kann, im Rat statt. Diese Aufgabe bezieht sich naturgemäß auf alle Zielbestimmungen des Art. J.1 II EUV (Art. 11 I EUV n.F.), somit auch auf die Wahrung der Menschenrechte und Demokratie. Im Funktionsgefüge der GASP ist der Rat demnach das „Zentrum der Zusammenarbeit",[99] in dem alle wesentlichen Entscheidungen getroffen werden.[100]

Die Ratssitzungen und Entscheidungen werden vom Politischen Komitee vorbereitet, dessen Aufgabe es ist, die „internationale Lage in den Bereichen der GASP" zu verfolgen und auf eigene Initiative oder auf Ersuchen des Rates durch „Stellungnahmen zur Festlegung der Politiken" beizutragen, sowie die Durchführung der beschlossenen Politiken zu überwachen (Art. J.8 V EUV; Art. 25 EUV n.F.). Das Politische Komitee ist vom Ausschuß der Ständigen Vertreter (AuStV) zu unterscheiden, der die Arbeit des Rates gemäß Art. 151 EGV (Art. 207 EGV n.F.) vorbereitet. Dessen Zuständigkeit hat Vorrang vor derjenigen des Politischen Komitees, da Art. J.8 V EUV (Art. 25 EUV n.F.) den Art. 151 EGV (Art. 207 EGV n.F.) „unbeschadet läßt".[101] Angesichts der Schwierigkeiten, in der Praxis eine kompromißfähige Arbeitsteilung zu finden, wurde diese schließlich in einer Ratsentscheidung in Umsetzung der Maastrichter Schlußerklärung Nr. 28 festgelegt.[102] Die detaillierte Arbeit wird in Arbeitsgruppen, bestehend aus Vertretern der MS, getätigt, und deren Ergebnisse werden anschließend dem Politischen Komitee berichtet.[103] Die über zwanzig Arbeitsgruppen sind nach geographischen oder thematischen Kriterien gebildet, und eine von ihnen ist die Arbeitsgruppe für Men-

---

[98] N. Neuwahl, „Implementation of the Requirement of Consistency", S. 239.

[99] G. Burghardt, G. Tebbe, „Rechtliche Struktur und Politischer Prozeß", S. 8.

[100] Zur Rolle des Rates siehe auch T. Heukels, J. de Zwaan, „The Configuration of the European Union", S. 209ff.

[101] Der Maastricht-Vertrag hat erstmalig das Verhältnis von AuStV und Politischem Komitee in Art. J.8 Abs. 5 EUV (Art. 25 EUV n.F.) geklärt und die letzte Entscheidung dem AuStV überlassen, P. Willaert, C. Marqués-Ruiz, „Etat des lieux", S. 265f. Bereits vor Maastricht waren Vorkehrungen getroffen worden, die Ratssitzungen der EPZ und der EG in einem Treffen zusammenzufassen. Dabei war jedoch die unterschiedliche Vorbereitung beibehalten worden, S. J. Nuttall, „The Foreign and Security Policy Provisions of the Maastricht Treaty", S. 134.

[102] Ratsdokument 9252/1/93, 27.10.93; Erklärung Nr. 28, Sartorius II, Nr. 152c, S. 7; G. Burghardt, G. Tebbe, *Kommentar EUV/EGV*, Art. J.8, Rnr. 15, danach erfolgt die politisch-inhaltliche Vorbereitung der Ratssitzungen in GASP-Angelegenheiten durch das Politische Komitee, wird jedoch dem Rat nicht mehr direkt zugeleitet (wie in EPZ-Zeiten), sondern läuft über den AuStV. Der AuStV hat allerdings wenig Gebrauch von seinem Recht, Vorschläge des Politischen Komitees zu ändern, gemacht. Ein weiterer Übergang von Zuständigkeiten auf den AuStV könnte durchaus zu einer Verstärkung des „Gemeinschaftsgeistes" führen, G. Burghardt, G. Tebbe, „Rechtliche Struktur und Politischer Prozeß", S. 9.

[103] I. Macleod, I. D. Hendry, S. Hyett, *External Relations*, S. 422; G. Burghardt, G. Tebbe, „Rechtliche Struktur und Politischer Prozeß", S. 8.

schenrechte.[104] Diese Arbeitsgruppen können keine Entscheidungen treffen, und ihre Sitzungsberichte müssen das Politische Komitee passieren, bevor sie offiziell geäußert werden.[105]

bb) Der Europäische Rat

Vom Rat muß der Europäische Rat unterschieden werden, der das einzige originäre Organ der Union ist (siehe Kapitel 1). Art. J.8 I EUV (Art. 13 I EUV n.F.) legt fest, daß der Europäische Rat „die Grundsätze und allgemeinen Leitlinien“ der GASP bestimmt.[106] Darauf aufbauend werden die Gemeinsamen Aktionen und sonstigen Entscheidungen im Rahmen der GASP beschlossen.[107] Diese politische Funktion[108] wird somit auf höchster Ebene gewährt, und in der Praxis umfassen die Treffen der Staats- und Regierungschefs stets außenpolitische Angelegenheiten, wie aus den Erklärungen im Anschluß an solche Treffen zu entnehmen ist.[109] Diese Stellung des Europäischen Rates bringt es mit sich, daß er auf höchster Ebene für die Kohärenz der Maßnahmen der Union (z.B. in der Menschenrechtspolitik) verantwortlich ist. Kommission und Rat sind daneben laut Art. C EUV (Art. 3 EUV n.F.) für die tagtägliche Anwendung dieser Pflicht zuständig.[110]

cc) Die Kommission

Die Rolle der Kommission in der GASP ist weitaus limitierter als unter den Gemeinschaftsverträgen.[111] Während sie dort Kompetenzen hat, die Übereinstimmung mitgliedstaatlichen Handelns mit dem EGV zu überwachen,[112] steht ihr ein solches Recht unter der GASP nicht zu.[113] Kann sie im Bereich des EGV „nach Maßgabe des Vertrages in eigener Zuständigkeit Entscheidungen“ treffen und Durchführungsbefugnisse ausüben (Art. 155 EGV; Art. 211 EGV n.F.), bestehen solche Verantwortungsbereiche in der GASP gerade nicht. Allein der Vorsitz des Rates ist gem. Art. J.5 EUV (Art. 18 EUV n.F.) für die Durchführung der

---

104 Andere horizontale Arbeitsgruppen sind die für Sicherheitspolitik und für Politische Planung, G. Burghardt, G. Tebbe, „Rechtliche Struktur und Politischer Prozeß“, S. 8.

105 Dies., S. 8f.

106 Siehe auch Art. D EUV (Art. 4 EUV n.F.), der die allgemeine Leitlinienkompetenz des Europäischen Rates beschreibt.

107 Für die gemeinsame Aktion siehe oben, für die sonstigen Entscheidungen Art. J.8 II EUV (Art. 13 III EUV n.F.).

108 M. Cremona, „External Relations Powers“, S. 247.

109 I. Macleod, I. D. Hendry, S. Hyett, *External Relations*, S. 420; P. Willaert, C. Marqués-Ruiz, „Etat des lieux“, S. 263 zählen die für die GASP relevanten Treffen des Europäischen Rates seit 1992 auf; F. Fink-Hooijer, „The CFSP“, S. 178, der Europäische Rat ist die höchste politische Autorität der Union.

110 P. Willaert, C. Marqués-Ruiz, „Etat des lieux“, S. 263.

111 G. Burghardt, G. Tebbe, *Kommentar EUV/EGV*, Art. J.9, Rnr. 1, sprechen davon, daß nirgendwo der Unterschied zwischen dem „supranationalem Prinzip der Gemeinschaften und dem intergouvernementalem“ der GASP deutlicher wird als in der Rolle der Kommission; C. Flaesch-Mougin, „Les compétences externes de la Communauté Européenne“, S. 391.

112 Die Kommission als Hüterin der Verträge, Art. 155, 169 EGV (Art. 211, 226 EGV n.F.).

113 I. Macleod, I. D. Hendry, S. Hyett, *External Relations*, S. 422.

gemeinsamen Maßnahmen und die Vertretung der EU zuständig. Allerdings hat der Maastrichtvertrag mehrere Verbesserungen der Stellung der Kommission in Bereichen der vormals EPZ - nun GASP - gebracht. Sie muß zum einem an den in Art. J.5 I, II EUV (Art. 18 I, II EUV n.F.) genannten Aufgaben des Rates (Vertretung, Durchführung) „in vollem Umfang beteiligt" werden, Art. J.5 III EUV (Art. 18 IV EUV n.F.).[114] Art. J.9 EUV (Art. 27 EUV n.F.) bestätigt dieses Recht der Kommission und statuiert die generelle Pflicht des Rates, die Kommission an den Arbeiten der GASP zu beteiligen.[115] Diese Beteiligung bezieht sich jedoch nicht auf die Entscheidungsfindung, die allein beim Rat verblieben ist.[116] Der Maastrichtvertrag hat zum anderen die bereits bestehende Praxis festgeschrieben und der Kommission ein nicht ausschließliches *Initiativrecht* zugebilligt, Art. J.8 III EUV (Art. 22 EUV n.F.).[117] In Wahrnehmung dieser ihr zustehenden beschränkten Kompetenzen obliegt es der Kommission, das Gesamtinteresse der Union gegenüber Einzelinteressen der MS zu schützen, das Gemeinschaftsinteresse zu vertreten und zu bewahren und gemeinsames Handeln anzuregen.[118] Für den Bereich des Menschenrechtsschutzes bedeutet dies, daß die Kommission weitaus weniger Einfluß auf die Formulierung und Durchsetzung von Politiken hat als in EG-Bereichen und daher versucht, andere Wege des Einflusses zu eröffnen.[119] Die mangelnde Erfahrung der Kommission im Bereich der EPZ/GASP und die restriktive Haltung des Rates gegenüber jedem Einfluß der Kommission mögen dazu beigetragen haben, daß die Kommission bislang noch wenig Gebrauch von ihrem Initiativrecht gemacht hat.[120]

dd) Das Europäische Parlament

Art. J.7 EUV (Art. 21 EUV n.F.), der die Beteiligung des Parlamentes festlegt, bleibt weit hinter den während der Verhandlungen zu Maastricht erhobenen Forderungen desselben zu-

---

[114] Zur Vertretung in der Form der Troika, siehe unten; C. Flaesch-Mougin, „Les compétences externes de la Communauté Européenne", S. 392.

[115] Zur kontroversen Interpretation des Art. J.9 EUV (Art. 27 EUV n.F.), siehe G. Burghardt, G. Tebbe, *Kommentar EUV/EGV*, Art. J.9, Rnr. 4.

[116] P. Willaert, C. Marqués-Ruiz, „Etat des lieux", S. 267, allerdings nimmt die Kommission an der Konsensusbildung teil.

[117] K. W. Lange, „Die Gemeinsame Außen- und Sicherheitspolitik der EU", S. 443, hält den Rat für verpflichtet, sich mit einem Vorschlag der Kommission nach Art. J.8 III EUV (Art. 22 I EUV n.F.) zu befassen; N. Neuwahl, „Implementation of the Requirement of Consistency", S. 242 sieht dieses Recht als das stärkste Mittel der Kommission an. Die Natur dieses Initiativrechts unterscheidet sich dennoch erheblich von derjenigen in der EG, wo die Kommission eine Schlüsselrolle im Entscheidungsprozeß spielt, J. Monar, „The Foreign Affairs System", S. 145.

[118] K. W. Lange, „Die Gemeinsame Außen- und Sicherheitspolitik der EU", S. 443. Die gesteigerte Rolle der Kommission in der GASP im Vergleich zur EPZ kommt auch darin zum Ausdruck, daß ihr, gemeinsam mit dem Rat, die Aufgabe obliegt, das Europäische Parlament zu informieren (Art. J.7 I EUV; Art. 21 EUV n.F.), G. Burghardt, G. Tebbe, *Kommentar EUV/EGV*, Art. J.7, Rnr. 3.

[119] Z.B. über nationale Ministerien, die Nutzung des COREU Systems (sicheres Übermittlungssystem für vertrauliche politische Mitteilungen zwischen den Außenministerien der MS) und den Ausbau der eigenen Kompetenzen in der ersten „Säule", M. Fouwels, „The European Union's CFSP and Human Rights", S. 317f.

Zur internen Organisation der Kommission im Bereich der Außenbeziehungen, siehe G. Burghardt, G. Tebbe, *Kommentar EUV/EGV*, Art. J.9, Rnr. 6; dies., „Rechtliche Struktur und Politischer Prozeß", S. 10f.

[120] Siehe auch Europäisches Parlament, *Progress Report,* Abs. 6.

rück.[121] Er stellt auf der anderen Seite aber eine Stärkung der Rechte des Parlaments im Vergleich zur EPZ dar.[122] Der Vorsitz ist seitdem verpflichtet, das Parlament zu den wichtigsten Entscheidungen zu hören und seine Auffassung gebührend zu berücksichtigen. Es muß außerdem vom Rat über die Entwicklung der GASP informiert werden, womit aber keine systematische *vorherige* Konsultationspflicht festgelegt wird.[123] Daneben ist das Parlament berechtigt, Anfragen und Empfehlungen an den Rat zu richten. Besonders letztere haben häufig eine große politische Bedeutung, wenn es zum Beispiel um die Zustimmung zu einem abzuschließenden Abkommen oder zu Entschließungen zur Lage der Menschenrechtssituation in einem Drittland geht.[124] Bedeutender als die Mitwirkungsrechte in Art. J.7 EUV (Art. 21 EUV n.F.) sind für das Parlament die indirekten Einflußmöglickeiten, die sich aufgrund von Art. J.11 II EUV (Art. 13 III, IV EUV n.F.) ergeben. Demnach können auch die operativen Ausgaben der GASP dem Gemeinschaftshaushalt angelastet und dessen Verfahren (Art. 199ff EGV; Art. 268 ff EGV n.F.) unterstellt werden. Da es sich hierbei um nichtobligatorische Ausgaben nach Art. 203 EGV (Art. 272 EGV n.F.) handelt, hat das Parlament das letzte Wort.[125]

Die generell beschränkte Rolle des Europäischen Parlamentes in der GASP ist besonders bedauernswert, wenn man sich vor Augen führt, daß bislang das Parlament den größten Wert auf eine klar definierte Menschenrechtspolitik gelegt hat.[126] Auf der anderen Seite ist das Europäische Parlament in keiner schlechteren Position als nationale Parlamente, da die Außenpolitik traditioneller Weise eine Domäne der Exekutive ist und die nationale Legislative i.d.R. ebenfalls auf förmliche Mitwirkung in einigen Gebieten beschränkt ist.[127]

ee) Der EuGH

Schließlich bleibt noch die Rolle des EuGH zu beleuchten. Beauftragt mit der „Wahrung und Sicherung des Rechts bei der Auslegung und Anwendung" des EG-Vertrages (Art. 164 EGV; Art. 220 EGV n.F.), kommt ihm in der Gemeinschaft eine Schlüsselstellung zu. Wie bereits erwähnt hat er maßgeblich dazu beigetragen, den Menschenrechtsschutz auf EG-Ebene zu entwickeln.[128] Die für die gesamte Union geltende Bestimmung des Art. F II EUV (Art. 6 II

---

[121] G. Burghardt, G. Tebbe, *Kommentar EUV/EGV*, Art. J.9, Rnr.1, diese waren: Das Erfordernis der Zustimmung bei der Festlegung der wesentlichen Interessen (Art. J.1 III EUV a.F.), die Beteiligung an Formulierung und Umsetzung der GASP, ein Veto bei Militäreinsätzen; N. Neuwahl, „Implementation of the Requirement of Consistency", S. 242. Siehe auch K. W. Lange, „Die Gemeinsame Außen- und Sicherheitspolitik der EU", S. 443.

[122] C. Flaesch-Mougin, „Les compétences externes de la Communauté Européenne", S. 392.

[123] I. Macleod, I. D. Hendry, S. Hyett, *External Relations*, S. 422.

[124] G. Burghardt, G. Tebbe, *Kommentar EUV/EGV*, Art. J.9, Rnr. 4; Der Rat hat allerdings dem Parlament nie Mitteilung darüber gegeben, welchen Einfluß die Empfehlungen des Parlamentes letztendlich gehabt haben, noch die zahlreichen Fragen desselben ernsthaft beantwortet, M. Fouwels, „The European Union's CFSP and Human Rights", S. 313. Seit 1983 stellt das EP Resolutionen über die Menschenrechtssitutation in der Welt und seit 1993 in der Union auf, R. Rack, „The Role of the European Parliament: Past and Future", S. 807f.

[125] P. Willaert, C. Marqués-Ruiz, „Etat des lieux", S. 299, 301.

[126] A. Clapham, *Human Rights and the European Community,* S. 14. Zur Rolle des Europäischen Parlaments in Menschenrechten siehe R. Rack, „The Role of the European Parliament: Past and Future".

[127] G. Burghardt, G. Tebbe, *Kommentar EUV/EGV*, Art. J.9, Rnr. 1; A.A. Dashwood (Hrsg.), „The structure of the Union's external activities", Position Paper, S. 231.

[128] Kapitel 2.

EUV n.F.) über die Achtung der Menschenrechte, sowie die Verpflichtungen der MS aus der GASP sind allerdings der Rechtsprechung des EuGH über Art. L EUV (Art. 46 EUV n.F.) entzogen.[129] Das bringt zum Ausdruck, daß die GASP getrennt von den Gemeinschaften geblieben ist und eine gerichtliche Kontrolle der Außen-, geschweige denn der Menschenrechtspolitik, von den MS nicht erwünscht ist.[130]

Ein wenig Raum bleibt allerdings für eine Überprüfung durch den EuGH in diesen Bereichen, nämlich dann, wenn Maßnahmen nach Art. 228a EGV (Art. 301 EGV n.F.) oder die Grenzen von Gemeinschaftskompetenz und GASP-Handeln betroffen sind.[131] Im letzteren Fall kann der EuGH über Art. M EUV (Art. 47 EUV n.F.) zur Abgrenzung der Pfeiler und zum Schutz des acquis communautaire Recht sprechen.[132] Zwar erwähnt Art. M EUV (Art. 47 EUV n.F.) nur die „Unberührtheit der Gemeinschafts*verträge*", nach richtiger Auslegung ist damit jedoch der gesamte acquis communautaire gemeint.[133]

Der Ausschluß des EuGH von den Bestimmungen der GASP könnte dahingehend interpretiert werden, daß die MS die Möglichkeit der Anrufung des IGH für die Beilegung von Streitigkeiten in Betracht gezogen haben. Auf EG-Ebene schließ Art. 219 EGV (Art. 292 EGV n.F.) eine solche Streitschlichtung aus. In der GASP fehlt eine dem Art. 219 EGV (Art. 292 EGV n.F.) vergleichbare Bestimmung. Daher könnte der Schluß gezogen werden, daß eine Beteiligung des IGH gewollt sei. Im Ergebnis widerspräche dies jedoch dem integrationspolitischen Zweck des EUV, der in Art. A II EUV (Art. 1 II EUV n.F.) bestimmt, daß eine immer engere Union der Völker Europas geschaffen werden soll.[134] Daher kann der IGH nicht angerufen werden.

---

[129] Neuwahl, Nanette, „The Treaty on European Union: A Step Forward in the Protection of Human Rights?", S. 14f. Dadurch wird die seit Maastricht verstärkte Verpflichtung auf Menschenrechte wieder erheblich eingeschränkt, M. Fouwels, „The European Union's CFSP and Human Rights", S. 294.

[130] P. Willaert, C. Marqués-Ruiz, „Etat des lieux", S. 269. Es gibt durchaus Beispiele der gerichtlichen Kontrolle von nationaler Außenpolitik, wie z.B. in Deutschland. Die Union folgt jedoch dem Beispiel von Frankreich und Großbritannien, die eine solche Möglichkeit ausschließen, M. Fouwels, „The European Union's CFSP and Human Rights", S. 294; C. Flaesch-Mougin, „Les compétences externes de la Communauté Européenne", S. 369 bemerkt, daß die MS immer schon kritisch gegenüber der Rechtsprechung des EuGH waren, sofern diese die Außenbeziehungen der EG betraf, da der EuGH i.d.R. ihrer Bestätigung und Entwicklung gegenüber positiv eingestellt war; T. Heukels, J. de Zwaan, „The Configuration of the European Union", S. 222.

[131] I. Macleod, I. D. Hendry, S. Hyett, *External Relations*, S. 423; M. Fouwels, „The European Union's CFSP and Human Rights", S. 294f; G. Burghardt, G. Tebbe, *Kommentar EUV/EGV*, Vorb. Art. J.1-11, Rnr. 26.

[132] M. Cremona, „External Relations Powers", S. 248, das bezieht sich nicht auf die Bereiche zwischen EU und mitgliedstaatlicher Kompetenz; I. Macleod, I. D. Hendry, S. Hyett, *External Relations*, S. 423; H. Krück, *Kommentar EUV/EGV*, Art. M, Rnr. 3; Y. Petit, *Commentaire*, Art. M, S. 871f; M. Koskenniemi, „International Law Aspects of the CFSP", S. 36; J. Monar, „The Foreign Affairs System", S. 150; T. Heukels, J. de Zwaan, „The Configuration of the European Union", S. 224. Zur Rolle des EuGH siehe Kapitel 4.

[133] Art. B fünfter Spiegelstrich und Art. C I EUV (Art. 2, 3 I EUV n.F.) müssen beim Lesen des Art. M (Art. 47 EUV n.F.) herangezogen werden, Y. Petit, *Commentaire*, Art. M, S. 871f; H. Krück, *Kommentar EUV/EGV*, Art. M, Rnr. 3; D. Simon, *Commentaire*, Art. B, S. 65.

[134] G. Burghardt, G. Tebbe, *Kommentar EUV/EGV*, Vorb. Art. J.1-11, Rnr. 26.

ff) Schlußbemerkung

Es ist deutlich, daß der Rat in der GASP die zentrale Funktion einnimmt und, im Gegensatz zum Gemeinschaftsbereich, die Kommission, das Parlament und der EuGH auf reduziertere Funktionen beschränkt worden sind. Die Entscheidungsfindung in der GASP spielt sich somit allein im Rat ab, und solange kein einzelner MS die Aufgabe übernimmt, die anderen MS mitzuziehen, fehlt es an einem für das Gemeinschaftsverfahren typischen Motor (die Kommission). Menschenrechte spielen in der GASP eine Rolle über Art. J.1 II und F II EUV (Art. 11 und 6 II EUV n.F.) und müssen von allen an der Formulierung und Umsetzung von Politiken beteiligten Organen beachtet werden, ohne daß ein Organ speziell für diese Aufgabe zuständig wäre.

Der nächste Abschnitt untersucht die Form der Entscheidungsfindung in der GASP und stellt dar, warum es in der Vergangenheit so häufig zu schwerfälligen Entscheidungen in der EPZ/GASP gekommen ist.

b) Der Grundsatz der Einstimmigkeit

Es haben sich namhafte Autoren über das ärmliche Bild geäußert, das Europa in den letzten internationalen Krisensituationen und in internationalen Gremien abgegeben hat.[135] Ein großer Teil dieser Kritik kann mit dem „capability-expectations gap“[136] erklärt werden, der die europäische Außenpolitik von ihren Anfängen an geplagt hat. Sie kann damit umschrieben werden, daß ein starker Kontrast zwischen dem Anspruch von Drittstaaten an das Auftreten Europas auf der Weltbühne und den internen Mechanismen zur Behauptung einer solchen Präsenz besteht. Diese internen Mechanismen sind das Entscheidungsverfahren, die Ressourcen und die Instrumente.[137] Dabei wird die geltende Einstimmigkeitsregel häufig als Hauptursache für die negative Bilanz der EPZ/GASP ausgemacht.[138] Gem. Art. J.8 II EUV (vgl. Art. 23 EUV n.F.) beschließt der Rat einstimmig (oder zumindest im Konsensverfahren[139]) über die Instrumente der GASP, es sei denn, es handelt sich um Verfahrensfragen[140] oder einen Fall des

---

[135] So konnte die EU im September 1996 keine gemeinsame Position finden, wie mit der Verletzung der Schutzzonen durch Irak und der darauffolgenden Reaktion der USA umzugehen sei, im April 1997 brach die Einheit der Union in der Menschenrechtskommission in Genf über der Chinafrage auseinander und schließlich wurde im Februar 1997 ein Abkommen zwischen der Union und ASEAN abgesagt wegen Meinungsverschiedenheiten zwischen Portugal und Indonesien, M. Dembinski, „Langer Anlauf, kurzer Sprung“, S. 8f. Für das Krisenmanagement der (noch) EPZ in Jugoslawien, siehe P. von Jagow, „Das Krisenmanagement der EG/EPZ im Jugoslawienkrieg - Eine gemischte Bilanz, S. 85-93; M. Herdegen, *Europarecht*, Rnr. 447.

[136] Ch. Hill, „The Capability-Expectations Gap“, S. 305-328.

[137] Ders., S. 315.

[138] M. Dembinski, „Langer Anlauf, kurzer Sprung“, S. 8, 14, 18; J. Monar, „The Foreign Affairs System“, S. 140; E. Regelsberger, M. Jopp, „Und sie bewegt sich doch!“, S. 260, sie sprechen von dem „zur Blockade animierenden Einstimmigkeitszwang“.

[139] Dies kann als „abgeschwächte“ Form der Einstimmigkeit angesehen werden, garantiert aber immer noch die Erhebung eines Vetos, W. Wessels, „Therorienpluralismus mit begrenzter Aussagekraft“, S. 19.

[140] Verfahrensfragen werden gemäß den Verfahrensregeln des Rates mit einfacher Mehrheit entschieden, I. Macleod, I. D. Hendry, S. Hyett, *External Relations*, S. 421.

Art. J.3 Nr. 2 (vgl. Art. 23 EUV n.F.).[141] In allen anderen Fällen kann bereits die Enthaltung eines MS zur Verhinderung des Beschlusses führen.[142] Die Erklärung Nr. 27 zum Vertrag über die Europäische Union[143] ändert an dieser Lage nichts, da sie einerseits keine neue Möglichkeit für Mehrheitsentscheidungen einführt, sondern nur den politischen Willen der MS reflektiert, Entscheidungen nicht zu blockieren, für die eine qualifiziert Mehrheit besteht. Andererseits ist sie keine rechtlich verbindliche Bestimmung, sondern hat nur die Funktion eines „politisch-moralischen Appells."[144] Die vorsichtige Einführung von Mehrheitsentscheidungen durch den Vertrag von Maastricht kann als ein „saut qualitatif" im Vergleich zur EPZ auf dem Weg zu effizienterer und zeitsparender Entscheidungsfindung angesehen werden.[145]

Art. J.3 Nr. 2 EUV a.F. (vgl. Art. 23 II EUV n.F.) sah vor, daß der Rat einstimmig die Fragen einer gemeinsamen Aktion bestimmen kann, über die mit qualifizierter Mehrheit zu entscheiden ist. Das betrifft somit nicht das „Ob" der Aktion, sondern nur deren Durchführung.[146] Die MS können solche Beschlüsse durch das vorgeschaltete Einstimmigkeitserfordernis stets blockieren.[147] Eine Sanktionierung eines solchen Verhaltens, das gegen das Loyalitätsgebot des Art. J.1 IV EUV (Art. 11 II EUV n.F.) verstößt, ist im Vertrag nicht verankert. Bislang wurde die in Art. J.3 Nr. 2 EUV a.F. vorgesehene Möglichkeit nicht genutzt, was zum einen an dem komplizierten Verfahren liegen mag, zum anderen an dem fehlenden politischen Willen der MS.[148]

Angesichts der anstehenden Erweiterung der Union nach Osten und der Regierungskonferenz 1996 wurden Vorschläge laut, die bislang minimale (und unzureichende) Öffnung zu Mehrheitsentscheidungen in der GASP auszubauen, wobei jedoch immer auch über die Möglich-

---

[141] Mit Amsterdam wurde noch eine weitere Möglichkeit der Mehrheitsentscheidung eingeführt in Anlehnung an gemeinsame Strategien. Siehe dazu unten.

[142] Das liegt daran, daß Art. 148 III EGV (Art. 205 III EGV n.F.) in Art. J.11 I EUV (Art. 28 EUV n.F.) nicht erwähnt ist, K. W. Lange, „Die Gemeinsame Außen- und Sicherheitspolitik der EU", S. 444. Das hat sich mit Amsterdam jedoch geändert. Art. 23 I EUV n.F. erklärt eine Stimmenthaltung für unerheblich, E. Regelsberger, M. Jopp, „Und sie bewegt sich doch!", S. 260. Die Stimmengewichtung erfolgt gemäß Art. J.3 Nr. 2 EUV (Art. 23 II EUV n.F.) wie in Art. 148 II EGV (Art. 205 II EGV n.F.). Das bedeutet, eine Entscheidung ist angenommen, wenn 62 Stimmen von mindestens 10 MS dafür abgegeben wurden.

[143] Sartorius II, Nr.152c, S. 7.

[144] G. Burghardt, G. Tebbe, *Kommentar EUV/EGV*, Art. J.3, Rnr. 13.

[145] E. Regelsberger, „EPZ und GASP - attraktiver Verbund mit Schlupflöchern", S. 188. Diese Bewertung ist insbesondere im Zusammenhang mit der vorherrschenden Ansicht zu sehen, daß Außenpolitik zum Kernbereich der nationalen Souveränität gehöre. Deutschland fällt es wegen der Integrationsoffenheit des Grundgesetzes leichter, Kompetenzen auf internationale Organisationen zu übertragen, als z.B. Großbritanien oder Frankreich, M. Dembinski, „Langer Anlauf, kurzer Sprung", S. 18.

[146] K. W. Lange, „Die Gemeinsame Außen- und Sicherheitspolitik der EU", S. 444; I. Macleod, I. D. Hendry, S. Hyett, *External Relations*, S. 421.

[147] J. Monar, „Das duale System von EG und EPZ/GASP im Test", S. 83. Dieser Kompromiß wurde schließlich gefunden, nachdem Großbritannien jede automatische Mehrheitsentscheidung abgelehnt hatte, G. Burghardt, G. Tebbe, *Kommentar EUV/EGV*, Art. J.3, Rnr. 12.

[148] Dies., Art. J.3, Rnr. 12 zum Vefahren; R. Ginsberg, „The politics of procedure", S. 27, nur die Umsetzung der gemeinsamen Aktion zu Landminen sieht den möglichen Gebrauch von qualifizierter Mehrheit vor; A.A. Dashwood (Hrsg.), „CFSP procedures", The Debate, S. 263, dort wird bestritten, daß die MS eine solche Entscheidung blockiert hätten. Die Nichtnutzung hätte nur damit zu tun, daß die MS die Anwendung von Art. J.3 Nr. 2 EUV a.F. nicht für notwendig erachtet hätten.

keit des „opting out“ für nicht zustimmende MS, die wichtige nationale Interessen geltend machen wollen, nachgedacht werden muß.[149] Es wird unten unter B. darauf eingegangen werden, welche Veränderungen der Vertrag von Amsterdam für das Entscheidungsverfahren der GASP gebracht hat.

4. Die Vertretung der EU

a) Die gemeinsame Position in internationalen Organisationen

Ein großer Anteil der Aktivität der EU im Bereich des internationalen Menschenrechtsschutzes findet nicht „autonom“, sondern in internationalen Organisationen statt.[150] Als Instrumente stehen hierfür einerseits die klassischen diplomatischen Mittel, sowie gemeinsame Standpunkte zur Verfügung. Diese Form des Menschenrechtsengagements kann sich, wie erörtert,[151] auf eine festere völkerrechtliche Rechtsgrundlage („droit de regard“ im Rahmen von internationalen Organisationen) stützen, als die autonomen Maßnahmen. Bei diesen finden im Hinblick auf die Legitimität häufig Auseinandersetzungen statt. Zudem werden von den europäischen Staaten (und den USA) im Bereich des Menschenrechtsschutzes multilaterale Initiativen im allgemeinen bilateralen vorgezogen.[152]

Es wurde bereits erörtert,[153] daß die EG weitgefächerte Beziehungen zu internationalen Organisationen unterhält. Mit dem Vertrag von Maastricht und dem Entstehen der Europäischen Union haben die MS, bzw. die EU[154] diese Beziehungen in ihre Zuständigkeiten integriert. Dabei fallen im Kontext des Menschenrechtsschutzes insbesondere die Vereinten Nationen, die OSZE und der Europarat ins Gewicht.[155] Generell umfaßt das Engagement der Union die Mitarbeit an der „normativen Arbeit dieser internationalen Organisationen, die Vervollkommnung der Referenzdokumente, die Verbesserung der Präventiv- und Schutzmechanismen, die Prioritätensetzung und die Umsetzung spezifischer Aktionen“.[156]

Besonders hilflos hat sich die Union im Zusammenhang mit China in den Sitzungen der UN-Menschenrechtskommission 1997 und 1998 verhalten. Neben der alljährlichen Abgabe von Einschätzungen über die Beachtung der Menschenrechte in der Welt unter Agendapunkt 12 ist sie seit mehreren Jahren dazu übergegangen, auch Resolutionen einzubringen. Eine solche Resolution in Bezug auf China scheiterte 1997 trotz schwerer Menschenrechtsverletzungen in China wegen Uneinigkeit in der Union und wurde nicht zuletzt aus diesem Grund 1998 gar nicht erst diskutiert.[157]

---

149 E. Regelsberger, „EPZ und GASP - attraktiver Verbund mit Schlupflöchern“, S. 189.

150 M. Fouwels, „The European Union's CFSP and Human Rights“, S. 297, 301. Vgl. auch A. Clapham, „Where is the EU's Human Rights Common Foreign Policy, and How is it Manifested in Multilateral Fora?“.

151 Oben Kapitel 1.

152 Human Rights Watch/Asia, *Chinese Diplomacy*, S. 2.

153 Kapitel 2.

154 Handelnd in den Formen der GASP.

155 COM (95) 567 endg., S. 7ff.

156 COM (95) 567 endg., S. 7.

157 Siehe dazu Human Rights Watch/Asia, *Chinese Diplomacy*; J. Aschenbrenner, *The European Union, Human Rights and China.*

Unabhängig von der Diskussion um die Völkerrechtspersönlichkeit der Union stellt sich die Frage, wie der Standpunkt einer solchen Verbindung von Staaten in die Außenwelt getragen werden kann. Die Vertretungsregeln der EU finden sich in Art. J.5 EUV (Art. 18 EUV n.F.) und etablieren das Konzept der „Troika". Grundsätzlich ergreift der Vorsitz des Rates in seiner Funktion als Durchführungsorgan für die EU das Wort, Art. J.5 I, II EUV (Art. 18 EUV n.F.).[158] Diese Aufgabe kommt ihm für den Zeitraum von 6 Monaten zu,[159] und er kann dabei von dem vorherigen und darauffolgenden Vorsitz unterstützt werden, Art. J.5 III EUV (vgl. den neuen Art. 18 III, IV S. 2 EUV n.F.).[160] Diese Zusammensetzung wird gemeinhin mit dem Begriff der „Troika" umschrieben.[161] Die Kommission wird gem. Art. J.5 III S. 2 EUV (Art. 18 IV S.1 EUV n.F.) an den Aufgaben des Vorsitzes nach Absätzen 1 und 2 „in vollem Umfang beteiligt" (und somit die Troika eigentlich zur Quadriga). Diese Ausprägung der Beteiligung bedeutet, daß ihre Stellung formell sogar besser ist als die der assoziierten Vorsitze, die den gegenwärtigen Vorsitz lediglich „unterstützen".[162] Nicht jedoch ist ihre Stellung als „Beteiligte" mit ihrer grundsätzlichen Rolle als Vertreterin in der ersten „Säule" zu vergleichen.[163]

Die Form der Vertretung der EU war eine der Angelegenheiten, die immer wieder Verwirrung gestiftet und zu dem inkohärenten äußeren Auftreten der Union beigetragen haben. Dies lag zum einen an der mangelnden Kontinuität, verursacht durch den raschen Wechsel des Vorsitzes, zum anderen an der notwendigen Einigung über den Wortführer und an mangelndem Respekt seitens der MS.[164] Die Vorteile der Troika, d.h. zusätzliches Gewicht einer Position, wenn sie von mehreren vertreten wird, das Weiterreichen von Erfahrungen vom gegenwärtigen und vorhergehenden Vorsitz an den zukünftigen und das Teilen der Last der Aufgabe (insbesondere für kleinere Staaten),[165] haben ebenfalls nicht zu einem besseren Funktionieren beigetragen.[166]

---

[158] Die Funktionen des Vorsitzes umfassen verwaltungstechnische, inititativrechtliche, koordinierende Aufgaben und Angelegenheiten der Vertretung, E. Kirchner, *Decision making in the EC*, S. 79.

[159] Art. 146 II EGV (Art. 203 II EGV n.F.).

[160] Dies stellt die EPZ-Praxis zum ersten Mal auf eine vertragliche Grundlage, G. Burghardt, G. Tebbe, *Kommentar EUV/EGV*, Art. J.5, Rnr. 7.

[161] I. Macleod, I. D. Hendry, S. Hyett, *External Relations*, S. 419.

[162] G. Burghardt, G. Tebbe, *Kommentar EUV/EGV*, Art. J.5, Rnr. 11, diese Rolle der Kommission bestätigt, daß sie auch für die Wahrnehmung der Außenbeziehungen der EU zuständig ist. Im Zweifelsfall hat jedoch der Vorsitz immer Vorrang, wie sich aus dem Wort „Beteiligung" ergibt.

[163] I. Macleod, I. D. Hendry, S. Hyett, *External Relations*, S. 419.

[164] E. Regelsberger, M. Jopp, „Und sie bewegt sich doch!", S. 258; P. Willaert, C. Marqués-Ruiz, „Etat des lieux", S. 273; K. de Gucht, „The Common Foreign and Security Policy (CFSP)", S. 67; A.A. Dashwood (Hrsg.), „The structure of the Union's external activities", Position Paper, S. 221, eine internationale Verhandlung, die länger als sechs Monate dauert (was der Regelfall sein wird), muß z.B. immer wieder neu mit vertrauensbildenden Maßnahmen beginnen. Wenn die MS überhaupt in der GASP handeln, dann ist es wegen der Rotation des Vorsitzes unmöglich, eine kohärente Linie einzuhalten, I. Mather, R. Fox, „Adrift in a vale of tears", S. 14.

[165] I. Macleod, I. D. Hendry, S. Hyett, *External Relations*, S. 419.

[166] T. Dodd, R. Ware, A. Weston, *The European Communities (Amendment) Bill*, S. 28.

Elfriede Regelsberger[167] hat schon 1995 darauf hingewiesen, daß eine sinnvolle Heranführung der Beitrittskandidaten an den acquis politique notwendigerweise mit einer Reform der Vertretungsvorschriften einhergehen muß. Mit diesem und den oben auseinandergesetzten Problemen hat sich die Regierungskonferenz 1996 beschäftigen müssen, und es wird unten geschildert werden, welche Regelungen der Vertrag von Amsterdam für die Vertretung gefunden hat.

b) Der politische Dialog

Ein anderes Anwendungsfeld für die Vertretungsregeln ist der politische Dialog, den die Union mit vielen Staaten und Staatengruppen unterhält[168] und der eine zunehmende Rolle im Bereich des Menschenrechtsengagements der Union spielt.[169] Er wird i.d.R. von der Troika geführt und sieht bis zu zwei Treffen jährlich vor. Zusammengenommen mit den sonstigen politischen und diplomatischen Kontakten auf allen Ebenen (Art. J.5 II, 2. Halbsatz EUV; Art. 18 II, 2. Halbsatz EUV n.F.), der intensivierten Zusammenarbeit mit der UN, OSZE und in internationalen Konferenzen, ergibt sich für die Vertretung der Union eine Arbeitsbelastung, die immer schwieriger in den Griff zu bekommen ist.[170]

Aktuelle Beispiele eines solchen Dialogs mit Drittstaaten und Staatengruppen sind China, Rußland, ASEAN, Demokratische Volksrepublik Korea und der Iran.[171] Mit China wurden seit 1995 mehrere Treffen im Rahmen des Expertendialogs über Menschenrechte abgehalten.[172] In den Beziehungen zu Rußland wurde der politische Dialog 1996 dazu genutzt, die Situation in Tschetschenien zu erörtern und auf die stattfindenden Menschenrechtsverletzungen aufmerksam zu machen.[173] Der Dialog mit der asiatischen Region wurde auf dem ersten Asien-Europa-Gipfel (ASEM) in London, 1./2.3.96, als besonderer Fortschritt in den gegenseitigen Beziehungen dargestellt.[174] Bei der Gelegenheit der Unterzeichnung des Rahmenabkommens zwischen der Union und Korea hat Korea ebenfalls eine Gemeinsame Erklärung zum politischen Dialog angenommen, die die beiderseitige Absicht unterstreicht, für die Menschenrechte einzutreten.[175] Schließlich ist das Verhältnis zwischen der Union und dem Iran von dem sogenannten „kritischen Dialog“ gekennzeichnet, der dazu beitragen soll, die irani-

---

[167] E. Regelsberger, „Gemeinsame Außen- und Sicherheitspolitik“, in: *Jahrbuch der Europäischen Integration*, 1994/5, S. 227.

[168] Inzwischen sind es 25, G. Burghardt, G. Tebbe, *Kommentar EUV/EGV*, Art. J.5, Rnr. 4.

[169] M. Fouwels, „The European Union's CFSP and Human Rights“, S. 301. Siehe dazu auch oben.

[170] G. Burghardt, G. Tebbe, *Kommentar EUV/EGV*, Art. J.5, Rnr. 4.

[171] Ministerrat, *Memorandum 1996*.

[172] Der Dialog wurde 1995 auf Initiative von China initiiert, Kommissionsmitteilung, „A long-term policy for China-Europe relations“, COM (95) 279, S. 6. Seitdem wurden 5 Treffen abgehalten, Januar 1995, Februar 1996, Unterbrechung im April 1996, nachdem eine Resolution gegen China von der Union auf der UN-Menschenrechtskommission eingebracht worden war, Oktober 1997, Dezember 1997 und Februar 1998, Europäische Kommission, *Background note on China and Human Rights*, February 1998, unveröffentlicht, S. 2

[173] Ministerrat, *Memorandum 1996*, S. 7.

[174] Ders., S. 8.

[175] Ders., S. 9.

sche Regierung zur Beachtung der Menschenrechte und Änderung ihres Verhaltens anzuregen.[176]

B. Die für die GASP relevanten Änderungen von Amsterdam

Der Vertrag von Amsterdam mit seiner vorsichtigen Reform der GASP wird sehr unterschiedlich beurteilt. Während viele die zu geringen Änderungen beklagen und kaum Verbesserungen der Defizite erreicht sehen,[177] gibt es andere Stimmen, die die Reform der GASP bei realistischer Einschätzung und entsprechender Anwendung als einen beachtlichen Schritt voran sehen.[178] Im folgenden soll untersucht werden, welche Änderungen der Vertrag von Amsterdam im einzelnen gebracht hat.

I. Unterscheidung der Instrumente und gemeinsame Strategien

Es wurde darauf hingewiesen, daß die Instrumente der GASP vom Rat nicht immer in einheitlicher Weise genutzt wurden.[179] So hat man häufig informelle Erklärungen mit mehr politischem Gewicht als gemeinsame Aktionen und gemeinsame Standpunkte mit konkreten Handlungsanweisungen anstelle von Politikorientierungen erlassen.[180]

Der Vertrag von Amsterdam führt zum ersten Mal einige Richtlinien zur Anwendung der gemeinsamen Aktion und des gemeinsamen Standpunktes ein.[181] Art. 14 I 1 und 15 I 1 EUV n.F. bestimmen, daß gemeinsames „operatives" Handeln in spezifischen Situationen eine gemeinsame Aktion erfordert, während das „Konzept der Union für eine bestimmte Frage geographischer oder thematischer Art" mittels gemeinsamer Standpunkte festgelegt wird.

Die Instrumente der GASP sind von Amsterdam in einem Artikel zusammengefaßt worden (Art. 12 EUV n.F.) und durch ein Mittel der Außenpolitikkoordinierung ergänzt worden: die gemeinsame Strategie.[182] Mit ihr entwickelt der Europäische Rat die Strategie zur Umsetzung der Bereiche, in denen wichtige gemeinsame Interessen bestehen, und legt - wie immer einstimmig - die Zielsetzung, Dauer und die von der EU und den MS bereitzustellenden Mittel

---

[176] Ders., S. 11.

[177] Europäisches Parlament, „Stance on Amsterdam Treaty", S. 3, Abs. 9, S. 5, Abs. 14; M. Dembinski, „Langer Anlauf, kurzer Sprung", S. I; Editorial Comments, „Union without constitution", S. 1105; T. Dodd, R. Ware, A. Weston, *The European Communities (Amendment) Bill*, S. 24, sprechen von wenig „functional improvement to external policy"; A. Duff (Hrsg.), *The Treaty of Amsterdam*, S. 124; F. Dehousse, „After Amsterdam", S. 525ff.

[178] E. Regelsberger, M. Jopp, „Und sie bewegt sich doch!", S. 255; Editorial Comments, „Neither a bang nor a whimper", S. 771f; F. Dehousse, „Reflet de la nouvelle Europe", S. 268f, räumt ein, daß einige der bescheidenen Änderungen wichtige Rückwirkungen haben können. Von institutioneller Stärkung spricht M. Borchmann, „Amsterdam - Weder kleine Taten noch „Reförmchen"!", Editorial; M. Petite, „Ambition and Realism", S. 30, schlußfolgert, daß die Änderungen einen Wendepunkt in der GASP bedeuten können.

[179] Fußnoten 58, 96.

[180] P. Willaert, C. Marqués-Ruiz, „Etat des lieux", S. 308f; G. Burghardt, G. Tebbe, *Kommentar EUV/EGV*, Art. J.3, Rnr. 3.

[181] M. Petite, „Ambition and Realism", S. 17f.

[182] T. Dodd, R. Ware, A. Weston, *The European Communities (Amendment) Bill*, S. 26; F. Dehousse, „After Amsterdam", S. 532.

fest.[183] Eine solche gemeinsame Strategie kann ein spezielles Land oder eine Region betreffen, aber auch allgemeine Orientierungen festlegen.[184]

II. Mehrheitsentscheidungen und die neuen Flexibilitätsvorschriften

Die Einführung der gemeinsamen Strategien sollte nicht bloß das Instrumentarium der GASP vergrößern, sondern muß vielmehr im Zusammenhang mit der schwierigen Einigung über die Entscheidungsmechanismen (Art. 23 EUV n.F.) in der Außenpolitik gesehen werden.[185] Lediglich Deutschland, die Benelux-Staaten, die Kommission und das Parlament hatten eine Ausweitung von Mehrheitsentscheidungen in der GASP befürwortet. Frankreich wollte sich nur auf eine Aufweichung der Einstimmigkeitsregel bei prozeduralen Fragen einlassen, und England, Dänemark, Griechenland, Portugal, Schweden, Finnland und Irland waren mehr oder weniger stark gegen Mehrheitsentscheidungen eingestellt.[186]

Der mit Amsterdam eingeführte Art. 23 EUV n.F. wird von Elfriede Regelsberger und Mathias Jopp[187] als „Spätbarock des Absolutismus" im Vergleich zum vorherigen „Klassizismus der Renaissance" tituliert. Er sieht insbesondere vor, daß gemeinsame Aktionen, gemeinsame Standpunkte und sonstige Entscheidungen, die in Anlehnung an eine gemeinsame Strategie ergehen, mit qualifizierter Mehrheit beschlossen werden.[188] Skeptiker haben nicht ganz zu Unrecht darauf verwiesen, daß MS, die einer Ausweitung der Mehrheitsbeschlüsse kritisch gegenüberstehen, die von Art. 13 II EUV n.F. geforderte detaillierte Bestimmung von Zielsetzung, Dauer und bereitzustellenden Mitteln dazu nutzen können, Entscheidungen zu verzögern oder zu blockieren.[189] Erschwerend kommt hinzu, daß die Staats- und Regierungschefs auf ihren i.d.R. halbjährlichen und meist gedrängten Treffen kaum Zeit finden werden, einstimmig gemeinsame Strategien auszuarbeiten, die dann als Grundlage für gemeinsame Aktionen und Standpunkte dienen können. Wahrscheinlicher ist, daß die gemeinsame Aktion noch mehr in den Hintergrund gerückt wird, als sie es sowieso schon ist.[190]

Analog zum Gemeinschaftsverfahren verhindert die Enthaltung nicht das Zustandekommen eines Beschlusses, Art. 23 I EUV n.F.[191] Im Falle der Enthaltung eines MS kann dieser aber eine formale Erklärung abgeben und damit die neue Regel des Art. 23 EUV n.F. über die „konstruktive Enthaltung" in Kraft setzen.[192] Formell keine Form der „Flexibilität" oder

---

[183] Art. 13 II EUV n.F.; M. Dembinski, „Langer Anlauf, kurzer Sprung", S. 45.

[184] T. Dodd, R. Ware, A. Weston, *The European Communities (Amendment) Bill*, S. 26.

[185] M. Dembinski, „Langer Anlauf, kurzer Sprung", S. 45.

[186] Ders., S. 45.

[187] E. Regelsberger, M. Jopp, „Und sie bewegt sich doch!", S. 260.

[188] Editorial Comments, „Neither a bang nor a whimper", S. 772; M. Petite, „Ambition and Realism", S. 18; C. Koenig, M. Pechstein, *Die EU* (1998), Rnr. 320. Dabei ist die deutsche Version des Vertrages hinsichtlich der Verpflichtung des Rates eindeutiger als die englische. Letztere besagt, der Rat „shall act", wohingegen die deutsche Fassung erklärt, daß der Rat „beschließt".

[189] E. Regelsberger, M. Jopp, „Und sie bewegt sich doch!", S. 260; F. Dehousse, „After Amsterdam", S. 532.

[190] M. Dembinski, „Langer Anlauf, kurzer Sprung", S. 50.

[191] Zur Enthaltung in der jetzt geltenden Fassung, siehe Fußnote 142 und Text des dazugehörigen Abschnittes.

[192] M. Dembinski, „Langer Anlauf, kurzer Sprung", S. 50, vergleicht diese Regelung mit der bereits bestehenden der Erklärung Nr. 27 zum Vertrag von Maastricht und sieht keine herausragenden Neuerungen.

„verstärkten Zusammenarbeit" wie im EGV oder der ZJI,[193] führt sie doch ein ähnliches Element in die GASP ein.[194] Im Zuge der Verhandlungen der Regierungskonferenz 1996 waren die Bestrebungen, auch in die GASP Bestimmungen über eine verstärkte Zusammenarbeit i.e.S. aufzunehmen, im letzten Moment aufgegeben worden.[195] Nach dieser neuen Regel kann sich bis zu ein Drittel der MS, berechnet nach den von Art. 148 II EGV (Art. 205 II EGV n.F.) gewogenen Stimmen, von der Entscheidung konstruktiv enthalten, ohne daß die Entscheidung verhindert wird. Werden es mehr Stimmen (mehr als 30 von 87[196]), so wird der Beschluß nicht angenommen. Ein Beschluß wird auch dann verhindert, wenn ein MS wichtige Gründe geltend macht, parallel der Regelung auf EG-Ebene.[197] Ohne die Geltendmachung solcher Gründe sind die sich enthaltenden MS nicht zur Umsetzung der Maßnahme, *die die Union bindet,*[198] verpflichtet, dürfen aber auch deren Umsetzung nicht durch widersprechende Aktionen beeinträchtigen.[199]

Die neue Regelung findet keine Anwendung bei Beschlüssen mit militärischen oder verteidigungspolitischen Bezügen, Art. 23 II EUV n.F. Dort gilt das bereits im Maastrichtvertrag vorgesehene und in Art. 17 IV EUV n.F. überführte Verfahren der verstärkten Zusammenarbeit *außerhalb* des Vertrages.[200] Ein solche Kooperation ist gerade im Bereich der Sicherheitspolitik unerläßlich.[201]

Zum Schluß ist noch die Frage aufzuwerfen, wie glaubhaft z.B ein Waffenembargo oder eine Unterbrechung des Dienstleistungsverkehrs in der Außenwelt erscheinen mag, wenn sie ohne Unterstützung eines der großen MS stattfinden oder allein von 10 MS getragen werden, während die nicht betroffenen MS entgegen der Loyalitätspflicht (Art. 23 I EUV n.F.) der sanktionierenden Maßnahme widersprechend handeln.[202]

---

193 Siehe oben Kapitel 2.

194 European Policy Centre (Hrsg.), „Legal Analysis", *Making Sense of the Amsterdam Treaty,* S. 119; C. D. Ehlermann, „Differentiation, Flexibility, Closer Cooperation", S. 23.

195 T. Dodd, R. Ware, A. Weston, *The European Communities (Amendment) Bill,* S. 26; C. D. Ehlermann, „Differentiation, Flexibility, Closer Cooperation", S. 23; A. Duff (Hrsg.), *The Treaty of Amsterdam,* S. 196; H. Kortenberg, „Closer Cooperation", S. 853f.

196 E. Regelsberger, M. Jopp, „Und sie bewegt sich doch!", S. 260.

197 Siehe Kapitel 2. Art. 23 II EUV n.F.; T. Dodd, R. Ware, A. Weston, *The European Communities (Amendment) Bill,* S. 28; A. Duff (Hrsg.), *The Treaty of Amsterdam,* S. 196; F. Dehousse, „Reflet de la nouvelle Europe", S. 268f.

198 Dies und das Fehlen einer speziellen Regelung scheint darauf hinzudeuten, daß ein sich enthaltender MS, im Falle der (unwahrscheinlicheren) Belastung der mitgliedstaatlichen Haushalte, Art. 28 III EUV n.F., ebenfalls an den Kosten beteiligt wird, E. Regelsberger, M. Jopp, „Und sie bewegt sich doch!", S. 260.

199 Art. J.13 I EUV; Art. 23 I EUV n.F.

200 C. D. Ehlermann, „Differentiation, Flexibility, Closer Cooperation", S. 25.

201 Ders., S. 25.

202 E. Regelsberger, „EPZ und GASP - attraktiver Verbund mit Schlupflöchern", S. 189; M. Dembinski, „Langer Anlauf, kurzer Sprung", S. 46.

III. „Mr. or Mrs. Europe“[203]

Die Regierungskonferenz kam problemlos darin überein, daß die Regeln der Außenvertretung geändert werden müssen, und die EU eine „Stimme“ und ein „Gesicht“ bekommen soll.[204] Es wurde vorgeschlagen, die Amtsperiode des Vorsitzes von 6 auf 12/18 Monate zu erhöhen, einen besonderen Vorsitz aus einem oder mehreren MS für die Dauer von einigen Jahren zu schaffen oder eine Person, vergleichbar dem Generalsekretär der Vereinten Nationen, zu ernennen, die ebenfalls für die Kohärenz *aller* auswärtigen Maßnahmen zuständig ist.[205] Eine solche herausragende Position wurde insbesondere von Frankreich favorisiert. Frankreichs Wünschen kam man aber nur insofern entgegen, als daß der neue Amtsinhaber „Hoher Vertreter“ für GASP-Angelegenheiten genannt wurde. Ansonsten wurde kein neues Amt geschaffen, und der „Hohe Vertreter“ ist auf eine zuarbeitende Funktion beschränkt geblieben.[206] Das neue Amt wird vom Generalsekretär des Rates bekleidet, der für die vorher vom ihm allein erledigten administrativen Aufgaben von einem Vize-Generalsekretär entlastet wird. Daneben untersteht dem „Hohen Vertreter“ die neu geschaffene Strategieplanungs- und Frühwarneinheit (dazu unten).[207]

Die Außenvertretung der EU erfolgt wie bisher durch den Ratsvorsitz, Art. 18 EUV n.F., der bei seinen Aufgaben von dem Hohen Vertreter unter voller Beteiligung der Kommission unterstützt wird (Abs. III, IV). Damit wird die Zusammensetzung der Troika zugunsten der Kommission und zugunsten größerer Kontinuität in Ratsvorsitz, Hoher Vertreter und Kommission geändert.[208] Außerdem könnte diese Troikaformel der „Kohärenz aller der von (der Union) ergriffenen außenpolitischen Maßnahmen“[209] zugute kommen.[210] Statt nachfolgendem *und* zukünftigem wird nur noch der nachfolgende Vorsitz an der Sprecherrolle der Außenvertretung beteiligt (und dies auch nur „gegebenenfalls“, Art. 18 IV EUV n.F.). Diese Reformen erscheinen vielversprechend, um das nicht selten Verwirrung stiftende äußere Auftreten der Union hin zu mehr Klarheit für Drittstaaten zu ändern.

---

[203] Henry Kissinger: „If I lift a telephone and ask to speak to Mr. or Ms. Europe, to whom should I speak“, zitiert von V. Bogdanor, „Discussant's Remarks“, in: A.A. Dashwood (Hrsg.), S. 239.

[204] Im Gegensatz zu den kontroversen Diskussionen über die Entscheidungsmechanismen war die Reform der administrativen Strukturen vom grundsätzlichen Konsens geprägt, M. Dembinski, „Langer Anlauf, kurzer Sprung“, S. 46. Es sollte eine größere Kontinuität in der Außenpolitik geschaffen werden, C. Koenig, M. Pechstein, *Die EU* (1998), Rnr. 324.

[205] A.A. Dashwood (Hrsg.), „The structure of the Union's external activities“, Position Paper, S. 221f.

[206] E. Regelsberger, M. Jopp, „Und sie bewegt sich doch!“, S. 257f; R. Streinz, „Der Vertrag von Amsterdam“, S. 63; M. Dembinski, „Langer Anlauf, kurzer Sprung“, S. 44; M. Petite, „Ambition and Realism“, S. 19. So bestimmt Art. 26 EUV n.F., daß der Hohe Vertreter den Rat in Angelegenheiten der GASP *unterstützt* und *gegebenenfalls* auf *Ersuchen* des Vorsitzes im Namen des Rates den politischen Dialog mit Dritten führt (Hervorhebungen von der Verfasserin).

[207] Art. 1 der Erklärung Nr. 6 zur Schlußakte von Amsterdam; E. Regelsberger, M. Jopp, „Und sie bewegt sich doch!“, S. 258; T. Dodd, R. Ware, A. Weston, *The European Communities (Amendment) Bill*, S. 28; M. Dembinski, „Langer Anlauf, kurzer Sprung“, S. 45; M. Petite, „Ambition and Realism“, S. 19.

[208] M. Nentwich, G. Falkner, „Towards a New Institutional Balance“, S. 27, Fußnote 104; E. Regelsberger, M. Jopp, „Und sie bewegt sich doch!“, S. 258; European Policy Centre (Hrsg.), „Legal Analysis“, *Making Sense of the Amsterdam Treaty*, S. 113.

[209] Art. C II EUV (Art. 3 II EUV n.F.).

[210] E. Regelsberger, M. Jopp, „Und sie bewegt sich doch!“, S. 258; M. Nentwich, G. Falkner, „Towards a New Institutional Balance“, S. 27 Fußnote 104.

Zusätzlich kann der Rat, sollte er es für notwendig erachten, einen Sonderbeauftragten für besondere politische Fragen ernennen, was lediglich eine Festschreibung der bereits betriebenen Praxis darstellt. So hat die EU bereits 1996 Sonderbeauftragte in Afrika und für den Mittleren Osten bestellt.[211]

In Kapitel 1 wurde bereits auf das neu eingeführte Vertragsschlußverfahren des Art. 24 EUV n.F. und dessen rechtliche Folgerungen eingegangen.[212] Zuständig für die Einleitung der Verhandlungen ist der Ratsvorsitz, gegebenenfalls mit Unterstützung der Kommission, sofern sie vom Rat dazu einstimmig ermächtigt wurden. Der Rat schließt das Abkommen dann für die EU aufgrund eines einstimmigen Beschlusses.

IV. Die Strategieplanungs- und Frühwarneinheit

Eine andere Reform der administrativen Struktur der GASP, die wenig Kontroversen hervorgerufen hat, war die Einrichtung der Strategieplanungs- und Frühwarneinheit.[213] Wie bereits erörtert, bleibt das „Ob“ der Zusammenarbeit der MS in der Außenpolitik ihrem politischen Willen überlassen.[214] So lange keine Einheit für die Analyse der gemeinsamen Interessen besteht, wird es sehr schwierig sein, den Wechsel von der treibenden Kraft der nationalen Interessen zu einem „Unionsinteresse“ zu vollziehen und ein effektiveres Auftreten der EU zu gewährleisten.[215] Dieser Tatbestand könnte nunmehr durch die neue Einheit einer grundlegenden Verbesserung unterzogen werden.

Die Aufgaben der Strategieplanungs- und Frühwarneinheit sind in der Erklärung Nr. 6 der Schlußakte festgelegt. Dazu zählen: die Identifizierung von gemeinsamen Interessen und Gebieten, auf die sich die EU in Zukunft konzentrieren könnte, die Einschätzung der relevanten Entwicklungen im Bereich der GASP, die Identifizierung potentieller politischer Krisen und die Ausarbeitung von Politikoptionen für den Rat. Wie sich aus ihrem Namen ergibt, soll die neue Einheit einerseits für Übereinstimmung und Kohärenz der Politiken auf lange Sicht zuständig sein und das „Unionsinteresse“ hervorbringen und zum anderen zu einem aktiveren Auftreten der GASP beitragen.[216] Im Gefüge der Institutionen ist sie unter dem Rat und Ratsvorsitz als deren Zuarbeiter angesiedelt.[217]

Es wird sich erweisen müssen, ob die Strategieplanungs- und Frühwarneinheit ihre Aufgaben erfüllen wird, insbesondere ob sie von den MS und der Kommission mit den erforderlichen,

---

[211] Sonderbeauftragter für die „Afrikanische Region der Großen Seen“ im July 1996, 96/441/GASP, Abl. L 185, 1, vom 24.7.96; Sonderbeauftragter für den Friedensprozess im Mittleren Osten im November 1996, 96/676/GASP, Abl. L 315, 1, vom 4.12.96.

[212] Siehe T. Dodd, R. Ware, A. Weston, *The European Communities (Amendment) Bill*, S. 30, 57f.

[213] Erklärung Nr. 6 der Schlußakte des Amsterdamvertrages; M. Koskenniemi, „International Law Aspects of the CFSP“, S. 43.

[214] Siehe Fußnote 42; F. Dehousse, „After Amsterdam“, S. 532.

[215] G. Burghardt, G. Tebbe, „Rechtliche Struktur und Politischer Prozeß“, S. 7.

[216] European Policy Centre (Hrsg.), „Legal Analysis“, *Making Sense of the Amsterdam Treaty*, S. 113; T. Dodd, R. Ware, A. Weston, *The European Communities (Amendment) Bill*, S. 30.

[217] E. Regelsberger, M. Jopp, „Und sie bewegt sich doch!“, S. 257.

auch vertraulichen, Informationen ausgestattet wird.[218] Abgesehen vom Funktionieren der Einheit stellt sich die Frage, welche Rolle sie auf lange Sicht im Gefüge der Unions-Institutionen einnehmen soll und inwieweit sie zu einer größeren Entmachtung der Kommission im Bereich der Außenpolitik beiträgt, da ihr und dem Generalsekretär Aufgaben zugeteilt wurden, die im EG-System bei der Kommission liegen.[219] An diesem Spannungsfeld ändert sich auch dadurch nichts, daß die Kommission unterstützt wurde, einen Vizepräsidenten für auswärtige Beziehungen zu schaffen.[220] Außerdem bleibt fraglich, wie das Verhältnis zwischen dem Politischen Komitee und der neuen Einheit genau ausgestaltet werden soll.

C. Ein Vergleich der beiden Zuständigkeitsbereiche

I. Überblick

Das komplizierte System der Union - basierend auf drei Gliedteilen - von denen einer eine getrennte juristische Existenz besitzt und die Grundlage dieser Union darstellt, wurde im Vertrag von Amsterdam beibehalten.[221] Grundsätzlich wurden sogar die Besonderheiten der einzelnen „Säulen" verstärkt, verbunden mit einer wachsenden Anzahl von (technischen) Brükkenbestimmungen.[222] Abgesehen von der schwierigen Koordination der EG- und GASP-Bereiche stellt sich für die Menschenrechte die Frage, welcher Bereich größeren Erfolg in deren Förderung aufweisen kann.

„L'essentiel du dynamisme est dans le pilier communautaire".[223]

„All in all, CFSP appears to be a potentially effective, but at present an insufficiently adequate framework for the promotion and protection of human rights. It is unlikely that the new Treaty of Amsterdam, in which the CFSP was only marginally strengthened, will provide a stronger basis for the European Union's human rights activities in the foreign policy sphere".[224]

II. Gegenüberstellung

1. Die GASP

Die Liste der Kommentare, die negativ über das bisherige Funktionieren der GASP urteilen, ließe sich noch beliebig ausbauen.[225] Dabei wird meist auf die mangelnde Reaktionsfähigkeit,

---

[218] Siehe Punkt 5 der Erklärung; M. Petite, „Ambition and Realism", S. 19; E. Regelsberger, M. Jopp, „Und sie bewegt sich doch!", S. 257; M. Dembinski, „Langer Anlauf, kurzer Sprung", S. 49; C. Koenig, M. Pechstein, *Die EU* (1998), Rnr. 328.

[219] M. Dembinski, „Langer Anlauf, kurzer Sprung", S. 50.

[220] Siehe Kapitel 2, Punkt C. Erklärung Nr. 32 der Schlußakte; M. Dembinski, „Langer Anlauf, kurzer Sprung", S. 50.

[221] Es hat nicht gerade zur Effizienz der Aktivitäten der Union beigetragen, siehe Club von Florenz (Hrsg.), *Der unmögliche Status quo*, S. 61.

[222] Siehe Kapitel 2, C V.

[223] P. Willaert, C. Marqués-Ruiz, „Etat des lieux", S. 303.

[224] M. Fouwels, „The European Union's CFSP and Human Rights", S. 324.

[225] Siehe z.B., Club von Florenz (Hrsg.), *Der unmögliche Status quo*; Europäisches Parlament *Progress Report*, A4-0193/9; G. Burghardt, G. Tebbe, „Rechtliche Struktur und Politischer Prozeß", S. 20, sprechen von einer

die verwirrenden Vertretungsregeln, den fehlenden politischen Willen und den lähmenden Entscheidungsprozeß der Einstimmigkeit verwiesen. Jörg Monar[226] geht sogar so weit zu sagen, das Einstimmigkeitserfordernis in der Außenpolitik habe dazu geführt, daß die Entscheidung entweder politischer Substanz entbehrt, da sie lediglich den kleinsten gemeinsamen Nenner wiedergibt oder zu spät getroffen wird, so daß sie keinen Einfluß mehr nehmen kann oder gänzlich am Widerstand einiger MS scheitert. Es nehmen jedoch auch die Kommentatoren zu, die eine differenziertere Sicht vertreten und vor allem auf das Problem des Vergleichsmaßstabes[227] oder der (fehlenden) tatsächlichen Notwendigkeit einer gemeinsamen Position aufmerksam machen.[228] Andere wieder differenzieren zwischen Bereichen, in denen die GASP gut und weniger gut funktioniert.[229] Die Probleme der GASP im Bereich des Krisenmanagements sind nicht zuletzt darauf zurückzuführen, daß es an den militärischen Fähigkeiten der EU mangelt und aus diesem Grund nur zu häufig auf die wirtschaftlichen Mittel der EG, statt auf Mittel der MS oder der EU,[230] zurückgegriffen wird.[231] Dies ist nicht etwa Ausdruck eines besonderen „zivilen Modells"[232] der GASP. Andrew Clapham[233] vertritt, daß, wenn eine spontane Einigkeit zwischen den 15 MS besteht, diese sogar häufig im Bereich der Menschenrechte und Förderung von Entwicklung besteht, was er den bislang beschlossenen Entscheidungen des Rates entnimmt. Hieran zeigt sich sofort wieder die Verbundenheit der beiden „Säulen", denn die Förderung der Menschenrechte ist, wie dargelegt, auch ein Ziel der Gemeinschaft, und die Entwicklungszusammenarbeit stellt einen Kompetenzbereich der EG (neben den MS) dar.

2. Die EG

Die Errungenschaften der EG im Zusammenhang mit der Förderung von Menschenrechten und Demokratie in Drittstaaten müssen anhand der einzelnen Instrumente untersucht werden. Die steigende Zahl von Rahmenabkommen mit Menschenrechtsklauseln hat der EG eine feste Grundlage für die negative wie positive Menschenrechtspolitik geschaffen, auch wenn bislang kein formeller Gebrauch von der Klausel gemacht wurde.[234] Diese feste Basis liegt zum einen darin begründet, daß die Klausel einen nicht zu unterschätzenden präventiven Effekt hat und zum anderen auch informelle Wege für Dialog und Suspension eröffnet. Finanzielle und technische Hilfe speziell zur Förderung von Menschenrechten wird nach der umfassenden

---

Glaubwürdigkeitskrise der GASP; C. Flaesch-Mougin, „Les compétences externes de la Communauté Européenne", S. 352; E. Regelsberger, W. Wessels, „The CFSP Institutions and Procudures", S. 29.

226 J. Monar, „The Foreign Affairs System", S. 140.

227 M. Dembinski, „Langer Anlauf, kurzer Sprung", S. 8, 38, die nationale Großmacht?

228 A. Clapham, „Where is the EU's Human Rights Common Foreign Policy?", S. 631, fragt, warum Einheitlichkeit so wichtig ist.

229 So nennt M. Dembinski, „Langer Anlauf, kurzer Sprung", S. 39f, einerseits die Kommunizierung gemeinsam festgelegter Standpunkte und den Dialog mit dritten Staaten als ein Bereich der GASP dessen Bilanz positiv ausfällt, die Konferenzdiplomatie, Vermittlerrollen und das Krisenmanagement als negative Beispiele.

230 P. Willaert, C. Marqués-Ruiz, „Etat des lieux", S. 281.

231 M. Dembinski, „Langer Anlauf, kurzer Sprung", S. 40.

232 Ch. Hill, „Power Bloc, Civilian Model - or Flop?".

233 A. Clapham, „Where is the EU's Human Rights Common Foreign Policy?", S. 631.

234 E. Riedel, „Human Rights Clauses in Lomé and Other Agreements", S. 739f.

Studie von Heinz/Lingnau/Waller[235] als grundsätzlich positiv, relevant und effektiv bezeichnet.[236] Autonome Handelsmaßnahmen werden in Übereinstimmung mit den APS-Verordnungen[237] genutzt, um gegen Zwangs- oder Kinderarbeit vorzugehen und andere Verbindungen von Handel und Beachtung der Menschenrechte aufzustellen.[238] Die wachsende Vereinbarung von Mehrheitsentscheidungen auch im negativen Bereich der EG-Menschenrechtspolitik gibt dieser das besondere Gepräge und stellt den bedeutenden Unterschied zur GASP dar, neben der „Motor-Rolle" der Kommission und der Beteiligung von Parlament und Gerichtshof. Auf der anderen Seite werden auch immer wieder die große Bürokratie und die damit verbundenen langen Entscheidungswege, unzureichendes Projektmanagement, fehlende Evaluation von Programmen der Kommission, schlechte Koordination von EG und MS und die fehlenden Kriterien sowie unklaren verfahrensrechtlichen Regelungen für die Suspendierung von Abkommen beklagt.[239]

3. Abschließende Betrachtung

Alles in allem weist jeder Bereich Defizite auf. Es kann jedoch festgestellt werden, daß die strukturellen Mängel vor allem den Bereich der GASP und nicht den der EG betreffen.[240] Auch der Vertrag von Amsterdam konnte keine bedeutende Abhilfe schaffen. Weder ist die Übertragung des EG-Modells auf die GASP eine angemessene Lösung, noch sollte der EG-Bereich von der zwischenstaatlich organisierten GASP absorbiert werden.[241] Vielmehr wird sich in Zukunft das Augenmerk darauf richten müssen, sinnvolle Abgrenzungsregeln zwischen den unterschiedlichen Normen des Unionssystems zu schaffen, die - sollte es nötig sein - vor den EuGH gebracht werden können.

---

[235] W. Heinz, H. Lingnau, P. Waller, *Evaluierung von Positivmaßnahmen.*

[236] Siehe dazu auch B. Simma, J. Aschenbrenner, C. Schulte, „Human Rights Considerations in the Development Cooperation Activities of the EC".

[237] APS Verordnung Nr. 3281/94, 19.12.94, Abl. L 348, 1, zuletzt geändert durch Verordnung Nr. 2623/97, 19.12.97, Abl. L 354, 9 und APS Verordnung 1256/96, 20.6.96, Abl. L 160, 1, zuletzt geändert durch Verordnung Nr. 2623/97, 19.12.97, Abl. L 354, 9, insbesondere deren Art. 9.

[238] Siehe B. Brandtner, A. Rosas, „Human Rights and the External Relations", S. 477ff.

[239] W. Heinz, H. Lingnau, P. Waller, *Evaluierung von Positivmaßnahmen*, S. VIII, 84ff; B. Simma, J. Aschenbrenner, C. Schulte, „Human Rights Considerations in the Development Cooperation Activities of the EC", S. 615ff; E. Riedel, „Human Rights Clauses in Lomé and Other Agreements", S. 746f, 748f; Zu einer Evaluierung der Menschenrechtspolitik der Union, siehe European University Institute, *Leading by Example: A Human Rights Agenda for the European Union for the Year 2000.*

[240] Club von Florenz (Hrsg.), *Der unmögliche Status quo,* S. 123, führt die positiven Ergebnisse der wirtschaftlichen Beziehungen auf die Effektivität der vom EGV geschaffenen Instrumente und Verfahren zurück. „Ein durchdachter Ansatz, ein vor Lähmung sicherndes Entscheidungsverfahren und ein einziger Wortführer: dies sind die Mittel des Erfolges".

[241] Daher schlagen E. Regelsberger, W. Wessels, „The CFSP Institutions and Procudures: A Third Way for the Second Pillar", auch einen dritten Weg für die GASP vor.

D. Schlußbemerkungen

„Außenpolitik ist ein hoheitliches Tätigwerden, das sich mit den Beziehungen zwischen Staaten und anderen Völkerrechtssubjekten im internationalen Verkehr befaßt".[242] Die GASP erstreckt sich auf *alle* Bereiche der Außen- und Sicherheitspolitik und hat sich unter anderem das Ziel gesetzt, die Entwicklung und Stärkung von Demokratie und Rechtsstaatlichkeit sowie die Achtung der Menschenrechte und Grundfreiheiten zu verfolgen.[243] Weder zu den anderen Zielbestimmungen des Art. J.1 II EUV (Art. 11 I EUV n.F.), noch zu anderen Vertragsbestimmungen, die sich mit Menschenrechtsschutz befassen, wurde ein Rangverhältnis aufgestellt. Auch wurden die einzelnen Aufzählungen des Art. J.1 II EUV (Art. 11 EUV n.F.) nicht näher definiert. Die Unbestimmtheit dieser Vorgaben erschwert die Herausbildung eines „europäischen" Interesses nicht unerheblich und es bleibt zu hoffen, daß die Strategieplanungs- und Frühwarneinheit hier eine andere Dynamik einführen kann.

„Maastricht grandiloquently announces that 'a common foreign and security policy is hereby established'".[244] Weder Maastricht, noch Amsterdam haben es erreicht, daß eine *gemeinsame* Außen- und Sicherheitspolitik, vergleichbar der *gemeinsamen* Handelspolitik in Art. 113 EGV (Art. 133 EGV n.F.), geschaffen wurde.[245] Dies war jedoch 1991 auch nicht die Absicht der vertragsschließenden Staaten. Vielmehr wurde mit dem „Säulenmodell" ein Ansatz der getrennten Strukturen gewählt. Es konnte im Verlauf dieses Kapitels erarbeitet werden, daß die GASP ein vornehmlich intergouvernementales Verfahren ist, das die MS an einen Tisch zusammenbringt, sie jedoch in der Ausübung ihrer Souveränität weitgehend unberührt läßt. Die Ausführungen verdeutlichen auch, daß die GASP im Vergleich zur EPZ über eine politische Absichtserklärung hinaus geht und konkrete Verpflichtungen für die MS aufstellt. Sie verfügt außerdem über neue Instrumente, um sich von der eher reaktiven EPZ abzuheben.[246] Der gemeinsame Standpunkt und die gemeinsame Aktion (Art. J.2 und J.3 EUV; Art. 14, 15 EUV n.F.) liefern die Mittel zur Verwirklichung des positiven Ansatzes der Menschenrechtspolitik in der GASP. An dem grundsätzlich zwischenstaatlichen Charakter der GASP hat sich aber durch die Weiterentwicklung von der EPZ nichts geändert.

In Bezug auf den einheitlichen institutionellen Rahmen der Union[247] bedeutet dies, daß die Organe je nach Zuständigkeitsbereich unterschiedliche Befugnisse haben und andere Verfahrensvorschriften anwenden. Der Rat fungiert in der GASP als zentraler Entscheidungsträger und Knotenpunkt, wohingegen insbesondere die Kommission, doch auch das Parlament und der Gerichtshof, bei der GASP auf limitierte Funktionen beschränkt sind. Diese sind nicht mit ihrer jeweiligen Rolle in der EG zu vergleichen. Über das Gebot der Kohärenz[248] sind alle Teile der Union auf ein einheitliches Vorgehen verpflichtet. Es konnte desweiteren herausgearbeitet werden, daß der „zur Blockade animierende Einstimmigkeitszwang" der GASP[249] in der Vergangenheit nicht selten zu Problemen geführt hat und dringend reformbedürftig ist.

---

[242] Vgl. Fußnote 3.

[243] Art. J.1 I, II EUV (Art. 11 EUV n.F.).

[244] S. Henig, *The uniting of Europe*, S. 90; Art. J. EUV a.F.

[245] Dies gilt trotz des entgegenstehenden Wortlautes.

[246] Siehe Fußnote 23.

[247] Art. C I EUV (Art. 3 I EUV n.F.).

[248] Art. C II EUV (Art. 3 II EUV n.F.).

[249] E. Regelsberger, M. Jopp, „Und sie bewegt sich doch!", S. 260.

Bislang hat sich der „Kernbereich der Souveränität" der Staaten allerdings recht gut vor supranationalen Einflüssen schützen können. Durch die bislang minimalen Auflockerungen der Einstimmigkeit wird keine der EG vergleichbare Entscheidungsfindung ermöglicht. Die mit dem Vertrag von Amsterdam verstärkten Möglichkeiten der Mehrheitsentscheidungen lassen zwar eine Hinwendung zu mehr „Supranationalität" erhoffen. Sie werden aber bislang von den MS kaum genutzt und es muß sich zeigen, ob die gemeinsame Strategie hier eine andere Dynamik einführen kann.

Der Menschenrechtsschutz mittels der GASP wird zum Großteil unter Zuhilfenahme von Deklarationen und Démarchen betrieben. Es fehlt der politische Wille und der Motor, von den neuen Instrumenten des gemeinsamen Standpunktes und der gemeinsamen Aktion umfassend Gebrauch zu machen. Somit ist es fraglich, wie wirksam der Menschenrechtsschutz auf GASP-Ebene sein kann, zumal es wenige Situationen geben wird, in denen sich alle Staaten über ein Vorgehen einig sein werden.

Erinnert sei an den 1990-1991 Golf-Krieg, das Fiasko im ehemaligen Jugoslawien, Algerien 1998 und China vor der UN-Menschenrechtskommission 1998.[250] Auf der anderen Seite kann die GASP mit ihren diplomatischen Mitteln eine sinnvolle Ergänzung der wirtschaftlichen Aktivitäten der EG leisten und diese gegebenenfalls in den umfassenden politischen Rahmen stellen. Die Stufenfolge der diplomatischen Instrumente läßt ein abgestimmtes und graduiertes Vorgehen gegenüber Drittstaaten zu.

[250] Vgl. A. Clapham, „Where is the EU's Human Rights Common Foreign Policy?", S. 627f.

4. Kapitel: Der Schutz des acquis communautaire

Im vorherigen Kapitel wurde dargestellt, wie die Menschenrechtspolitik auf GASP-Ebene geregelt ist. Das letzte Kapitel hat zum Ziel, eine Regelung der Abgrenzung von EG und GASP zu finden. Dabei soll der Parallelität der unterschiedlichen Rechtsgrundlagen auf Unionsebene Rechnung getragen und gleichzeitig der Gemeinschaftsbereich vor Eingriffen aus dem intergouvernementalen Bereich geschützt werden.

A. Zusammenspiel und Konkurrenz der Politiken im Menschenrechtsbereich

I. Die Problemstellung: Getrennte Strukturen mit einheitlichen Vorgaben für den Menschenrechtsschutz. Der Grundsatz der Kohärenz

„The whole sphere of the Union's external policy is riddled with competing competences, on the one hand among the Member States and the Union and on the other among the pillars of the Union. In such circumstances it is not surprising that the objective of human rights protection is not being fully served".[1]

Maastricht hat, aufbauend auf dem Entwurf der luxemburgischen Präsidentschaft im April 1991, die „Säulen-Konstruktion" in das Vertragsgefüge eingeführt.[2] Diese Struktur trug der Befürchtung vor allem Großbritanniens, Frankreichs und Dänemarks Rechnung, die EG zu stark im außenpolitischen Bereich aufzuwerten, wenn die Bestimmungen über die Außenpolitik in ein gemeinsames Kapitel der auswärtigen Beziehungen integriert würden.[3] Bereits zu Zeiten der EPZ war aus diesem Grund deren System von den Gemeinschaftsverträgen getrennt gelassen worden, anfangs sogar ohne vertragliche Grundlage und jegliche institutionelle Verbindungen.[4]

In Kapitel 1 wurde die Union als internationale Organisation bezeichnet, die Völkerrechtssubjektivität besitzt und durch allgemeine Bestimmungen ihre selbständigen Gliedteile auf eine gemeinsame Linie verpflichten will. Verbindliche inhaltliche Vorgaben für das Handeln nach den verschiedenen Verträgen sind z.B. in den konkreten Zielbestimmungen des Art. B EUV (Art. 2 EUV n.F.) zu finden, von denen zwei hier hervorgehoben werden sollen: „die Behauptung der Identität der Union auf der internationalen Ebene mittels der GASP" und die „Wahrung und Weiterentwicklung des gemeinschaftlichen Besitzstandes". Zwischen beiden sich scheinbar widersprechenden Prinzipien ist der Grundsatz der Kohärenz aller außenpolitischen Maßnahmen anzusetzen. Desweiteren umfassen die „Gemeinsamen Bestimmungen" den Art. F II EUV (Art. 6 II EUV n.F.), der die Achtung der Grund- und Menschenrechte vor-

---

1 Amnesty International's Memorandum: Proposal for a strengthened protection of human rights by the European Union in the context of the Intergovernmental Conference 1996, S. 7.

2 Diese wird gemeinhin mit dem Tempelmodell umschrieben, siehe oben Kapitel 1. Durch diese Struktur der Union wurde der Dualismus von wirtschaftlichen und politischen Außenbeziehungen erneut bestätigt, J. Monar, „The Foreign Affairs System", S. 144.

3 So hatte es die Kommission in einem Arbeitspapier Anfang März 1991 vorgeschlagen, G. Burghardt, G. Tebbe, in: *Kommentar EUV/EGV*, Vorb. Art. J.1-11, Rnr. 16.

4 G. Burghardt, G. Tebbe, in: *Kommentar EUV/EGV*, Vorb. Art. J.1-11, Rnr. 9.

schreibt und alle drei Gliedteile gleichermaßen umfaßt (somit auch die EG).[5] In diesem Gefüge hat zwar jeder Teil der Union seinen eigenen Zuständigkeitsbereich. Dieser läßt sich jedoch nicht immer von den anderen, die der Verfolgung identischer Ziele dienen, abgrenzen.

Wie bereits angedeutet,[6] besteht das Problem des Zusammenspiels der ersten und zweiten „Säule" im Bereich des externen Menschenrechtsschutzes in der allgemein gehaltenen Zielbestimmung der GASP in Art. J.1 EUV (Art. 11 I EUV n.F.). Darf der Rat tatsächlich *alle* Bereiche der Außenpolitik im Rahmen der GASP unter Zuhilfenahme des lediglich zwischenstaatlichen Mechanismusses regeln oder gibt es Bereiche, die allein der Regelungskompetenz der EG zustehen und die nicht angetastet werden dürfen?[7] Zur Erinnerung sei gesagt, daß das „intergouvernementale Modell" von der Beschlußfassung im Konsensverfahren, der fehlenden treibenden Kraft, kaum demokratischer Kontrolle und fehlender Zuständigkeit des EuGH gekennzeichnet ist, während die „Gemeinschaftsmethode" im Sinne fortschreitender Integration Mehrheitsentscheidungen vorsieht, der Kommission das ausschließliche Initiativrecht gewährt, dem Parlament mit Amsterdam weitere Rechte als „Mitgesetzgeber" zugestanden hat[8] und der vollen Überprüfung durch den EuGH unterliegt.[9]

II. Das Verhältnis der beiden Ebenen zueinander. Gibt es eine Hierarchie?

Rechtlich gesehen können zwei Meinungen darüber vertreten werden, ob der Rat das Recht hat, *alle Bereiche* der Außenpolitik mit Mitteln der GASP zu regeln. Einerseits engt der Wortlaut des Art. J.1 EUV (Art. 11 EUV n.F.) den Anwendungsbereich für die GASP in keiner Weise ein,[10] sondern beschränkt sich darauf zu verkünden, daß die Gemeinsame Außen- und Sicherheitspolitik „sich auf alle Bereiche der Außen- und Sicherheitspolitik erstreckt". Damit stehen die Vorschriften der GASP auch im Kontrast zu denen der ZJI, wo Art. K.1 EUV (vgl. Art. 29 I EUV n.F.) besagt, daß die Bereiche als Angelegenheiten von gemeinsamen Interesse gelten, die die Zuständigkeiten der Gemeinschaft „unbeschadet" lassen.[11] Das könnte einen *Vorrang* der GASP vor der EG bedeuten. Andererseits stehen mehrere Aussagen des EUV der Annahme entgegen, daß der Rat unbeschränkt Angelegenheiten der EG im Rahmen der GASP mitregeln kann und diese lediglich „ausführender Arm" der GASP ist.

1. Historisch

Vorneweg ist ein historisches Argument zu nennen. Der weite Wortlaut des Art. J.1 EUV (Art. 11 EUV n.F.) ist im Hinblick auf die Weiterentwicklung der GASP verglichen mit der

---

5 So bereits in Kapitel 1; A. v. Bogdandy, M. Nettesheim, „Die Verschmelzung der EG", S. 2325; dies., „Einheitlicher Verband mit eigener Rechtsordnung", S. 10, 13; G. Gaja, „The Protection of Human Rights under the Maastricht Treaty", S. 559.

6 Kapitel 3, Abschnitt A.

7 C. Timmermans, „The Uneasy Relationship", S. 62.

8 Siehe R. Dehousse, „European Institutional Architecture after the Amsterdam Treaty: Parliamentary System or Regulatory Structure?".

9 Siehe auch B. de Witte, „The Pillar Structure", S. 52.

10 P. Willaert, C. Marqués-Ruiz, „Etat des lieux", S. 261.

11 Siehe auch D. Obradovic, „Repatriation of Powers", S. 71.

EPZ auszulegen. Art. 30 der EEA legte als Sachgegenstand der EPZ die „Außenpolitik" fest und Absatz 6 schloß in komplizierter Sprache die Fragen von europäischer und einzelstaatlicher Sicherheit aus.[12] Wie bereits dargelegt[13] war daher die entscheidende Erneuerung der GASP, daß nunmehr auch Bereiche der - militärischen - Sicherheitspolitik, im Unterschied zur bloßen „soft security", vom Anwendungsbereich umfaßt waren.[14] Dies erklärt, warum ausdrücklich *alle* Bereiche der Außenpolitik eingeschlossen werden sollten. Nicht jedoch meint Absatz 1, das System der „getrennten Strukturen - gemeinsamen Institutionen"[15] zu Lasten der EG aufzuweichen und eine „Generalkompetenz" für Außenpolitik zu schaffen.[16]

2. Der Aufbau der Europäischen Union

Zu den Bestimmungen des Vertrages, die eine Unterordnung der EG unter die GASP ausschließen, gehört Art. A III EUV (Art. 3 III EUV n.F.), der den Aufbau der Union betrifft. Dieser besagt, daß „Grundlage der Union die Europäischen Gemeinschaften sind, ergänzt durch die mit diesem Vertrag eingeführten Politiken und Formen der Zusammenarbeit". Daraus ergibt sich, daß die Union auf drei getrennten Bereichen aufgebaut ist.[17] Keine Aussage wird zu deren Verhältnis zueinander, geschweige denn zu einer Unterordnung der EG unter die intergouvernementale Zusammenarbeit in der GASP getroffen.[18] Es ließe sich, wenn überhaupt, aufgrund des Wortlauts begründen, daß die EG *Vorrang* vor den anderen Formen der Zusammenarbeit besitzt, da die Union „auf ihr aufgebaut" ist, GASP und ZJI die Union dagegen nur „ergänzen".[19]

3. Schutz des Besitzstandes

Ein Vorrang der EG könnte auch mit Art. B EUV (Art. 2 EUV n.F.) begründet werden, der der Union den Schutz des acquis communautaire und sogar dessen Weiterentwicklung aufgibt.[20] Art. B fünfter Spiegelstrich EUV (Art. 2 EUV n.F.) erklärt dies ausdrücklich als ein Ziel der Union und unterstellt dessen Beachtung der Vertragsrevision nach Art. N II EUV (Art. 48 EUV n.F.), d.h. der Regierungskonferenz 1996, die zur Unterzeichnung des Vertrages von Amsterdam geführt hat. Es ist allerdings fraglich, ob der Vertrag von Amsterdam tatsäch-

---

12 P.-Ch. Müller-Graff, „Kohärenzgebot aus rechtlicher Sicht", S. 63.

13 Kapitel 3.

14 G. Burghardt, G. Tebbe, in: *Kommentar EUV/EGV*, Art. J.1, Rnr. 7, dies wird in Art. J.1 II zweiter Spiegelstrich und Art. J.4 I EUV (Art. 11 I und 17 EUV n.F.) bestätigt.

15 Dies., Vorb. Art. J.1-11, Rnr. 16.

16 Zur Einschränkung des Anwendungsbereiches der GASP aufgrund des Vertragsgefüges siehe, P.-Ch. Müller-Graff, „Kohärenzgebot aus rechtlicher Sicht", S. 64; E. Regelsberger, M. Jopp, „Und sie bewegt sich doch!", S. 256, sprechen von dem Anspruch der GASP, alle Bereiche zu umfassen, ebenfalls nur im Hinblick auf die Sicherheits- und Verteidigungspolitik.

17 Siehe dazu und zur Verneinung einer Fusion der Gemeinschaften in der Union, O. Dörr, „Zur Rechtsnatur der Europäischen Union", S. 344f.

18 C. Timmermanns, „The Uneasy Relationship", S. 67.

19 G. Burghardt, G. Tebbe, *Kommentar EUV/EGV*, Art. J.2, Rnr. 9, Fn. 27; P. Willaert, C. Marqués-Ruiz, „Etat des lieux", S. 255, die EG ist „le pilier fondamental de l'Union".

20 G. Burghardt, G. Tebbe, *Kommentar EUV/EGV*, Art. J.3, Rnr. 11, sprechen von „Gemeinschaftspräferenz".

lich zu einer Klärung des Verhältnisses der beiden Zuständigkeitsbereiche beitragen wird. Art. C I EUV (Art. 3 I EUV n.F.) greift die Idee auf und erklärt den einheitlichen institutionellen Rahmen als eine Basis für die Wahrung des Besitzstandes.[21] Durch Betonung der „Kontinuität der Maßnahmen" wird nochmals die Bedeutung des acquis communautaire unterstrichen.[22] Schließlich wird diese Schutz- und Weiterentwicklungs-Aufgabe, bzw. deren Respektierung, der Zuständigkeit des EuGH über Art. M EUV (Art. 47 EUV n.F.) unterstellt.[23] Diese Vorschrift läßt die Gemeinschaftsverträge insoweit unberührt, als keine Änderung durch den Vertrag von Maastricht vorgenommen wurde. Änderungsbestimmungen, die das Verhältnis der Gliedteile zueinander betreffen, sind aber lediglich Art. 199, 73g und 228a EGV (Art. 268, 60, 301 EGV n.F.), J.11 EUV (Art. 28 EUV n.F.), ansonsten sind keine weiteren Anpassungen der EG an die „Politiken und Formen der Zusammenarbeit" (Art. A III EUV; Art. 3 III EUV n.F.) zulässig.

Art. B, C, N und M EUV (Art.2, 3, 48, 47 EUV n.F.) legen es daher nahe, daß die GASP und ZJI nicht nur dem Schutz des acquis communautaire verpflichtet sind, sondern darüber hinaus „zu seinen Diensten" stehen sollten und daher jede Lösung von Zuständigkeitskonflikten zu Gunsten der EG ausgehen sollte.[24]

4. Der Vorrang des Gemeinschaftsrechts

Es könnte erwogen werden, den Vorrang des Gemeinschaftsrechts vor widersprechendem nationalen Recht, der vom EuGH entwickelt wurde,[25] auch im Verhältnis von der ersten zur zweiten (und dritten) „Säule" anzuwenden.[26]

Dafür kann angeführt werden, daß der EuGH bereits vor Maastricht und danach in mehreren Fällen entschieden hat, daß die den MS im Bereich der Außen- und Sicherheitspolitik verbliebenen Zuständigkeiten in Übereinstimmung mit Gemeinschaftsrecht ausgeübt werden müssen.[27] Eine solche Bindung der MS in der Ausübung nationaler außenpolitischer Kompetenz

---

21 C. Timmermanns, „The Uneasy Relationship", S. 67; P. Willaert, C. Marqués-Ruiz, „Etat des lieux", S. 257.

22 D. Simon, in: *Commentaire*, Art. C, S. 73.

23 Siehe unten und Kapitel 3 zur Rolle des EuGH in der GASP.

24 W. Devroe, J. Wouters, *De Europese Uni*, S. 613 stellen fest, daß der Anspruch der GASP, alle Bereiche der Außenpolitik abzudecken, nur so weit gehen kann als dies nicht mit der ersten oder dritten „Säule" kollidiert.

25 Insbesondere Costa Enel, Rs. 6/64 vom 15.7.64, Slg. 1964, 1251 und Simmenthal II, Rs. 106/77 vom 9.3.78, Slg. 1978, 629.

26 So Ige Dekker und Ramses Wessel, „The Union's Unity Unveiled", S. 18. Sie sehen keinen grundsätzlichen Unterschied, ob die MS nun alleine in dem ihnen verbliebenen Handlungsspielraum oder koordiniert in der GASP oder ZJI agieren. Ähnliches scheint auch U. Everling, „Reflections on the Structure of the EU", S. 1071f anzudeuten.

27 So verbundene Rs. 6/69 und 11/69 Kommission gegen Frankreich, Slg. 1969, S. 523, Abs. 17; Rs. 57/86 Griechenland gegen Kommission, Slg. 1988, S. 2855, Abs. 9; Rs. 127/87 Kommission gegen Griechenland, Slg. 1988, S. 3333, Abs. 7; Rs. C-122/89 Factortame und andere, Slg. 1991, S. I-3905, Abs. 14, siehe Verweis in Rs. C-124/95 The Queen ex parte Centro-Com Srl and H. M. Treasury and the Bank of England, Slg. 1997-1, S. I-123, Abs. 25.

Nach dem Inkrafttreten des Vertrages von Maastricht siehe das interessante Verfahren Rs. C-70/94 Werner gegen Deutschland, Slg. 1995, S. I-3189; Auch Rs. 120/94 Kommission gegen Griechenland, Slg. 1996-3, S. I-1513 Stellungnahme des Generalanwalts Jacobs; Ebenso Rs. C-124/95 The Queen ex parte Centro-Com Srl and H. M. Treasury and the Bank of England, Slg. 1997-1, S. I-123.

an die EG scheint zumindest dann vom EuGH gewollt zu sein, wenn bereits eine Gemeinschaftsmaßnahme (Sanktion nach Art. 113 EGV; Art. 133 EGV n.F.) besteht.[28] Jedoch auch solche Maßnahmen der MS, die den Handelsfluß beschränken, *ohne* daß eine Gemeinschaftsmaßnahme besteht, müssen so ausgeübt werden, daß das Gemeinschaftsrecht respektiert wird.[29] In beiden Fällen kann eine nationale Maßnahme nicht allein deswegen gerechtfertigt sein und als außerhalb des Anwendungsbereiches des EGV (hier Art. 113 EGV; Art. 133 EGV n.F.) angesehen werden, weil sie außen- und sicherheitspolitische Zielsetzungen verfolgt.[30]

Inwieweit diese Rechtsprechung allerdings auf das Handeln in der EPZ/GASP bezogen werden kann, erscheint fraglich. Die Rechtssachen betrafen Fälle, in denen *einzelne* MS aus Gründen nationalen Interesses schärfere Sanktionen als die bestehende EG-Verordnung oder der EG-Regelung des Warenverkehrs mit Drittstaaten widersprechende Regelungen erlassen hatten. Es lag jedoch kein *gemeinsames* Handeln in der EPZ/GASP vor. In der Rechtssache Centro Com verweist der EuGH zwar ausdrücklich darauf, daß die Zusammenarbeit der MS zum fraglichen Zeitpunkt durch die EPZ geregelt war,[31] jedoch nur um zu verdeutlichen, daß die MS ihre Kompetenz in der Außen- und Sicherheitspolitik noch innehaben. Keine Rede war von einem gemeinsamen Handeln aller MS im Rahmen der EPZ/GASP, das Gemeinschaftsbestimmungen widersprach. Angesichts der Verselbständigung der GASP von den MS kann eine Übertragung des Grundsatzes des Vorrangs des Gemeinschaftsrechts, der zwischen

---

[28] M. Koskenniemi, „International Law Aspects of the CFSP", S. 37. In einem solchen Fall verneinte der EuGH auch die Möglichkeit für das Vereinigte Königreich, sich auf die Ausnahmeklausel der EG-Ausfuhrverordnung (Art. 11, „öffentliche Sicherheit") zu berufen, mit dem Argument, daß bereits eine Gemeinschaftsmaßnahme erlassen sei, die genügend Schutz biete, Rs. C-124/95 The Queen ex parte Centro-Com Srl and H. M. Treasury and the Bank of England, Slg. 1997-1, S. I-123ff, Abs. 44-49 und 27.

[29] EuGH, Rs. C-70/94 Werner gegen Deutschland, Slg. 1995, S. I-3189ff, Abs. 11f, Art. 113 EGV (Art. 133 EGV n.F.) ist eine „gemeinsame" Politik, und ein MS kann daher nicht frei entscheiden, den Anwendungsbereich des Art. 113 EGV (Art. 133 EGV n.F.) zu beschränken, es sei denn er beruft sich auf eine Ausnahmevorschrift.

[30] Rs. C-70/94 Werner gegen Deutschland, Slg. 1995, S. I-3189ff, Abs. 10; Rs. C-124/95 The Queen ex parte Centro-Com Srl and H. M. Treasury and the Bank of England, Slg. 1997-1, S. I-123, Abs. 25. Ebenso argumentierte der Generalanwalt Jacobs gegen die Zulässigkeit der von Griechenland erlassenen Embargomaßnahme, da diese den Anwendungsbereich des Art. 113 EGV (Art. 133 EGV n.F.) beträfe und somit die ausschließliche Kompetenz der EG in Frage stelle. Er begründete dies damit, daß es nicht auf den *Zweck* des Embargos, sondern auf dessen *Wirkung* ankommt. Letztere ist auf Beeinflussung des Handelsvolumens gerichtet, Rs. C-120/94 Kommission gegen Griechenland, Slg. 1996-3, S. I-1513ff, Abs. 42. Dieses Verfahren wurde auf Antrag der Kommission eingestellt und daher nicht vom EuGH entschieden, Abs. 10f der Anordnung des Gerichtspräsidenten, S. I-1539. Eine solche Interpretation wäre in der Tat eine entscheidende Hinwendung zu einer Kompetenz der EG für Embargomaßnahmen (siehe auch F. Hoffmeister, *Menschenrechts- und Demokratieklauseln,* S. 396). Zur Stützung seiner These verweist Generalanwalt Jacobs auf zahlreiche Sanktions-Verordnungen der EG, die aufgrund Art. 113 EGV (Art. 133 EGV n.F.) ergangen sind, siehe Rs. 120/94 Kommission gegen Griechenland, Slg. 1996-3, S. I-1513ff, Fußnote 17 zu Abs. 42. Allerdings waren diese Verordnungen von einer Kontroverse um den Anwendungsbereich des Art. 113 EGV (Art. 133 EGV n.F.) geprägt und in eine vorherige EPZ-Entscheidung eingebunden. Ein Verfahren, welches nunmehr in Art. 228a EGV (Art. 301 EGV n.F.) festgeschrieben ist, der gleichzeitig die Kompetenz der EG für Sanktionen enthält. Inwieweit Art. 113 EGV (Art. 133 EGV n.F.) daneben noch anwendbar ist wird unterschiedlich beantwortet (siehe unten). Was hier nur festgehalten werden soll ist, daß der Anwendungsbereich des Art. 113 EGV (Art. 133 EGV n.F.) nicht ohne weiteres unter Verweis auf die vergangenen Sanktionsverordnungen bestimmt werden kann.

[31] Slg. 1997-1, S. I-123ff, Abs. 24.

der EG und den MS gilt, nicht auf das Verhältnis der beiden Ebenen EG und GASP übertragen werden. Eine Aussage über die Stellung der unterschiedlichen Teile des Vertrages zueinander kann somit hieraus nicht entnommen werden.

5. Das Kohärenzgebot

Letztlich gilt es noch das Kohärenzgebot zu beleuchten. Dieses ist in mehreren Bestimmungen des EUV festgelegt (Art. A III, C II, J.1 IV EUV; Art. 1 III, 3 II, 11 II EUV n.F.) und betrifft sowohl die vertikale, wie auch die horizontale Kohärenz.[32] Für diese Arbeit ist lediglich letztere, die ihren Ausdruck in Art. C II EUV (Art. 3 II EUV n.F.) gefunden hat, von Bedeutung. Wie kann dieses Konzept der „Kohärenz aller von (der Union) ergriffenen außenpolitischen Maßnahmen" definiert werden? Untechnisch ausgedrückt bedeutet das Kohärenzgebot das „Gebot zusammenhängender, in sich stimmiger Politik".[33] Im Sinne der Unionsstruktur und der gemeinsamen Vorgaben (Art. B, C, F, M EUV; Art. 2, 3, 6, 47 EUV n.F.) meint Kohärenz, das auf die jeweils andere „Säule" der Union abgestimmte, diese respektierende, einheitliche äußere Erscheinen der Union in Verfolgung gleicher Ziele unter Vermeidung widersprüchlicher Maßnahmen.[34]

In letzter Zeit hat sich jedoch nicht selten herauskristallisiert, daß der Rat, handelnd in der GASP, dazu tendiert, das Kohärenzgebot einseitig zu Lasten der EG auszulegen und eine Bindung der Gemeinschaft an die Beschlüsse in der GASP zu statuieren (*Vorrang* der GASP).[35]

---

[32] Vertikale Kohärenz herrscht zwischen den MS und der Union, horizontale dagegen zwischen den Außenbeziehungen der EG und denen der GASP, H.-G. Krenzler, H. C. Schneider, „The Question of Consistency", S. 133. Die Verantwortung für die vertikale Kohärenz liegt gem. Art. J.1 IV (und J.8 II 2) EUV (Art. 11 II und 13 III EUV n.F.) beim Rat, für die horizontale Kohärenz gemeinsam bei Rat und Kommission, Art. C II 2 EUV (Art. 3 II EUV n.F.), dies., S. 136. Zwischen *innerer, äußerer* und *inhaltlicher* Kohärenz unterscheidet P.-Ch. Müller-Graff, „Kohärenzgebot aus rechtlicher Sicht", S. 54.

[33] So P.-Ch. Müller-Graff, „Kohärenzgebot aus rechtlicher Sicht", S. 53; J. Monar, „Das duale System von EG und EPZ/GASP im Test", S. 80, sieht allerdings das eigentliche Ziel des Kohärenzgebotes in einer anderen Richtung. Es könne nicht lediglich darauf ankommen, sich widersprechende Maßnahmen zu vermeiden, sondern vielmehr ein gleichgerichtetes einander ergänzendes Tätigwerden der unterschiedlichen Ebenen zu erreichen. Das jeweilige außenpolitische Ziel könne besser unter Mobilisierung des Potentials beider Strukturen erreicht werden. Siehe auch M. Pechstein, „Das Kohärenzgebot als entscheidende Integrationsdimension", S. 253; G. Ress, „Die Europäische Union", S. 987, „Kohärenz deutet auf eine sinnvolle inhaltliche Zusammenfügung der Maßnahmen hin".

[34] Ch. Trüe, *Verleihung von Rechtspersönlichkeit an die Europäische Union*, S. 26, mit weiteren Nachweisen. Dabei ist zu beachten, daß die englische Version von „consistency", andere Sprachen hingegen von dem Begriff der Kohärenz, cohérence, coherencia, coerenza, oder samenhangend sprechen. H.-G. Krenzler, H. C. Schneider, „The Question of Consistency", benutzen den Begriff „consistency" äquivalent mit „Kohärenz", wie aus ihrem Artikel „Die Gemeinsame Außen- und Sicherheitspolitik der Europäischen Union - Zur Frage der Kohärenz", hervorgeht. Auf S. 145 Fußnote 2, geben sie weitere Literaturhinweise.

[35] G. Burghardt, G. Tebbe, *Kommentar EUV/EGV*, Vorb. Art. J.1-11, Rnr. 21. So auch bereits in Zeiten der EPZ, wo es einigen MS gefallen hätte, die Kommission als ausführenden Arm der EPZ zu sehen. Diese Tendenz sieht der Autor dadurch verstärkt, daß im Gegensatz zur EEA die Verantwortung für Kohärenz nicht mehr bei Präsidentschaft und Kommission, sondern bezüglich der GASP beim Rat liegt (Art. J.8 II EUV; Art. 13 III EUV n.F.), J. Monar, „Das duale System von EG und EPZ/GASP im Test", S. 81. Dabei übersieht er aber, daß die Verantwortung nach Art. J.8 II EUV (Art. 13 III EUV n.F.) nur für die *vertikale,* nicht jedoch für die *horizontale* Kohärenz gilt, siehe oben Fußnote 32. C. Flaesch-Mougin, „Les compétences externes de la Communauté Européenne", S. 376, die GASP darf die EG nicht der politischen Komponente ihrer Außenbeziehungen unter Verweis auf das Kohärenzprinzip berauben.

Eine solche Bindung ist aber nur in den vom Vertrag ausdrücklich zugelassenen Fällen (Art. 228 a, 73g EGV; Art. 301, 60 EGV n.F.) möglich.[36] Ansonsten ist das Verhältnis von Maßnahmen in der GASP und der EG keines der Unterordnung, sondern der gegenseitigen Ergänzung mit dem Ziel, Kohärenz zu erreichen.[37] Das in Art. C II EUV (Art. 3 II EUV n.F.) enthaltene Kohärenzgebot baut gerade auf dem Nebeneinander unterschiedlicher Zuständigkeitsbereiche auf und gibt keinem den Vorrang, noch die alleinige Verantwortung für ein einheitliches Auftreten.[38] Eine Ausdehnung der intergouvernementalen Beschlußfassung auf Bereiche der EG würde auf lange Sicht zu einer „Denaturierung" ihres Beitrages zur Außenpolitik führen, ihre Effektivität schmälern und sie zum lediglich exekutiven Arm der GASP machen, was mit der Autonomie der EG nicht zu vereinbaren ist.[39] Gleichfalls kann aber nach dieser Analyse des Kohärenzgebotes auch die oben angedeutete These des Vorrangs der EG nicht mehr aufrechtgehalten werden. Es muß vielmehr von der Eigenständigkeit der Bereiche i.S.v. „gleichrangiger Parallelität"[40] ausgegangen werden. Gegen einen Vorrang der EG spricht desweiteren die Existenz eines einheitlichen institutionellen Rahmens (Art. C I, E EUV; Art. 3 I, 5 EUV n.F.), die Aufstellung gemeinsamer Ziele (Art. B EUV; Art. 2 EUV) und die gleichmäßige Geltung der Wahrung der Grund- und Menschenrechte und nationalen Identitäten (Art. F EUV; Art. 6 EUV n.F.) für alle Zuständigkeitsbereiche.[41]

6. Zwischenergebnis

Nach Untersuchung der Struktur und Ausprägung des EUV ist daher die Schlußfolgerung zu ziehen, daß das Verhältnis der eigenständigen „Säulen" von grundsätzlicher Gleichrangigkeit geprägt und auf gemeinsame Ergänzung ausgerichtet ist. Der Rat ist folglich vom Grundsatz her nicht ermächtigt, unter Berufung auf Vorschriften der GASP, Ziele und Prioritäten festzulegen oder Handlungen vorzunehmen, die die EG in Bereichen binden, zu deren Regelung sie berechtigt ist. Es sei denn, es ist vom Vertrag ausdrücklich vorgesehen. Da es aber, insbesondere im Bereich des Menschenrechtsschutzes, immer wieder Angelegenheiten gibt, die in den Grenzbereich der unterschiedlichen Politikbereiche fallen, stellt sich die Frage nach einer Abgrenzungsregel für solche Konfliktfälle. Diese soll nicht, wie vom Rat häufig erstrebt, zu La-

---

36 Dabei ist der Anwendungsbereich des Art. 228a, 73g EGV (Art. 301, 60 EGV n.F.) sehr sorgsam zu bestimmen, siehe Kapitel 2 und unten.

37 H.-G. Krenzler, H. C. Schneider, „The Question of Consistency", S. 139. M. Pechstein, „Das Kohärenzgebot als entscheidende Integrationsdimension", S. 255, wirft die Frage auf, ob sich die EG grundsätzlich der originären politischen Dimension der GASP unterwerfen müsse. G. Burghardt, G. Tebbe, in: *Kommentar EUV/EGV*, Art. J.3, Rnr. 16, Beschlüsse der GASP haben lediglich Bindungswirkung für die MS, nicht jedoch für die EG, wie sich aus der Formulierung des Art. J.3 Nr. 4 EUV (Art. 14 III EUV n.F.) ergibt. Das Verhältnis von EG und EU bestimmt sich allein nach dem Gebot der Kohärenz (das teilweise in Brückenklauseln konkretisiert wird).

38 G. Burghardt, G. Tebbe, *Kommentar EUV/EGV*, Vorb. Art. J.1-11, Rnr. 22; C. Timmermanns, „The Uneasy Relationship", S. 67; M. Pechstein, „Das Kohärenzgebot als entscheidende Integrationsdimension", S. 256, der regelmäßige zeitliche Vorrang der politschen Entscheidung wird jedoch faktisch zur Nachrangigkeit der „welfare-politics" der EG führen, auch wenn beide normativ auf einer Ebene stehen.

39 H.-G. Krenzler, H. C. Schneider, „The Question of Consistency", S. 140. Ähnlich M. Pechstein, „Das Kohärenzgebot als entscheidende Integrationsdimension", S. 256, er spricht von „intergouvernementaler „Domestizierung" der EG".

40 G. Burghardt, G. Tebbe, *Kommentar EUV/EGV*, Art. J.3, Rnr. 5.

41 Ige Dekker und Ramses Wessel, „The Union's Unity Unveiled", S. 19.

sten der EG gehen, sondern den acquis communautaire bewahren und weiterentwickeln (Art. B EUV; Art. 2 EUV n.F.).

Bevor solche Richtlinien entwickelt werden, soll zunächst auf die Überschneidungen eingegangen werden, die vom Vertrag vorgesehen sind (III.) und auf solche, die in der Vergangenheit Konflikte zwischen den Kompetenzbereichen hervorgerufen haben (IV.). Erst dann werden der bereits bestehende „mode d'emploi" und andere Möglichkeiten einer Abgrenzung der vom Vertrag nicht vorgesehenen Fälle der Interaktion einer genauen Untersuchung unterzogen werden (V.).

III. Vom Vertrag vorgesehene Interaktion der Unionsteile

Das im Vertrag enthaltene Kohärenzgebot wird in mehreren Brückenklauseln konkretisiert.[42] Dazu zählen Art. 228a, 73g EGV (Art. 301, 60 EGV n.F.) und Art. J.11 II EUV (Art. 28 EUV n.F.). Diese Bestimmungen sollen im folgenden beleuchtet werden.

1. Art. 228a, 73g EGV (Art. 301, 60 EGV n.F.) [43]

Wie bereits in Kapitel 2 herausgearbeitet wurde, basiert Art. 228a EGV (Art. 301 EGV n.F.) auf einem Kompromiß zwischen den MS und der Kommission, der die vorherige ungeregelte EPZ-Praxis[44] in Vertragsform gießen sollte. Die beiden kontroversen Angelegenheiten waren, ob die EG oder die MS für das „außenpolitische Ziel" der Wirtschaftssanktionen zuständig waren (1) und ob die EG, sofern prinzipiell zur Regelung befugt, auch Beschränkungen des Dienstleistungsverkehrs und des Transportwesens gestützt auf Art. 113 EGV (Art. 133 EGV n.F.) erlassen darf (2).[45] Der Schutz der Menschenrechte, deren Integration in die Politik der EG und der EU in Kapiteln 2 und 3 dargestellt wurde, wird zunehmend als ein zentrales außenpolitisches Ziel angesehen.[46] Der Vertrag sieht mit Art. 228 a EGV (Art. 301 EGV n.F.) eine Regelung vor, die zwar auf den ersten Blick Klarheit über den Anwendungsbereich verschafft und den Beschlüssen in der GASP *Vorrang* gewährt,[47] jedoch auch Anlaß zu weiteren Auseinandersetzungen geben kann.[48] Dabei ist zu erwähnen, daß Art. 228a EGV (Art. 301 EGV n.F.) den Institutionen keine Richtlinien an die Hand gibt, wenn das dort vorgesehene zweistufige System einmal nicht eingehalten werden sollte.[49]

---

42 So Ch. Trüe, *Verleihung von Rechtspersönlichkeit an die Europäische Union*, S. 34. Ähnlich P. Willaert, C. Marqués-Ruiz, „Etat des lieux", S. 257.

43 Art. 73g EGV (Art. 60 EGV n.F.) ist neben Art. 228a EGV (Art. 301 EGV n.F.) an sich nicht notwendig, da der Wortlaut des Art. 228a EGV (Art. 301 EGV n.F.) weit genug gefaßt ist, auch finanzielle Sanktionen mit zu umfassen. Der Unterschied ist, daß der Rat nach Art. 228a EGV (Art. 301 EGV n.F.) verpflichtet wird, ihm bei Art. 73g EGV (Art. 60 EGV n.F.) hingegen nur eine weitere Handlungsoption an die Seite gestellt wird („trifft", „kann ergreifen").

44 P. J. Kuyper, „Trade Sanctions", S. 390.

45 Vgl. I. Macleod, I. D. Hendry, S. Hyett, *External Relations*, S. 353.

46 Vgl. P. J. Kuyper, „Trade Sanctions", S. 389ff.

47 P. Gilsdorf, P. Kuijper, in: *Kommentar EUV/EGV*, Art. 228a, Rnr. 4, spricht vom Vorrang der GASP in diesem Bereich statt bloßer Kohärenz und sieht darin einen Rückschritt zur Praxis der EPZ.

48 Siehe dazu den in Kapitel 2 erarbeiteten Anwendungsbereich.

49 J. Monar, „Das duale System von EG und EPZ/GASP im Test", S. 83.

Dem Wortlaut nach suggeriert Art. 228a EGV (Art. 301 EGV n.F.), daß die Kommission automatisch dem Rat den entsprechenden Vorschlag für die EG-Regelung vorlegt. Das ist aber nur insofern aufrecht zu erhalten, als daß damit nicht die Eigenständigkeit der ersten „Säule" verletzt wird, d.h. Art. 228a EGV (Art. 301 EGV n.F.) kann nur Ausnahmefälle (ultima ratio) betreffen und nicht die Regel für negative Maßnahmen darstellen.[50] Denn sonst wäre *jedes* Tätigwerden der EG im Bereich des negativen Menschenrechtsschutzes an eine vorherige Entscheidung der GASP gebunden und ihre Eigenständigkeit völlig aufgehoben. Es sind grundsätzlich zwei Kombinationen für Konfliktfälle im Zusammenhang mit Art. 228a EGV (Art. 301 EGV n.F.) denkbar: Die Kommission weigert sich, den erforderlichen Vorschlag an den Rat für die im GASP-Beschluß vorgesehene EG-Maßnahme sozusagen „automatisch" zu erlassen. Oder in der EG besteht ein breiter Konsens über bestimmte Maßnahmen, welcher aufgrund der Vetomöglichkeit in der GASP keinem vorherigen einstimmigen Beschluß zuzuführen ist, bzw. die EG möchte „eigene" Maßnahmen treffen.[51] Im ersten Fall ist fraglich, inwieweit die EG an den Beschluß in der GASP gebunden ist,[52] im zweiten Fall ob der EG neben Art. 228a EGV (Art. 301 EGV n.F.) noch Handlungsspielraum verblieben ist oder Art. 228a EGV (Art. 301 EGV n.F.) lex specialis mit Ausschlußwirkung ist.[53]

---

50 Ansonsten würde dem institutionellen Gefüge Schaden getan, J. Monar, „Das duale System von EG und EPZ/GASP im Test", S. 83. Art. 228a EGV (Art. 301 EGV n.F.) bringt zwei Gefahren mit sich: Zum einen, daß das ausschließliche Initiativrecht der Kommission in der ersten „Säule" beeinträchtigt wird und zum anderen, daß die Abstimmungsmethoden der EG durch das vorgeschaltete Einstimmigkeitsprinzip untergraben werden, ders., „The Foreign Affairs System", S. 149.

51 Siehe zu den „Konfliktszenarien" J. Monar, „Das duale System von EG und EPZ/GASP im Test", S. 75ff.

52 Grundsätzlich ist Art. 228a EGV (Art. 301 EGV n.F.) als Ausnahme von der „gleichrangigen Parallelität" der „Säulen" anzusehen, indem er die EG den Beschlüssen der GASP unterstellt. Die EG ist somit im Regelfall verpflichtet, die auf politischer Ebene beschlossenen Sanktionen mit den ihr zur Verfügung stehenden wirtschaftlichen Mitteln auszuführen. Die GASP ist hier der EG vorrangig, P. Gilsdorf, P. Kuijper, in: *Kommentar EUV/EGV*, Art. 228a, Rnr. 3, 4; M. Pechstein, „Das Kohärenzgebot als entscheidende Integrationsdimension", S. 255. Auch Ch. König, M. Pechstein, *Die EU*, S. 43f; Ch. Trüe, *Verleihung von Rechtspersönlichkeit an die Europäische Union*, S. 62f. Dabei handelt es sich entgegen der Ansicht von H.-G. Krenzler, H. C. Schneider, „Zur Frage der Kohärenz", S. 152, nicht um einen Fall der „unabhängigen Ergänzung". Sie geben allerdings zu, daß eine Gefahr der Vereinnahmung der EG durch GASP-Beschlüsse besteht; M. Pechstein, „Das Kohärenzgebot als entscheidende Integrationsdimension", S. 255, sagt, daß die EG die notwendigen handelspolitischen Maßnahmen ergreifen *muß*.

53 Die Logik des Art 228a EGV zwingt dazu, daß er nur dann als Rechtsgrundlage von der EG zum Erlaß von Wirtschaftssanktionen benutzt werden kann, wenn vorher ein GASP-Beschluß ergangen ist, I. Macleod, I. D. Hendry, S. Hyett, *External Relations*, S. 355. Fraglich ist jedoch, ob *andere* Rechtsgrundlagen neben oder anstelle von Art. 228a EGV (Art. 301 EGV n.F.) in Betracht kommen können. P. Gilsdorf, P. Kuijper, in: *Kommentar EUV/EGV*, Art. 228a, Rnr. 4, vertreten, daß der EUV der Kommission eigene Regelungen nicht verbietet, wenn die Voraussetzungen des Art. 228a EGV (Art. 301 EGV n.F.) nicht gegeben sind; P. Willaert, C. Marqués-Ruiz, „Etat des lieux", S. 258, sagen, daß die EG keinesfalls gehindert ist, auf Art. 113 EGV (Art. 133 EGV n.F.) zurückzugreifen, wenn sie im Rahmen der EG-Ziele handelt; T. Stein, „Das Zusammenspiel von MS, Rat und Kommission", S. 80, Art. 113 EGV (Art. 133 EGV n.F.) bleibt dann als Rechtsgrundlage erhalten, wenn es um die Verfolgung handelspolitischer Ziele geht. Siehe auch ders., *Die GASP der Union unter besonderer Berücksichtigung der Sanktionsproblematik*, S. 39, wo er lediglich die Frage aufwirft nach der weiteren Anwendbarkeit des Art. 113 EGV (Art. 133 EGV n.F.); S. Konstadinidis, „The New Face of the Community's External Relations", S. 30f, bejaht unter Verweis auf das EuGH-Gutachten 1/94 einen Rückgriff auf Art. 113 EGV (Art. 133 EGV n.F.) für den Erlaß von Import- und Exportbeschränkungen. Ebenfalls unter Verweis auf 1/94, I. Macleod, I. D. Hendry, S. Hyett, *External Relations*, S. 356, 357; I. Dekker, R. Wessel, S. 27, verneinen die Anwendbarkeit von Art. 113 EGV (Art. 133 EGV n.F.) für (außenpolitische) Sanktionsmaßnahmen neben Art. 228a EGV (Art. 301 EGV n.F.).

Hier wird vertreten, daß die EG grundsätzlich die GASP-Beschlüsse ausführen muß. Sie hat jedoch in den Fällen das Recht zur Weigerung, die „reine" EG-Maßnahmen[54] betreffen. Diese Freiheit der Handhabung von *Gemeinschafts*instrumenten (unilateral oder vertraglich) ist ihr über Art. M, B, C EUV (Art. 47, 2, 3 EUV n.F.) zugesichert. In diesen Bereichen ist die Gemeinschaft trotz des scheinbar umfassenden Wortlauts von Art. 228a EGV (Art. 301 EGV n.F.) rechtmäßig dazu in der Lage, die Umsetzung eines GASP-Beschlusses zu verweigern.[55] Bezüglich des zweiten angesprochenen Punktes kann Art. 113 EGV (Art. 133 EGV n.F.) sicher dann neben Art. 228a EGV (Art. 301 EGV n.F.) eine Rechtsgrundlage für die EG hergeben, wenn es um handelspolitisch motivierte Sanktionen geht. Bei außen- und sicherheitspolitisch motivierten Wirtschaftssanktionen kann sich die EG nur dann auf andere vertragliche Rechtsgrundlagen und Sekundärrecht berufen, wenn die negativen Maßnahmen nicht die Schwelle zu den in Art. 228a EGV (Art. 301 EGV n.F.) angesprochenen „erforderlichen Sofortmaßnahmen" als ultima ratio überschritten haben.

Im Falle der Mißachtung dieses Entscheidungsprärogativs der EG seitens der GASP, kann die Kommission als Vertreterin der EG den EuGH nach Art. 173 II EGV (Art. 230 II EGV n.F.) anrufen und auf Nichtigerklärung des GASP-Beschlusses klagen. Dies gilt trotz des grundsätzlichen Ausschlusses des EuGH von der Rechtsprechung über Maßnahmen der GASP (Art. L EUV; Art. 46 EUV n.F.).[56] In der Regel wird jedoch ein politischer Kompromiß über die Handhabung der Sanktion zwischen Kommission und Rat in der Zusammensetzung der Außenminister gefunden.[57] Diese Tatsache läßt gleichzeitig erkennen, daß eine haarscharfe Abgrenzung der Zuständigkeiten in diesem hochpolitischen Bereich kaum möglich ist.

Der EUV sieht also mit Art. 228a EGV (Art. 301 EGV n.F.) eine Regelung vor, die über bloße Erreichung der Kohärenz hinausgeht und die EG in die Dienste der GASP stellt, sofern die Grenzen der Autonomie der EG gewahrt bleiben.

2. Art. J.11 EUV (Art. 28 EUV n. F.)

Absatz 1 dieses Artikels erklärt die organisationsrechtlichen Bestimmungen des EGV, die für die Arbeit der Organe in der GASP erforderlich sind, auch in der zweiten „Säule" für anwendbar.[58] Die Vorschrift ist die Konsequenz aus der durch Art. C I EUV (Art. 3 I EUV n.F.) eingeführten einheitlichen institutionellen Struktur.[59] Absatz 2 hingegen stellt eine direkte

---

[54] Die „bloße" Suspendierung von (gemischten) Abkommen, die „bloße" Aussetzung des APS, die „bloße" Suspendierung von finanzieller und technischer Hilfe gestützt auf Art. 235 EGV (Art. 308 EGV n.F.), die Suspendierung von finanzieller und technischer Hilfe gestützt auf Art. 130w EGV (Art. 179 EGV n.F.), reine EG Abkommen gestützt auf Art. 130y EGV (Art. 181 EGV n.F.), siehe die Ausführungen in Kapitel 2.

[55] N. Neuwahl, „Implementation of the Requirement of Consistency", S. 239, erklärt dies damit, daß das Initiativrecht der Kommission nicht zu einer bloßen Formalie reduziert werden darf.

[56] Vgl. I. Macleod, I. D. Hendry, S. Hyett, *External Relations*, S. 423; M. Fouwels, „The European Union's CFSP and Human Rights", S. 294f; G. Burghardt, G. Tebbe, *Kommentar EUV/EGV*, Vorb. Art. J.1-11, Rnr. 26.

[57] Interview mit einer Bediensteten des Juristischen Dienstes der Kommission.

[58] P. Willaert, C. Marqués-Ruiz, „Etat des lieux", S. 259.

[59] G. Burghardt, G. Tebbe, *Kommentar EUV/EGV*, Art. J.11, Rnr. 2.

Verbindung der Finanzierung der GASP zum EG-Budget her.[60] Sollte der Rat einstimmig so entscheiden, dann gehen neben den Verwaltungsausgaben auch die operativen Ausgaben zu Lasten des Gemeinschaftshaushaltes. Dadurch wird ein indirekter Einfluß des Parlaments in Bereiche der Außenpolitik bewirkt.[61] Diese Tatsache, die Schwierigkeit, den Umfang der Kosten für GASP-Aktionen im voraus zu bestimmen und das Insistieren des Parlamentes auf Ausweitung seiner Kompetenzen in der Außenpolitik, haben zu institutionellen Querelen zwischen Rat und Parlament geführt, die den Abschluß einer klärenden interinstitutionellen Vereinbarung lange Zeit verhindert haben.[62] Mit Amsterdam gehen gemäß Art. 28 III EUV n.F. alle administrativen und operativen Ausgaben - es sei denn sie haben einen Verteidigungsbezug oder der Rat beschließt einstimmig etwas anderes - automatisch zu Lasten des Haushaltes der Europäischen Gemeinschaften. Das Haushaltsverfahren der EG findet Anwendung, Art. 28 IV EUV n.F. Die genaue Ausgestaltung der Zusammenarbeit der Organe ist nunmehr in einer interinstitutionellen Vereinbarung ausgeführt.[63]

Die Nutzung des EG-Budgets für GASP-Ziele kann juristisch wiederum in zwei Bereiche unterteilt werden. Zum einen kann das EG-Budget auf der Grundlage von GASP-Beschlüssen für deren Zwecke genutzt werden (Art. J.11 II EUV; Art. 28 EUV n.F., siehe oben). In diesem Fall werden die für die GASP im Budget ausgewiesenen Mittel genutzt (GASP- Kapitel im Budget). Zum anderen kann das EG-Budget aber auch zur Unterstützung gemeinsamer Aktionen oder Standpunkte verwendet werden.[64] Dies setzt voraus, daß die EG im Rahmen ihrer eigenen Zuständigkeiten und ohne Präjudizierung von Gemeinschaftshandeln tätig wird. Im Bereich des Schutzes der Menschenrechte und der Wahrung von Demokratie und Rechtsstaatlichkeit kommt insbesondere das Budgetkapitel B7-7 der EG in Betracht, das vor allem die Demokratieprogramme von Tacis, Phare und MEDA und die „Förderung von Menschenrechten und Demokratie in Entwicklungsländern" enthält.[65] Doch auch unter den regulären technischen und finanziellen Hilfsprogrammen werden Menschenrechte und Demokratie in Drittstaaten gefördert.[66]

---

60 Dies., Art. J.11, Rnr. 4, in Zeiten der EPZ wurden die Ausgaben der EG und der EPZ genauestens getrennt und letztere nur durch unmittelbare Beiträge der MS gedeckt; E. Regelsberger, W. Wessels, „The CFSP Institutions and Procedures", S. 40; B.-Ch. Ryba, „La Politique Etrangère et de Securité Commune", S. 21; J. Monar, „The Financial Dimension", S. 35f.

61 Dieser Einfluß ist, wie bereits in Kapitel 3 erwähnt, nicht zu unterschätzen. Über das Budgetverfahren der Art. 199ff EGV (Art. 268 ff EGV n.F.) hat das Parlament bei nichtobligatorischen Ausgaben (Art. 203 EGV; Art. 272 EGV n.F.), um die es sich hier überwiegend handelt, das letzte Wort. Die damit verbundenen Probleme hätten verhindert werden können, wenn man in Art. J.11 II EUV (Art. 28 EUV n.F.) festgeschrieben hätte, daß es sich um obligatorische Ausgaben handelt, B.-Ch. Ryba, „La Politique Etrangère et de Securité Commune", S. 20. Zur Rolle des EP auch P. Willaert, C. Marqués-Ruiz, „Etat des lieux", S. 299, 301.

62 E. Regelsberger, W. Wessels, „The CFSP Institutions and Procedures", S. 40f; P. Willaert, C. Marqués-Ruiz, „Etat des lieux", S. 311; G. Burghardt, G. Tebbe, *Kommentar EUV/EGV*, Art. J.11, Rnr. 7f, diese Diskussion hat durch die Bereitstellung von Mitteln durch das EP in den operativen Teilhaushalt der Kommission an Schärfe verloren; Siehe auch B.-Ch. Ryba, „La Politique Etrangère et de Securité Commune", S. 19ff, zu den problematischen Bereichen; J. Monar, „The Financial Dimension", S. 35f.

63 Abgedruckt in A. Duff (Hrsg.), *The Treaty of Amsterdam*, S. 120f.

64 P. Willaert, C. Marqués-Ruiz, „Etat des lieux", S. 300.

65 Siehe Kommissionsberichte SEC (92) 1915 final; COM (95) 191; COM (96) 672.

66 Siehe Kapitel 2.

Insgesamt bleibt die finanzielle Verzahnung von erster und zweiter „Säule“ auch nach dem Vertrag von Amsterdam bestehen, nur die inhaltliche Ausgestaltung ist klarer geregelt worden.

IV. Erfolgte „Mitregelung“ von Gemeinschaftsbereichen

Trotz des oben unter A. II erlangten Ergebnisses hat der Rat in sich häufenden Fällen entgegen der Struktur und des Verständnisses des EUV als *gleichrangige* Säulenkonstruktion GASP-Instrumente erlassen, die den acquis communautaire in Frage stellen.[67] Anschließend sollen daher diese Fälle einer näheren Untersuchung unterzogen werden, um dann im nächsten Abschnitt Kriterien für eine Lösung der Überschneidungen zu finden.

1. Die Menschenrechtsverordnung

Im Zusammenhang mit der Diskussion um eine mögliche Verordnung im Bereich der Demokratie und Menschenrechte[68] hat der Rat nicht nur der EG die Kompetenz in einigen der vorgeschlagenen Bereiche versagt,[69] sondern auch geäußert, daß der Kommissionsvorschlag keinen Bereich betrifft, der in die ausschließliche Kompetenz der EG fallen würde und daher Art. M EUV (Art. 47 EUV n.F.) nicht anwendbar sei.[70] Nach seinem Wortlaut besagt Art. M EUV (Art. 47 EUV n.F.) jedoch nur, daß der Maastrichter Vertrag vorbehaltlich der durch ihn eingeführten Änderungen „die Verträge zur Gründung der Europäischen Gemeinschaften (...) unberührt“ läßt. Keine Rede ist von der Notwendigkeit des Vorliegens einer ausschließlichen Kompetenz der EG. Allgemein wird Art. M EUV (Art. 47 EUV n.F.) als Schutzklausel für den gesamten acquis communautaire angesehen, was sich aus der Kombination von Art. B, C I und M EUV (Art. 2, 3 und 47 EUV n.F.) ergibt.[71] Der acquis communautaire erfaßt jedoch mehr als ausschließliche Kompetenzen.

Der Juristische Dienst des Rates führt dann weiter aus, daß für die Maßnahmen, die seiner Meinung nach nicht unter Art. 130 w EGV (Art. 179 EGV n.F.) fallen können, nur Art. J.3 EUV (Art. 14 EUV n.F.) die richtige Rechtsgrundlage sein kann. Solange die von ihm vorgenommene Aufteilung der Maßnahmen Gemeinschaftskompetenzen respektiert, ist an dieser Aussage nichts auszusetzen. Was jedoch aufhorchen läßt ist, daß er ebenso der Meinung ist, Art. J.3 EUV (Art. 14 EUV n.F.) könne als alternative Rechtsgrundlage für *alle* vorgesehenen

---

[67] Die Gefahr der Aushöhlung von Gemeinschaftsbefugnissen bereits 1982 erkennend, R. Rummel, *Zusammengesetzte Außenpolitik*, S. 29; Club von Florenz (Hrsg.), *Der unmögliche Status quo*, S. 123, spricht von einer Infizierung des Bereiches der Gemeinschaft mit den strengen intergouvernementalen Verfahren der GASP; G. Burghardt, G. Tebbe, in: *Kommentar EUV/EGV*, Vorb. zu Art. J.1-11, Rnr. 21, die Befürchtung einiger MS, daß eine schleichende Vergemeinschaftung ihrer außenpolitischen Zuständigkeiten eintreten könnte, hat sich bislang als gegenstandslos erwiesen. Eher geschieht das Gegenteil.

[68] Kommissionsvorschlag COM (97) 357 endg., siehe Anhang.

[69] Wie oben dargelegt in Kapitel 2.

[70] European Council Legal Service, Opinion, 16.10.97, Doc. 10597/97, S. 8.

[71] Siehe oben A II 3 und G. Burghardt, G. Tebbe, in: *Kommentar EUV/EGV*, Art. J.1, Rnr. 8; C. Timmermanns, „The Uneasy Relationship“, S. 67; P. Willaert, C. Marqués-Ruiz, „Etat des lieux“, S. 257, unter Verweis auf Art. B EUV (Art. 2 EUV n.F.); M. Cremona, „External Relations Powers“, S. 257, unter Verweis auf Art. C I EUV (Art. 3 I EUV n.F.).

Initiativen gelten.[72] Eine solche Auslegung ist mit dem oben gefundenen Ergebnis der „gleichrangigen Parallelität", bzw. der vertraglich abgesicherten Unberührtheit der EG nicht zu vereinbaren und bedarf einer Abgrenzungs- bzw. Konfliktlösungsregel.

2. Die übergreifende Festlegung von Zielen und Prioritäten durch gemeinsame Standpunkte

Die Motivation, in gemeinsamen Standpunkten auf das gesamte Spektrum der Union-Außenbeziehungen zu verweisen, liegt in dem Anspruch der GASP begründet, das politische Engagement der Union sichtbarer zu machen und ihre Identität auf der Weltbühne zu behaupten (vgl. Art. B EUV; Art. 2 EUV n.F.).[73] Bislang fehlt es dem Vertrag jedoch an übergreifenden Instrumenten oder Rechtsgrundlagen, die einerseits dieser Ambition und andererseits dem Erfordernis, die unterschiedlichen Verfahren der drei Zuständigkeitsbereiche zu wahren, gerecht werden könnten.[74] Bevor unten ein Lösungsvorschlag unterbreitet wird, soll hier zunächst auf die in der Praxis in gemeinsamen Standpunkten bereits vorgekommenen Übergriffe auf Gemeinschaftsbereiche eingegangen werden. Führt man sich vor Augen, daß solche gemeinsamen Standpunkte Erwartungen auf dritter Seite kreieren, wird es offensichtlich, daß damit die Gefahr einer Präjudizierung von Gemeinschaftshandeln herbeigeführt wird.

a) Ruanda[75]

Nach dem Inkraftreten des Vertrages von Maastricht hat sich die GASP zunächst in gemeinsamen Standpunkten dem Erlaß und der Aufhebung von unterschiedlichen Sanktionsmaßnahmen gewidmet. Zu den behandelten Gebieten zählte insbesondere Jugoslawien, andere Länder umfaßten Libyen, Haiti, Nigeria, Sudan, Afghanistan und Irak.[76] Ruanda stellt den ersten Anwendungsfall der Festlegung von *Zielen und Prioritäten gegenüber einem Drittland* dar.[77]

Die Union war sowohl vor dem Ausbruch der ethnischen Massaker wie auch danach in der durch den Bürgerkrieg so stark mitgenommenen Region politisch kaum sichtbar. Letzteres kann zum Teil damit erklärt werden, daß es sich bald herauskristallisiert hatte, nur noch ein notfalls militärisches Dazwischentreten könne den Krieg beenden. Einer solchen Aufgabe sah sich die Union aber nicht gewachsen.[78] Die EU ist daher erst im Nachhinein zur Stabilisierung der Situation, Legitimierung der ruandischen Behörden, Aufbau der Wirtschaft und Gewährung humanitärer Hilfe tätig geworden.[79] Im Gegensatz dazu hatte die EG schon vorher An-

---

[72] European Council Legal Service, Opinion, 16.10.97, Doc. 10597/97, S. 9.

[73] M. Cremona, „External Relations Powers", S. 255, sieht eine solche übergreifende Festlegung als „tempting".

[74] C. Timmermans, „The Uneasy Relationship", S. 63; P. Willaert, C. Marqués-Ruiz, „Etat des lieux", S. 260. Siehe auch R. Ginsberg, „The politics of procedure", S. 23.

[75] 94/697/GASP 24.10.94, Abl. L 283, 1 vom 29.10.94.

[76] Siehe zu den einzelnen gemeinsamen Standpunkten, Europäische Kommission, *Repertoire de la legislation en vigeur,* S.1171-1175 und Europäisches Parlament, *Progress Report,* Anhang.

[77] B.-Ch. Ryba, „La Politique Etrangère et de Securité Commune", S. 24.

[78] P. Willaert, C. Marqués-Ruiz, „Etat des lieux", S. 276.

[79] Ders., S. 276; B.-Ch. Ryba, „La Politique Etrangère et de Securité Commune", S. 24.

strengungen im Rahmen der Lomékonvention unternommen, um der prekären Situation gerecht zu werden.

Dieses Engagement der EG nimmt der Rat in der Präambel des gemeinsamen Standpunktes zur Kenntnis, sowie die Absicht der Kommission, weitere geeignete Schritte zu unternehmen. Darüber hinaus verweist er aber auch in dem operativen Teil des gemeinsamen Standpunktes, der in diesem Fall der Erklärung als Anhang beigefügt ist, auf Maßnahmen, die in die Zuständigkeit der EG fallen. So erwähnt er z.B. die Fortführung humanitärer Hilfe für die Flüchtlinge und die schrittweise Wiederaufnahme der Zusammenarbeit.[80] Es kann nicht ausgeschlossen werden, daß trotz der allgemeinen Formulierung („Ziele und Prioritäten für die Europäische Union sind...") eine Präjudizierung von Gemeinschaftshandeln eintritt. Der Rat scheint eine solche übergreifende Festlegung damit zu rechtfertigen, daß eine „enge Koordination zwischen MS und Kommission notwendig ist".

b) Ukraine[81]

In dem gemeinsamen Standpunkt zur Ukraine stellt sich dem aufmerksamen Leser eine ähnliche Situation. Während die Präambel lediglich die bereits unternommenen Maßnahmen der EG „zur Kenntnis nimmt", verweist der operative Teil auf Bereiche, die zumindest in die geteilte Kompetenz von EG und MS fallen.[82] So erwähnt Art. A.1 die Ausweitung der Zusammenarbeit, die sich, wie aus den folgenden Paragraphen hervorgeht, auch auf wirtschaftliche Bereiche bezieht. Art. A.2 zählt die Unterstützung für demokratische Entwicklung, die auch unter dem Tacis-Programm gewährt wird, mit als zu verfolgendes Ziel auf. Eine Verbindung kann weiterhin zwischen der generellen Bemerkung in der Präambel zum Erfordernis der Herstellung von Kohärenz aller auswärtigen Beziehungen, für die Rat und Kommission zuständig sind, und der Bemerkung in Teil B hergestellt werden. Letztere verpflichtet die Kommission, ihre Aufmerksamkeit auf die Verwirklichung der Ziele und Prioritäten des gemeinsamen Standpunktes durch Erlassen geeigneter EG-Maßnahmen zu richten. Eine solche Auslegung des Kohärenzprinzips zu Lasten der EG ist jedoch nicht zulässig.[83]

Der politische Teil des Standpunktes ist darin zu erkennen, daß der Rat damit den vorangegangenen Aktionsplan zur nuklearen Sicherheit (G-7 Gipfel im Juli 1994 in Neapel) und die Schlußfolgerungen des „ECOFIN"-Rates zu dem Thema[84] umsetzen wollte. Anlaß für das Integrieren aller Aspekte in eine „globale Aktion" war vermutlich die am 14.6.94 erfolgte Unterzeichnung des Partnerschafts- und Kooperationsabkommens,[85] das die zukünftigen

---

80 C. Timmermans, „The Uneasy Relationship", S. 62.

81 94/779/GASP 28.11.94, Abl. L 313, 1 vom 6.12.94.

82 C. Timmermans, „The Uneasy Relationship", S. 62.

83 Siehe oben den Abschnitt zum Kohärenzprinzip, wo das gleichberechtigte Nebeneinander der „Säulen" herausgearbeitet wurde. Ähnlich C. Flaesch-Mougin, „Les compétences externes de la Communauté Européenne", S. 375.

84 B.-Ch. Ryba, „La Politique Etrangère et de Securité Commune", S. 25.

85 Es wurde am gleichen Tag wie der Erlaß der gemeinsamen Position vom Rat beschlossen, ein vorläufiges Abkommen mit der Ukraine zu schließen, bis das endgültige formell in Kraft tritt, B.-Ch. Ryba, „La Politique Etrangère et de Securité Commune", S. 25.

(sicherheits-) politischen und wirtschaftlichen Beziehungen zwischen der Ukraine und der Union regelt.[86]

c) Burundi[87]

Der vom Rat mit den beiden gemeinsamen Standpunkten zu Ruanda und zur Ukraine unternommene Versuch, Art. J.2 II EUV (Art. 15 EUV n.F.) weit auszulegen und so die Kohärenz der auswärtigen Beziehungen zu erreichen, hat in der Union zu institutionellen Spannungen geführt,[88] die bislang noch nicht formell aus der Welt geschafft worden sind. Wie bereits oben besprochen, stehen EG und GASP gleichrangig nebeneinander und die GASP umfaßt nicht etwa ohne weiteres die wirtschaftlichen Aspekte der EG. Der gemeinsame Standpunkt zu Burundi ist der erste, der nach dem zwischen Kommission und Rat gefundenen Kompromiß zur weiteren Handhabung solcher Fälle[89] erlassen wurde.

Am 21.10.93 hat in Burundi ein Militärputsch stattgefunden, der anschließend in einen Bürgerkrieg übergegangen ist. Nachdem sich ein Jahr später eine allmähliche Normalisierung der Situation eingestellt hat, hat die Union mehrere Initiativen unternommen, um zu dem Prozeß der nationalen Versöhnung und des Wiederaufbaus von Demokratie beizutragen.[90] Die vom Rat in der gemeinsamen Position 95/91/GASP gewählte Formulierung bezüglich der Aufgaben von Rat und Kommission zu diesem Zweck lautet: der Vorsitz und die Kommission unternehmen, *„im Rahmen ihrer jeweiligen Zuständigkeiten"*, die notwendigen Schritte. Damit wird zunächst die Eigenständigkeit der unterschiedlichen „Säulen" gewahrt. Allerdings führt der Rat dann weiter aus, daß die „Union darauf vorbereitet" ist, die Rechtsstaatlichkeit und das burundische Rechtssystem zu stärken unter anderem durch die Schulung von hohen Beamten. Solche technische Hilfe wird in der Regel von der EG im Rahmen ihrer Kooperationsprogramme gewährt, und es ist fraglich, inwieweit die Gemeinschaft nunmehr auf eine entsprechende Ausarbeitung eines Richtprogrammes[91] im Rahmen der Lomékonvention festgelegt ist.

d) Angola[92]

Die Unterstützung des Friedensprozesses in Angola und, besonders, die Hilfe bei der Umsetzung des Lusaka-Protokolls und des Bicesse-Friedensvertrages, des Dialoges zwischen dem Präsidenten der Republik Angola und des Präsidenten von Unita und der Wiederaufbaubemühungen der Staatengemeinschaft haben Ausdruck in einem gemeinsamen Standpunkt der EU

---

86 P. Willaert, C. Marqués-Ruiz, „Etat des lieux", S. 278.

87 95/91/GASP 24.3.95, Abl. L 72, 1 vom 1.4.95 und 95/205/GASP 6.6.95, Abl. L 130, 2 vom 14.6.95.

88 G. Burghardt, G. Tebbe, in: *Kommentar EUV/EGV*, Art. J.2, Rnr. 9.

89 „Modus vivendi" oder „mode d'emploi". Zum genauen Inhalt siehe unten unter B II.

90 Art. 2, 3 der gemeinsamen Position 95/91/GASP 24.3.95, Abl. L 72, 1 vom 1.4.95; P. Willaert, C. Marqués-Ruiz, „Etat des lieux", S. 277f.

91 Ein solches Richtprogramm wird im Rahmen der programmierbaren Ressourcen des EDF mit dem entsprechenden Land ausgearbeitet, um Prioritäten gemeinsam festzulegen, siehe zum Verfahren B. Simma, J. Aschenbrenner, C. Schulte, „Human Rights Considerations in the Development Cooperation Activities of the EC", S. 585f.

92 95/413/GASP 2.10.95, Abl. L 245, vom 12.10.95.

gefunden. Die Hinweise in dem operativen Teil des Standpunktes verweisen wiederum auf Bereiche der EG, so z.B. auf die Stärkung von Demokratie und Rechtsstaatlichkeit und auf die Hilfe für Flüchtlinge. Unter Punkt C. wird die Gemeinschaft sogar direkt „angewiesen“ zu handeln („Der Rat und die Kommission treffen im Rahmen ihrer jeweiligen Zuständigkeiten die erforderlichen Maßnahmen für die Durchführung dieses gemeinsamen Standpunktes“). C. Timmermanns[93] suggeriert, daß dies ein „slip of the Council's pen“ gewesen sein könnte. Wahrscheinlicher erscheint es ihm jedoch, daß hier die Auffassung des Rates, die EG müsse mit ihren Mitteln zur außenpolitischen Identität der EU beitragen, zum Ausdruck kommt.

e) Nigeria[94]

Der gemeinsame Standpunkt zu Nigeria ist in Reaktion auf das andauernde Militärregime in Nigeria, die damit einhergehenden Menschenrechtsverletzungen und die Ermordung des Oppositionellen M. Ken Saro Wiwa ergangen. Er ist insofern interessant, weil Art. 4 desselben freiheraus statuiert, daß die Entwicklungszusammenarbeit mit Nigeria *ausgesetzt wird*. Dies bedarf insofern der Klärung, als daß Instrumente der GASP keine unmittelbare Wirkung im Gemeinschaftsrecht haben können, und eine Suspendierung daher immer ein Tätigwerden nach den EG-Verfahren voraussetzt.[95] Selbst wenn das Verfahren zur Suspendierung der Lomékonvention lange Zeit umstritten war,[96] so ist doch anerkannt, daß die Instrumente der GASP Gemeinschaftshandeln nicht ersetzen können.[97]

f) Kuba[98]

Im Hinblick auf die zaghafte wirtschaftliche Öffnung Kubas strebt es die Union an, das Land in einen weiteren Prozeß der Öffnung, des Übergangs zur Demokratie und des Respekts der Menschenrechte zu führen. In Übereinstimmung mit dem positiven Ansatz in der Menschenrechtspolitik soll dies durch unterstützende, statt durch sanktionierende Maßnahmen geschehen.[99] In Bereichen der humanitären Hilfe und der Wirtschaftszusammenarbeit, die beide Gemeinschaftskompetenzen betreffen, verbleibt der gemeinsame Standpunkt erstaunlich zurückhaltend. Er erwähnt nur, daß die „Kommission auf der gleichen Basis verfährt“, Art. 3 e und f. Weitere Vorgaben werden nicht gemacht. Allerdings verweist Art. 3c auf die Notwendigkeit der Reform der kubanischen Gesetzgebung und bindet damit die Gemeinschaft implizit, sol-

---

[93] „The Uneasy Relationship“, S. 64.

[94] 95/515/GASP 20.11.95, Abl. L 298, 1 vom 11.12.95.

[95] A. Rosas, „Mixed Union - Mixed Agreements“, S.136. Zur Suspendierung von gemischten Abkommen siehe P. Allot, „Adherence to and Withdrawal From Mixed Agreements“.

[96] Siehe Kapitel 2 und den Vorschlag der Kommission COM (96) 69, sowie Komitee für Entwicklungszusammenarbeit, *Interim Report on the proposal for a Council Decision on a framework procedure for implementing Article 366a of the Fourth Lomé Convention (COM (96) 69)*, EP doc. A40175/97 vom 21.5.97.

[97] G. Burghardt, G. Tebbe, in: *Kommentar EUV/EGV*, Art. J.2, Rnr. 9, sprechen von der Unzulässigkeit, Entscheidungen im Rahmen der EG durch GASP-Entscheidungen vorwegzunehmen. Es sei denn Art. 228a EGV (Art. 301 EGV n.F.) greift ein; dies., in: *Kommentar EUV/EGV*, Art. J.3, Rnr. 5, Adressaten der gemeinsamen Aktion sind nur die MS, nicht aber die Kommission.

[98] 96/697/GASP 2.12.96, Abl. L 322, 1 vom 12.12.96.

[99] Art. 1, 2 des gemeinsamen Standpunktes.

che Schritte im Rahmen ihrer Kooperationsprogramme mit Kuba (ALA-Verordnung 443/92[100]) vorzunehmen. Im Vergleich zum oben besprochenen gemeinsamen Standpunkt zu Angola, bleibt dieser gemeinsame Standpunkt jedoch bei neutraleren Worten.

g) Fazit

Die Tendenz, nicht nur in der Präambel, sondern auch in dem operativen Teil von gemeinsamen Standpunkten Gemeinschaftshandeln miteinzubeziehen, findet sich seit der Schaffung der GASP. In jüngerer Zeit scheint sich jedoch aufgrund des mode d'emploi von 1995[101] eine Kompromißformel durchgesetzt zu haben. Im Anschluß an die Verweisung auf EG-Bereiche im operativen Teil wird ein eigener Artikel angefügt, der - mit Variationen - das Gemeinschaftshandeln „unberührt läßt". Dies wurde z.B. bei den gemeinsamen Standpunkten in 1998 zu Ruanda, zu Afghanistan und dem zu den Menschenrechten, demokratischen Prinzipien, Rechtsstaatlichkeit und verantwortlicher Staatsführung in Afrika in dieser Weise gehandhabt.[102] Es wird unten darauf einzugehen sein, warum ein solcher Verweis als unzureichend angesehen wird.

3. Gemeinsame Aktionen mit Rückwirkungen für die EG

Eine andere Möglichkeit, Gemeinschaftshandeln in Entscheidungen der GASP und deren Umsetzung miteinzubeziehen, sind vom Rat erlassene gemeinsame Aktionen.[103] Dieses Instrument, geschaffen um den Übergang zu einer aktiveren GASP im Vergleich zur EPZ zu gewährleisten,[104] hat unter anderem ebenfalls die „Entwicklung und Stärkung von Demokratie und Rechtsstaatlichkeit sowie die Achtung der Menschenrechte und Grundfreiheiten" (Art. J.1 II EUV; Art. 11 I EUV n.F.) zum Ziel.

---

[100] Vom 25.2.92, Abl. L 52, 1.

[101] Siehe Fußnote 89 und näher unten unter B. II.

[102] In einem weiteren gemeinsamen Standpunkt zu Ruanda ist der Rat im wesentlichen gleich verfahren, hat jedoch einen Art. 3 eingefügt, der besagt: „The Council notes that the Commission intends to direct its action towards achieving the objectives and the priorities of this common position, where appropriate, by pertinent Community measures", 98/047/GASP, vom 30.3.98, http://wwwarc.iue /it/iue/efpb2?nd=&cp=& d...ghts&txqual=+phrase+all+words+&mmode=and. Im gemeinsamen Standpunkt 98/006/GASP vom 26.1.98 zu Afghanistan stellt der Rat in Art. 6 fest: „...that the Commission will direct its action towards achieving the objectives and the priorities of this common position by appropriate Community measures", http://wwwarc.iue/it/iue/efpb2?nd=&cp=&d...ghts &txqual=+phrase+all+words+&mmode=and. Gemeinsamer Standpunkt zu Menschenrechten, demokratischen Prinzipien, Rechtsstaatlichkeit und verantwortlicher Staatsführung in Afrika, 98/078/GASP, vom 25.5.98, http://wwwarc.iue.it/iue/efpball?nd=98%2f078, der Art. 4 ist wie Art. 3 des Standpunktes zu Ruanda formuliert.

[103] So auch H.-G. Krenzler, H. C. Schneider, „Zur Frage der Kohärenz", S. 152, sie erwähnen, daß der Europäische Rat 1992 allerdings die primären gegenständlichen Bereiche für gemeinsame Aktionen auf Aspekte der äußeren Sicherheit und den KSZE-Prozeß konzentriert hat. Ebenso M. Holland, *Do Acronyms Matter?*, S. 20, er ist der Auffassung, daß gemeinsame Aktionen Rückwirkungen für die Entwicklungspolitik, welche einen Kernbereich der Außenbeziehungen der Union darstellen, haben können.

[104] G. Burghardt, G. Tebbe, in: *Kommentar EUV/EGV*, Art. J.3, Rnr. 1, die EPZ kannte kein besonderes Verfahren für gemeinsames Handeln. Da aber trotzdem bereits gemeinsame politische Schritte in der EPZ unternommen wurden, liegt der Mehrwert der gemeinsamen Aktion vor allem in der Bindungswirkung für die MS.

a) Gemeinsame Aktionen im Bereich der Wahlunterstützung

Es wurde bereits gesagt, daß die Union zunehmend in Wahlbeobachtungs-Aktivitäten involviert ist und diese Rolle zukünftig noch ausbauen möchte. Gerade auf diesem Gebiet ist die Schnittstelle zwischen politischen und wirtschaftlichen Bereichen sehr umstritten und es stellt sich konkret die Frage, wo die Entwicklungspolitik (der EG) aufhört und die Außenpolitik (der EU) anfängt.

aa) Rußland[105]

Horst Krenzler und Henning Schneider[106] sehen in der zweiten gemeinsamen Aktion überhaupt,[107] nämlich der Wahlbeobachtung in Rußland, einen „erfolgreichen Anwendungsfall" des Kohärenzgebots. Dagegen vertreten Günter Burghardt und Gerd Tebbe,[108] daß nicht nur generell die gemeinsamen Aktionen der EU bislang von geringem politischen Gehalt gekennzeichnet waren, sondern auch überwiegend auf Programme und Haushaltsmittel der EG (statt auf mitgliedstaatliche) zurückgegriffen wurde.[109] Wenn, wie im Fall Rußlands, nur das Instrumentarium der EG zur Anwendung komme, dann hätte die EG auch alleine und eventuell sogar vorrangig handeln können oder müssen.

Tatsache ist, daß die gemeinsame Aktion zwei Tätigkeitsbereiche umfaßte: Zum einen die Entsendung von Wahlbeobachtern (zusammengesetzt aus Beobachtern der MS und der Kommission)[110] in Kooperation mit dem Europarat und der KSZE, zum anderen die Errichtung eines Koordinationsbüros in Rußland.[111] Es ist schon aus diesen wenigen Zeilen ersichtlich, daß die Besorgnis um eine Minderung der Eigenständigkeit der EG zum Großteil von der Einordnung der betroffenen Maßnahmen abhängt: „Wie politisch sind Wahlbeobachter" (EU) und „wie technisch ist ein Koordinationsbüro" (EG)?[112]

Für die zweiten russischen Parlamentswahlen am 17.12.95 nach dem politischen Kurswechsel des Landes wurde wiederum Unterstützung von der Union geleistet. Diese beinhaltete, nachdem eine Expertenmission einen Aktionsplan ausgearbeitet hatte, vor allem die erforderliche

---

[105] 93/6047CFSP 9.11.93, Abl. L 286, 1 vom 20.11.93.

[106] H.-G. Krenzler, H. C. Schneider, „Zur Frage der Kohärenz", S. 155.

[107] Die erste betraf Jugoslawien, 93/603/GASP 8.11.93, siehe unten.

[108] G. Burghardt, G. Tebbe, in: *Kommentar EUV/EGV*, Art. J.3, Rnr. 6, 11.

[109] Der Hinweis auf Programme und Haushaltsmittel der EG muß so verstanden werden, daß davon die technischen und finanziellen Hilfsprogramme, sowie die Programme des Budgetkapitels B7-7 gemeint sind. Die Nutzung des EG-Budgets für operative Ausgaben der GASP muß getrennt hiervon gesehen werden, da ein eigenes GASP-Budgetkapitel in solchen Fällen eingreift.

[110] H.-G. Krenzler, H. C. Schneider, „Zur Frage der Kohärenz", S. 155.

[111] 93/6047CFSP 9.11.93, Abl. L 286, 1 vom 20.11.93, Abs. 1ff; Europäische Kommission, *Compendium of Adhoc Projects*, S. 18; P. Willaert, C. Marqués-Ruiz, „Etat des lieux", S. 283; B.-Ch. Ryba, „La Politique Etrangère et de Securité Commune", S. 27. Dieses Koordinationsbüro konnte sich die Hilfe der Kommissionsdelegation vor Ort zu Nutzen machen, H.-G. Krenzler, H. C. Schneider, „Zur Frage der Kohärenz", S. 155.

[112] D. Napoli, „EU's Foreign Policy", S. 311, spricht davon, daß die „politische Natur" von Wahlunterstützung in den Rahmen der GASP und ihrer gemeinsamen Aktionen paßt.

logistische Ausstattung für die „Election Unit“ der Union (EUEU), welche die Basis für die Beobachter der MS und Union war und deren Training und Koordination vornahm.[113] Das Projekt wurde unter einem ad-hoc Programm des Tacis-Demokratie-Programmes gewährt und war nicht in eine gemeinsame Aktion eingebunden.[114] Ebenso hat sich die Union an den ersten freien Präsidentschaftswahlen in Rußland im Juni und Juli 1996 mit der Aufstellung einer „Election Unit“ unter wiederholter Nutzung eines ad hoc-Programmes des Tacis- Demokratie-Programmes beteiligt.[115] Ziel der zehnwöchigen Mission auf Anfrage der russischen Regierung war es, das Vertrauen der Wähler zu stärken, Amtsmißbräuche zu verhindern und die internationale Aufmerksamkeit zu wecken.[116]

Es scheint somit innerhalb der Union keine Klarheit darüber zu bestehen, welches die einschlägigen Verfahren und Haushaltsmittel für Wahlunterstützung sind.

bb) Südafrika[117]

Die ersten gemischt-rassischen Wahlen in Südafrika sollten am 27.4.94 stattfinden. Zur Unterstützung derselben hat die Union in der gemeinsamen Aktion 93/678/GASP vom 6.12.93, die auf die gemeinsame Aktion zur Wahlunterstützung in Rußland folgte, ein umfassendes Hilfsprogramm beschlossen.[118] Es beruht auf zwei Standbeinen: Die Beteiligung einer „substantiellen“ Zahl[119] von Unionswahlbeobachtern an den Aktivitäten der UNO, sowie die Aufstellung einer Koordinierungseinheit (1) und das Ausarbeiten eines weitreichenden Hilfsprogrammes, um die wirtschaftlichen und sozialen Grundlagen für den dauerhaften Wechsel zur Demokratie zu legen (2).[120] Für die konkrete Gestaltung des neuen Kooperationsprogrammes[121] sowohl während, wie auch nach der Übergangsphase zur Demokratie, verweist der Rat auf zu erlassende Vorschläge der Kommission.

---

[113] Siehe Kommissionsmitteilung zur Implementierung der Fördermaßnahmen zur Überwachung von Menschenrechten und Demokratischen Prinzipien, COM (96) 672, S. 8; Europäische Kommission, *Compendium of Ad-hoc Projects*, S. 19; ISA Consult, „Final Report. Draft. Evaluation of the Phare and Tacis Democracy Program. 1992-1997“, S. 78.

[114] Siehe Europäische Kommission, *Compendium of Ad-hoc Projects*, S. 19; ISA Consult, „Final Report. Draft. Evaluation of the Phare and Tacis Democracy Program. 1992-1997“, S. 78.

[115] Europäische Kommission, *Compendium of Ad-hoc Projects*, S. 20.

[116] Europäische Kommission, *Compendium of Ad-hoc Projects*, S. 20.

[117] 93/678/GASP 6.12.93, Abl. L 316, 45 vom 17.12.93. Zum Verhältnis Union/Südafrika in Zeiten der EPZ siehe M. Holland, *The Joint Action on South Africa.*

[118] P. Willaert, C. Marqués-Ruiz, „Etat des lieux“, S. 286; H.-G. Krenzler, H. C. Schneider, „Zur Frage der Kohärenz“, S. 156; R. Ginsberg, „The politics of procedure“, S. 19.

[119] Im November 1993 war zunächst beschlossen worden, daß die Union 300 Beobachter schicken würde. Diese Zahl wurde dann erheblich reduziert, M. Holland, *The Joint Action on South Africa,* S. 15f.

[120] B.-Ch. Ryba, „La Politique Etrangère et de Securité Commune“, S. 30; H.-G. Krenzler, H. C. Schneider, „Zur Frage der Kohärenz“, S. 156. Detaillierte Ausführungen wurden jedoch nur zu dem Teil, der sich mit Wahlbeobachtung direkt beschäftigt, gemacht, nicht jedoch zu dem Kooperationsprogramm, siehe gemeinsame Aktion Art. 1-4.

[121] Dieses sollte das Spezialprogramm für Südafrika, das seit 1985 bestand und zunächst hauptsächlich über die Mitarbeit von NGOs in die Tat umgesetzt wurde, durch ein *sui generis*-Programm ablösen, M. Holland, *The Joint Action on South Africa,* S. 15f.

Die Kommission hat in extensiver Nutzung ihres mit Maastricht neu festgelegten Initiativrechts in der GASP (Art. J.8 III EUV; Art. 22 I EUV n.F.) eine entscheidende Rolle bei der Politikfestlegung gegenüber Südafrika gespielt.[122] Dieser „Aktionismus“ wurde sehr bald von den MS als gefährlich eingestuft und im Hinblick auf eine drohende Vergemeinschaftung der zweiten „Säule“ zu unterbinden versucht.[123] Die aktive Rolle der Kommission bei der gemeinsamen Aktion gegenüber Südafrika hat wohl zum einen dazu geführt, daß „*l'essentiel de l'action* (est) mené et financé dans le cadre du programme d'assistance de la Communauté européenne à la transition“.[124] Andererseits hat diese Teilnahme bewirkt, daß kein Disput über den Eingriff in Bereiche der EG seitens der GASP durch den Einbezug von Gemeinschaftshandeln in den operativen Teil der Aktion entstanden ist.[125]

cc) Palästina[126]

Die gemeinsame Aktion 947276/GASP vom April 1994 war gedacht, ein koordiniertes Hilfsprogramm ins Leben zu rufen, das die für Juli 1994 vorgesehenen Wahlen[127] vorbereiten und überwachen sollte. Wahlen tragen unter anderem zur Bestätigung von Frieden und zum allgemeinen Demokratisierungsprozeß bei. Daher wurde das Projekt zur Unterstützung der Wahlen in Palästina im Zusammenhang mit der Förderung des Friedensprozesses im Mittleren Osten gesehen.[128] Neben dem politischen Engagement, wie z.B. dem Agieren als Vermittler zwischen den beteiligten Parteien (Art. 1b), hat der Rat auch konkrete Hilfsprogramme in der gemeinsamen Aktion erwähnt. So soll ein Programm für Entwicklungshilfe und Unterstützung für palästinensische Polizeikräfte geleistet werden. Der Rat wird zu diesem Zweck unter Wahrung der relevanten EG-Verfahren die darauf zielenden Vorschläge der Kommission untersuchen (Art. 2).

Die Ausarbeitung eines Hilfsprogrammes für die Wahlen wurde bereits angekündigt (Art. 5) und später in zwei weiteren gemeinsamen Aktionen beschlossen.[129] Die Wahlen waren inzwischen auf Januar 1996 verschoben worden. Dies ist bis dahin die erste Mission der Union gewesen, bei der sie unabhängig von anderen Beteiligten, jedoch in Kooperation mit ihnen, für

---

[122] M. Holland, „Reinventing the EPC Wheel?“, S. 6. Zu der schwierigen Rolle der Kommission siehe R. Ginsberg, „The politics of procedure“, S. 26.

[123] M. Holland, „Reinventing the EPC Wheel?“, S. 6f.

[124] P. Willaert, C. Marqués-Ruiz, „Etat des lieux“, S. 286 (Hervorhebungen von der Verfasserin).

[125] G. Burghardt, G. Tebbe, in: *Kommentar EUV/EGV*, Art. J.3, Rnr. 11, vertreten allerdings, daß bei der gemeinsamen Aktion zu Südafrika ausschließlich das Instrumentarium der EG zur Anwendung gekommen sei, und daher die EG auch alleine hätte handeln können.

[126] 94/276/GASP vom 19.4.94, Abl. L 119, 1 vom 7.5.94; 95/205/GASP vom 1.6.95, Abl. L 130, 1 vom 14.6.95; 95/403/GASP vom 25.9.95, Abl. L 238, 4 vom 6.10.95.

[127] P. Willaert, C. Marqués-Ruiz, „Etat des lieux“, S. 287.

[128] Kommissionsmitteilung zur Implementierung der Fördermaßnahmen zur Überwachung von Menschenrechten und Demokratischen Prinzipien, COM (96) 672, S. 8. Siehe auch Kommissionsmitteilung „The European Union and The External Dimension of Human Rights Policy: From Rome to Maastricht and Beyond“, (95) 567 endg., S. 20, Abs. 79.

[129] Siehe Fußnote 126.

Organisation und Berichterstattung der Wahlen zuständig war.[130] Die konkrete Ausgestaltung der Aktion, die auf Anfrage des zuständigen palästinensischen Organs erfolgt war, umfaßte in enger Zusammenarbeit mit den MS die Entsendung von 300 Beobachtern und die Gründung eines Koordinierungsbüros.[131]

Parallel dazu hat die EG ein Programm über Medien-Beobachtung während der Wahl, die Ausarbeitung eines computerisierten Programmes für Wahlregistrierung und vorbereitende Maßnahmen in die Tat umgesetzt.[132] Diese Aktivitäten wurden nicht bereits in den gemeinsamen Aktionen vorgesehen und stammen daher aus eigener EG-Initiative.

dd) Bosnien-Herzegowina[133]

Die zweite gemeinsame Aktion (24.2.97) zur Wahlhilfe in Bosnien-Herzegowina ergänzt die erste (10.6.96) und bezieht ausdrücklich die nationalen und die lokalen Wahlen in ihren Anwendungsbereich ein. Zudem streicht sie die vorgesehene Dauer der Mission von lediglich vier Wochen zugunsten einer unbefristeten. Der Rat fordert die Union in 96/406/GASP auf, sich weiterhin an den Tätigkeiten der OSZE mittels ihrer bereits bestehenden Beobachtermission (ECMM)[134] und EG-Programmen zu beteiligen und die mitgliedstaatliche Unterstützung der Wahlen auszubauen. Art. 2 derselben gemeinsamen Aktion sieht vor, daß ein Kontingent von Unions-Beobachtern als Beitrag zu den OSZE-Aktivitäten entsandt werden soll. Auch hier zeigt sich wiederum die Verzahnung von EG- und EU-Handeln.

ee) Zaire[135]

Die gemeinsame Aktion betreffend den demokratischen Übergangsprozeß in Zaire sieht die Aufstellung einer Koordinierungseinheit[136] und und einen Beitrag zu Fördermaßnahmen der UNO vor (Art. 1). Daneben wird weitere technische Hilfe in Aussicht gestellt. In Art. 5 nimmt der Rat die Absicht der Kommission, Maßnahmen im Bereich der Lomékonvention (EDF-Fonds) vorzuschlagen, „zur Kenntnis". So hat die EG z.B. die nationale Wahlkommission durch Experten beraten lassen, um den Arbeitsbeginn der Kommission und die Koordination der Wahlen zu erleichtern.[137]

---

130 Interview mit einem Bediensteten der Kommission von DG IA; P. Willaert, C. Marqués-Ruiz, „Etat des lieux", S. 287.

131 Kommissionsmitteilung zur Implementierung der Fördermaßnahmen zur Überwachung von Menschenrechten und Demokratischen Prinzipien, COM (96) 672, S. 8; P. Willaert, C. Marqués-Ruiz, „Etat des lieux", S. 287.

132 Interview mit einem Bediensteten der Kommission von DG IA.

133 96/406/GASP 10.6.96, Abl. L 168, 1 vom 6.7.96; 97/153/GASP 24.2.97, Abl. L 63, 1 vom 4.3.97.

134 Interessanterweise eine Abkürzung für European *Community* Monitoring Mission.

135 96/656/GASP 11.11.96, Abl. L 300, 1 vom 25.11.96.

136 Deren genaue Ausgestaltung ist im Anhang zu der gemeinsamen Aktion beschrieben.

137 Interview mit einem Bediensteten der Kommission von DG IA.

ff) Ein Schlußwort zur Wahlunterstützung

Selbst wenn die Formulierungen der EU zurückhaltend sind, so zeigt sich doch immer wieder die Tendenz, EG-Handeln mit gemeinsamen Aktionen zu präjudizieren. Es läßt sich nach Untersuchung dieser GASP-Maßnahmen im Bereich der Wahlunterstützung zwar eine gewisse Struktur herauskristallisieren, die eine Arbeitsteilung zwischen EG und EU anzudeuten scheint. An Klarheit und Abgrenzungskriterien fehlt es jedoch. Wie solche im einzelnen hergestellt werden und aussehen könnten, ist noch zu besprechen.

b) Humanitäre Hilfe für Ex-Jugoslawien[138]

Der Beitrag der Union zur Linderung der Krise in Ex-Jugoslawien hat sich - entgegen ursprünglicher Absichten - auf weniger sichtbare und politisch prekäre Anwendungsfelder beschränkt.[139] So betrafen die ersten sechs gemeinsamen Aktionen der EU gegenüber Ex-Jugoslawien lediglich humanitäre Hilfe und später die Verwaltung der Stadt Mostar und die Unterstützung des Wiederaufbaus.[140]

Die seit Anfang des Konflikts in 1991 gewährte Hilfe, die hauptsächlich aus Nahrungsmittelhilfe bestand, wurde in den gemeinsamen Aktionen fortgeführt und auf weitere Felder (wie z.B. Unterkunft und medizinische Versorgung) ausgedehnt.[141] Das „politische Element" der ersten gemeinsamen Aktion 93/603/GASP war einmal darin zu sehen, daß Lord Owen und T. Stoltenberg in ihrer Rolle, die Konfliktparteien zusammenzubringen, erwähnt wurden; zum anderen darin, daß die Ausführung der humanitären Hilfe „mit allen Mitteln" vorgesehen war.[142] Im Rahmen der EG wird die humanitäre Hilfe durch die Generaldirektion ECHO in Koordination mit anderen internationalen Organisationen, insbesondere mit dem UNHCR verwaltet. Eine Abstimmung mit mitgliedstaatlichen Politiken findet hier in der zu diesem Zweck in 1992 speziell gegründeten Einheit (ECTF), die in Zagreb ihren Sitz hat, statt.

Während die erste gemeinsame Aktion dieser Art lediglich den allgemeinen Rahmen vorgezeichnet hat, verweist 93/729/GASP speziell auf die Aufgabe der Kommission, die gemeinsame Aktion *in den Grenzen der bereitstehenden finanziellen Mittel umzusetzen.* Damit wird in die Zuständigkeit der EG eingegriffen.

---

[138] 93/603/GASP 8.11.93, Abl. L 286, 1 vom 20.11.93; 93/729/GASP 20.12.93, Abl. L 339 vom 31.12.93; 94/158/GASP 7.3.94, Abl. L 70 vom 12.3.94; 94/308/GASP 16.5.94, Abl. L 134 vom 30.5.94; 94/510/GASP 27.7.94, Abl. L 205 vom 8.8.94; 94/789/GASP 12.12.94, Abl. L 326 vom 17.12.94; 95/516/GASP 4.12.95, Abl. L 298 vom 11.12.95.

[139] P. Willaert, C. Marqués-Ruiz, „Etat des lieux", S. 283f.

[140] Siehe Europäisches Parlament, *Progress Report*, Anhang.

[141] B.-Ch. Ryba, „La Politique Etrangère et de Securité Commune", S. 28; P. Willaert, C. Marqués-Ruiz, „Etat des lieux", S. 284.

[142] B.-Ch. Ryba, „La Politique Etrangère et de Securité Commune", S. 28; P. Willaert, C. Marqués-Ruiz, „Etat des lieux", S. 284.

c) Die Afrikanische Region der Großen Seen[143]

Im Zusammenhang mit den anhaltenden Flüchtlingsproblemen hat der UN-Sicherheitsrat zwei Resolutionen erlassen (1078 vom 9.11.96 und 1080 vom 15.11.96), die von der Union mit der gemeinsamen Aktion 96/669/GASP umgesetzt werden sollen. In Art. 1 der gemeinsamen Aktion gibt der Rat die Anweisung an die MS *und die EG*, zur Umsetzung der UN-Resolutionen beizutragen (Art. 2) und ihre Tätigkeiten zu koordinieren. Die angeordnete Fortführung von humanitärer Hilfe hätte jedoch auch alleine von der EG beschlossen werden können, und es ist nicht zulässig, die Kommission in gemeinsamen Standpunkten zu verpflichten. Letztendlich hat wohl die politische Komponente der Flüchtlingsströme und deren prekäre Situation zusammen mit dem bereits entsandten Sonderbeauftragten[144] den „politischen Rahmen" der Aktion bestimmt.

4. Internationale Organisationen und Vertretungsregeln

Bei der Diskussion um den Anwendungsbereich der Vertretung handelt es sich zwar genaugenommen nicht um eine „erfolgte Mitregelung" von Gemeinschaftsbereichen, es sind jedoch ähnliche Tendenzen zu beobachten, wie bereits oben geschildert. Nach dem Vertragswortlaut betrifft die Vertretung in der GASP „die Angelegenheiten der Gemeinsamen Außen- und Sicherheitspolitik", Art. J.5 I EUV (Art. 18 I EUV n.F.). Formal gesehen sind davon Bereiche der Gemeinschaftskompetenz ausgeschlossen. In der Praxis versuchten einige MS jedoch wiederholt, auch bereits bestehende Abgrenzungen zugunsten einer GASP-Vertretung aufzulösen. So sollte nach Vorstellung einiger MS der Standpunkt der Union in der OSZE nicht - wie bislang - von EG oder EU, je nach in Frage stehendem Bereich, sondern vom Vorsitz allein wahrgenommen werden. Ein ähnliches Bestreben macht sich im Zusammenhang mit der UNO bemerkbar.[145] Dies ist insoweit verständlich, als daß sich die Grenzen der Zuständigkeiten der zwei Bereiche im Rahmen von internationalen Organisationen sicher noch schwerer bestimmen lassen als ohnehin.[146] Die konstitutionelle Bedeutung für die EG ist aber gleichermaßen gegeben.

5. Die neue Regelung des Art. 24 EUV

In Kapitel 1 wurde bereits untersucht, inwieweit die neue Vorschrift des Art. 24 (Art. J.14 alt) EUV n.F. der Union eine originäre Vertragsschlußkomptenz zuweist und ein weiteres Indiz für eine Völkerrechtspersönlichkeit der Union auch im Verhältnis zu Drittstaaten darstellt. An dieser Stelle sollen auf den obigen Erläuterungen aufbauend die möglichen Rückwirkungen der Bestimmung für den acquis communautaire nachgezeichnet werden.

---

[143] 96/669/GASP 22.11.96, Abl. L 312, 1 vom 2.12.96.

[144] 96/250/GASP 25.3.96, Abl. L 87 vom 4.4.96; 96/441/GASP 15.7.96, Abl. L 185 vom 24.7.96; 96/589/GASP 1.10.96, Abl. L 260 vom 12.10.96.

[145] G. Burghardt, G. Tebbe, in: *Kommentar EUV/EGV*, Art. J.5, Rnr. 3.

[146] K.-D. Stadler, „Die EG/EPZ in der UN-Generalversammlung - Meinungsfuehrerschaft im Werden", S. 111, für die Abgrenzung in der Generalversammlung; C. Flaesch-Mougin, „Les compétences externes de la Communauté Européenne", S. 373, spricht von der gegenseitigen Verflechtung der Materien.

Art. 24 EUV n.F. stellt eine Generalbestimmung[147] zum Abschluß von Verträgen dar, die sachlich nur auf den Bereich der GASP insgesamt, ansonsten aber an keine Zielvorschrift gebunden ist. Hiermit ist bereits angedeutet, daß durch die allgemein gehaltene Formulierung die Gefahr besteht, daß die GASP über Art. 24 EUV n.F. in Zukunft in Bereiche der klassischen Abkommenspolitik der EG eingreifen wird.[148] Dies gilt um so mehr, da der Streit um den Anwendungsbereich von Art. J.1 I EUV (Art. 11 II EUV n.F., *alle Bereiche der Außen- und Sicherheitspolitik*) noch nicht gelöst ist. Das Inkrafttreten des Vertrages von Amsterdam wird zeigen, in welchem Umfang von dieser neuen Kompetenz Gebrauch gemacht werden wird.

6. Zwischenergebnis

In diesem Teil der Arbeit wurde dargelegt, daß es entgegen der Konstruktion der Union aus gleichberechtigten Gliedteilen häufig zu Übergriffen von der GASP auf den EG-Bereich kommt. Diese Überschneidungen gehen weit über die vom Vertrag vorgesehenen Fälle der Interaktion der Unionsteile hinaus. Die politischen Vorgaben für das Handeln der Union werden vom Rat in der Zusammensetzung der Außenminister häufig ohne Rücksicht darauf gesetzt, ob die GASP für diesen Bereich auch zuständig ist.

Gerade im Hinblick auf diese Entwicklung stellt sich daher die Ausarbeitung eines rechtlich bindenden Protokolls zur Anwendung des Art. M EUV (Art. 47 EUV n.F.) als unerläßliche Voraussetzung für das konstruktive Nebeneinander der verschiedenen Zuständigkeitsbereiche dar. Der nächste große Abschnitt trägt diesem Gedanken Rechnung und versucht, eine kompromißfähige Formel für die Koordination der Gliedteile der Union unter Wahrung ihrer Selbständigkeit zu finden.

B. Die Regelung der Abgrenzung

Aus der Analyse der Praxis hat sich einerseits ergeben, daß die Überschneidungen zahlreich sind. Andererseits sind bereits Ansätze einer Arbeitsteilung zu erkennen. Eine solche ist jedoch weder umfassend, noch rechtlich verbindlich festgelegt. In dem Bemühen, eine *justitiable Regelung* für das Verhältnis zwischen EG und GASP zu finden, darf nicht vergessen werden, daß die Aufgabe nicht sein kann, die EG von vorneherein als die eindeutig bessere Lösung darzustellen. In der Ausarbeitung eines Abgrenzungsprinzips soll vielmehr zum Ausdruck kommen, daß die Aufteilung ein dynamischer Vorgang ist, der auf der jeweils angemessenen Ebene eine Regelung bereithalten sollte. Nur in diesem Sinne ist das unten zu entwickelnde Protokoll im Verhältnis zum Subsidiaritätsprinzip und der Unionsstruktur zu sehen. Dabei spielt eine entscheidende Rolle, daß entgegen der strukturellen Trennung EG- und GASP- Angelegenheiten in Wirklichkeit häufig in einem Problembereich miteinander verbunden sind.[149]

---

[147] E. Regelsberger, M. Jopp, „Und sie bewegt sich doch!“, S. 257.

[148] S. Nuttal, „An Exercise in Collusive Ambiguity“, S. 3, spricht von einer potentiellen Landmine; Ch. Trüe, *Verleihung von Rechtspersönlichkeit an die Europäische Union*, S. 42, bemerkt, daß gegen eine Vertragsschlußkompetenz der Union von einigen MS angeführt wurde, eine solche führe zur Aushöhlung von Gemeinschaftskompetenzen.

[149] Eberhard Rhein, „The Community's External Reach“, S. 40f, mit Beispielen der Verflechtung der beiden Bereiche.

Im verbleibenden Teil der Arbeit soll nun versucht werden, Abgrenzungsregeln zwischen EG- und EU-Zuständigkeiten im Bereich des Menschenrechtsschutzes und der Förderung von demokratischen Grundfreiheiten zu erarbeiten. Dieses Vorhaben stützt sich zunächst auf bekanntes Terrain und versucht Prinzipien eines EuGH-Urteils auf die beispielhaft besprochenen Fälle anzuwenden. In einem nächsten Schritt werden das Subsidiaritätsprinzip und -protokoll beleuchtet, um dann in neue Gefilde vorzustoßen und ein „Besitzstandsprotokoll" zum Schutz des acquis communautaire in Menschenrechten auszuarbeiten.

I. Die Wahl der Rechtsgrundlage

Sowohl in der EG, wie auch unter der GASP ist der Rat das Hauptgesetzgebungsorgan (Art. 145 EGV, Art. J.8 EUV; Art. 202 EGV n.F., Art. 23 EUV n.F.).[150] Je nach Wahl der Rechtsgrundlage (Titel II oder Titel V) greifen unterschiedliche Beteiligungsformen der Kommission und des Europäischen Parlamentes, sowie divergierende Entscheidungsverfahren im Rat ein.[151] Der Schutz der Menschenrechte und die Stärkung von Demokratie können sowohl mit Mitteln des zweiten, wie auch des fünften Titels verfolgt werden. Daher soll hier gefragt werden, welche Rechtsgrundlage (EGV oder GASP) im konkreten Fall die einschlägige ist.

1. Der „Titandioxidfall" des EuGH [152]

Der Anreiz, den „Titandioxidfall" des EuGH hier heranzuziehen, stellt sich aus zwei Gründen: Zum einen gibt er Anlaß, über das Verhältnis der Normen im *Unions*gefüge[153] nachzudenken und damit die vom EuGH entwickelten Kriterien zur Wahl der Rechtsgrundlage auf das Verhältnis EG/EU zu übertragen.[154] Zum anderen stellt er bereits gesicherte Rechtsprechung dar und mag von daher die Aufgabe des EuGH, in den brisanten Angelegenheiten der Struktur der Union Recht zu sprechen, erleichtern.

In dem Fall vor dem EuGH ging es um eine Richtlinie zur Verminderung der Verschmutzung durch Abfall aus der Titandioxidindustrie. Der Rat hatte diese Richtlinie entgegen dem Vorschlag der Kommission nicht auf Art. 100a EGV (Art. 95 EGV n.F.), sondern auf Art. 130s EGV (Art. 175 EGV n.F.) gestützt.[155] Die Kommission argumentierte, daß die Richtlinie zwar zum Umweltschutz beitrage, ihr Hauptziel jedoch auf die Errichtung und das Funktionieren des Binnenmarktes ziele. Der Rat hingegen vertrat, daß der Schwerpunkt der Richtlinie auf der Vermeidung von Umweltverschmutzung läge.[156] Der EuGH hat zunächst festgehalten, daß die Wahl der Rechtsgrundlage nicht von der Überzeugung einer Institution der EG über das zu

---

[150] Siehe auch T. Heukels, J. de Zwaan, „The Configuration of the European Union", S. 209.

[151] Alle Verfahren innerhalb der Union stehen gleichberechtigt nebeneinander. Es gibt keine Rangordnung zwischen ihnen, sondern ihre Anwendung wird danach bestimmt, welches Sachgebiet es zu regeln gibt, R. Bieber, I. Salomé, „Hierarchy of Norms in European Law", S. 916.

[152] Rs. C-300/89 Kommission gegen Rat, Slg. 1991, I-2867.

[153] Bis heute gibt es keine Hierarchie der Normen im Europarecht. Zur Diskussion um dieselbe im Bereich von EG-Maßnahmen siehe, R. Bieber, I. Salomé, „Hierarchy of Norms in European Law", S. 907-930.

[154] So auch T. Heukels, J. de Zwaan, „The Configuration of the European Union", S. 226.

[155] Rs. C-300/89, Slg. 1991, I-2867, Abs. 3.

[156] Rs. C-300/89, Slg. 1991, I-2867, Abs. 7f, 9.

verfolgende Ziel abhängen kann, sondern auf objektive, rechtlich nachprüfbare Kriterien gestützt werden muß. Dazu zählen vor allem das Ziel und der Inhalt der Maßnahme.[157] Stellt sich heraus, daß die in Frage stehende Maßnahme beide Ziele bezweckt und beinhaltet, so ist die betroffene Institution gehalten, den Rechtsakt auf beide Rechtsgrundlagen zu stützen.[158] Wegen der sich gegenseitig ausschließenden Verfahren[159] war letzteres jedoch im „Titandioxidfall“ ausgeschlossen, und der EuGH stellte fest, daß in solchen Fällen eine Entscheidung zugunsten einer Rechtsgrundlage getroffen werden muß.[160] Dies tat er aufgrund der Querschnittsklausel des Art. 130r II EGV a.F. und unter Verweis auf Art. 100a III EGV (Art. 95 III EGV n.F.).

2. Das Verhältnis der Rechtsgrundlagen zueinander

Die vom EuGH in „Titandioxid“ entwickelten Abgrenzungsregeln basieren auf der Annahme, daß prinzipiell beide Rechtsgrundlagen zur Regelung der Materie in Frage kommen können, mithin keine der anderen über- oder untergeordnet ist. Die Regeln beziehen sich auf das Normengefüge innerhalb eines Unionsteiles, der Gemeinschaft. Im folgenden soll untersucht werden, ob die Grundsätze des „Titandioxidfalles“ auch auf die Wahl zwischen Rechtsgrundlagen des ersten und fünften Titels angewandt werden können. Das würde zunächst voraussetzen, daß diese Normen auf einer Ebene stehen.

In Abschnitt A wurden bereits Ausführungen zu dem Verhältnis der Bereiche zueinander gemacht. Ergebnis war, daß die Zuständigkeiten von „gleichrangiger Parallelität“[161] geprägt sind.[162] Für die hier interessierende Abgrenzung zwischen den primärrechtlichen Bestimmun-

---

157 Rs. C-300/89, Slg. 1991, I-2867, Abs. 10.

158 Rs. C-300/89, Slg. 1991, I-2867, Abs. 16f.

159 Zum Zeitpunkt des Urteils sah Art. 130s EGV (Art. 175 EGV n.F.) nur eine Anhörung des Parlamentes und einstimmige Entscheidung des Rates vor, während bei Art. 100a EGV (Art. 95 EGV n.F.) das Verfahren der Zusammenarbeit zur Anwendung kommt.

160 Rs. C-300/89, Slg. 1991, I-2867, Abs. 21.

161 G. Burghardt, G. Tebbe, *Kommentar EUV/EGV*, Art. J.3, Rnr. 5.

162 Im Hinblick auf eine mögliche Hierarchie der Normen ergibt sich, daß die Art. A-F und L-S EUV (Art. 1-6 und 46-53 EUV n.F.) an der Spitze stünden. Die Ansicht, daß sich u.a. aus den gemeinsamen Bestimmungen des EUV (Art. A-F und L-S EUV; Art. 1-6 und 46-53 EUV n.F.) eine einheitliche Rechtsordnung ergibt, vgl. die Diskussion in Kapitel 1 und den Ansatz von Ch. Trüe, *Verleihung von Rechtspersönlichkeit an die Europäische Union*, ist die Basis dieser Argumentation. Diese Vorschriften fassen demnach die mit dem Maastrichtvertrag unwirksam gewordenen Bestimmungen über Beitritt und Vertragsänderung der vorher einzelnen Verträge und die sonstigen Vorgaben der Union auf höchster Ebene zusammen, zum Beitritt siehe W. Schroeder, „Die Rechtsnatur der EU“, S. 17; Ch. Trüe, *Verleihung von Rechtspersönlichkeit an die Europäische Union*, S. 61. Somit genießen sie Vorrang vor sonstigem Unionsprimärrecht und beschränken die Handlungsspielräume der EG und der EU. Bestehen Zweifel über die Auslegung von Primärrecht, so müssen die Unionsrechtsordnung und deren gemeinsame Vorschriften herangezogen werden, Ch. Trüe, *Verleihung von Rechtspersönlichkeit an die Europäische Union*, S. 28, 61; a.A. C. Koenig, M. Pechstein, *Die EU* (1998), Rnr. 21.

Eine Stufe tiefer ist das Primärrecht der unterschiedlichen Zuständigkeitsbereiche anzusiedeln. Auf letzter Ebene sind schließlich die jeweiligen sekundärrechtlichen Vorschriften zu finden, die von der EG oder der EU erlassen werden. Dazu zählen auf EG-Seite die Rechtsakte des Art. 189 EGV (Art. 249 EGV n.F.) und sonstige Beschlüsse und auf EU-Seite gemeinsame Standpunkte, gemeinsame Aktionen und weitere gemeinsame Maßnahmen (Deklarationen, Démarchen, Einführung von Resolutionen etc.). Diese sind untereinander gen der EG und denen der EU (GASP) zur Verfolgung des Menschenrechtsschutzes bedeutet dies, daß sie auf einer Ebene stehen, und die erste Voraussetzung zur Anwendung des „Titandioxidurteiles“ damit gegeben ist. Nunmehr müssen Ziel und Inhalt der Maßnahme herauskristallisiert werden. In Zweifelsfällen ist zu überlegen, ob auch eine Kombination der Rechtsgrundlagen möglich sein könnte.

3. Die „objektiven Kriterien“

Der EuGH hat geurteilt, daß zur Bestimmung der einschlägigen Rechtsgrundlage auf objektive, rechtlich nachprüfbare Kriterien geachtet werden muß. Dazu gehören ihmzufolge insbesondere das Ziel und der Inhalt der Maßnahme.[163]

a) Das Ziel der Maßnahmen

Eine Erklärung der Außenminister bei einem Treffen im Rahmen der EPZ in 1986 faßt das Ziel der hier in Frage stehenden Maßnahmen gut in Worte. Sie lautet:

> „(Die Außenminister)... bekräftigen, daß die Achtung der Menschenrechte einer der Eckpfeiler der europäischen Zusammenarbeit ist“.[164]

Die Beachtung der Menschenrechte und die Wahrung von Demokratie und Rechtsstaatlichkeit sind eine Richtschnur für das auswärtige Handeln der Union. Dieses Anliegen kann unter Nutzung von EG- und EU-Primärrecht (siehe Kapitel 2 und 3) erreicht werden. Folglich kann das Ziel der Maßnahme hier nicht zur Abgrenzung der Kompetenznormen beitragen. Es muß daher untersucht werden, ob aufgrund des Inhaltes der Maßnahmen eine grundsätzliche Trennung der Zuständigkeiten von EU und EG gefunden werden kann.

b) Der Inhalt der Maßnahmen

Nunmehr soll versucht werden, eine Zuständigkeitsabgrenzung zwischen EG und EU anhand des Inhaltes der in Frage stehenden Aktivitäten zu vollziehen, die allesamt dem Ziel des Menschenrechtsschutzes und der Förderung von Demokratie und Rechtsstaatlichkeit verschrieben sind.

aa) Die EG

Autonome technische und finanzielle Hilfe mit diesem Ziel wird über die MEDA, ALA, Phare- und Tacis-Programme,[165] die spezifischen Demokratieprogramme[166] und speziellen Bud-

---

i.d.R. gleichrangig, es sei denn es ist ausdrücklich etwas anderes bestimmt, H.-G. Krenzler, H. C. Schneider, „Zur Frage der Kohärenz“, S. 152. Oder das Sekundärrecht selber stellt Rangordnungen (z.B. Durchführungsvorschriften) auf, Ch. Trüe, *Verleihung von Rechtspersönlichkeit an die Europäische Union*, S. 62. Allerdings ist eine solche (Durchführungs-) Hierarchie nicht immer unangefochten, R. Bieber, I. Salomé, „Hierarchy of Norms in European Law“, S. 917, mit Verweis auf vier Fälle vor dem EuGH.

[163] Rs. C-300/89, Slg. 1991, I-2867, Abs. 10.

[164] Erklärung zu den Menschenrechten, Bull. EC, Nr. 7/8, 1986, Vol. 19, Pkt. 2.4.4., S. 113.

getlinien[167] gewährt.[168] Mit der von der Kommission im Juli 1997 vorgeschlagenen[169] Menschenrechtsverordnung ist geplant, diesen hauptsächlich sektoriellen und regionalen Ansatz im Bereich der Menschenrechtsförderung zugunsten eines globalen zu ändern.[170] Daneben ist die EG für die weiteren wirtschaftlichen Aspekte der Kooperation mit Drittstaaten, so wie die humanitäre Hilfe und den Abschluß von Handels- und Kooperationsabkommen zuständig.[171] In diesem Zusammenhang hat die EG die oben besprochenen zahlreichen Abkommen, die eine Menschenrechtsklausel enthalten, geschlossen.

aaa) „Negativer" Inhalt

Die Kompetenz der EG ermöglicht es ihr, bei schweren und anhaltenden Verletzungen der grundlegenden Menschenrechte und demokratischen Grundfreiheiten, das zur Debatte stehende Abkommen mit dem jeweiligen Drittstaat gegebenenfalls ganz den Menschenrechten „unterzuordnen".[172] Das bedeutet, daß eine Aussetzung oder Beendigung eines Abkommens aus oben genannten Gründen auf dieser Grundlage vollzogen werden kann. Ebenso ist die EG in der Lage, in solchen Fällen autonome Maßnahmen zu suspendieren, auch wenn von einigen MS wiederholt geltend gemacht wird, daß es sich dabei um eine politische Entscheidung handele.[173] Der völkerrechtliche Umfang dieser Rechte und Grundfreiheiten wurde in Kapitel 1 nachgezeichnet. Hinsichtlich der europarechtlichen Vorgaben zu Maßnahmen im negativen Bereich wird auf Kapitel 2 verwiesen. Die Aussetzung oder Beendigung von wirtschaftlicher Unterstützung durch die EG kann somit in bestimmten Fällen von ihr autonom entschieden werden.

---

165 MEDA-Verordnung 1488/96 vom 23.7.96, Abl. L 189, 1; ALA-Verordnung 443/92, vom 25.2.92, Abl. L 52, 1; Phare-Verordnung 3906/89, vom 18.12.89, Abl. L 375, 11; Tacis-Verordnung 2053/93, Abl. L187, 29.7.93, S.1, VO 1279/96 vom 25.6.96, Abl. L 165, 1.

166 Von den Programmen Phare, Tacis, MEDA.

167 Budgetkapitel B7-7.

168 Siehe Kapitel 2. Dabei implementiert lediglich die MEDA-Verordnung die bilateralen Assoziierungsabkommen zwischen der Union und den Mittelmeerländern, während ansonsten die Verordnungen über finanzielle und technische Hilfe von den gleichzeitig bestehenden Abkommen getrennt sind.

169 Das Parlament hat im Sommer 1998 einen zweiten Vorschlag erlassen, J. van der Klaauw, Human Rights News, in: *NQHR*, Nr. 3, 1998, Jhrg. 16, S. 376.

170 Kommissionsmitteilung COM (97) 357 endg. Die Verordnung soll die Rechtsgrundlage für alle finanziellen Aktivitäten im Bereich von Menschenrechten und Demokratie sein.

171 P. Willaert, C. Marqués-Ruiz, „Etat des lieux", S. 260. Das wohl bekannteste dieser Abkommen, die Lomékonvention, enthält ebenfalls Bestimmungen über finanzielle und technische Hilfe.

172 EuGH Urteil C-268/94, Portugal gegen Rat, 3.12.96, Slg. 1996, I-6207, Abs. 26; J. van der Klaauw, „EC Court of Justice", Human Rights News, in: *NQHR*, Nr. 2, 1997, Jhrg. 15, S. 207, sagt in Besprechung des EuGH-Urteils, daß 130u II EGV so ausgelegt werden muß, daß Entwicklungshilfe dem Respekt für Menschenrechte ganz untergeordnet werden kann. Dies bedeutet jedoch nicht, daß durch die Erwähnung von Menschenrechten als „wesentlichem Bestandteil" der Charakter des Abkommens als Entwicklungshilfeabkommen geändert wird. Sonst hätte das Abkommen in der Tat auf Art. 235 EGV (Art. 308 EGV n.F.) gestützt werden müssen, einer Argumentation, der der EuGH nicht folgt, C-268/94, Abs. 24.

173 J. van der Klaauw, Human Rights News, in: *NQHR*, Nr. 2, 1998, Jhrg. 16, Pkt. II.F.

bbb) „Positiver“ Inhalt

Auf der anderen Seite kann die Klausel auch für positive Maßnahmen, wie im Beispiel Belarus geschehen,[174] genutzt werden. Nach der Kommissionsmitteilung „On the Inclusion of Respect for Democratic Principles and Human Rights in Agreements Between the Community and Third Countries“ liefert die „Wesentlichkeitsklausel“ die Grundlage für den konstruktiven Dialog über Menschenrechte, sowie für positive Maßnahmen.[175] Fraglich bleibt dabei, *welche* positiven Maßnahmen die EG auf die Klausel oder die diversen Verordnungen stützen kann. Ein Anhaltspunkt dafür kann der „Ratsresolution“ von November 1991[176] entnommen werden. Sie führt die Bereiche auf, die mit den Entwicklungshilfeprogrammen im Bereich von Menschenrechten und Demokratie gefördert werden sollen. Dazu zählen die Abhaltung von Wahlen, der Aufbau neuer demokratischer Institutionen und die Stärkung der Rechtsstaatlichkeit, die Stärkung der Gerichtsbarkeit, der Rechtsprechung, Verbrechensverhütung und ordnungsgemäßen Behandlung von Straffälligen, die Stützung von NGOs, die Annahme eines dezentralisierten Ansatzes für Zusammenarbeit und die Sicherstellung gleicher Möglichkeiten für alle.

Wie gezeigt ist die Aufgabenteilung jedoch nicht geklärt, und der Disput zwischen Kommission und Rat ist besonders in der Diskussion anläßlich der Menschenrechtsverordnung wieder zu Tage getreten. Die Kommission zählt in ihrem Vorschlag in Art. 2 alle die Bereiche auf, die von ihr mit den finanziellen Mitteln unterstützt werden sollen.[177] Dieser Katalog von Maßnahmen *in seiner Gesamtheit* hat den Widerstand des Rates hervorgerufen, der die Zuständigkeit der EG auf einen weitaus geringeren Bestandteil der Liste beschränken möchte. So sollen die generelle Förderung von wirtschaftlichen, sozialen und kulturellen Rechten (z.B. Rechte von Gewerkschaften) und bürgerlichen und politischen Rechten, die Unterstützung im Übergang zur Demokratie, inklusive Wahlunterstützung und das Training von Wahlbeobachtern, sowie die Unterstützung in der Aufstellung von Institutionen zum internationalen Menschenrechtsschutz (z.B. Kriegsverbrechertribunale), für die Unabhängigkeit der Medien, für die Schulung in Menschenrechten, für vertrauensbildende Maßnahmen und für indigene Völker nicht in die Kompetenz der EG nach Art. 130w EGV (Art. 179 EGV n.F.) fallen. Eine Heranziehung von Art. 235 EGV (Art. 308 EGV n.F.) ist nach Ansicht des Rates ausgeschlossen, da dieser keine allgemeine Kompetenz in Menschenrechten gäbe. Die in Frage stehenden Maßnahmen könnten höchstens in bereits bestehende Programme zur wirtschaftlichen Zusammenarbeit eingefügt - und diesen untergeordnet -werden.[178]

Die restriktive Auslegung durch den Rat ist insofern erstaunlich, als die Wahlhilfe in der Ratsresolution von 1991 noch als zum Aufgabenbereich der EG angehörig gesehen wurde. Außerdem macht die Unterstützung im Übergang zur Demokratie im allgemeinen und der Medien im speziellen, technische und finanzielle Hilfe zur Verhinderung von Konflikten, Beiträge zur Aufstellung von Kriegsverbrechertribunalen und Hilfe für indigene Völker bereits einen festen Bestandteil der Initiativen des Budgetkapitels B7-7 aus.[179] In Übereinstimmung mit der Auf-

---

[174] Hier handelte es sich allerdings um die Klausel in der Tacis-*Verordnung* und nicht in einem Abkommen. Siehe oben, Kapitel 2.

[175] COM (95) 216 endg., S. 7.

[176] Entschließung des Rates „Demokratie und Entwicklung“, Bull. EC, Nr. 11, 1991, Vol. 24, S. 128f.

[177] Siehe Anhang.

[178] European Council Legal Service, Opinion, 16.10.97, Doc. 10597/97, S. 7.

[179] Siehe Kommissionsberichte SEC (92) 1915 final; COM (95) 191; COM (96) 672.

fassung des Rates werden darüber hinaus von der EG die Rechte von Gewerkschaften unter dem Phare „civil-society“ Programm, sowie NGOs, tätig im Feld von „social welfare“, mit regulären Phare-Fonds gefördert.[180] Desweiteren hat es sich Tacis zur Aufgabe gemacht, die Länder der ehemaligen Sowjetunion nicht nur rein wirtschaftlich, sondern auch in Bereichen von „human resources“ und Demokratie zu unterstützen.[181] Die ALA-Verordnung gewährt den Nehmerländern in Feldern der sozialen Infrastruktur, Dienstleistungen, verantwortlicher Staatsführung und der Förderung der Zivilgesellschaft Unterstützung.[182] MEDA schließlich verfolgt den Respekt für Menschenrechte und demokratische Prinzipien als elementaren Teil der Kooperation mit den Mittelmeerländern.[183]

Es bleibt somit vorerst festzuhalten, daß die EG bereits einen Großteil der in dem Vorschlag für eine Menschenrechtsverordnung unter Art. 2 aufgeführten Maßnahmen mit ihren Hilfsprogrammen unterstützt.

bb) Die EU

An dieser Stelle sollen die Aktivitäten, die ausschließlich von der EU wahrgenommen werden können, untersucht werden. Die EU ist dafür zuständig, die Aktivitäten der MS in allen Bereichen der Außenpolitik zu koordinieren und gemeinsamem Handeln zuzuführen. Dazu gehört wie gezeigt der Schutz der Menschenrechte und die Stärkung von Demokratie. Dabei haben die MS ihre Kompetenz in Menschenrechten, die sie nur insoweit (in der Ausübung) eingeschränkt haben, wie die EU eine *Abstimmung* in den Bereichen herbeiführen kann (bzw. die EG zur Regelung befugt ist[184]), behalten.

Um den („positiven“) Zuständigkeitsbereich der EU in Menschenrechten und Demokratieförderung zu bestimmen, kann das (neue) GASP-Budgetkapitel herangezogen werden. Dessen inhaltliche Ausgestaltung hat Ausdruck in einer interinstitutionellen Vereinbarung im Zusammenhang mit den Verhandlungen zum Vertrag von Amsterdam gefunden.[185] Demnach können folgende Artikel in das Budgetkapitel eingefügt werden: observation and organization of elections/participation in democratic transition process, EU envoys, prevention of conflicts/peace and security processes, contributions to international conferences, urgent actions. Die Überschneidungen zwischen EG und EU finden folglich insbesondere im Bereich der Wahlhilfe und der Unterstützung im Übergang zur Demokratie statt. Die anderen fünf vorgeschlagenen Aktionsbereiche des Budgetkapitels zielen auf spezifische Aufgaben der EU (vgl. Art. B EUV (Art. 2 EUV n.F.): Wahrung der grundlegenden Interessen und der Unabhängigkeit der Union, Stärkung der Sicherheit in allen ihren Formen und die Wahrung des Friedens und der internationalen Sicherheit) und können nicht von der EG wahrgenommen werden.

---

[180] Europäische Kommission, *The Phare Program. An interim evaluation*, S. 53.

[181] Europäische Kommission, *Tacis. An interim evaluation*, S. 22.

[182] Kommissionsmitteilung COM (98) 40 endg.

[183] Europäische Kommission, Information note Nr. 5, Euro-Mediterranean Partnership, „The MEDA Programme“.

[184] Eine ausschließliche Kompetenz der EG in Menschenrechten existiert nicht, jedoch kann sie die Menschenrechte in die Ausübung ihrer sonstigen Kompetenzen integrieren, vgl. Kapitel 2.

[185] Die Vereinbarung ist abgedruckt in A. Duff (Hrsg.), *The Treaty of Amsterdam*, S. 120f.

Desweiteren ist die GASP für die (negative und positive) diplomatische Menschenrechtspolitik zuständig. Mittels gemeinsamer Standpunkte und Aktionen kann sie allein, in Zusammenarbeit mit der EG (Art. 228a EGV; Art. 301 EGV n.F.) oder mit den MS, eine negative Menschenrechtspolitik in die Tat umsetzen. Im negativen Bereich stellt sich bei den wirtschaftlichen Mitteln das Problem der Überschneidung von außenpolitischem Ziel und wirtschaftlicher Maßnahme. Bei den diplomatischen Mitteln ist hingegen die Zuständigkeitsabgrenzung unproblematisch.[186]

Alles in allem bleiben auch nach genauerer Auflistung des Inhaltes der jeweiligen Maßnahmen Fragen und Felder offen, die nicht eindeutig entweder der Zuständigkeit der EG oder der der EU zugeordnet werden können.

4. Ist eine Kombination der Rechtsgrundlagen möglich?

Es stellt sich damit die Frage, ob nicht auch die Rechtsgrundlagen des zweiten und fünften Titels, wie vom EuGH für mehrere *Gemeinschafts*rechtsgrundlagen in „Titandioxid" vorgeschlagen, kombiniert werden können. So wäre in Betracht zu ziehen, daß immer dann, wenn eine gemeinsame Aktion auf Gemeinschaftskompetenzen übergreift, der Rat die anstehenden Entscheidungen mit doppelter Rechtsgrundlage fällt.[187] Das würde jedoch voraussetzen, daß sich die verschiedenen Verfahrensvorschriften nicht widersprechen.

Aktuelle Beispiele einer Verbindung von Rechtsgrundlagen aus den unterschiedlichen Zuständigkeitsbereichen ist einmal die Handhabung der Güter mit doppeltem Verwendungszweck und zum anderen die gemeinsame Aktion der EU zur extraterritorialen Gesetzgebung. Im ersten Fall wurde in Art. 1 der gemeinsamen Aktion lediglich auf die nebenher bestehende EG-Verordnung verwiesen,[188] ansonsten bestanden aber zwei rechtlich voneinander unabhängige Rechtsakte. Es lag somit keine Kombination im eigentlichen Sinne vor. Im zweiten Fall wurde wieder eine EG-Verordnung mit einer gemeinsamen Aktion kombiniert, jedoch zusätzlich die EU-Maßnahme sowohl auf die jeweilige GASP- wie auch auf die ZJI-Vorschrift gestützt.[189] Dahinter mag die Absicht des Rates gestanden haben, die Unionsbürger in allen Bereichen des Vertrages vor den Wirkungen der Gesetzgebung zu schützen. Auch hier kann somit kein konkretes Beispiel für eine Kombination des zweiten und fünften Titels in einem Rechtsakt gefunden werden.

C. Timmermanns[190] hält eine solche für unmöglich, da es zu einem prozeduralen *imbroglio* führen würde, wenn das zwischenstaatliche Verfahren der GASP mit den weitreichenden Gemeinschaftsverfahren verbunden würde. Die Organe der Union handeln unter fundamental unterschiedlichen Voraussetzungen im Bereich der EG und dem der EU, so daß teilweise sogar das tatsächliche Bestehen eines einheitlichen institutionellen Rahmens in Frage gestellt

---

[186] Insoweit kann auf die vorangegangenen Ausführungen verwiesen werden.

[187] So M. Cremona, „External Relations Powers", S. 252.

[188] 94/942/GASP vom 19.12.94, Abl. L 367, 8 vom 31.12.94; geändert durch 95/127/GASP, Abl. L 90, 2 vom 21.4.95 und 96/613/GASP, Abl. L 278, 1 vom 30.10.96. Art. 1 lautet. „Dieser Beschluß und die Verordnung (...) stellen ein integriertes System dar, an dem sich der Rat, die Kommission und die MS nach ihren jeweiligen Zuständigkeiten beteiligen."

[189] Die gemeinsame Aktion 96/668/GASP vom 22.11.96, Abl. L 309, 1 vom 2.12.96 findet ihre Rechtsgrundlage in Art. J.3 und K.3 EUV a.F.

[190] „The Uneasy Relationship", S. 69.

wird.[191] Die vernünftige Logik des „Titandioxidurteils“, daß solche Verfahren nicht verbunden werden können, die sich in wichtigen Bereichen und typischen Ausprägungen widersprechen,[192] sollte nicht mangels anderer Lösungen aufgeweicht werden. Zwar wurde durch die Einführung der Art. 128 und 130i EGV (Art. 151 EGV n.F., Art. 130 i EGV wurde geändert in Art. 166 EGV n.F. übernommen) die Verbindung des Verfahrens der Zusammenarbeit mit dem Einstimmigkeitserfordernis im Rat legitimiert,[193] das bringt jedoch die grundsätzlich verschiedenen Entscheidungsprozesse der EG und GASP noch nicht näher zueinander.

Es muß daher davon ausgegangen werden, daß eine Kombination von Rechtsgrundlagen des zweiten und fünften Titels nicht zulässig ist. Anhand der „Titandioxid-Rechtsprechung“ kann in unserem Fall somit keine Abgrenzungsregel gefunden werden.

II. Entwicklung eines Abgrenzungs- und Schutzprinzips

1. Der „mode d'emploi“

Das Bestreben der GASP, die gesamte Breite der Außenbeziehungen durch globale Aktionen zu umfassen,[194] ist schwierig mit der auf „gleichrangiger Parallelität“ aufbauenden Struktur der Union zu vereinbaren. Durch die Einigung auf den unveröffentlichten „mode d'emploi“ im März 1995[195] hat die Diskussion um die Verteidigung von Gemeinschaftskompetenzen gegenüber der Anwendung von gemeinsamen Standpunkten im Bereich der auswärtigen Beziehungen allerdings an Schärfe verloren.[196] Dieser „mode d'emploi“ bestätigt die Praxis, daß in einem gemeinsamen Standpunkt auf die gesamte Bandbreite der Außenbeziehungen Bezug genommen werden darf, somit auch auf Gemeinschaftsbereiche. Er fordert jedoch, daß dabei die Kompetenzen der Institutionen und die Verfahrensregeln der Verträge strikt eingehalten werden.[197] Im Falle des Einbezugs von Gemeinschaftsbereichen soll der gemeinsame Standpunkt die Maßnahmen der EG, die sie erlassen hat oder in Umsetzung des Standpunktes erlassen wird, lediglich „zur Kenntnis nehmen“. Damit wird zum einen geklärt, daß gemeinsame Standpunkte keine Maßnahmen nach Art. 189 EGV (Art. 249 EGV n.F., bzw. der entsprechenden Regelung im EAG und EGKS) darstellen, sondern die Gemeinschaftsverfahren respektieren müssen. Zum anderen wird die Zweifelhaftigkeit der gesamten Konstruktion fortgeführt, indem Gemeinschaftsmaßnahmen für außenpolitische Zwecke zur Verfügung stehen müssen.[198] Verweist die EU in gemeinsamen Standpunkten, wie zum Beispiel dem zu Nige-

---

[191] So M. Cremona, „External Relations Powers“, S. 255.

[192] Rs. C-300/89 Kommission gegen Rat, Slg. 1991, I-2867, Abs. 18ff.

[193] So auch C. Timmermanns, „The Uneasy Relationship“, S. 69.

[194] Siehe dazu das Ziel der Union in Art. B zweiter Spiegelstrich EUV (Art. 2 EUV n.F., Behauptung ihrer Identität); C. Timmermans, „The Uneasy Relationship“, S. 63.

[195] P. Willaert, C. Marqués-Ruiz, „Etat des lieux“, S. 260, er spricht von einem *modus vivendi*, das vom Rat und der Kommission gebrauchte Wort war jedoch „mode d'emploi“ („Gebrauchsanweisung“).

[196] G. Burghardt, G. Tebbe, in: *Kommentar EUV/EGV*, Art. J.2, Rnr. 9.

[197] C. Timmermans, „The Uneasy Relationship“, S. 63. Die Kommission nimmt in Bericht über das Funktionieren des EUV, SEC (95) 731, S. 68, auf diesen „mode d'emploi“ Bezug.

[198] C. Timmermans, „The Uneasy Relationship“, S. 63; G. Burghardt, G. Tebbe, in: *Kommentar EUV/EGV*, Art. J.2, Rnr. 9.

ria,[199] auf Maßnahmen gegenüber dem betroffenen Land, so kann dies somit nicht die formale Suspension des Abkommens nach sich ziehen,[200] noch andere rechtliche Konsequenzen im Gemeinschaftsbereich haben. In gleicher Weise binden gemeinsame Aktionen nur die MS und nicht etwa die EG, wie sich aus der Formulierung von Art. J.3 Nr. 4 EUV (Art. 14 III EUV n.F.) ergibt. Das Verhältnis von EG und EU bestimmt sich vielmehr nach dem Gebot der Kohärenz.[201]

Führt man sich vor Augen, daß gemeinsame Standpunkte dafür konzipiert sind, die regelmäßige Zusammenarbeit der MS (Art. J.1 III, erster Spiegelstrich EUV; vgl. Art. 12 EUV n.F.) zu erleichtern und dem Ausdruck der politischen Position mehr Gewicht zu verleihen,[202] operatives Handeln jedoch mittels einer gemeinsamen Aktion verfolgt werden soll, so erscheint es nur angemessen, in gemeinsamen Standpunkten die politische Leitlinie für *alle Teile gemeinsam* festzulegen. Konkretes Handeln muß dann auf die einzelnen Verträge und Verfahren gestützt werden, d.h. Gemeinschaftsmittel oder eine gemeinsame Aktion. Diese Lösung begegnet jedoch zwei Problemen: Zum einen müßte der gemeinsame Standpunkt dann statt GASP-Instrument ein übergreifendes Instrument von EG und EU (z.B. in den „Gemeinsamen Bestimmungen") sein und das Initiativrecht der Kommission bereits in der Ausarbeitung des Vorschlags berücksichtigt werden.[203] Zum anderen wird genau die Unterscheidung zwischen gemeinsamem Standpunkt und gemeinsamer Aktion, jetzt im Vertrag von Amsterdam vertraglich festgelegt,[204] vom Rat nur selten eingehalten.[205] Dazu kommt, daß gemeinsame Aktionen zwar „operatives" Handeln betreffen, jedoch entweder durch mitgliedstaatliche Mittel oder durch EG-Mittel umgesetzt werden müssen. „EU-Mittel" sind in diesem Bereich nicht vorhanden.

Der „mode d'emploi" ist ein erster Schritt hin zur Vermeidung eines vertragswidrigen Eingriffs in Gemeinschaftskompetenzen. Er kann jedoch nicht das Problem lösen, daß mit den in Frage stehenden gemeinsamen Standpunkten ein Präjudiz für Gemeinschaftshandeln geschaffen wird, und daß der Kompromiß weder formal angenommen, noch veröffentlicht wurde.[206] Besonders aus letzterem Grund erscheint es fraglich, ob die gewünschte Signalwirkung und Schutzfunktion mit dieser Regelung erreicht werden kann.

---

[199] 95/515/GASP 20.11.95, Abl. L 298, 1 vom 11.12.95; 95/544/GASP 4.12.95, Abl. L 309 vom 21.12.95; 96/677/GASP 25.11.96, Abl. L 315, 3 vom 4.12.96.

[200] A. Rosas, „Mixed Union - Mixed Agreements", S. 136, das gleiche gilt für informale politische Erklärungen des Rates. Die Erklärung des Rates zu Niger vom 29.1.96, daß die Union ihre Zusammenarbeit mit Niger unterbrochen habe, hat daher keine rechtliche Relevanz.

[201] Siehe Fußnote 37.

[202] A.A. Dashwood (Hrsg.), „The structure of the Union's external activities", Position Paper, S. 217.

[203] So auch G. Burghardt, G. Tebbe, in: *Kommentar EUV/EGV*, Art. J.2, Rnr. 9, zur „Globalen Aktion".

[204] Art. 14 I und 15 I EUV n.F.

[205] M. Fouwels, „The European Union's CFSP and Human Rights", S. 300; P. Willaert, C. Marqués-Ruiz, „Etat des lieux", S. 274, 307. Siehe auch Kapitel 3.

[206] C. Timmermans, „The Uneasy Relationship", S. 63.

2. Das Kohärenzprinzip

Das in Art. C II EUV (Art. 3 II EUV n.F.) enthaltene Kohärenzgebot wurde bereits oben besprochen. Entgegen der „intergouvernementalen" Auslegung desselben durch die MS kann es gerade nicht zur Abgrenzung zwischen EG und EU, geschweige denn zur Statuierung eines Vorrangs der EU, beitragen.[207] Es ist, aufbauend auf dem gleichrangigen Nebeneinander der Gliedteile der Union, vielmehr damit beschäftigt, die Einheitlichkeit der Unionsaktivitäten nach außen zu wahren. Welche Verfahren dabei Anwendung finden, ist für das Kohärenzprinzip irrelevant.[208] Folglich muß zur Erreichung einer vernünftigen Arbeitsteilung zwischen EG und EU im Menschenrechtsschutz und der Förderung von Demokratie nach anderen Abgrenzungskriterien gesucht werden.

3. Die Anwendung des Subsidiaritätsprinzips

In diesem Abschnitt interessiert die Frage, ob ein Tätigwerden der EU im Rahmen der GASP ein Handeln der EG ausschließen kann, bzw. ob in entgegengesetzter Weise die EG mittels des Subsidiaritätsprinzips vor „intergouvernementaler Aushöhlung" geschützt werden kann.

a) Kurze Geschichte und Beschreibung des Subsidiaritätsprinzips

Der *Begriff* der Subsidiarität wird häufig auf den Gebrauch in der katholischen Soziallehre in Verbindung mit der päpstlichen Sozialenzyklika „Quadragesimo Anno" von 1931 zurückgeführt.[209] Der ideologische Hintergrund des Subsidiaritätsprinzips reicht jedoch theologisch, (staats-) philosophisch und politisch weiter zurück.[210] Angesichts der vortrefflichen Untersuchungen zu diesem Hintergrund[211] soll die historische Dimension hier jedoch nicht weiter untersucht werden. Ansatzpunkt soll vielmehr die Einführung von Art. 3b II EGV (Art. 5 II EGV n.F.) sein.[212] Diese erste ausdrückliche Bestimmung zur Subsidiarität im Vertrag von

---

[207] M. Cremona, „External Relations Powers", S. 258, hält fest, daß Art. C II EUV (Art. 3 II EUV n.F.) kein „appropriate legal framework" für die Lösung von unvermeidlichen Konflikten darstellt.

[208] E. Kirchner, *Decision making in the EC*, S. 49.

[209] Diese Enzyklika befaßt sich insbesondere mit dem Verhältnis von Individuum und staatlicher Gewalt. Einerseits Ausprägung des Freiheitsrechts und der Privatsphäre und andererseits als Schutz vor Zentralismus, sollte das Subsidiaritätsprinzip Gerechtigkeit bringen und der kleineren Einheit die von ihr erfüllbaren Aufgaben zur selbständigen Erledigung überlassen, J. Pipkorn, „Das Subsidiaritätsprinzip im Vertrag über die Europäische Union", S. 698. Mit Verweis auf den „liberalistischen Aspekt" von Subsidiarität, Ch. Callies, *Subsidiaritäts- und Solidiaritätsprinzip*, S. 28.

[210] Ch. Callies, *Subsidiaritäts- und Solidiaritätsprinzip*, S. 25; C. Stewing, *Subsidiarität und Föderalismus in der Europäischen Union*, S. 13; J. Santer, „Some Reflections on the Principle of Subsidiarity", S. 20; Ch. Bail, „Konkretisierungen des Subsidiaritätsprinzips", S. 40f.

[211] Vgl. J. Isensee, *Subsidiaritätsprinzip und Verfassungsrecht*, S. 14ff; C. Stewing, *Subsidiarität und Föderalismus in der Europäischen Union*, S. 7ff; S. Pieper, *Subsidiarität*, S. 45ff; H. Lecheler, *Das Subsidiaritätsprinzip*, S. 33ff. Beiträge in A. Riklin, G. Batliner (Hrsg), *Subsidiarität*, S. 19ff.

[212] Zur Rezeption des Subsidiaritätsprinzips in der EU siehe M. Große Hüttmann, *Das Subsidiaritätsprinzip in der EU*. Die Einbettung von Art. 3b EGV (Art. 5 EGV n.F.) in andere Bestimmungen des Unionsvertrages (Art. A, B II, F I EUV; Art. 1, 2 II, 6 I EUV n.F.) stellen es außer Frage, daß das Subsidiaritätsprinzip nur für die EG gilt, vgl. T. Bruha, „Das Subsidiaritätsprinzip im Recht der EG", S. 391.

Maastricht hat dennoch kein der Union gänzlich fremdes Gedankengut eingeführt.[213] Bereits Art. 235 EWGV und das Instrument der Richtlinie haben ähnliche Prinzipien indirekt ausgedrückt. Der mit der Einheitlichen Europäischen Akte eingeführte Art. 130r IV EWGV hatte schon eine ausdrückliche Formulierung einer Abgrenzung zwischen Gemeinschaft und MS enthalten.[214] Dennoch kann auf der Ebene des Europarechts kein *einheitliches* Vorverständnis für den Inhalt des Begriffes der Subsidiarität ausgemacht werden, und es muß daher davon ausgegangen werden, daß zur Auslegung des Begriffes nur auf die im Vertrag genannten Voraussetzungen und keine anderen zurückgegriffen werden darf.[215] Ebensowenig spiegelt das deutsche Verständnis von Subsidiarität und die Besorgnis der deutschen Länder um ihre regionale Eigenständigkeit einen europäischen Konsens bezüglich der Auslegung des Prinzips wieder.[216]

Sofern es sich um einen Bereich der konkurrierenden[217] Zuständigkeit handelt, wird die EG dann tätig, wenn die Maßnahmen auf der Ebene der MS nicht ausreichend und wegen ihres Umfanges oder ihrer Wirkungen besser von der EG durchgeführt werden können (Art. 3b II EGV; Art. 5 II EGV n.F.). Es handelt sich hierbei um eine Kompetenzausübungsregel, nicht um eine Zuweisung von Kompetenzen.[218] Die Kompetenzen sind nach dem Prinzip der begrenzten Einzelermächtigung (Art. 3b I EGV; Art. 5 I EGV n.F.) als solche im Vertrag festge-

---

[213] P. Schmidhuber, „Das Subsidiaritätsprinzip im Vertrag von Maastricht", S. 418, sagt, daß das Subsidiaritätsprinzip deswegen keine gänzlich neue Regelung darstellt, da schon vor dem Vertrag von Maastricht eine Aufgabenteilung zwischen Gemeinschaftsebene und MS bestand.

[214] Siehe zu der Vorgeschichte des Subsidiaritätsprinzips ausführlich Ch. Callies, *Subsidiaritäts- und Solidiaritätsprinzip in der Europäischen Union;* E. Kirchner, *Decision making in the EC,* S. 135f; J. Santer, „Some Reflections on the Principle of Subsidiarity", S. 22; T. Schilling, „Subsidiarity as a Rule and a Principle", S. 1; G. Ciavarini Azzi, „Die Kommission", S. 59; A. Toth, „The Principle of Subsidiarity in the Maastricht Treaty", S. 1082, bestreitet, daß Art. 235 EGV (Art. 308 EGV n.F.) als ein Vorläufer des Subsidiaritätsprinzips angesehen werden kann wegen des unterschiedlichen Zwecks der Vorschriften. Andere sehen den Nachweis der „Erforderlichkeit" bei Art. 235 EGV (Art. 308 EGV n.F.) als die entscheidende Parallele an, siehe Ch. Bail, „Konkretisierungen des Subsidiaritätsprinzips", S. 40; J. Delors, „The Principle of Subsidiarity", S. 13, zur Richtlinie.

[215] C. Stewing, *Subsidiarität und Föderalismus in der Europäischen Union,* S. 106; G. Hirsch, „Die Auswirkungen des Subsidiaritätsprinzips", S. 9, 11, sieht das Subsidiaritätsprinzip als „operativen Begriff" im Zusammenhang mit der Gründung der Union; T. Schilling, „Subsidiarity as a Rule and a Principle", S. 2, „it is there, in the treaties, where its meaning, the concept of subsidiarity, must be found"; R. von Borries, „Das Subsidiaritätsprinzip im Recht der Europäischen Union", S. 273, unter Hinweis auf die Formulierung in Art. B II EUV (Art. 2 II EUV n.F.).

[216] C. Stewing, *Subsidiarität und Föderalismus in der Europäischen Union,* S. 107. Zu dem Einfluß der deutschen Länder auf die Einführung des Subsidiaritätsprinzips vgl. E. Kirchner, *Decision making in the EC,* S. 135f; P. Taylor, *The European Union in the 1990s,* S. 61; G. Konow, „Zum Subsidiaritätsprinzip des Vertrages von Maastricht", S. 405, 406; V. Constantinesco, „Subsidiarität", S. 562.

[217] Bzw. der „nicht ausschließlichen" Kompetenzen handelt. Denn es kann neben den konkurrierenden auch noch parallele (komplementäre) und subsidiäre nicht ausschließliche Kompetenzen geben, R. von Borries, „Das Subsidiaritätsprinzip im Recht der Europäischen Union", S. 274.

[218] H. Jarass, „EG-Kompetenzen und das Prinzip der Subsidiarität", S. 213; H-J. Lambers, „Subsidiarität in Europa", S. 232; T. Schilling, „Subsidiarity as a Rule and a Principle", S. 3; G. Hirsch, „Die Auswirkungen des Subsidiaritätsprinzips", S. 13; Ch. Bail, „Konkretisierungen des Subsidiaritätsprinzips", S. 42; U. Everling, „Überlegungen zur Struktur der EU", S. 940.

schrieben.[219] Das vorrangige Ziel des Subsidiariätsprinzips ist daher weniger, Kompetenzen der MS zu schützen oder zu erhalten, sondern zu verhindern, daß aus Übereifer übermäßig detaillierte EG-Regelungen entstehen.[220] Über Art. B II EUV (Art. 2 II EUV n.F.) gilt, daß die Ziele der *Union* ebenfalls unter Berücksichtigung des Subsidiaritätsprinzips, wie es in Art. 3 b II EGV (Art. 5 II EGV n.F.) normiert ist, verwirklicht werden müssen.[221] Das Subsidiaritätsprinzip gilt damit auch für die GASP.[222] Allerdings ist zu beachten, daß wegen des hauptsächlich zwischenstaatlichen Charakters und der limitierten Kompetenzen der GASP (lediglich Koordinierung) das Subsidiaritätsprinzip kaum beschränkenden Charakter haben kann.[223] Vielmehr liegt seine Aufgabe hier in der legitimierenden Funktion (siehe dazu auch unten) für Maßnahmen der zweiten „Säule".[224]

Der Vertrag definiert in Art. 3b II EGV (Art. 5 II EGV n.F.) nicht, wann eine Regelung auf nationaler Ebene „nicht ausreichend" und eine EG-weite Maßnahme „besser" zur Erreichung des anvisierten Zieles ist. Bei der Prüfung des ersten Punktes (nicht ausreichende Maßnahme) stellen die finanzielle, wirtschaftliche und organisatorische Leistungsfähigkeit der MS und ihre rechtlichen Möglichkeiten in quantitativer wie qualitativer Hinsicht die entscheidenden Prüfungspunkte dar.[225] Dabei können die Kriterien des Ausmaßes und der Wirkungen der

---

[219] Club von Florenz (Hrsg.), *Der unmögliche Status quo*, S. 95; H. Jarass, „EG-Kompetenzen und das Prinzip der Subsidiarität", S. 209.

[220] Club von Florenz (Hrsg.), *Der unmögliche Status quo*, S. 96; J. Pipkorn, „Das Subsidiaritätsprinzip im Vertrag über die Europäische Union", S. 698, die Organe sollen zurückhaltenden Gebrauch der ihnen zugewiesenen Befugnisse machen. Die Akzeptanz der Union bei den Bürgern sollte erhöht und einer befürchteten Zentralisierung entgegengewirkt werden, P. Schmidhuber, „Das Subsidiaritätsprinzip im Vertrag von Maastricht", S. 417; ders., S. 420, das Subsidiaritätsprinzip erfordert eine Beschränkung auf das Wesentliche. Im Zusammenhang mit der Akzeptanz bei den Bürgern muß auch Art. A EUV (Art. 1 EUV n.F.) verstanden werden, der auf „möglichst bürgernahe" Entscheidungen verweist. Diese Orientierung des Subsidiaritätsprinzips kommt in Art. 3b II EGV (Art. 5 II EGV n.F.) nicht unmittelbar zum Ausdruck. Zum Verhältnis der beiden Artikel siehe Ch. Callies, *Subsidiaritäts- und Solidiaritätsprinzip,* S. 132f.

[221] T. Bruha, „Das Subsidiaritätsprinzip im Recht der EG", S. 392; Ch. Callies, *Subsidiaritäts- und Solidiaritätsprinzip,* S. 134. „Wie es in Art. 3 b bestimmt ist", Art. B II EUV a.F.

[222] F. Fink-Hooijer, „The CFSP", S.178, zählt die zu erfüllenden Voraussetzungen auf; R. von Borries, „Das Subsidiaritätsprinzip im Recht der Europäischen Union", S. 285; T. Bruha, „Das Subsidiaritätsprinzip im Recht der EG", S. 390f, der jedoch fälschlich von „Gemeinschaftsebene" statt „Unionsebene" spricht.

[223] R. von Borries, „Das Subsidiaritätsprinzip im Recht der Europäischen Union", S. 286. Zum Verhältnis von Subsidiaritätsprinzip und Integrationsprinzip, siehe C. Stewing, *Subsidiarität und Föderalismus in der Europäischen Union,* S. 73; G. Burghardt, G. Tebbe, in: *Kommentar EUV/EGV*, Vorb. Art. J.1-11, Rnr. 23, sehen eine sinnvolle Anwendung des Subsidiaritätsprinzips in der GASP in der „Konzentration auf das Wesentliche"; Ch. Callies, *Subsidiaritäts- und Solidiaritätsprinzip,* S. 136, attestiert dem Subsidiaritätsprinzip in der GASP und ZJI wegen des Fehlens der notwendigen hierarchischen Über- und Unterordnung und des intergouvernementalen Prinzips nur limitierte Wirkung.

[224] R. von Borries, „Das Subsidiaritätsprinzip im Recht der Europäischen Union", S. 286, unter Verweis auf G. Konow, „Zum Subsidiaritätsprinzip des Vertrages von Maastricht", S. 406/407, der das Subsidiaritätsprinzip als Leitprinzip für Weiterentwicklung und Konkretisierung der Zuständigkeiten der Union sieht. Zur Rolle des Subsidiaritätsprinzips in Titel V und VI siehe auch Hilf/Pache, in: *Kommentar zur Europäischen Union,* Art. B, Rnr. 24.

[225] Europäischer Rat von Edinburgh, 11.-12.12.92, Schlußfolgerungen des Ratsvorsitzes, Ratsdok. SN/456/92, S. 7f; H.-J. Lambers, „Subsidiarität in Europa", S. 236f. Damit geht Art. 3 b II EGV (Art. 5 II EGV n.F.) über eine bloße Optimierungsklausel hinaus. Das Handeln der EG ist bereits dann ausgeschlossen, wenn mitgliedstaatliches Handeln zwar nicht optimal, jedoch ausreichend ist, R. von Borries, „Das Subsidiaritätsprinzip im Recht der Europäischen Union", S. 276f.

Maßnahme, auch wenn sie sich formell nur auf den zweiten Teil des Satzes („besser") beziehen, zur Konkretisierung des Begriffes der ausreichenden Maßnahme herangezogen werden.[226] Anschließend ist die bessere Verwirklichung auf EG-Ebene zu prüfen.[227] Der Europäische Rat hat in dieser Hinsicht festgestellt, daß nicht bereits marginale Vorteile einer EG-Regelung ausreichen, sondern daß deutliche Vorteile mit einer Gemeinschaftsregelung erzielt werden müssen.[228] Diese qualitative wie quantitative Kosten-Nutzen-Analyse sollte jedoch nicht zu eng ausgelegt werden, da sonst das Risiko besteht, daß überhaupt nichts geschieht.[229]

b) Subsidiarität in den Außenbeziehungen der Europäischen Union

Bereits von der Stellung im Vertrag (Anfangsbestimmungen) kann weder Art. 3 b II EGV (Art. 5 II EGV n.F.), noch Art. B II EUV (Art. 2 II EUV n.F.) eine Beschränkung auf die interne Dimension der Union entnommen werden. Vielmehr stellt das Subsidiaritätsprinzip ein *allgemeines Strukturprinzip*[230] der Union dar, das in allen Beziehungen gilt; somit auch im Verhältnis zu Drittstaaten.[231] Es muß folglich die Frage gestellt werden, ob ein eventuelles Handeln der MS im Verhältnis zu Drittstaaten „nicht ausreichend" ist und „besser" von der EG oder der EU, je nach Handlungsfeld, erreicht werden kann. Aktivitäten zur Beachtung der Menschenrechte und Demokratie in Drittstaaten fallen folglich dann in die Zuständigkeit der Union, wenn sie von einer (konkurrierenden) Kompetenznorm gedeckt sind und die angestrebten Ziele von den MS finanziell, organisatorisch oder rechtlich nicht ausreichend und von der Union (EG oder EU) qualitativ wie quantitativ deutlich besser erreicht werden können.

---

[226] Ders., S. 277. Eine einschränkende Wirkung geht jedoch nicht von ihnen aus, H. Jarass, „EG-Kompetenzen und das Prinzip der Subsidiarität", S. 211.

[227] Diese ist nicht etwa *zwangsläufig* geben, wenn die MS das Ziel nicht „ausreichend" verwirklichen können, sondern stellt ein eigenständiges Kriterium dar, H. Jarass, „EG-Kompetenzen und das Prinzip der Subsidiarität", S. 211. Beide Voraussetzungen müssen *kumulativ* vorliegen, G. Hirsch, „Die Auswirkungen des Subsidiaritätsprinzips", S. 10. R. von Borries, „Das Subsidiaritätsprinzip im Recht der Europäischen Union", S. 277. Siehe auch G. Konow, „Zum Subsidiaritätsprinzip des Vertrages von Maastricht", S. 408.

[228] Europäischer Rat, in: *Presse- und Informationsamt der Bundesregierung (Hrsg.),* Bulletin, 1992, S. 1281, zitiert bei H. Jarass, „EG-Kompetenzen und das Prinzip der Subsidiarität", S. 211.

[229] H.-J. Lambers, „Subsidiarität in Europa", S. 237.

[230] Vgl. Art. A II, B II und F I EUV (Art. 1 II, 2 II und 6 I EUV n.F.). Siehe T. Bruha, „Das Subsidiaritätsprinzip im Recht der EG", S. 391ff; Ch. Callies, *Subsidiaritäts- und Solidaritätsprinzip,* S. 132ff. Ähnlich H. Jarass, „EG-Kompetenzen und das Prinzip der Subsidiarität", S. 210, der von einer „allgemeinen Handlungsmaxime" der Union spricht. Siehe auch S. Pieper, „Subsidiaritätsprinzip - Strukturprinzip der Europäischen Union"; G. Konow, „Zum Subsidiaritätsprinzip des Vertrages von Maastricht", S. 407, sieht das Subsidiaritätsprinzip als „Leitprinzip" für die Weiterentwicklung der Union; N. Bernard, „The Future of European Economic Law", S. 634, spricht von dem Subsidiaritätsprinzip als ein „fundamental principle" des EG-Rechts.

[231] R. von Borries, „Das Subsidiaritätsprinzip im Recht der Europäischen Union", S. 281, bespricht die Geltung in den Außenbeziehungen anhand der Mitwirkung in internationalen Organisationen und dem Abschluß von Abkommen, sofern beides in die konkurrierende Zuständigkeit fällt; M. Holland, *Do Acronyms Matter?,* S. 17, sieht die Probleme bei der Anwendung des Subsidiaritätsprinzips in den Außenbeziehungen weit größer als bei der internen Dimension; C. Flaesch-Mougin, „Les compétences externes de la Communauté Européenne", S. 370ff, das Subsidiaritätsprinzip findet in den Innen- und Außenbeziehungen Anwendung, bei letzteren stellen sich jedoch besonders im Hinblick auf die AETR-Rechtsprechung des EuGH zahlreiche Probleme.

c) Subsidiarität zwischen den „Säulen" der Europäischen Union?

Grundsätzlich gilt das Subsidiaritätsprinzip zwischen der EG und den MS (Art. 3b II EGV; Art. 5 II EGV n.F.) und der Union und den MS (Art. B II EUV; Art. 2 II EUV n.F.).[232] Im Rahmen des Art. 3 b II EGV (Art. 5 II EGV n.F.) wird kontrovers diskutiert, was genau mit dem Begriff der „Ebene der Mitgliedstaaten" gemeint ist.[233] Hier soll die Frage aufgeworfen werden, ob zwischen dem Handeln der Union in den Formen der GASP und dem Handeln der EG, das Subsidiaritätsprinzip Anwendung finden kann. Sollte das bejaht werden, muß in einem folgenden Schritt geklärt werden, ob das Subsidiaritätsprinzip lediglich Handeln der EG im Verhältnis zur Union beschränkt oder auch positiv legitimierend für Gemeinschaftshandeln wirken kann (siehe unten).

Die zu einer möglichen dritten Integrationsebene vorhandene Diskussion dreht sich in der Regel um die Frage, ob ein Handeln der EG nur durch Handeln eines *einzelnen* oder auch *mehrerer* MS ausgeschlossen werden kann.[234] Ob EG- und EU-Handeln in einem Verhältnis der Subsidiarität stehen können, ist noch unzureichend diskutiert.[235] Es würde zunächst voraussetzen, daß die Kooperation in der GASP als eine *dritte Integrationsebene* zwischen EG und MS angesehen wird.[236] Dies wird teilweise bejaht.[237] Ebenso vertritt A. Toth,[238] daß die „Ebene der MS" sowohl deren alleiniges Handeln, als auch das Handeln in den Kooperationsformen der EU/GASP meinen kann. Nach Ansicht von H.-J. Lambers[239] deuten „Wortlaut, Entste-

---

[232] Siehe Abbildung Nr. 3, Anhang.

[233] R. von Borries, „Das Subsidiaritätsprinzip im Recht der Europäischen Union", S. 276, z. B. welche regionale Untergliederung des jeweiligen MS die Regelungskompetenz hat; G. Konow, „Zum Subsidiaritätsprinzip des Vertrages von Maastricht", S. 408, der gesamte öffentliche Bereich der MS ist umfaßt. Die interne Aufgabenverteilung ist Sache der MS (h.M.), siehe statt vieler H.-J. Lambers, „Subsidiarität in Europa", S. 235 und H. Lecheler, *Das Subsidiaritätsprinzip*, S. 94.

[234] C. Stewing, *Subsidiarität und Föderalismus in der Europäischen Union*, S. 107, er schließt aus dem Fehlen des Wortes „einzeln", das in Art. 130r IV EGV noch vorhanden war, daß auch das Handeln mehrerer MS ein Handeln der EG ausschließen kann. Ebenso H. Lecheler, *Das Subsidiaritätsprinzip*, S. 63, der von einer schwer überschaubaren „dritten Stufe" spricht. a. A. R. von Borries, „Das Subsidiaritätsprinzip im Recht der Europäischen Union", S. 278, die EG bleibt handlungsbefugt, wenn mehrere MS „ausreichend" handeln könnten. Ihre Unterstützung muß sich dann aber auf die nicht handlungsfähigen MS beschränken und die Handlungsfähigkeit der anderen respektieren.

[235] Siehe dazu H.-J. Lambers, „Subsidiarität in Europa", S. 236, mit Verweis auf die intergouvernementale Zusammenarbeit; H. Jarass, „EG-Kompetenzen und das Prinzip der Subsidiarität", S. 211; M. Cremona, „External Relations Powers", S. 258, deutet eine Anwendung des Subsidiaritätsprinzips als Form der Abgrenzung zwischen den „Säulen", unter besonderem Verweis auf den bei der Anwendung des Subsidiaritätsprinzips zu prüfenden Grundsatz der Effizienz, an.

[236] Denn das Subsidiaritätsprinzip liefert die Richtlinien für eine sachgerechte Arbeitsteilung zwischen den einzelnen Ebenen in mehrstufig gegliederten Gemeinwesen, P. Schmidhuber, „Das Subsidiaritätsprinzip im Vertrag von Maastricht", S. 418. Siehe auch Lecheler, Fußnote 234 zur „dritten Ebene"; Ch. Callies, *Subsidiaritäts- und Solidiaritätsprinzip*, S. 136, zur Notwendigkeit der hierarchischen Über- und Unterordnung der Ebenen, deren Kompetenzausübung abgegrenzt werden soll. Dazu auch Ch. König, M. Pechstein, *Die EU*, S. 62f.

[237] S. Pieper, *Subsidiarität*, S. 262, spricht von der GASP als einer „dritten Ebene".

[238] A. Toth, „The Principle of Subsidiarity in the Maastricht Treaty", S. 1098f.

[239] H.-J. Lambers, „Subsidiarität in Europa", S. 236.

hungsgeschichte und frühere Gemeinschaftspraxis" unweigerlich darauf hin, daß Gemeinschaftshandeln über das Subsidiaritätsprinzip von der intergouvernementalen Zusammenarbeit ausgeschlossen werden kann. Die damit verbundene Rückführung von zahlreichen Angelegenheiten auf die zwischenstaatliche Zusammenarbeit würde jedoch einen bedenklichen Rückschritt im Integrationsprozeß bedeuten.[240]

Auf der anderen Seite lehnen H. Jarass[241] und P. Schmidhuber[242] diese Möglichkeit ab. Dies wird von Ersterem damit begründet, daß die intergouvernementale Zusammenarbeit über Art. B II EUV (Art. 2 II EUV n.F.) ebenfalls an das Subsidiaritätsprinzip gebunden sei und somit EG-Handeln nicht ausschließen kann. In Frage käme dann jedoch, die Alternative des GASP-Handelns im Rahmen der Prüfung der Erforderlichkeit des Art. 3 b III EGV (Art. 5 III EGV n.F.) in Betracht zu ziehen.[243] Gerade dies wiederum lehnt P. Schmidhuber ab, da diese Handlungsvariante „außerhalb der Gemeinschaftszuständigkeiten und damit auch (der) Hierarchie der Mittel" der EG läge.[244]

Hier wird vertreten, daß grundsätzlich eine Anwendung des Subsidiaritätsprinzips auch zwischen den beiden „Säulen" möglich ist. Die GASP wurde als eine besondere Handlungsform geschaffen, die sich zum einen in Struktur und Entscheidungsprozessen deutlich von der EG unterscheidet. Wegen ihrer Eigenständigkeit und spezifischen Dynamik kann sie zum anderen auch nicht mit den MS gleichgesetzt werden. Sie bildet vielmehr, wie in Kapitel 1 gezeigt, keine intergouvernementale Konferenz der fünfzehn beteiligten Regierungen, sondern eine unionsunmittelbare Politik. Das Verhältnis von EG und EU hinsichtlich der Wahrnehmung von Kompetenzen kann ebenfalls unter dem Gesichtspunkt der Arbeitsteilung oder des Vorrangs der kleineren bzw. dezentraleren Einheit (hier EU) gesehen werden. Die EU ist dezentraler, da die MS in der GASP lediglich über die *Kooperation* von Außen- und Sicherheitspolitik in bestimmten Fragen entscheiden, der Kern der Politik jedoch weiterhin im nationalen Rahmen beschlossen wird. Die Tatsache, daß die EU gegenüber den MS selber an den Grundsatz der Subsidiarität gebunden ist, ändert nichts daran, daß die zentralste Ebene (die EG) gegenüber der EU *und* den MS (als unterste Ebene) der Beachtung der Subsidiarität in Bereichen konkurrierender Zuständigkeit verpflichtet sein kann (siehe Abbildung Nr. 3, Anhang). Das Tätigwerden mittels der GASP als Handlungsalternative im Rahmen der Verhältnismäßigkeitsprüfung des Art. 3b III EGV (Art. 5 III EGV n.F.) anzusehen, erscheint allerdings verfehlt, da es bei Art. 3b III EGV (Art. 5 III EGV n.F.) nicht um ein Handeln *der Union* geht, die zwischen mehreren Varianten wählen kann, sondern er sich auf die EG bezieht. Die EG hat aber keine Möglichkeit als „weniger einschneidendes" Mittel auf Formen der GASP zurückzugreifen.[245] Diese sind der EU vorbehalten. Eine Anwendung des Verhältnismäßigkeitsprinzips im Sinne von Art. 3 b III EGV (Art. 5 III EGV n.F.) käme tatsächlich nur dann in Betracht, wenn die Union zu einer Organisation mit einheitlicher Völkerrechtspersönlich-

---

240 A. Toth, „The Principle of Subsidiarity in the Maastricht Treaty", S. 1099. Ähnlich H.-J. Lambers, „Subsidiarität in Europa", S. 236.

241 H. Jarass, „EG-Kompetenzen und das Prinzip der Subsidiarität", S. 211.

242 P. Schmidhuber, „Das Subsidiaritätsprinzip im Vertrag von Maastricht", S. 419.

243 H. Jarass, „EG-Kompetenzen und das Prinzip der Subsidiarität", S. 211.

244 P. Schmidhuber, „Das Subsidiaritätsprinzip im Vertrag von Maastricht", S. 419.

245 Insofern übereinstimmend mit P. Schmidhuber, Fußnote 244.

keit verschmolzen werden würde,[246] der alle verschiedenen Handlungsformen zur Verfügung stehen.

Im folgenden soll das neue Protokoll im Hinblick auf seine Neuerungen und Klarstellungen zur Auslegung des Subsidiaritätsprinzips, insbesondere seiner *dynamischen Natur*,[247] untersucht werden.

d) Subsidiarität - ein dynamisches Konzept seit Erlaß des Protokolls

Der Amsterdam-Vertrag hat zur Anfügung des Subsidiaritätsprotokolls, welches die Richtlinien des Europäischen Rates von Birmingham und Edinburgh (beide 1992) in rechtlich verbindliche Form gießt, an den EUV geführt.[248] Damit sollen verbindliche Auslegungsregeln für den sonst sehr schwer greifbaren Begriff der Subsidiarität gegeben werden.[249] Das Protokoll bringt damit im wesentlichen eine Klärung der bestehenden Rechtslage und führt keine gänzlich neuen Elemente in die Diskussion ein. Als Protokoll hat der Inhalt die gleichen rechtlichen Wirkungen wie jede andere Bestimmung des Vertrages (vgl. Art. 239 EGV; Art. 311 EGV n.F.).[250]

Der nächste Abschnitt konzentriert sich auf zwei Bereiche des Protokolls: die Wahrung des acquis communautaire und die Schutzrichtung des Protokolls. Der gemeinschaftliche Besitzstand ist in Absatz 2 ausdrücklich als unantastbar dargestellt. Er soll somit durch die Anwendung des Subsidiaritätsprinzips nicht in Frage gestellt, sondern vielmehr erlangter Fortschritt festgehalten werden. Die weitere Bedeutung des acquis communautaire bleibt jedoch, wie auch sonst im Vertrag, im unklaren und muß jeweils im Zusammenhang mit der zur Diskussion stehenden Materie gesehen werden. Die Einführung des Subsidiaritätsprinzips vollzog sich unter dem Eindruck, dem Brüsseler Zentralismus entgegenzuwirken, regionale Besonderheiten zu erhalten, mitgliedstaatliche Kompetenzen zu schützen und Europa dem Bürger näher zu bringen.[251] Daraus resultiert eine vorrangige Beschäftigung mit der Eindämmung gemeinschaftlichen Handelns und der Vermutung für eine Zuständigkeit der MS.[252] Parallel dazu

---

[246] I.S.v. der Analyse von A. v. Bogdandy, M. Nettesheim, „Die Verschmelzung der EG"; dies., „Einheitlicher Verband mit eigener Rechtsordnung".

[247] Diese wurde endlich durch das Protokoll bestätigt, siehe M. Petite, „Ambition and Realism", S. 16.

[248] Europäische Kommission, *The Amsterdam Treaty: a Comprehensive Guide*, „Subsidiarity", S. 1.

[249] Ch. Callies, *Subsidiaritäts- und Solidiaritätsprinzip*, S. 23, sieht das Subsidiaritätsprinzip als zu abstrakt, um eine konkrete Rechtsfrage zu entscheiden. Absatz 1 der Präambel des Protokolls, abgedruckt in A. Duff (Hrsg.), *The Treaty of Amsterdam*, S. 293f.

[250] M. Petite, „Ambition and Realism", S. 16.

[251] Siehe oben. Im Sinne der Bewahrung mitgliedstaatlicher Zuständigkeiten auch das BVerfG, Urteil vom 12.10.93, in: *Europarecht*, S. 325.

[252] Siehe G. Konow, „Zum Subsidiaritätsprinzip des Vertrages von Maastricht", S. 407; G. Hirsch, „Die Auswirkungen des Subsidiaritätsprinzips", S. 10, die EG hat zudem die Beweislast für das Vorliegen der Umstände, die ihre Zuständigkeit begründen; H. Lecheler, *Das Subsidiaritätsprinzip*, S. 61, spricht ebenfalls von der Beweislast für die EG; P. Schmidhuber, „Das Subsidiaritätsprinzip im Vertrag von Maastricht", S. 419, die EG muß ihr Handeln rechtfertigen, da sonst eine Vermutung für die Zuständigkeit der niedrigeren Ebene besteht; K. Gretschmann, „The Subsidiarity Principle", S. 47; „Quadragesimo Anno" hatte bereits festgestellt, daß die jeweils unterste Ebene vorrangig zum Handeln berufen sein sollte. Das trifft die Kernaussage des Subsidiaritätsprinzips, C. Stewing, *Subsidiarität und Föderalismus in der Europäischen Union*, S. 15; M. Holland, *Do Acronyms Matter?*, S. 17, spricht von der „intergovernmental interpretation" von Subsidiarität.

existierte jedoch immer die Ansicht, daß das Subsidiaritätsprinzip auch eine positiv integrative Funktion haben, folglich EG-Handeln legitimieren kann.[253] Dieser letzte Aspekt ist nun im Subsidiaritätsprotokoll ausdrücklich festgeschrieben worden, indem von einem „dynamischen Konzept" die Rede ist, das EG-Handeln sowohl ausweiten, wie auch beschränken kann. Dem Versuch, mittels des Subsidiaritätsprinzips mitgliedstaatliche Kompetenzen zu repatrialisieren, ist damit endgültig ein Riegel vorgeschoben.[254]

e) Abschließende Betrachtung zum Subsidiaritätsprinzip

Das in den Art. 3b II EGV (Art. 5 II EGV n.F.) und B EUV (Art. 2 EUV n.F.) enthaltene Subsidiaritätsprinzip ist ein allgemeines Strukturprinzip der Union. Es entfaltet seine Wirksamkeit in den Innen- und Außenbeziehungen und auch zwischen den Gliedteilen der Union. Seine dynamische Natur wurde durch das Subsidiaritätsprotokoll erstmals klargestellt. Angewandt auf die Struktur der Union bedeutet dies, daß mit Hilfe des Subsidaritätsprinzips eine Abgrenzung zwischen der Ausübung von EG- und EU-Kompetenzen vollzogen werden könnte, die grundsätzlich den acquis communautaire schützt und darüber hinaus jeweils in die Richtung ausschlägt, in der die Voraussetzungen für ein Tätigwerden gegeben sind. Sollte Handeln auf EU-Ebene nicht ausreichen und das Ziel des Menschenrechtsschutzes auf EG-Ebene besser erreicht werden können, so ist die EG zuständig, anderenfalls die EU. Im Sinne eines „dynamischen Konzepts" sollte das Subsidiaritätsprinzip keine Zuständigkeitsvermutung für eine der Ebenen aufstellen.

Allerdings lassen die Geschichte der Einführung und Anwendung des Prinzips, so wie das Erfordernis der Rechtfertigung gemeinschaftlichen Handelns, befürchten, daß ein wirksamer Schutz des acquis communautaire über das Subsidiaritätsprinzip nicht erreicht werden kann.

4. Das Besitzstandsprotokoll

Art. B fünfter Spiegelstrich, Art. C I und Art. M EUV (Art. 2 fünfter Spiegelstrich, 3 I und 47 EUV n.F.) stellen die Wahrung und Weiterentwicklung des acquis communautaire unter den besonderen Schutz des Vertrages. Dabei wird häufig Art. M EUV (Art. 47 EUV n.F.) als die zentrale Norm angesehen, die mittels Art. B und C EUV (Art. 2, 3 EUV n.F.) konkreter ausgelegt wird. Das überzeugt insofern, als der EuGH zwar nicht über Verletzung von Art. B oder C EUV (Art. 2, 3 EUV n.F.), jedoch von Art. M EUV (Art. 47 EUV n.F.) entscheiden

---

[253] R. von Borries, „Das Subsidiaritätsprinzip im Recht der Europäischen Union", S. 272, 279, die legitimierende Wirkung tritt zusätzlich zur beschränkenden ein; V. Constantinesco, „Subsidiarität", S. 562, sieht die erste Funktion des Subsidiaritätsprinzips in der Übertragung von Kompetenzen von der nationalen Ebene auf die Union; H. Lecheler, *Das Subsidiaritätsprinzip,* S. 69, spricht von der „integrativen" Funktion; C. Stewing, *Subsidiarität und Föderalismus in der Europäischen Union,* S. 74, hält fest, daß im Integrationsprozeß eine Entwicklung zu größeren Einheiten zu beobachten ist, und daß Subsidiarität ein Prinzip darstellen kann, das diesen Prozeß reguliert; Ch. Callies, *Subsidiaritäts- und Solidaritätsprinzip,* S. 22, sieht den doppelten inhaltlichen Gehalt des Prinzips als Nichteinmischung und im „positiv-auffordernden" Sinne. Diese positiv-auffordernde Dimension als die Hauptfunktion des Subsidiaritätsprinzips sehend, G. Ciavarini Azzi, „Die Kommission", S. 60; E. Kirchner, *Decision making in the EC,* S. 136, andere Definitionen des Subsidiaritätsprinzips sprechen auch für mehr Zentralisierung.

[254] M. Petite, „Ambition and Realism", S. 16.

kann.[255] Angesichts der fehlenden oder zumindest geringen Bestimmtheit dieser Vorschrift (Art. M EUV; Art. 47 EUV n.F.) ist es zur Stärkung ihres Rechtscharakters unumgänglich, ihren Inhalt konkret zu bestimmen.[256] Folglich soll nunmehr ein Protokoll, entsprechend dem oben geschilderten Subsidiaritätsprotokoll zur Konkretisierung von Art. 3b II EGV (Art. 5 II EGV n.F.), entwickelt werden. Ziel ist, sowohl dem EuGH, wie auch den MS und der Kommission, konkrete Richtlinien an die Hand zu geben, wie der acquis communautaire in Menschenrechten möglichst frühzeitig im Entscheidungsfindungsprozeß geschützt werden kann. Dabei soll noch einmal betont werden, daß die Schutzrichtung genau entgegengesetzt derjenigen des Subsidiaritätsprotokolls ist (nämlich von dezentral zu zentral). Während an dieser Stelle zunächst die theoretischen Grundlagen für ein solches Protokoll dargestellt werden, wird der konkrete Vorschlag eines Protokolls im Anhang der Arbeit zu finden sein.

a) Kriterien für die Abgrenzung EG oder EU

Grundsätzlich wird die EU in Angelegenheiten der Außen- und Sicherheitspolitk tätig, zu denen auch die Achtung der Menschenrechte zählt. Die EG ihrerseits hat ein weites Netz von Außenbeziehungen entwickelt, in dem Menschenrechtsüberlegungen - wie gezeigt - einen zentralen Platz eingenommen haben. Die Zielsetzung, der Schutz der Menschenrechte und der Demokratie, ist somit sowohl im EG-, wie auch im EU-Bereich eine mit den jeweiligen Mitteln zu verwirklichende Handlungsaufgabe. Die EU kann dann rechtmäßig mit GASP-Instrumenten in Bereichen des acquis communautaire in Menschenrechten tätig werden, wenn dies vom Vertrag ausdrücklich vorgesehen ist (228a, 73 g EGV, J.11 II EUV; Art. 301, 60 EGV n.F., Art. 28 II EUV n.F.). Darüber hinaus sind keine Einwirkungen auf die Gemeinschaft, bzw. den acquis communautaire vom Vertrag legitimiert, Art. M EUV (Art. 47 EUV n.F.). Der allzu weit geratene Anwendungsbereich des Art. J.1 I EUV (Art. 11 EUV n.F.) macht es jedoch nötig, daß Regeln für die Fälle aufgestellt werden, die nicht vom Vertrag als „Interaktion“ der verschiedenen Bereiche vorgesehen sind, bei denen aber wegen des gemeinsamen Zieles Überschneidungen stattfinden. Ergebnis einer solchen Bemühung soll sein, daß der acquis communautaire von vornherein vor Eingriffen aus dem intergouvernementalen Bereich geschützt ist. Das Handeln der EU muß folglich auf ihr typische Bereiche beschränkt und es muß sichergestellt werden, daß die Gemeinschaft in Angelegenheiten des acquis communautaire Vorrang hat.

Positive und negative Maßnahmen zur Fortentwicklung und Festigung von Demokratie und zur Wahrung der Menschenrechte sollten daher solange auf Gemeinschaftsebene betrieben werden, wie ihre Mechanismen und Organe[257] eine ausreichende Zielerreichung gewähren und im Rahmen der Zuständigkeiten des EGV verbleiben. Das ist dann der Fall, wenn die Maßnahme geeignet und erforderlich zur Verbesserung der Situation im Drittland ist und von einer Ermächtigungsnorm des Vertrages gedeckt ist. Diese Zuständigkeitsvermutung zugun-

---

[255] Zur Heranziehung von Art. B fünfter Spiegelstrich und Art. C I EUV (Art. 2, 3 I EUV n.F.) zur Interpretation von Art. M EUV (Art. 47 EUV n.F.), Y. Petit, *Commentaire,* Art. M, S. 871f; H. Krück, *Kommentar EUV/EGV,* Art. M, Rnr. 3; D. Simon, *Commentaire,* Art. B, S. 65; I. Macleod, I. D. Hendry, S. Hyett, *External Relations*, S. 423; M. Koskenniemi, „International Law Aspects of the CFSP“, S. 36. Zum EuGH siehe auch unten.

[256] Vgl. H. Lecheler, *Das Subsidiaritätsprinzip,* S. 59, über die Vorläuferbestimmung des Subsidiaritätsprinzips, Art. 130r IV EGV a.F. und Fußnote 249.

[257] Vgl. Art. B fünfter Spiegelstrich EUV (Art. 2 EUV n.F.).

sten der EG kann nur dann entkräftet werden, wenn aufgrund der Spezifika der GASP und im Sinne der Behauptung der Identität der Union auf internationaler Ebene (Art. B zweiter Spiegelstrich EUV; Art. 2 EUV n.F.) ein Tätigwerden der EU erforderlich ist. Das ist zum einen in den oben genannten Beispielen der Interaktion der Art. 228a und 73g EGV (Art. 301 und 60 EGV n.F.) der Fall. Zum anderen dann, wenn ein Handeln mit Mitteln der GASP *besser* ist. Als Kriterien der Bestimmung dieses Begriffes werden das Verfahren (1), das in Frage stehende (politische) Instrument (2), das hochpolitische Ausmaß (3) oder die Wirkungen in den Beziehungen zu Drittstaaten und der Weltpolitik (Sichtbarkeit des Engagements) (4) vorgeschlagen. Der Begriff des besseren Erreichens stellt wie bei dem aufgehobenen Art. 130r IV EGV und der zweiten Voraussetzung des Art. 3b II EGV (Art. 5 II EGV n.F.) eine „Optimierungsklausel"[258] dar. Anknüpfungspunkt ist jedoch nicht das zu verwirklichende Ziel, sondern die Herstellung einer Arbeitsteilung zwischen den „Säulen". Es müssen desweiteren „deutliche" und nicht nur marginale Vorteile durch EU-Handeln erreicht werden.[259] Schließlich ist die EU dann zuständig, wenn andernfalls die Interessen der Union beachtlich in Mitleidenschaft gezogen würden (5).

Die EU ist nach diesen Richtlinien bereits dann zum Handeln berufen, wenn das erste Kriterium verneint wird. In einer solchen Konstellation braucht sie auch den Nachweis der besseren Erreichung nicht mehr zu führen. Ansonsten wird die GASP nur in den Fällen herangezogen, die ein Handeln der EU nach den obigen „Besser-Kriterien" notwendig machen. Der zweite Aspekt soll im folgenden beleuchtet werden.

aa) Das Verfahren

Hier wird erörtert, welche „Methode" (intergouvernemental oder supranational) die Interessen der fünfzehn *besser* zum Ausdruck bringt. Mit den Interessen sind dabei nicht die Einzelinteressen der MS, sondern vielmehr das gemeinsame Interesse an einer koordinierten Außenpolitik - in gewissen Grenzen - gemeint. Denn, daß ein grundsätzlicher Konsens zwischen den MS zur Abstimmung der Außenpolitiken besteht, darf wohl nach der Einführung der GASP nicht bestritten werden. Ein Tätigwerden der EU ist somit *besser*, wenn die zwischenstaatliche Methode die Übereinstimmung über das gemeinsame Vorgehen wiederspiegelt.

In Bezug auf das Verfahren lassen sich damit die sicherheits- und verteidigungspolitischen Aspekte der Zusammenarbeit in der GASP herauskristallisieren, die eine *bessere* Erledigung auf EU-Ebene gewährleisten. Sie stellen einen äußerst kontroversen Teil der Debatte um die Ausweitung der Unionszuständigkeiten dar, und deren äußerst vorsichtiges Einfügen in den EUV wird in den Formulierungen des Art. J.4 EUV (Art. 17 EUV n.F.) deutlich.[260] Mit dieser Bemerkung soll hier zum Ausdruck gebracht werden, daß noch keine europäische sicherheits- und verteidigungspolitische Identität besteht, die einen Übergang zu mehr

---

[258] Vgl. C. Stewing, *Subsidiarität und Föderalismus in der Europäischen Union*, S. 29.

[259] Europäischer Rat, in: *Presse- und Informationsamt der Bundesregierung (Hrsg.)*, Bulletin, 1992, S. 1281 zum Subsidiaritätsprinzip, zitiert bei H. Jarass, „EG-Kompetenzen und das Prinzip der Subsidiarität", S. 211.

[260] G. Burghardt, G. Tebbe, in: *Kommentar EUV/EGV*, Art. J.4, Rnr. 1. Die Sicherheits- und Verteidigungspolitik war einer der hartumkämpftesten Bereiche des Vertrages von Amsterdam, E. Regelsberger, M. Jopp, „Und sie bewegt sich doch!", S. 261. Der Vertrag von Amsterdam spricht nunmehr nicht mehr von der „auf längere Sicht", sondern von der „schrittweise" festzulegenden Verteidigungspolitik.

„Gemeinschaftsmethode“ erlauben würde.[261] So sind vor allem die Ausweitung von Mehrheitsentscheidungen, sowie die Stärkung der Rolle der Kommission und des EuGH in der GASP in diesen Bereichen (noch) nicht konsensfähig.[262] Das oben aufgestellte Kriterium der besseren Erreichung ist hier erfüllt, da die Interessen der EU in Bezug auf Zusammenarbeit in sicherheits- und verteidigungspolitischen Aspekten durch die intergouvernementale Methode treffender zum Ausdruck gebracht werden als in den Formen der EG.

Als konkrete Ausprägung dieses Aspekts ist das Verfahren einer GASP-Entscheidung dann „besser“, wenn es sich um ein Waffenembargo handelt, da nur die EU die Kompetenz hat, die MS auf ein gemeinsames Vorgehen in diesem Bereich zu verpflichten.[263] Die EG hat auch über den Art. 228a EGV (Art. 301 EGV n.F.) keine Befugnis zur Rechtsetzung über Waffenembargos erhalten.[264]

bb) Die Instrumente

Die klassischen diplomatischen Instrumente der EPZ, d.h. vor allem Démarchen und Deklarationen, die gemeinsame Unterstützung oder Ablehnung von Resolutionen in internationalen Organisationen, der politische Dialog, die Leistung von „guten Diensten“ und Besuche auf hoher politischer Ebene sind ein fester Bestandteil der GASP geblieben, ohne daß der EUV sie ausdrücklich normiert hat.[265] Werden sie im Bereich des Menschenrechtsschutzes angewandt, so obliegt es der EU und nicht der EG, tätig zu werden. Dadurch kann eine sinnvolle Begleitung anderer Maßnahmen (z.B. auf EG-Ebene) inner- und außerhalb von internationalen Organisationen hergestellt werden.

Im Hinblick auf gemeinsame Standpunkte und Aktionen ist die Situation, wie bereits aus den oben beschriebenen Schilderungen der „Mitregelung“ deutlich geworden ist, nicht so eindeutig und kann daher nicht zu einer Abgrenzungsregel EU/EG beitragen.

Insbesondere auch im Hinblick auf *die Darlegung* von Unionsstandpunkten ist Vorsicht geboten. Die Tendenzen einiger MS, in Gemeinschaftszuständigkeiten einzugreifen, wurden bereits oben beschrieben. Für den hier interessierenden Menschenrechtsschutz und eine zu fin-

---

[261] M. Dembinski, „Langer Anlauf, kurzer Sprung“, S. II, 17f, 23f, er führt zudem aus, daß es auch noch keine europäische Identität im außenpolitischen Bereich gibt, diese vielmehr im Stadium der Entwicklung ist. Ebenso die europäische Identität verneinend, T. Tiilikainen, „Does Europe Need a Common Identity?“, S. 19, S. 23. Eine solche Identität würde auch das bestehen von Souveränität der EU gegenüber ihren MS voraussetzen.

[262] E. Regelsberger, M. Jopp, „Und sie bewegt sich doch!“, S. 260, Maßnahmen mit verteidigungspolitischen Bezügen sind von der neuen Regelung der Mehrheitsentscheidungen ausgenommen. Siehe Art. 23 II EUV n.F.

[263] Art. 228a EGV (Art. 301 EGV n.F.) greift in diesem Fall nicht, da er nur die Wirtschaftsbeziehungen umfaßt, I. Macleod, I. D. Hendry, S. Hyett, *External Relations*, S. 356. Die MS können sich in diesem Bereich auf die Ausnahmevorschrift des Art. 223 EGV (Art. 296 EGV n.F.) berufen, A. Dashwood, „The legal framework of the CFSP“, S. 229.

[264] P. Gilsdorf, P. Kuijper, in: *Kommentar EUV/EGV*, Art. 228a, Rnr. 9, der Rat beschloß ein Waffenembargo gegen den Sudan als gemeinsamen Standpunkt, dem keine Gemeinschaftsmaßnahme folgte. Beschluß des Rates 94/165/GASP vom 15.3.94, Abl. L 75, 1.

[265] P. Willaert, C. Marqués-Ruiz, „Etat des lieux“, S. 290, 308; M. Fouwels, „The European Union's CFSP and Human Rights“, S. 296f; B.-Ch. Ryba, „La Politique Etrangère et de Securité Commune“, S. 23; M. Dembinski, „Langer Anlauf, kurzer Sprung“, S. 29.

dende Abgrenzung von EG und EU bedeutet dies, daß die Verhandlungen in internationalen Organisationen, die Fragen der Menschenrechte berühren, je nach den zur Debatte stehenden Kompetenzen entweder von der Kommission (als EG-Vertretung) oder dem Ratsvorsitz (als EU-Vertretung) wahrgenommen werden müßten. Die Vertretung der EG greift zweifelsohne dann ein, wenn die EG selber Mitglied in der internationalen Organisation ist.[266] Dies ist wegen der laut EuGH mangelnden Kompetenz, solche „verfassungsrechtlichen" Änderungen gestützt auf Art. 235 EGV (Art. 308 EGV n.F.) vorzunehmen,[267] in keiner Organisation, deren Ziel der Schutz der Menschenrechte ist, noch in diesbezüglichen Abkommen, der Fall. Daher muß in den übrigen Foren darauf geachtet werden, daß die EG ihren Standpunkt dann selbst zum Ausdruck bringen kann, wenn „reine" Gemeinschaftsmaßnahmen betroffen sind. Dies ist zum einen in Bereichen ausschließlicher EG-Kompetenz gegeben.[268] Zum anderen auch dann, wenn gemischte Zuständigkeiten und konkurrierende Kompetenzen in Frage stehen, sofern es sich um EG-Instrumente handelt (autonome Maßnahmen der technischen und finanziellen Hilfe, EG-Abkommen).[269] Im übrigen ist die EU zuständig. Die Vertretungsmacht des Vorsitzes innerhalb der GASP ist in den politischen Grenzen des Art. J.2 I EUV (Art. 16 EUV n.F.) auszuüben, d.h. sie erstreckt sich nur auf das, was nach gegenseitiger Unterrichtung und Abstimmung von allgemeiner Bedeutung ist.[270]

cc) Das Ausmaß einer Problemsituation

In den Fällen, in denen das Ausmaß einer Krise die Schwelle zu einer globalen Krisensituation überschritten hat, sollte ebenfalls die EU statt der EG die politischen Leitlinien setzen und tätig werden. Anhaltspunkt für die Überschreitung könnte ein Engagement des Sicherheitsrates sein, nachdem er eine „Bedrohung oder einen Bruch des Friedens oder eine Angriffshandlung"[271] festgestellt hat oder die Tatsache, daß allgemein militärisches Eingreifen als möglich anzusehen ist.[272] Hier erscheint es angemessen und in der obigen Definition *besser*, daß die Außenminister im Rat eine i.d.R. einstimmige Entscheidung fassen und festlegen, welche Schritte zu ihrer Umsetzung unternommen werden sollen.[273]

---

[266] So FAO und WTO. Siehe auch T. Heukels, J. de Zwaan, „The Configuration of the European Union", S. 203.

[267] Gutachten 2/94, 28.3.96, Slg. 1996, I-1759ff.

[268] G. Burghardt, G. Tebbe, in: *Kommentar EUV/EGV*, Art. J.5, Rnr. 3; F. Hoffmeister, *Menschenrechts- und Demokratieklauseln*, S. 393f; Kapitel 2.

[269] Vgl. Kapitel 2.

[270] G. Burghardt, G. Tebbe, in: *Kommentar EUV/EGV*, Art. J.5, Rnr. 3.

[271] Art. 39 der UN-Charta, *Sartorius II*, Nr. 1, S. 11.

[272] Allerdings zögert die EU nach wie vor, ihr Potential in solchen Krisensituationen einzusetzen, wie aus dem Fall Ruanda ersichtlich wird; P. Willaert, C. Marqués-Ruiz, „Etat des lieux", S. 276, erklären das späte Eingreifen der EU in die Krise damit, daß die EU dem potentiellen militärischen Konflikt nicht ins Auge sehen wollte.

[273] Art. J.3 Nr. 1 EUV (Art. 14 I EUV n.F.) bestimmt, daß der Rat die Mittel, Verfahren und Bedingungen, sowie erforderlichenfalls den Zeitraum für die Durchführung der gemeinsamen Aktion festlegt.

dd) Die politischen Wirkungen[274] auf Drittstaaten

Der Bereich der EPZ oder der GASP wird gemeinhin mit dem Begriff der „high-politics" im Gegensatz zu wirtschaftlichen „low-politics" bezeichnet.[275] Außenpolitik zählt zum Kernbereich der staatlichen Souveränität[276] und das Ansehen, das ein Staat in der Staatengemeinschaft genießt, hängt mit seinem Engagement in der Weltpolitik zusammen. Die Union ist kein Staat und soll auch in der nächsten Zukunft keiner werden.[277] Dennoch wurde die GASP in den Vertrag eingeführt, um „die Identität und Unabhängigkeit Europas zu stärken, um Frieden, Sicherheit und Fortschritt in Europa und in der Welt zu fördern",[278] kurzum Funktionen eines Staates auf der Weltbühne wahrzunehmen.[279] Das Engagement der Union in der Außenpolitik i.w.S. ruht auf zwei Pfeilern, den Außenbeziehungen der EG und der GASP. Die GASP soll das kompensieren, was die EG wegen der „fleckenhaften" Streuung von Außenkompetenzen im EGV nicht erreichen kann, und so zu einem kohärenten Äußeren beitragen. Damit wird auch die Sichtbarkeit des Engagements in Menschenrechten erhöht. Für das Ziel der Behauptung der Identität auf internationaler Ebene soll laut Art. B EUV (Art. 2 EUV n.F.) „insbesondere" die GASP zuständig sein.

Welche Bereiche könnten dadurch *von vorneherein* aus der Zuständigkeit der EG herausgenommen worden sein? Ins Auge stechen zunächst gemeinsame Standpunkte und Aktionen, die konzipiert wurden, um die Reaktionsschnelle und Sichtbarkeit der GASP zu erhöhen. Sie können jedoch gerade nicht zu einem Ausschluß der EG führen, sondern existieren neben dem Instrumentarium der EG.[280] Die diplomatischen Mittel der GASP ziehen sich häufig auf Formen der stillen Diplomatie zurück[281] und sind daher schwerlich „sichtbarer" als wirtschaftliche EG-Maßnahmen.

Dritte Staaten erwarten von der Union ein überzeugendes Tätigwerden in politischen Bereichen und die EU sollte immer dann eingreifen, wenn ein politisches Signal gesetzt und auch verwirklicht werden soll. Die beiden sich gegenüberstehenden Pole sind somit einmal die mehr „technischen" Kompetenzen der EG im Menschenrechtsschutz und die „politischen Signale" der EU gegenüber Drittstaaten. In Betracht kommt es, gemäß der Rechtsprechung des

---

[274] Hier wird eine Parallele zu den „tatsächlichen und rechtlichen" Wirkungen im Zusammenhang mit dem Subsidiaritätsprinzip gezogen. Zu diesen, siehe R. von Borries, „Das Subsidiaritätsprinzip im Recht der Europäischen Union", S. 277.

[275] M. Pechstein, „Das Kohärenzgebot als entscheidende Integrationsdimension", S. 256, spricht von „high-politics" und „welfare-politics".

[276] Vgl. C. Stewing, *Subsidiarität und Föderalismus in der Europäischen Union*, S. 174.

[277] M. Pechstein, „Das Kohärenzgebot als entscheidende Integrationsdimension", S. 248; Bowett, *The Law of International Institutions*, S. 41, Außenpolitik ist ein Gebiet, in dem die Staaten ungern anderen ein Mitspracherecht einräumen.

[278] Präambel, 9. Absatz.

[279] G. Jannuzzi, „Scope and Structure of the Community's Future Foreign Policy", S. 289, spricht davon, daß die Gemeinschaft als einer der vier „superpower", zusammen mit der USA, Japan und der Sowjetunion, agieren sollte. Allerdings fehle der EG von den drei Attributen eines „superpower" die militärische Komponente. Diese Aussage kann nach dem Vertrag von Amsterdam nur noch bedingt aufrecht erhalten werden können, da zumindest Konsens über die schrittweise Einführung einer gemeinsamen Verteidigungspolitik besteht.

[280] G. Burghardt, G. Tebbe, in: *Kommentar EUV/EGV*, Art. J.2, Rnr. 9, Art. J.3, Rnr. 5.

[281] So hat die Union in 1996 in 100 Fällen Menschenrechtsverletzungen über private Zensur und nur in 30 Fällen in öffentlicher Weise verurteilt, Europäische Kommission, *General Report 1996*, S. 27, Pkt. 40.

EuGH im Fall C-155/91 Kommission gegen Rat[282] auf den *Hauptzweck* der Maßnahme und bloße *Nebenwirkungen* abzustellen.[283] Dieses Erfordernis, das Hauptaugenmerk der Maßnahme (technisch oder politisch?) zu bestimmen, gilt sowohl für die EG und entgegen der Ansicht des Juristischen Dienstes des Rates *auch für die EU.* Folglich sollte eine Maßnahme dann von der EG verfolgt werden, wenn sie im Zusammenhang mit ihren (technischen) Hilfsprogrammen steht und diese unterstützt. Das bedeutet jedoch nicht, wie wohl vom Rat vertreten, daß die EG nicht im Einzelfall diese Programme ganz dem Menschenrechtsschutz unterordnen kann, im positiven, wie im negativen Sinne. Ist das Hauptaugenmerk jedoch die politische Signalsetzung, greift die EU ein.

Der Bereich der Wahlhilfe betrifft in hohem Maße die Sichtbarkeit des politischen Engagements und setzt Signale gegenüber Drittstaaten.[284] Liegt der Schwerpunkt der Maßnahme in der Stabilisierung von Frieden und der Legitimierung des Prozesses, so ist die GASP zuständig. Mit ihr werden die politischen Leitlinien und die Umsetzung von Wahlbeobachtung an sich vorgenommen. Stehen jedoch technische Aktivitäten, wie die logistische Unterstützung, Schulungen, Ausarbeitung von Wahlgesetzen, Koordinierung von Beobachtern, technische Unterstützung, vorherige Missionen und die Unterstützung für politische Parteien im Vordergrund,[285] so ist die EG zum Tätigwerden berufen. Diese Arbeitsteilung hat sich bereits in den vergangenen gemeinsamen Aktionen zur Wahlunterstützung angekündigt mit dem nicht zu unterschätzenden Problem, daß Gemeinschaftshandeln häufig in der gemeinsamen Aktion bereits vorweggenommen wurde.[286] Diese „Denaturierung" des Gemeinschaftsbeitrages durch Erstreckung der zwischenstaatlichen Verfahren der GASP auf die EG darf nicht toleriert werden, und es müssen daher Wege gefunden werden, den „effektiven Charakter" des Gemeinschaftsbeitrages zu einer globalen außenpolitischen Initiative nicht zu beeinträchtigen.[287]

Sollte schließlich im Einzelfall das politische Ansehen der Union durch ein Tätigwerden der EG nicht genügend vertreten oder gar geschmälert werden, so ist ebenfalls die EU mit den ihr zur Verfügung stehenden Mitteln zuständig.

ee) Ergebnis

Solange der Menschenrechtsschutz ausreichend auf EG-Ebene vorgenommen werden kann und intergouvernementale Verfahren, diplomatische Instrumente, das Ausmaß der Krise oder die Wirkungen auf Drittstaaten (die Sichtbarkeit des Engagements) kein „politisches Handeln" erforderlich machen (*besser* sind), ist die EG zuständig. Dieser Bereich macht dann den acquis communautaire aus und ist über Art. M EUV (Art. 47 EUV n.F.) vor Eingriffen geschützt. Zur Klärung des Bestehens einer Trennung der Zuständigkeiten zwischen EG und EU wäre es förderlich, einen dem Art. K.1 I EUV (vgl. Art. 29 EUV n.F.) entsprechenden Satz in

---

[282] Rs. C-155/91 Kommission gegen Rat, Slg. 1993, I-939.

[283] Rs. C-155/91, Slg. 1993, I-939, Abs. 20.

[284] Kommissionsmitteilung COM (96) 672 endg., S. 6, Wahlhilfe hat eine stärkere politische Wirkung und ein höheres politisches Profil als traditionelle Initiativen.

[285] Siehe z.B. Europäische Kommission, *Compendium of Ad-hoc Projects*, S. 19f.

[286] M. Pechstein, „Das Kohärenzgebot als entscheidende Integrationsdimension", S. 255, weist darauf hin, daß die Gemeinschaften den politischen Vorgaben der GASP und ZJI letztlich nur noch nachfolgen können. Diese *faktische* Überordnung der GASP über die EG sieht er als tatsächlich unaufhebbar an, ders., S. 256.

[287] H.-G. Krenzler, H. C. Schneider, „Zur Frage der Kohärenz", S. 152.

Art. J.1 I EUV (Art. 11 I EUV n.F.) einzufügen und ausdrücklich festzuhalten, daß die Ziele der GASP „unbeschadet der Zuständigkeiten der Europäischen Gemeinschaft" verfolgt werden.

Neben der hier entwickelten grundsätzlichen Abgrenzung zwischen EU und EG wird der nächste Teil der Arbeit auf die Art der Nutzung der Instrumente eingehen und versuchen, Kriterien für deren Anwendung zu entwickeln, die von vornherein Konflikte zwischen den Gliedteilen der Union vermeiden.

b) Kriterien und Verbesserungsvorschläge zur Nutzung der Instrumente

Selbst wenn eine grundsätzliche Arbeitsteilung zwischen EG und EU im Bereich des Menschenrechtsschutzes und der Demokratie in Anlehnung an die oben aufgezeigten Kriterien entwickelt wird, so ist doch noch nicht in allen Fällen ausreichend sichergestellt, daß der acquis communautaire keiner Beeinträchtigung unterliegt. Daher soll hier präziser auf den Gebrauch der Instrumente eingegangen und außerdem das Fehlen globaler Handlungsmittel untersucht werden.

aa) Die vorhandenen Instrumente

Ziel dieser Überlegungen ist es zu gewährleisten, daß Menschenrechtsschutz in der Union effektiv betrieben wird, und daß Gemeinschaftskompetenzen respektiert werden. Als Kritikpunkte können das in der GASP vorherrschende Einstimmigkeitsprinzip und der Mangel einer treibenden Kraft ausgemacht werden.[288] Ob Menschenrechte geschützt oder Demokratie gefördert wird (positiv oder negativ), kann nicht von einer einzelnen Veto-Position abhängen, sondern muß im Interesse der Betroffenen sichergestellt werden. Der Übergriff der EU in Bereiche der EG ist oben ausführlich dargestellt worden. Es wird somit hier vorgeschlagen, gewisse Regeln beim Gebrauch der GASP-Instrumente in diesem Feld einzuhalten und dadurch den Handlungsspielraum der EG zu erhalten und auszubauen[289]:

- Allgemein sollte im Rahmen von GASP-Entscheidungen, die sich mit Menschenrechtsschutz befassen, Gebrauch von den mit Amsterdam eingeführten und in Kapitel 3 besprochenen Flexibilitätsvorschriften[290] gemacht werden. Diese ermöglichen trotz Enthaltung eines oder mehrerer MS das Erlassen eines Beschlusses, der die EU bindet.
- Ebenso sollte der Europäische Rat verstärkt gemeinsame Strategien im Bereich des Menschenrechtsschutzes entwickeln, die es nach Inkrafttreten des Vertrages von Amsterdam ermöglichen, Mehrheitsentscheidungen zu fällen[291] und somit ein rascheres Handeln in Aussicht stellen.

---

[288] Siehe z.B. J. Monar, „The Foreign Affairs System", S. 140, zur Kritik der Einstimmigkeitsregel. Sowie Kapitel 3.

[289] Art. B fünfter Spiegelstrich EUV (Art. 2 EUV n.F.), „Wahrung" und „Weiterentwicklung" des Besitzstandes.

[290] Genaugenommen handelt es sich nicht um Flexibilitätsvorschriften, wie sie mit Amsterdam in der ersten und dritten „Säule" zu finden sind, European Policy Centre (Hrsg.), „Legal Analysis", *Making Sense of the Amsterdam Treaty*, S. 119; C. D. Ehlermann, „Differentiation, Flexibility, Closer Cooperation", S. 23.

[291] Editorial Comments, „Neither a bang nor a whimper", S. 772; M. Petite, „Ambition and Realism", S. 18.

- Sofern in gemeinsamen Standpunkten auf gegenwärtiges oder zukünftiges Handeln der EG verwiesen wird, sollte dies lediglich in der Präambel erfolgen. Der operative Teil sollte den Vorgaben für das Handeln *der MS* vorbehalten bleiben.[292] Insofern könnte von einem „mode d'emploi II“ gesprochen werden. Das Risiko der Präjudizierung[293] von Gemeinschaftshandeln durch den intergouvernementalen Entscheidungsprozeß wäre damit erheblich gemindert. Eine andere Möglichkeit wäre es, Verweise auf ein Tätigwerden der EG in gemeinsamen Standpunkten zwar zuzulassen, jedoch nur dann, wenn der in Frage stehende gemeinsame Standpunkt unter voller Ausnutzung des der Kommission in Art. J.8 III EUV (Art. 22 I EUV n.F.) gewährten Initiativrechts ergangen ist. Das setzt auf der anderen Seite natürlich auch voraus, daß die Kommission auf ein solches Engagement vorbereitet ist.
- Die Zurückhaltung, nationales außenpolitisches Instrumentarium in der GASP zu nutzen, zeigt sich insbesondere bei den gemeinsamen Aktionen.[294] Sollte *ausschließlich* auf den EG-Haushalt (z.B. Budgetkapitel B7-7) oder EG-Programme (Lomé, Tacis, Meda und andere) zurückgegriffen werden, so muß der EG der Vorrang gegeben und klargestellt werden, daß die Gemeinschaft durch Handeln der GASP nicht verpflichtet werden kann.[295] D.h. daß die EU in solchen Fällen keinen Gebrauch von gemeinsamen Aktionen machen kann. Sollte, wie häufig bei der Wahlhilfe, eine Trennung nach Gemeinschaftshandeln und GASP-Handeln realistisch gesehen kaum möglich sein, so kann nur ein ähnlicher Ansatz wie im „mode d'emploi II“ weiterhelfen. Die politische Bedeutung dieser Aktionen[296] unterstellt das Handeln der Union nach den obigen Kriterien den Verfahren der GASP. Verweise auf ein Tätigwerden der EG sollten ebenso wie in gemeinsamen Positionen nur in der Präambel erfolgen und den operativen Teil den politischen Aspekten des Handelns der EU vorbehalten, es sei denn die Kommission wurde zur vollen Ausnutzung ihres Initiativrechts zugelassen.

bb) Die Weiterentwicklung des Instrumentariums

Die Kommission hat bereits 1993 vorgeschlagen, EG- und EU-Handeln in einer gemeinsamen „globalen Aktion“ zusammenzufassen, die eventuell auf Art. C EUV (Art. 3 EUV n.F.) gestützt werden könnte. Sie hat sich damit aber nicht durchsetzen können.[297] Dies wurde damit begründet, daß Art. C EUV (Art. 3 EUV n.F.) eine solche Auslegung weder vom Wortlaut, noch vom Inhalt her deckt.[298] Im Verlauf der Diskussionen zum Vertrag von Amsterdam wurde vorgeschlagen, Art. C EUV (Art. 3 EUV n.F.) durch den Hinweis zu ergänzen, daß globale gemeinsame Aktionen zulässig sind, sofern sie Gemeinschaftskompetenzen respektieren.[299] Das wäre sozusagen eine Festschreibung des oben geschilderten „mode d'emploi II“. Offensichtlich hat sich dieser Vorschlag am Ende nicht behaupten können.

---

[292] Im gleichen Sinne, C. Timmermans, „The Uneasy Relationship“, S. 69.

[293] G. Burghardt, G. Tebbe, in: *Kommentar EUV/EGV*, Art. J.2, Rnr. 9.

[294] Dies., Art. J.3, Rnr. 11; P. Willaert, C. Marqués-Ruiz, „Etat des lieux“, S. 281.

[295] Siehe Fußnote 97.

[296] Siehe D. Napoli, Fußnote 112; Kommissionsmitteilung COM (96) 672 endg., S. 7.

[297] G. Burghardt, G. Tebbe, in: *Kommentar EUV/EGV*, Art. J.2, Rnr. 9, J.3, Rnr. 6.

[298] Dies., Art. J.2, Rnr. 9.

[299] A.A. Dashwood (Hrsg.), „The structure of the Union's external activities“, Position Paper, S. 222.

Ein möglicherweise einzuführendes neues Instrument,[300] das sowohl EG- wie auch EU- Handeln umfaßt, könnte entweder in der Form von „Schlußfolgerungen" bestehen, die vom Rat erlassen werden,[301] oder eine Kombination von Art. J.2 bzw. J.3 EUV (Art. 14 bzw. 15 EUV n.F.) und Kommissionshandeln nach Art. 152 EGV (Art. 208 EGV n.F.) vorsehen.[302] Letztere Alternative wird sich insofern als problematisch erweisen, da jede Ausweitung des Einflusses der Kommission in Bereichen der GASP als gefährlich abgelehnt wird.[303] Die „Schlußfolgerungen" müßten dann in getrennten Rechtsakten umgesetzt werden, wie es bereits bei den Gütern mit doppeltem Verwendungszweck geschehen ist.[304] Während in der gemeinsamen Aktion die Liste mit den Gütern enthalten ist, regelt die EG-Verordnung wie der Export derselben kontrolliert und ausgeführt wird. Eine reine Gemeinschaftsmaßnahme, gestützt auf Art. 113 EGV (Art. 133 EGV n.F.), war wegen Kompetenzen der MS,[305] bzw. der sicherheitspolitischen Dimension der Aktion nicht durchsetzbar. Allerdings hat der EuGH ein Jahr später in zwei Fällen entschieden,[306] daß die EG allein zuständig für die Regelung des Handels mit Gütern mit doppelten Verwendungszweck sei.[307] Generell ist der Ansatz, eine Maßnahme mit zwei Instrumenten umzusetzen, gerade im Hinblick auf die Unionsstruktur nicht zu beanstanden. Sollte jedoch die Gemeinschaft für den gesamten Bereich auch alleine zuständig sein, darf ihre Befugnis natürlich nicht über den Umweg von zwei Rechtsakten statt einem geschmälert werden.

cc) Der Europäische Rat

Das einzige spezifische Organ der Union, das Richtlinien für alle sie konstituierenden Teile festlegt, ist der Europäische Rat (Art. D I EUV; Art. 4 I EUV n.F.). Seine Kompetenz ist jedoch aus mehreren Gründen limitiert: Zum einen kann er keine rechtlich verbindlichen Beschlüsse erlassen, zum anderen beschränkt sich sein Tätigwerden darauf, der Union „die für ihre Entwicklung erforderlichen Impulse" zu geben und die „allgemeinen politischen Zielvorstellungen" festzulegen.[308] Es ist nicht vorgesehen, daß er konkrete Aktionen vorschlägt oder gar in die Tat umsetzt.[309]

---

[300] Ders., S. 222.

[301] C. Timmermanns, „The Uneasy Relationship", S. 69.

[302] G. Burghardt, G. Tebbe, in: *Kommentar EUV/EGV*, Art. J.2, Rnr. 9.

[303] Club von Florenz (Hrsg.), *Der unmögliche Status quo*, S. 125, 126, spicht von einem Einfluß, der „des Teufels" sei.

[304] C. Timmermans, „The Uneasy Relationship", S. 69; P. Willaert, C. Marqués-Ruiz, „Etat des lieux", S. 288; Auch M. Herdegen, *Europarecht*, Rnr. 71. Siehe Fußnote 188.

[305] B.-Ch. Ryba, „La Politique Etrangère et de Securité Commune", S. 32.

[306] Rs. Leifer, C-83/94, vom 8.11.95, Slg. 1995, S. I-3235 und Rs. C-70/94 Werner gegen Deutschland, Slg. 1995, S. I-3189.

[307] P. Willaert, C. Marqués-Ruiz, „Etat des lieux", S. 289; C. Timmermans, „The Uneasy Relationship", S. 69.

[308] C. Timmermans, „The Uneasy Relationship", S. 68.

[309] G. Burghardt, G. Tebbe, in: *Kommentar EUV/EGV*, Art. J.2, Rnr. 9 Fußnote 26, seine Funktion ist nicht einzelfallbezogen.

dd) Die Vertretung

Das Europäische Parlament hat in seinem „Progress Report“[310] über die GASP vorgeschlagen, das jetztige Troikagespann durch ein stabileres zu ersetzen, bestehend aus dem Ratsvorsitz, dem Kommissar für Außenbeziehungen[311] und dem Generalsekretär. Die vom Amsterdam-Vertrag vorgesehene Regelung entspricht diesem Vorschlag weitestgehend mit der Ausnahme, daß *grundsätzlich* der Vorsitz die Position der Union vertritt und nur gegebenenfalls von den anderen Troikamitgliedern unterstützt wird.[312] Die Hauptverantwortung liegt weiterhin bei ihm, Art. 18 EUV n.F. Die neue Regelung kommt zweifelsohne der Kohärenz aller außenpolitischen Maßnahmen (Art. C II EUV; Art. 3 II EUV n.F.) zugute,[313] sollte jedoch im Hinblick auf den Schutz des acquis communautaire weiterentwickelt werden und die Rolle der Kommission nicht nur als unterstützenden Faktor, sondern als permanenten Akteur neben dem Vorsitz vorsehen. Dann könnten auch die institutionellen Spannungen, die immer wieder in internationalen Organisationen auftauchen,[314] vermieden werden. Dies könnte eine Auflösung der jetzt bestehenden Vertretungsregeln nach sich ziehen und die Einführung einer einheitlichen Vertretungsregelung in den Gemeinsamen Bestimmungen am Anfang des Vertrages erforderlich machen.

c) Ergebnis

Die hier entwickelten Richtlinien für die Wahrung und Weiterentwicklung des acquis communautaire in Menschenrechten ermöglichen es, Streitigkeiten im institutionellen Bereich von vorneherein zu vermindern und so dem effektiven Auftreten der Union Vorrang zu verschaffen. Dieses Schutzprinzip stellt den Gegenpol zum gemeinen Verständnis des Subsidiaritätsprinzips dar, das in der Gemeinschaft zur Vermeidung von unnötiger Zentralisierung eingeführt worden ist. Beide Prinzipien nehmen aufeinander Bezug, sollen sich gegenseitig ergänzen und zu einem harmonischen Miteinander der „Säulen“ beitragen. Sollte es dennoch zu Streitigkeiten in Bezug auf den Anwendungsbereich der unterschiedlichen „Säulen“ kommen, so kann der EuGH unter Berufung auf Art. 173 EGV (Art. 230 EGV n.F.) und Art. M EUV (Art. 47 EUV n.F.) in der Auslegung des Besitzstandsprotokolls mit der Sache befaßt werden.

III. Die Rolle des EuGH

Schließlich gilt es noch einen Blick auf die Rolle des EuGH zu werfen. Das Problem in dieser Hinsicht ist, wie an der Diskussion um die Justitiabilität von Art. 3b II EGV (Art. 5 II EGV n.F.) zu erkennen,[315] daß die Auslegung unbestimmter Rechtsbegriffe (wie „nicht ausrei-

---

[310] Europäische Parlament in seinem Bericht über Fortschritte in der GASP (*Progress Report*), A4-0193/97, Abs. 5.

[311] Siehe oben Kapitel 3 B.

[312] Vgl. European Policy Centre (Hrsg.), „Legal Analysis“, *Making Sense of the Amsterdam Treaty*, S. 113.

[313] E. Regelsberger, M. Jopp, „Und sie bewegt sich doch!“, S. 258; M. Nentwich, G. Falkner, „Towards a New Institutional Balance“, S. 27 Fußnote 104.

[314] Siehe oben.

[315] Zum Subsidiaritätsprinzip siehe J. Pipkorn, „Das Subsidiaritätsprinzip im Vertrag über die Europäische Union“, S. 700, mit weiteren Nachweisen; V. Constantinesco, „Subsidiarität“, S. 563, „Die Einschätzung von Notwendigkeit und Wirksamkeit ist natürlich eine politische Aufgabe mit einem politischen Ermessensspiel-

chend", „besser") den EuGH einer weitgehend politischen Funktion nahebringen. Zu einem politischen Tätigwerden ist er jedoch weder ermächtigt, noch mit der nötigen Expertise ausgestattet.[316] Daher ist der EuGH bislang in Entscheidungen über Fragen der Subsidiarität sehr zurückhaltend geblieben und hat sich häufig auf die Feststellung des weiten Ermessensspielraums von Rat und Kommission zurückgezogen.[317] Dazu kommt mit Blick auf das Besitzstandsprotokoll, daß die Abgrenzung von EG und EU im Bereich des Menschenrechtsschutzes und der Förderung von Demokratie in den Sachzusammenhang von Außenpolitik einzuordnen ist, welche traditionell von einem großen Ermessensspielraum gekennzeichnet ist[318] und sich nur schwer einer juristischen Kontrolle unterordnet.[319]

Die Rolle, die der EuGH bei der hier vorgeschlagenen Abgrenzung von EG und EU bei Aktivitäten zur Förderung von Demokratie und Menschenrechten einnehmen soll, ist damit wie beim Subsidiaritätsprinzip zweigestaltig: Zum einen wird durch den Verweis in Art. L EUV (Art. 46 EUV n.F.) klargestellt, daß Art. M EUV (Art. 47 EUV n.F.) der Rechtsprechung des EuGH unterliegt, der Schutz des acquis communautaire somit justitiabel ist. Zum anderen können die oben entwickelten Kriterien von ihm herangezogen werden um festzustellen, ob eine Überschreitung des jeweiligen Ermessensspielraumes vorliegt. Anhaltspunkt dafür sind das in Frage stehende Verfahren, das (politische) Instrument, das hochpolitische Ausmaß oder die Wirkungen der Maßnahme auf Drittstaaten. Der EuGH wird sich auch im Rahmen des Besitzstandsprotokolls auf eine solche, lediglich die Grenzen und nicht den Inhalt kontrollierende Funktion zurückziehen müssen.

C. Anmerkungen zum Erkenntnisfortschritt

Die kritische Analyse des Zusammenspiels der Unionspolitiken im Menschenrechtsbereich wurde mit der Diskussion um das Verhältnis von EG- und GASP-Ebene zueinander eröffnet.

---

raum"; A. Toth, „The Principle of Subsidiarity in the Maastricht Treaty", S. 1102, die Entscheidung, ob die beiden Kriterien des Subsidiaritätsprinzips erfüllt sind, „is clearly a political decision which only the political institutions can take". Ebenso K. Gretschmann, „The Subsidiarity Principle", S. 58; Ch. Callies, *Subsidiaritäts- und Solidaritätsprinzip,* S. 277 ff. Es ist denkbar, daß sich im Laufe der Zeit objektive Kriterien herausbilden, deren Außerachtlassung einen Ermessensfehler darstellen würden, H-J. Lambers, „Subsidiarität in Europa", S. 241; R. von Borries, „Das Subsidiaritätsprinzip im Recht der Europäischen Union", S. 284, zu den Kriterien eines „Ermessensmißbrauchs"; A. Bleckmann, „Der Vertrag über die EU", S. 336.

316 A. Toth, „The Principle of Subsidiarity in the Maastricht Treaty", S. 1102.

317 So ders., S. 1102, bei komplexen politischen Entscheidungen prüft der EuGH nur, ob die Grenzen des Ermessens offensichtlich überschritten worden sind, nicht jedoch den Inhalt der zugrundeliegenden Entscheidung. Siehe auch die beiden Fälle Einlagensicherungsrichtlinie, Rs. C-233/94 vom 13.5.97, Slg. 1997, I 2405 und Arbeitszeitrichtlinie, Rs. C-84/94 vom 12.11.96, NZA 1997, S. 23f. Dies sind zwei Fälle des EuGH, wo er es wieder einmal umgangen hat, zu den inhaltlichen Voraussetzungen des Subsidiaritätsprinzips Stellung zu nehmen. Im ersten Fall hat er, rechtlich korrekt, nur formale Aspekte der Begründung erörtert, so wie er im zweiten ebenfalls nicht auf den Inhalt einging. Siehe W.-H. Roth, Anmerkung zu C-233/94, S. 463ff.

318 Vgl. M. Koskenniemi, „International Law Aspects of the CFSP", S. 37f, zu den Begrenzungen der Rechtsprechung des EuGH, über die Grenzen von mitgliedstaatlicher und gemeinschaftsrechtlicher Außenpolitik zu entscheiden, am Beispiel des Mazedonien-Falles, Rs. C-124/95 The Queen ex parte Centro-Com Srl.

319 Siehe Art. L EUV (Art. 46 EUV n.F.). M. Fouwels, „The European Union's CFSP and Human Rights", S. 294; P. Willaert, C. Marqués-Ruiz, „Etat des lieux", S. 269; T. Heukels, J. de Zwaan, „The Configuration of the European Union", S. 226, stellen die Frage, ob sich der EuGH einer so schwierigen Aufgabe stellen wird.

Unter Betrachtung der historischen, strukturellen und teleologischen Zusammenhänge wurde der EUV daraufhin untersucht, ob es eine Hierarchie zwischen den unterschiedlichen Zuständigkeitsbereichen gibt. Es konnte erarbeitet werden, daß die grundsätzliche Gleichrangigkeit von EG und GASP nur in den vom Vertrag ausdrücklich vorgesehenen Fällen durchbrochen werden darf. Ansonsten ist die Eigenständigkeit der EG von Art. M EUV (Art. 47 EUV n.F.) geschützt. Entgegen dieser Wertung des Vertrages, kommt es in der Praxis allerdings häufig zur Mißachtung des Entscheidungsprärogativs der EG im vom acquis communautaire umfaßten Bereich. Der Rat, handelnd in der GASP, verabschiedet nicht selten Instrumente, die den acquis communautaire in Frage stellen. Diese Tendenz zeigt sich zum einen bei der kürzlich entflammten Diskussion um die Menschenrechtsverordnung, zum anderen bei den zahlreichen Beispielen von gemeinsamen Standpunkten und gemeinsamen Aktionen. Desweiteren wird in internationalen Organisationen der Standpunkt der *Union* nicht selten vom Vorsitz allein - oder von der Troika - dargelegt, obwohl *EG-Angelegenheiten* zur Diskussion stehen. Die im Hinblick auf die Kompetenzen der Union begrüßenswerte Einführung der Vertragsschlußkompetenz nach Art. 24 EUV n.F. birgt schließlich eine nicht zu unterschätzende Gefahr in sich: Es könnte die traditionelle EG-Abkommenspolitik von ihr in gleicher Weise vereinnahmt werden, wie es bereits durch die GASP-Instrumente geschehen ist.

Ziel der Überlegungen dieses Kapitels war folglich, Regeln für die unionsinterne Abgrenzung des wirtschaftlichen und des politischen Teiles von Außenpolitik zu finden. Im Laufe dieses Kapitels wurden einige Grundkonstellationen herausgearbeitet, die das Zusammenspiel der Politiken im Menschenrechtsbereich besser gestalten könnten, als es zur Zeit der Fall ist. Sowohl die Ausführungen zur Wahl der Rechtsgrundlage,[320] als auch die Anwendung des Subsidiaritätsprinzips,[321] stellen dem Leser bekannte und zum Vertrag gehörende Materien dar.

Die Ausführungen verdeutlichen, daß diese Mechanismen zwar einen ersten Schritt darstellen, jedoch den Schutz des acquis communautaire nicht ausreichend gewährleisten können. Daher wurde versucht, ein gänzlich neues Abgrenzungsprinzip zu entwickeln, das seine Kriterien aus der Praxis der Unionsorgane zieht, jedoch eine vertragliche Grundlage hat. Ansatzpunkt war Art. M EUV (Art. 47 EUV n.F.), der für sich genommen sehr unbestimmt ist, einer konkreten

Auslegung für den Menschenrechtsbereich zuzuführen. Zentrale Idee der Überlegungen der Entwicklung eines „Besitzstandsprotokolls" war dabei, daß auf diese Weise die Wahrung des acquis communautaire justitiabel gemacht wird. Zwar muß der EuGH aufpassen, keine politische Funktion einzunehmen. Vergleichbar mit den Erfahrungen beim Subsidiaritätsprinzip kann jedoch von ihm erwartet werden, daß er die Grenzen des Ermessens kontrolliert und so die Richtlinien der Abgrenzung durchsetzt.

Weitgehend unberücksichtigt blieb dabei, daß dieser hochpolitische Bereich in der Praxis von vielen Kompromissen gekennzeichnet ist und eine haarscharfe Abgrenzung häufig nicht möglich - und vielleicht auch nicht wünschenswert - ist.

---

[320] Das „Titandioxidurteil" des EuGH, Rs. C-300/89 Kommission gegen Rat, Slg. 1991, I-2867.

[321] Art. B EUV, 3b II EGV (Art. 2 EUV n.F., 5 II EGV n.F.).

Zusammenfassung

Die Europäische Union nimmt als Völkerrechtssubjekt am internationalen Rechtsverkehr teil. Die Analyse der Vertragsbestimmungen hat ergeben, daß sie alle Kriterien einer internationalen Organisation erfüllt: Sie wurde durch einen völkerrechtlichen Vertrag zwischen Staaten auf unbestimmte Zeit gegründet und mit eigenen Aufgaben betraut. Sie hat Mitglieder und Organe, welche zu einer selbständigen Willensbildung in der Lage sind. Durch den Gründungsvertrag wurden ihr Kompetenzen verliehen, wie sie nur einem Subjekt des Völkerrechts zustehen können. Bei der Herleitung dieser Rechte und Pflichten hat die vom IGH in seinem wegweisenden Gutachten[1] durchgeführte Analyse des Innen- und Außenverhältnisses einer internationalen Organisation zu ihren Mitgliedern und zu dritten Staaten Hilfestellung geleistet. Der Vorschlag zur Unionsstruktur und Rechtsnatur wurde nach Diskussion der verschiedenen Auffassungen dargestellt.[2] Die Union ist nach hier vertretener Ansicht eine „gestufte" internationale Organisation, deren Gründungsstaaten die MS sind. Als untrennbarer Bestandteil dieser Organisation ist die 1957 gegründete EG bestehen geblieben, ohne in ihrer Gestalt und Eigenständigkeit verletzt zu werden. Der Vertrag von Maastricht (Unionsvertrag) hat die Gemeinschaft lediglich in diesen Verband eingegliedert. Mittels der „Gemeinschaftsmethode" verfolgen die MS eine besondere Zusammenarbeit auf bestimmten Gebieten. Die „unionsunmittelbaren" Politiken der GASP und ZJI dienen der Verfolgung anderer Ziele, die sich jedoch teilweise mit denen der EG überkreuzen. Die Arbeit ist den Überschneidungen beim Menschenrechtsschutz im weiteren Sinne in dritten Staaten gewidmet.

Als Trägerin von Rechten und Pflichten wird die Union im internationalen Menschenrechtsschutz tätig. Unabhängig von der Verpflichtung auf die Wahrung der Menschenrechte gegenüber ihren Bürgern spielen diese in den Außenbeziehungen der Europäischen Union eine nicht unwesentliche Rolle. Ihre Bedeutung für die Union hat in den letzten Jahren sogar stark zugenommen. Dies konnte zum einen anhand der Schilderung der EG-Außenbeziehungen dargestellt werden. Nicht nur durch die weitgespannten vertraglichen Bindungen mit Drittstaaten, sondern auch durch autonome Mittel wie das Allgemeine Präferenzen System (APS) oder die finanzielle Unterstützung ist die EG zu einer nicht zu vernachlässigenden Kraft im Menschenrechtsschutz geworden. Ihr Engagement wird in der Literatur überwiegend positiv beurteilt. Die Instrumente der GASP statten die Union demgegenüber mit den diplomatischen und politischen Mitteln aus, um auf die Achtung und Wahrung der Menschenrechte in der Welt zu drängen. Die EPZ wurde deswegen zur GASP weiterentwickelt, um die Stimme der Union in der Welt zu verstärken und sie von der Metapher des "außenpolitischen Zwergs"[3] zu befreien. Zudem sollte die wirtschaftliche Macht der EG durch ein wirkungsvolles politisches Gegengewicht ergänzt werden,[4] das nicht vornehmlich *rea-*

---

[1] Rechtsgutachten des IGH vom 11.4.49 über den Ersatz von im Dienste der UN erlittenen Schäden, ICJ Reports 1949, 147, S. 178f.

[2] Siehe dazu die Abbildung Nr. 1 („T-Modell") im Anhang.

[3] Vgl. M. Dembinski, "Langer Anlauf, kurzer Sprung", S. 38.

[4] P. Willaert, C. Marquéz-Ruiz, "État des lieux", S. 253.

giert, sondern auch *agiert*.[5] Aus diesen beiden Bestandteilen - EG und GASP - ergibt sich das konzertierte Engagement der Union gegenüber Drittstaaten.

Es tauchen zahlreiche Probleme in Verbindung mit der Beachtung der Menschenrechte auf, die um deren Natur und Auslegung kreisen. Verschiedene Kulturen und Systeme haben divergierende Auffassungen vom Inhalt der Menschenrechte. Auf solche Fragestellungen wurde lediglich kurz eingegangen. Diese Arbeit hat sich vielmehr den internen oder strukturellen Problemkreisen gewidmet, die entstehen, wenn eine internationale Organisation Menschenrechtsschutz betreibt. Im Hinblick auf die Europäische Union sind solche Erwägungen deswegen interessant, weil ein besonderes Spannungsfeld zwischen ihren intergouvernementalen und supranationalen Gliedteilen besteht. Es konnte herausgearbeitet werden, daß die Verpflichtung auf die Achtung der Menschenrechte und Demokratie[6] in Bezug zu Drittstaaten von der EG und der Union, mittels der GASP, auf sehr unterschiedliche Art und Weise umgesetzt wird.

Die EG arbeitet mit der „Gemeinschaftsmethode“, die GASP funktioniert zwischenstaatlich. Die in der EG zentralen Organe der Kommission, des Parlaments und des Gerichtshofes spielen in der GASP eine untergeordnete Rolle. In ihr handelt der Rat und trifft alle wesentlichen Entscheidungen. In dieser Funktion als Entscheidungsträger und in der Konzeption als Gremium der Mitgliedstaaten wird die Zusammenarbeit in der GASP vom Rat häufig dazu benutzt, Bereiche von Gemeinschaftskompetenz in seine GASP-Zuständigkeit zu verlagern. Der Grund dafür ist, daß in der GASP Verfahren Anwendung finden, welche die nationale Souveränität mehr schützen als die Mehrheitsentscheidungen der Gemeinschaft mit der Kommission als ausschließlichem Initiator. Der Anlaß hingegen ist die beidseitige Verpflichtung auf die Beachtung der Menschenrechte in der Welt, welche selten *nur* mit wirtschaftlichen oder *nur* mit diplomatischen Mitteln verfolgt werden kann. Viele Situationen erfordern ein abgestimmtes, kohärentes, sich ergänzendes Vorgehen,[7] jedoch keines, das zu Lasten eines Zuständigkeitsbereiches ausgelegt wird.

Ziel der Arbeit war es, Abgrenzungsregeln zu finden, anhand derer die im konkreten Fall einschlägige Rechtsgrundlage des Unionsvertrages gefunden werden kann. Sind es die wirtschaftlichen Mittel der EG mit ihren Verfahren und Vertragsbestimmungen (EGV) oder sind es die diplomatischen der GASP (Art. J-J.11 EUV; Art. 11-28 EUV n.F.), die herangezogen werden müssen? Dieser kontroverse Bereich, der von politischen Entscheidungen gekennzeichnet ist, läßt sich nur schwer in verbindliche Regeln gießen. Es wurde daher versucht, *Richtlinien* aufzustellen, die im Konfliktfall Führung geben können und im Idealfall Konflikte von vornherein vermeiden. Als Kriterien wurden das in Frage stehende Verfahren, die jeweiligen Instrumente, das Ausmaß einer Problemsituation und die politischen Wirkungen auf Drittstaaten herausgearbeitet. Neben den Verbesserungsvorschlägen zur Nutzung der Instrumente dienen diese Richtlinien der Abgrenzung einerseits im Entscheidungsfindungsprozeß und andererseits im Verfahren nach Art. 173 EGV (Art. 230 EGV n.F.) vor dem EuGH. Da es sich hierbei um einen politischen Bereich handelt, kann die Rolle des Gerichtshofes nur eine

---

5 Zu diesem Problem der EPZ, vgl. B.-Ch. Ryba, "La Politique Étrangère et de Securité Commune", S. 15; F. Fink-Hooijer, "The Common Foreign and Security Policy", S. 174; Club von Florenz (Hrsg.), *Der unmögliche Status quo*, S. 124.

6 Vgl. z.B. Art. F II EUV (Art. 6 II EUV n.F.).

7 Siehe das Kohärenzgebot des Art. C II EUV (Art. 3 II EUV n.F.).

vorsichtige sein, die sich auf die Überprüfung der Grenzen des Ermessens beschränkt. Ohne festgelegte Kriterien ist eine solche Kontrolle aber von vornherein kaum möglich.

Der Wille zur Kooperation muß sowohl zwischen den einzelnen MS als auch zwischen den Organen der Union vorhanden sein. Fehlt er dauerhaft kann das europäische Projekt nicht funktionieren. Insgesamt darf der Stellenwert institutioneller und kompetentieller Querelen gerade im Menschenrechtsbereich nicht den Wert und die Hochachtung vor der Sache verdekken. Der Schutz des Einzelnen sollte weder vor der eigenen Tür Halt machen[8] noch dadurch beeinträchtigt werden, daß keine Einigkeit über einzuhaltende Verfahren besteht. Daher müssen die Verfahren und Instrumente, die der Unionsvertrag zur Verfügung stellt, von den Organen in einer entschiedenen und sachdienlichen Weise genutzt werden. Mögen die Abgrenzungsregeln dabei Hilfe leisten und der Praxis nützliche Richtlinien an die Hand geben.

Die Universalität der Menschenrechte verlangt von uns, daß wir deren Einhaltung von allen Staaten fordern und sie auf alle Individuen anwenden. Die Union muß ihren internationalen Verpflichtungen im Zusammenhang mit den Menschenrechten nachkommen und alle Möglichkeiten ihrer Erfüllung ausschöpfen. Nur auf diese Weise kann eine wirkungsvolle Menschenrechtspolitik verfolgt werden.

---

[8] Siehe dazu insbesondere European University Institute, *Leading by Example: A Human Rights Agenda for the European Union for the Year 2000.*

Literaturverzeichnis

I. Monographien und Aufsätze

Allot, Philip, „Adherence to and Withdrawal From Mixed Agreements", in: David O'Keeffe, Henry G. Schermers (Hrsg.), *Mixed Agreements*, Kluwer, Antwerpen 1983, S.97-121.

Alston, Philip, „Linking Trade and Human Rights", in: *German Yearbook of International Law*, 1980, Jhrg. 23, S. 126-158.

Alston, Philip, „International Trade as an Instrument of Positive Human Rights Policy", in: *Human Rights Quarterly*, Nr. 2, 1982, Jhrg. 4, S. 155-183.

Alston, Philip, „Importance of the Inter-Play between Economic, Social and Cultural Rights, and Civil and Political Rights", in: *Human Rights at the Dawn of the 21st Century*, Interregional meetings organized by the Council of Europe in advance of the World Conference on Human Rights, 28.-30.1.93, Council of Europe Press, Strasbourg 1993, S. 59-74.

American Law Institute, *Restatement (Third) Foreign Relations Law of the United States*, Vol. 2, 161, 1987.

Amnesty International, *Memorandum. Proposal for a strengthened protection of human rights by the European Union in the context of the Intergovernmental Conference 1996*, RAC Nr. 04/96 External.

An-Na'im, Abdullahi Ahmed, „Toward a Cross-Cultural Approach to Defining International Standards of Human Rights", in: A. A. An-Na'im (Hrsg.), *Human Rights in Cross-Cultural Perspectives*, University of Pennsylvania Press, Philadelphia 1992.

Andreassen, Bard-Anders; Swinehart, Theresa, „Promoting Human Rights in Poor Countries: The New Political Conditionality of Aid Policies", in: *Human Rights in Developing Countries Yearbook 1991*, S. VII-XVIII.

Arts, Karin, „Implementing the Right to Development?", in: *Human Rights in Developing Countries Yearbook 1991*, S. 37-71.

Arts, Karin, „European Community development cooperation, human rights, democracy and good governance: at odds or at ease with each other?", in: K. Ginther; E. Denters, P. de Waart (Hrsg.), *Sustainable Development and Good Governance*, Nijhoff, Dordrecht u.a. 1995, S. 259-273.

Aschenbrenner, Jo Beatrix, *The European Union, Human Rights and China. How China challenges the coherence and efficiency of the EU human rights policy in the framework of the CFSP*, Master of Law thesis, European University Institute, Florenz September 1998.

Baehr, Peter, *The Role of Human Rights in Foreign Policy*, 2. Auflage, Macmillan, Houndmills 1996.

Bail, Christoph, „Konkretisierungen des Subsidiaritätsprinzips", in: Europainsitut an der Universität Basel (Hrsg.), *Subsidiarität. Schlagwort oder Kurskorrektur?*, Tagungsband, Basler Schriften zur europäischen Integration, Nr. 1, März 1994, S. 40-48.

Barnds, W., „Asia: progress and problems", in: McColm, R. Bruce (Hrsg.), *Freedom in the World*, Freedom House, New York 1992, S. 29-31, S. 30.

Bauer, Barbara, *Der völkerrechtliche Anspruch auf Demokratie. Zur Rolle internationaler Organisationen im weltweiten Demokratisierungsprozeß*, Europäische Hochschulschriften, Peter Lang, Europäischer Verlag der Wissenschaften, Frankfurt 1998.

Bayefsky, Anne F., „Cultural Sovereignty, Relativism, and International Human Rights: New Excuses for Old Strategies", in: *Ratio Juris*, Nr. 1, 1996, Jhrg. 9, S. 42-59.

Bekker, Peter, H. F., *The Legal Position of Intergovernmental Organizsations. A Functional Necessity Analysis of Their Legal Status and Immunities*, Nijhoff, Boston 1994.

Bernard, Nicolas, „The Future of European Economic Law in the Light of the Principle of Subsidiarity", in: *Common Market Law Review*, Nr. 4, 1996, Jhrg. 33, S. 633-666.

Beutler, Bengt; Bieber, Roland; Pipkorn, Jörn; Streil, Jochen, *Die Europäische Union*, 4. Aufl., Nomos, Baden-Baden 1993.

Bieber, Roland; Salomé, Isabelle, „Hierarchy of Nomrs in European Law", in: *Common Market Law Review*, Nr. 5, 1996, Jhrg. 33, S. 907-930.

Bilder, „Human Rights and U.S. Foreign Policy: Short Term Prospects", 14 Va. J. Int. L. 597 (1974), zitiert in: Richard B. Lillich, Frank C. Newman (Hrsg.), *International Human Rights: Problems of Law and Policy*, Little, Brown and Company, Boston 1979, S. 826-834.

Bleckmann, Albert, „Der Vertrag über die Europäische Union. Eine Einführung", in: *Deutsches Verwaltungsblatt*, 1992, Jhrg. 107, S. 335-343.

Bleckmann, Albert, *Europarecht*. Das Recht der Europäischen Union und der Europäischen Gemeinschaften, 6. Aufl., Carl Heymanns Verlag KG, Köln 1997.

Bogdanor, Vernon, „Discussant's Remarks", in: A.A. Dashwood (Hrsg.), *Reviewing Maastricht. Issues for the 1996 IGC*, Seminar Series organised by the Centre for European Legal Studies, Cambridge, Sweet & Maxwell, London 1996.

Bogdandy, Arnim von; Nettesheim, Martin, „Die Verschmelzung der Europäischen Gemeinschaften in der Europäischen Union", in: *Neue Juristische Wochenschrift*, Nr. 36, 1995, Jhrg. 48, S. 2324-2328.

Bogdandy, Arnim von; Nettesheim, Martin, „Die Europäische Union: Einheitlicher Verband mit eigener Rechtsordnung", in: *Europarecht*, Nr. 1, 1996, Jhrg. 31, S. 3-26.

Bohr, Sebastian, „Sanctions by the United Nations Security Council and the European Community", in: *European Journal of International Law*, Nr. 2, 1993, Jhrg. 4, S. 256-268.

Bonino, Emma, „La réforme de la politique étrangère et de sécurité commune: aspects institutionels", in: A. Mattera (Hrsg.), *La Conférence intergouvernementale sur l'Union européenne: répondre aux défis du XXIeme siècle*, Clément Juglar, Paris 1996, S. 237-242.

Bono, R. Gosalbo, „Reflexiones en torno al futuro de la protección de los derechos humanos en el marco del derecho communitario y del derecho de la Unión: induficiencias y soluciones“, in: *Revista de derecho communitario europeo,* Nr. 1, 1997, Jhrg. 1, S. 29-68.

Borchardt, Klaus-Dieter, *Die rechtlichen Grundlagen der Europäischen Union,* C. F. Müller, Heidelberg 1996.

Borchmann, Michael, „Amsterdam - Weder kleine Taten noch 'Reförmchen'!“, Editorial, *Europäische Zeitschrift für Wirtschaftsrecht*, Nr. 17, 1997, Jhrg. 8, Editorial.

Borries, Reimer von, „Das Subsidiaritätsprinzip im Recht der Europäischen Union“, Deutscher Landesbericht für den XVI. FIDE-Kongreß 1994 in Rom, in: *Europarecht,* Nr. 3, 1994, Jhrg. 29, S. 263-300.

Boumans, Etienne, Norbart, M. „The European Parliament and Human Rights“, in: *Netherlands Quarterly of Human Rights,* Nr. 1, 1989, Jhrg. 7, S. 37-55.

Bowett, D. W., *The Law of International Institutions,* 4. Aufl., Stevens & Sons, London 1982.

Bowring, John, (Hrsg.), *The works of Jeremy Bentham*, Vol. II, Russel & Russel, New York 1962.

Brandtner, Barbara; Rosas, Alan, „Human Rights and the External Relations of the European Community: An Analysis of Doctrine and Practice“, in: *European Journal of International Law,* Nr. 3, 1998, Jhrg. 9, S. 468-490.

Brok, Elmar, „Intergovernmental Conference 1996: Not A 'Maastricht II'“, Guest Editorial, in: *Common Market Law Review,* Nr. 1, 1997, Jhrg. 34, S. 1-9.

Brownlie, Ian, *Principles of International Law,* 4. Auflage, Oxford University Press, New York 1990.

Bruha, Thomas, „Das Subsidiaritätsprinzip im Recht der Europäischen Gemeinschaft“, in: Riklin, Alois; Batliner, Gerard (Hrsg), *Subsidiarität.* Ein interdisziplinäres Symposium des Liechtenstein-Instituts, 23.-25. September 1993, Nomos, Baden-Baden 1994, S. 373-410.

Bundesministerium für wirtschaftliche Zusammenarbeit und Entwicklung (BMZ) (Hrsg.), *Journalisten - Handbuch der Entwicklungspolitik* 1997/1998, Referat für Presse und Öffentlichkeitsarbeit, Bonn Juli 1997.

Burchill, Scott, „Introduction“, in: *Theories of International Relations,* Scott Burchill, A. Linklater (Hrsg.), Macmillan Press, Houndsmill 1996, S. 1-27.

Burchill, Scott, „Liberal Internationalism“, in: *Theories of International Relations,* Scott Burchill, A. Linklater (Hrsg.), Macmillan Press, Houndsmill 1996, S. 28-66.

Burchill, Scott, „Realism and Neo-realism“, in: *Theories of International Relations,* Scott Burchill, A. Linklater (Hrsg.), Macmillan Press, Houndsmill 1996, S. 67-92.

Burghardt, Günter; Tebbe, Gerd, „Die Gemeinsame Außen- und Sicherheitspolitik der Europäischen Union - Rechtliche Struktur und politischer Prozeß“, in: *Europarecht,* Nr. 1/2, 1995, Jhrg. 30, S. 1-20.

Callies, Christian, *Subsidiaritäts- und Solidiaritätsprinzip in der Europäischen Union.* Vorgaben für die Anwendung von Art. 3b EGV am Beispiel der gemeinschaftlichen Wettbewerbs- und Umweltpolitik, Nomos, Baden-Baden 1996.

Carr, Edward H., *The Twenty Years' Crisis. 1919-1939. An Introduction to the Study of International Relations*, McMillan, London 1958.

Cassese, Antonio, *International Law in a Divided World,* Clarendon Press, Oxford 1986.

Cassese, Antonio, *Human Rights in a Changing World,* Polity Press, Cambridge 1990.

Chapuis, Cédric, *Die Übertragung von Hoheitsrechten auf supranationale Organisationen,* Helbig und Lichtenhahn, Basel und Frankfurt am Main 1993.

Cheng, Bin, „United Nations Resolutions on Outer Space: 'Instant' Customary Law?", in: B. Cheng (Hrsg.), *International Law: Teaching and Practice,* Stevens & Sons, London 1982, S. 237-262.

Ciavarini Azzi, Giuseppe, „Die Kommission: L'experience de la Commission en matière d'application du principe de subsidiarité", in: R. Hrbek (Hrsg.), *Die Anwendung des Subsidiaritätsprinzips in der Europäischen Union - Erfahrungen und Perspektiven,* Nomos, Baden-Baden 1995, S. 59-68.

Clapham, Andrew, *Human Rights and the European Community: A Critical Overview,* European Union - The Human Rights Challenge, Vol. I, Nomos, Baden-Baden 1991.

Clapham, Andrew, „Where is the EU's Human Rights Common Foreign Policy, and How is it Manifested in Multilateral Fora?", in: Philipp Alston (Hrsg.), *The European Union and Human Rights,* Oxford University Press, New York 1999, S. 627-686.

Club von Florenz (Hrsg.), *Der unmögliche Status quo*, Nomos, Baden-Baden 1996.

Committee on International Human Rights Law and Practice, „Report" in: J. Crawford (Hrsg.), *International Law Association, Helsinki Conference 1996,* International Law Association, London 1996, S. 336ff.

Committee on the Formation of Customary Law, American Branch of the International Law Association, *The Role of State Practice in the Formation of Customary and Jus Cogens Norms of International Law,* Januar 1989.

Constantinesco, Vlad, „"Subsidiarität": Magisches Wort oder Handlungsprinzip der Europäischen Union?, in: *Europäische Zeitschrift für Wirtschaftsrecht,* Nr. 18, 1991, Jhrg. 2, S. 561-563.

Constantinesco, Vlad; Kovar, Robert; Simon, Denys (Hrsg.), *Traité sur l'Union Européenne. Commentaire,* Economica, Paris 1995.

Cox, A.; Koning, A., ODI/European Commission, Directorate-General for Development, *Understanding European Community Aid,* Brüssel 1997, http://europa.eu.int/en/comm/dg08/publicat/odi/en/0toc.hem.

Cranenburgh, Oda von, „Development Cooperation and Human Rights: Linkage Policies in the Netherlands", in: *Human Rights in Developing Countries Yearbook,* 1995, S. 29-55.

Curtin, Deirdre, „The Constitutional Structure of the Union: A Europe of Bits and Pieces", in: *Common Market Law Review,* Nr. 1, 1993, Jhrg. 30, S. 17-70.

D'Amato, Anthony, *International Law, Process and Prospect,* Transnational Publications, Dobbs Ferry 1987.

Dashwood, Alan A., „The legal framwork of the Common Foreign and Security Policy", in: N. Emiliou, D. O'Keeffe (Hrsg.), *Legal Aspects of Integration in the European Union,* Kluwer, London 1997, S. 225-234.

Dashwood Alan A. (Hrsg.), *Reviewing Maastricht. Issues for the 1996 IGC,* Seminar Series organised by the Centre for European Legal Studies, Cambridge, Sweet & Maxwell, London 1996.

Dehousse, Franklin, „Le Traité d'Amsterdam. Reflet de la Nouvelle Europe", in: *Cahiers du Droit Européen,* Nr. 3-4, 1997, Jhrg. 33, S. 265-273.

Dehousse, Franklin, „After Amsterdam: A Report on the Common Foreign and Security Policy of the European Union", in: *European Journal of International Law,* Nr. 3, 1998, Jhrg. 9, S. 525-539.

Dehousse, Renaud, „European Institutional Architecture after the Amsterdam Treaty: Parliamentary System or Regulatory Structure?", *Working Paper 98/11,* Robert Schumann Centre, European University Institute, Florenz 1998.

Dehousse, Renaud; Weiler, Joseph (Hrsg.), *EPC bulletin, online,* unter: http://www.iue.it/EFPB/Welcome.html.

Dekker, Ige F.; Ramses A. Wessel, *The Union's Unity Unveiled. A Legal Institutional Approach,* Paper presented at the Conference „Democracy in Europe: The Treaty of Amsterdam Evaluated", University of Twente, Enschede, 12.-14.2.1998. Zum Großteil verwertet in „The European Union as a „Layered" International Organization: Institutional Unity in Disguise", in: P. Craig, G. de Burca (Hrsg.), *European Union Law,* Oxford, zu erwarten in 1999.

Delbrück, Jost; Wolfrum, Rüdiger, *Völkerrecht,* 2. Aufl., Band I/1, de Gruyter, Berlin 1989.

Delors, Jacques, „The Principle of Subsdidarity: Contribution to the Debate", in: European Institute of Public Administration (Hrsg.), *Subsidiarity: The Challenge of Change,* Proceedings of the Jacques Delors Colloquium, Subsidiarity - Guiding Principle for Future EC Policy Responsibility?, European Institute of Public Administration, Maastricht 1991, S. 7-18.

Dembinski, Matthias, *Langer Anlauf, kurzer Sprung. Die Aussenpolitik der Europäischen Union nach der Reform von Amsterdam,* Hessische Stiftung Friedens- und Konfliktforschung, Report 7/1997, Oktober 1997.

Devroe, Wouter; Wouters, Jan, *De Europese Uni. Het Verdrag von Maastricht en zijn uitvoering: analyse en perspectiven,* Peeters, Leuven, 1996.

Dijk, Pieter van, „A Common Standard of Achievement. About Universal Validity and Uniform Interpretation of International Human Rights Norms", in: *Netherlands Quarterly of Humen Rights,* Nr. 2, 1995, Jhrg. 13, S. 105-121.

Dodd, Tom; Ware, Richard; Weston, Alison, *The European Communities (Amendment) Bill: Implementing the Amsterdam Treaty,* Research Paper Nr. 97/112, International Affairs and Defence Section, Hous of Commons Library, 5.11.1997.

Donnelly, Jack, *Universal Human Rights in Theory and Practice,* Cornell University Press, London 1989.

Donnelly, Jack; Howard, Rhoda, „Introduction", in: J. Donnelly, R. Howard (Hrsg.), *International Handbook of Human Rights*, Greenwood Press, New York 1987, S. 1-28.

Donoho, Douglas, „Relativism Versus Universalism in Human Rights: The Search for Meaningful Standards", in: *Stanford Journal of International Law,* 1990-91, Jhrg. 27, S. 345-391.

Dörr, Oliver, „Noch einmal: Die Europäische Union und die Europäischen Gemeinschaften", in: *Neue Juristische Wochenschrift,* Nr. 48, 1995, Jhrg. 48, S. 3162-3165.

Dörr, Oliver, „Zur Rechtsnatur der Europäischen Union", in: *Europarecht,* Nr. 4, 1995, Jhrg. 30, S. 224-348.

Duff, Andrew (Hrsg.), *The Treaty of Amsterdam,* Sweet & Maxwell, London 1997.

Eaton, M. R., „Common Foreign and Security Policy", in: D. O'Keeffe, P. Twomey (Hrsg.), *Legal Issues of the Maastricht Treaty,* Chancery Law Publishing, London 1994, S. 215-226.

Editorial Comments, „The Treaty of Amsterdam: Neither a bang nor a whimper", in: *Common Market Law Review,* 1997, Jhrg. 34, S. 767-772.

Editorial Comments, „Union without constitution", in: *Common Market Law Review,* 1997, Jhrg. 34, S. 1105-1111.

Editorial, „What's New in Human Rights", zitiert in: Richard B. Lillich, Frank C. Newman (Hrsg.), *International Human Rights: Problems of Law and Policy,* Little, Brown and Company, Boston 1979, S. 824-871.

Ehlermann, Claus Dieter, „Flexibility", in: European Policy Centre (Hrsg.), *Making Sense of the Amsterdam Treaty,* European Policy Centre, Brüssel 1997, S. 59-60.

Ehlermann, Claus Dieter, „Differentiation, Flexibility, Closer Cooperation: The New Provisions of the Amsterdam Treaty", unveröffentlicht.

Eland, Ian, „Economic Sanctions as Tools of Foreign Policy", in: G. A. Lopez, D. Cortright (Hrsg.), *Economic Sanctions. Panacea or Peacebuilding in a Post-Cold War World?,* Westview Press, Boulder, 1995, S. 29-42.

European Policy Centre (Hrsg.), *Making Sense of the Amsterdam Treaty,* European Policy Centre, Brüssel 1997.

European University Institute (Hrsg.), *Leading by Example: A Human Rights Agenda for the European Union for the Year 2000,* Agenda of the *Comité des Sages* and Final Project Report, Academy of European Law, European University Institute, Florenz 1998.

Everling, Ulrich, „Reflections on the Structure of the European Union", in: *Common Market Law Review,* Nr. 6, 1992, Jhrg. 29, S. 1053-1077.

Everling, Ulrich, „Überlegungen zur Struktur der Europäischen Union und zum neuen Europa-Artikel des Grundgesetzes", in: *Deutsches Verwaltungsblatt,* 1993, Jhrg. 108, S. 936-947.

Farer, Tom, „Elections, Democracy, and Human Rights: Toward Union", in: *Human Rights Quarterly*, 1989, Jhrg. 11, S. 504-521.

Fastenrath, Ulrich, „Die Struktur der erweiterten Europäischen Union", in: *Europarecht*, U. Everling (Hrsg.), Beiheft Nr. 1/1994, Von der Europäischen Gemeinschaft zur Europäischen Union, Nomos, Baden-Baden 1994, S. 101-126.

Fink-Hooijer, Florika, „The Common Foreign and Security Policy of the European Union", in: *European Journal of International Law*, Nr. 2, 1994, Jhrg. 5, S. 173-198.

Flaesch-Mougin, Catherine, „Le Traité de Maastricht et les compétences externes de la Communauté Européenne: à la recherche d'une politique externe de l'union", in: *Cahiers de Droit Européen*, Nr. 3-4, 1993, Jhrg. 29, S. 351-398.

Fleischhauer, C.-A, „Declaration", in: R. Bernhard (Hrsg.), *Encyclopedia of Public International Law*, Vol. I, North-Holland, Amsterdam 1992, S. 971-972.

Fouwels, Martine, „The European Union's Common Foreign and Security Policy and Human Rights", in: *Netherlands Quarterly of Human Rights*, Nr. 3, 1997, Jhrg. 15, S. 291-324.

Frid, Rachel, *The Relations between the EC and International Organizations. Legal Theory and Practice*, Kluwer, The Hague 1995.

Gaja, Giorgio, „The Protection of Human Rights under the Maastricht Treaty", in: D. Curtin, T. Heukels (Hrsg.) *Institutional Dynamics of European Integration. Essays in Honour of Henry G. Schermers*, Vol. II, Nijhoff, Dordrecht 1994, S. 549-560.

Gaja, Giorgio, „How flexible is flexibility under the Amsterdam Treaty?", in: *Common Market Law Review*, Nr. 4, 1998, Jhrg. 35, S. 855-870.

Geiger, Rudolf, *EG Vertrag*, Kommentar zu dem Vertrag zur Gründung der Europäischen Gemeinschaft, C. H. Beck, München 1993.

Geiger, Rudolf, *Grundgesetz und Völkerrecht*,2. Aufl., C.H. Beck, München 1994.

Ghai, Yash, „Human Rights And Governance: The Asia Debate", in: *Australian Yearbook of International Law*, 1994, Jhrg. 15, S. 1-34.

Gialdino, Carlo C., „Some Reflections on the Acquis Communautaire", in: *Common Market Law Review*, 1995, 32, S. 1089-1121.

Gilpin, Robert, *The Political Economy of International Relations*, Princeton University Press, Princeton 1987.

Ginsberg, Roy H., „The EU's CFSP: the Politics of Procedure", in: M. Holland (Hrsg.), *Common Foreign and Security Policy. The Record and Reforms*, Pinter, London 1997, S. 12-33.

Grabitz, Eberhard; Hilf, Meinhard, (Hrsg.) *Kommentar zur Europäischen Union*, Loseblattsammlung, C. H. Beck, München.

Gretschmann, Klaus, „The Subsidiarity Principle: Who Is to Do What in an Integrated Europe?", in: European Institute of Public Administration (Hrsg.), *Subsidiarity: The Challenge of Change*, Proceedings of the Jacques Delors Colloquium, Subsidiarity - Guiding Principle for Future EC Policy Responsibility?, European Institute of Public Administration, Maastricht 1991, S. 45-64.

Groeben, Hans von der; Thiesing, Jochen; Ehlermann, Claus-Dieter, (Hrsg.), *Kommentar zum EU/EG Vertrag,* 5. Aufl., Nomos, Baden-Baden 1997.

Große Hüttmann, Martin, *Das Subsidiaritätsprinzip in der EU - eine Dokumentation mit einer Enführung zum Bedeutungsgehalt und zur Rezeption dieses Prinzips,* Europäisches Zentrum für Föderalismus Forschung, Tübingen, Occasional Papers Nr. 5, 1996.

Gucht de, K., „The Common Foreign and Security Policy (CFSP): Is there Room for New Perspectives in the Aftermath of Maastricht?", in: *Studia Diplomatica*, Nr. 2, 1997, Bd. 50, S. 49-83.

Heidinger, Franz; Hubalek, A.; Pramberger, M., *Introduction to the law and language of the European Union,* Orac, Wien 1994.

Heinz, Wolfgang; Lingnau, Hildegard; Waller, Peter, *Evaluierung von Positivmaßnahmen der Europäischen Kommission zur Förderung von Menschenrechten und Demokratie (1991-1993),* Deutsches Institut für Entwicklungspolitik, Berlin Mai 1995.

Henig, Stanley, *The uniting of Europe,* From discord to concord, Routledge, London and New York 1997.

Herdegen, Matthias, *Europarecht,* C. H. Beck, München 1997.

Heukels, Ton; de Zwaan, Jaap, „The Configuration of the European Union: Community Dimensions of Institutional Interaction", in: D. Curtin, T. Heukels (Hrsg.) *Institutional Dynamics of European Integration. Essays in Honour of Henry G. Schermers,* Vol. II, Nijhoff, Dordrecht 1994, S. 195-228.

Higgins, Rosalyn, „Human Rights and Foreign Policy", in: *Studi Politici Internazionali,* Nr. 4, 1987, Jhrg. 54, S. 563-580.

Higgins, Rosalyn, *Problems & Process,* International Law and How We Use it, Clarendon Press, Oxford 1995.

Hilf, Meinhard, „Europäische Union und nationale Identität der Mitgliedstaaten", in: A. Randelzhofer, R. Scholz, D. Wilke (Hrsg.), *Gedächtnisschrift für E. Grabitz,* C.H. Beck, München 1995, S. 157-170.

Hill, Christopher, „European Foreign Policy: Power Bloc, Civilian Model - or Flop?", in: R. Rummel (Hrsg.), *The Evolution of an International Actor. Western Europe's New Assertiveness,* Westview Press, Boulder, S.F. 1990.

Hill, Christopher, „EPC's Performance in Crises", in: Reinhardt Rummel (Hrsg.), *Toward Political Union,* Nomos, Baden-Baden 1992, S.139-150.

Hill, Christopher, „The Capability-Expectations Gap, or Conceptualizing Europe's International Role", in: *Journal of Common Market Studies,* Nr. 3, 1993, Jhrg. 31, S. 305-328.

Hill, Dilys M., „Human Rights and Foreign Policy: Theoretical Foundations", in: Dilys M. Hill (Hrsg.), *Human Rights and Foreign Policy. Principles and Practice,* Macmillan Press, Southhampton 1989.

Hirsch, Günter, *Die Auswirkungen des Subsidiaritätsprinzips auf die Rechtsetzungsbefungnis der Europäischen Gemeinschaften,* G. Ress, T. Stein (Hrsg.), Vorträge, Reden und Berichte aus dem Europa-Institut, Universität des Saarlandes, Nr. 330, 1995.

Hoffmann, Stanley, *The Study of International Law and Theory of International Relations,* 1963, zitiert in: H. Steiner, P. Alston (Hrsg.), *International Human Rights in Context. Law, Politics, Morals,* Clarendon Press, Oxford 1996, S. 49-50.

Hoffmann, Stanley, „The Hell of Good Intentions", in: *Foreign Policy,* 29, 1977-78, S. 3ff.

Hoffmeister, Frank, *Menschenrechts- und Demokratieklauseln in den vertraglichen Außenbeziehungen der Europäischen Gemeinschaft,* Max-Planck-Institut für ausländisches öffentliches Recht und Völkerrecht, Band 132, Springer, Berlin 1998.

Holland, Martin, *European Community Integration,* Pinter, London 1993.

Holland, Martin, *The Euorpean Union's Common Foreign and Security Policy. The Joint Action on South Africa*, Basler Schriften zur europäischen Integration, Nr. 3, Europa Institut an der Universität Basel, März 1994.

Holland, Martin (Hrsg.), *Common Foreign and Security Policy. The Record and Reforms,* Pinter, London 1997.

Holland, Martin, „Introduction: CFSP...Reinventing the EPC Wheel?", in: M. Holland (Hrsg.), *Common Foreign and Security Policy. The Record and Reforms,* Pinter, London 1997, S. 1-11.

Holland, Martin, *Do Acronyms Matter? The future of ACP-EU relations and the developing world,* Basler Schriften zur europäischen Integration, Nr. 35, Europa Institut an der Universität Basel, 1998.

Hölscheidt, Sven; Baldus, Ch., „Die EU und EG als terminologisches Problem", in: *Deutsches Verwaltungsblatt,* Nr. 24, 1996, Jhrg. 111, S. 1409-1412.

Hoof, Fried van, „Asian Challenges to the Concept of Universality: Afterthoughts on the Vienna Conference on Human Rights", in: P. R. Baehr, F. van Hoof, L. Nanlei, T. Zhenghua (Hrsg.), *Human Rights: Chinese and Dutch Perspectives,* Nijhoff, The Hague 1996, S. 1-16.

Hoof, G. J. H. van, *Rethinking the Sources of International Law,* Kluwer, Deventer, Antwerpen 1983.

Hörndler, Ira Elisabeth, *Menschenrechte und Entwicklungshilfe: Die Kopplung der Vergabe von Entwicklungshilfe an die Beachtung der Menschenrechte,* VVF, München 1996.

Human Rights Watch/Asia, *Chinese Diplomacy, Western Hypocrisy and the UN Human Rights Commission*, Report, Nr. 3 (C), März 1997, Vol. 9.

Human Rights Watch/Helsinki, *Republic of Belarus. Crushing Civil Society*, Nr. 8 (D), August 1997, Vol. 9.

Human Rights Watch, *World Report 1998*, Events of 1997, New York 1997.

Imbert, P.-H., „L'apparente simplicité des droits de l'homme. Réflexions sur les différents aspects de l'universalité des droits de l'homme", in: *Revue Universelle des Droits de L'Homme,* 1989, Jhrg. 1, S. 19-29.

Institut de Droit International, *Resolution*, in: Yearbook, Institut de Droit International, Vol. 63, II, 1989.

Ipsen, Knut (Hrsg.), *Völkerrecht,*3. Aufl., C.H. Beck, München 1990.

ISA Consult, European Institute (Sussex Univeristy), GJW Europe, *Final Report. Evaluation of the Phare and Tacis Democracy Programme 1992-1997. Draft*, Brighton, Hamburg, September 1997.

Isensee, Josef, *Subsidiaritätsprinzip und Verfassungsrecht.* Eine Studie über das Regulativ des Verhältnisses von Staat und Gesellschaft, Duncker & Humblot, Berlin 1968.

Jagow, Peter von, „Das Krisenmanagement der EG/EPZ im Jugoslawienkrieg - Eine gemischte Bilanz, in: E. Regelsberger (Hrsg.), *Die Gemeinsame Aussen- und Sicherheitspolitik der Europäischen Union. Profilsuche mit Hindernissen*, Europa Union Verlag, Bonn 1993, S. 85-93.

Janning, Josef, „Aussen- und Sicherheitspolitik nach Maastricht", in: Werner Weidenfeld (Hrsg.), *Maastricht in der Analyse.* Materialien zur Europäischen Union. Strategien und Optionen für Europa, Bertelsmann, Gütersloh 1994, S. 55-69.

Jannuzzi, Giovanni, „Scope and Structure of the Community's Future Foreign Policy", in: Reinhardt Rummel (Hrsg.), *Toward Political Union*, Nomos, Baden-Baden 1992, S. 289-296.

Jarass, H., „EG-Kompetenzen und das Prinzip der Subsidiarität nach Schaffung der Europäischen Union", in: *Europäische Grundrechte Zeitung*, Nr. 9-10, 1994, Jhrg. 21, S. 209-219.

Jennings, Robert, „The Identification of International Law", in: B. Cheng (Hrsg.), *International Law: Teaching and Practice*, Stevens & Sons, London 1982, S. 3-9.

Jopp, Mathias, „Die außen- und sicherheitspolitische Identiät Europas mit der Perspektive einer gemeinsamen Verteidigungspolitik", in: R. Hrbek (Hrsg.), *Die Reform der EU*, Nomos, Baden-Baden 1997, S. 331-343.

Kaul, Hans-Peter, „Démarche", in: R. Bernhard (Hrsg.), *Encyclopedia of Public International Law*, Vol. I, North-Holland, Amsterdam 1992.

Kausikaan, Bilhari, „Asia's Different Standard", 92 Foreign Policy 24 (1993), zitiert in: H. Steiner, P. Alston (Hrsg.), *International Human Rights in Context. Law, Politics, Morals*, Clarendon Press, Oxford 1996, S. 226-231.

Kennan, George F., *Amerikas Außenpolitik 1900 bis 1950 und ihre Stellung zur Sowjet-Macht*, Europa Verlag, Zürich 1952.

Khan, Daniel-Erasmus (Bearbeiter), C.H. Beck (Hrsg.), *Sartorius II, Internationale Verträge - Europarecht*, Loseblattsammlung, 1998.

Kimminich, Otto, *Einführung in das Völkerrecht*, 6. Aufl., A. Francke, Tübingen 1997.

Kirchhoff, „Der deutsche Staat im Prozeß der europäischen Integration", in: *Handbuch des Staatsrechts*, J. Isensee (Hrsg.), Bd. VII, Müller, Heidelberg 1992, § 183.

Kirchner, Emil J., *Decision making in the European Community. The Council Presidency and European Integration*, Manchester University Press, Manchester 1992.

Kirgis, Frederic L, „Custom on a Sliding Scale", in: *The American Journal of International Law*, Jhrg. 81, 1987, S. 146-151.

Kiss, Alexandre, „The Role of the Universal Declaration of Human Rights in the development of international law", UN Centre for Human Rights, *Bulletin of Human Rights: Spe-*

cial Issue: Fortieth Anniversary of the Universal Declaration of Human Rights, 1988.

Kissinger, H., „Continuity and Change in American Foreign Policy, zitiert in: Richard B. Lillich, Frank C. Newman (Hrsg.), *International Human Rights: Problems of Law and Policy,* Little, Brown and Company, Boston 1979, S. 824-871.

Klaauw, Johannes van der, „Third EU Commission Report", Human Rights News, in: *Netherlands Quarterly of Human Rights*, Nr. 2, 1996, Jhrg. 14, S. 217f; „European Parliament Report on Respect for Human Rights in the European Union", Human Rights News, in: *Netherlands Quarterly of Human Rights*, Nr. 2, 1997, Jhrg. 15, S. 204ff; „EC Court of Justice Judgement on the Legal Basis for the Human Rights Clause in EU Cooperation Agreements with Third Countries", Human Rights News, in: *Netherlands Quarterly of Human Rights,* Nr. 2, 1997, Jhrg. 15, S. 206f; „Human Rights and EU Foreign Policy", Human Rights News, in: *Netherlands Quarterly of Human Rights*, Nr. 2, 1997, Jhrg. 15, S. 210f; „A Legal Basis for the EU Commission Human Rights Budget Lines", Human Rights News, in: *Netherlands Quarterly of Human Rights,* Nr. 4, 1997, Jhrg. 15, S. 510f; „Economic and Social Committee on the EU Commission Communication on the External Dimension of the EU Human Rights Policy", Human Rights News, in: *Netherlands Quarterly of Human Rights,* Nr. 4, 1997, Jhrg. 15, S. 512ff; „Complementing EU Sanctions by Positive Measures in the Field of Human Rights: The case of Belarus", Human Rights News, in: *Netherlands Quarterly of Human Rights,* Nr. 4, 1997, Jhrg. 15, S. 514f; „Human Rights clauses in EU Legal Instruments: the MEDA Regulation Revisited", Human Rights News, in: *Netherlands Quarterly of Human Rights*, Nr. 2, 1998, Jhrg. 16, Pkt. II.F; „The Human Rights Dimension of the Lomé Convention", Human Rights News, in: *Netherlands Quarterly of Human Rights*, Nr. 3, 1998, Jhrg. 16, S. 376f; „Freezing and Review of EU Human Rights Budget Lines", Human Rights News, in: *Netherlands Quarterly of Human Rights,* Nr. 3, 1998, Jhrg. 16, S. 378f.

Klabbers, Jan, „Presumptive Personality: The European Union in International Law", in: Martti Koskenniemi (Hrsg.), *International Law Aspects of the European Union,* Kluwer, The Hague 1998, S. 231-254.

Klein, Eckart; Haratsch, Andreas, „Neuere Entwicklungen des Rechts der Europäischen Gemeinschaften", in: *Die Öffentliche Verwaltung,* Nr. 18, 1993, Jhrg. 46, S. 785-798.

Kokott, Juliane; Hoffmeister, Frank, Besprechung des Urteils 2/94, in: *American Journal of International Law*, Jhrg. 90, 1996, S. 664-669.

König, Christian; Pechstein, Matthias, *Die Europäische Union,* J. C. B. Mohr, Tübingen 1995.

König, Christian; Pechstein, Matthias, *Die Europäische Union. Die Verträge von Maastricht und Amsterdam,* 2. Aufl., J. C. B. Mohr, Tübingen 1998.

König, Christian; Pechstein, Matthias, „Die EU-Vertragsänderung", in: *Europarecht,* Nr. 2, 1998, Jhrg. 33, S. 130-150.

Konow, Gerhard, „Zum Subsidiaritätsrpinzip des Vertrags von Maastricht", in: *Die Öffentliche Verwaltung,* Nr. 10, 1993, Jhrg. 46, S. 405-412.

Konstadinidis, Stratos, „The New Face of the Community's External Relations", in: Stratos Konstadinidis (Hrsg.), *The Legal Regulation of the European Community's External*

Relations after the Completion of the Internal Market, Aldershot, Dartmouth 1996, S. 19ff.

Kortenberg, Helmut, „Closer Cooperation in the Treaty of Amsterdam“, in: *Common Market Law Review,* Nr. 4, 1998, Jhrg. 35, S. 833-854.

Koskenniemi, Martti, „The politics of international law“, in: *European Journal of International Law,* Nr. 1/2, 1990, Jhrg. 1, S. 4-32.

Koskenniemi, Martti, „The Pull of the Mainstream“, in: *Michigan Law Review,* Nr. 6, 1990, Jhrg. 1988, S. 1946-1962.

Koskenniemi, Martti, „International Law Aspects of the Common Foreign and Security Policy“, in: Martti Koskenniemi (Hrsg.), *International Law Aspects of the European Union,* Kluwer, The Hague 1998, S. 27-44.

Krenzler, Horst G.; Schneider, Henning, C., „Die Gemeinsame Außen- und Sicherheitspolitik der Europäischen Union - Zur Frage der Kohärenz“, in: *Europarecht,* Nr. 2, 1994, Jhrg. 29, S. 144-161.

Krenzler, Horst-Günter; Schneider, Henning C., „The Question of Consistency“, Chapter 8, in: E. Regelsberger, P. de Schoutheete de Tervarent, W. Wessels, (Hrsg.), *Foreign Policy of the European Union. From EPC to CFSP and Beyond,* Lynne Rienner, Boulder 1997, S. 133-151.

Kymlicka, Will, *Mulitcultural Citizenship. A liberal theory of Minority Rights,* Oxford University Press, New York 1995.

Kyper, P. J., „Trade Sanctions, Security and Human Rights“, in: M. Maresceau (Hrsg.), *The European Community's Commercial Policy after 1992: The Legal Dimension,* Nijhoff, Dordrecht 1993, S. 388-422.

Lambers, Hans-Jürgen, „Subsidiarität in Europa - Allheilmittel oder juristische Leerformel?“, in: *Europarecht,* Nr.3/4, 1993, 28. Jhrg., S. 229-242.

Lange, Knut Werner, „Die Gemeinsame Aussen- und Sicherheitspolitik der Europäischen Union“, in: *Juristische Zeitung,* Nr. 9, 1996, Jhrg. 51, S. 442-448.

Lecheler, Helmut, *Das Subsidiaritätsprinzip. Strukturprinzip einer europäischen Union,* Duncker & Humblot, Berlin 1993.

Lecheler, Helmut, „Der Rechtscharakter der 'Europäischen Union'“, in: J. Ipsen, H.-W. Rengeling, J. M. Mössner, A. Weber (Hrsg.), *Verfassungsrecht im Wandel,* Carl Heymanns Verlag, Köln 1995, S. 383-393.

Lenaerts, Koen; Smijter, Eddy de, „The European Union's Treaty-Making Competence“, in: *Yearbook of European Law,* 16, 1996, S. 1-57.

Lenz, Carl Otto (Hrsg.), *EG-Vertrag,* Kommentar zu dem Vertrag zur Gründung der Europäischen Gemeinschaften, 1. Aufl., Bundesanzeiger, Köln 1994.

Lillich, Richard B., „Civil Rights“, in: T. Meron (Hrsg.), *Human Rights in international law: Legal and Policy Issues,* 1985, S. 115-170.

Lillich, Richard B., *International Human Rights. Problems of Law, Policy and Practice,* Second Edition, Little, Brown and Company, Boston 1991.

Lillich, Richard B.; Newman, Frank C.; „The Carter Administration's Human Rights Initiatives“, in: Richard B. Lillich, Frank C. Newman (Hrsg.), *International Human Rights: Problems of Law and Policy,* Little, Brown and Company, Boston 1979, S. 824-871.

Loh, Christine, „The Vienna Process and the Importance of Universal Standards in Asia“, in: M. C. Davis (Hrsg.), *Human Rights and Chinese Values,* Oxford University Press, Hong Kong 1995, S. 145-167.

Looper, Robert, „'Federal State' Clauses in Multilateral Instruments“, in: *British Yearbook of International Law,* 1955-56, Jhrg. 32, S. 162-203.

Lopez, George A.; Cortright, David, „Economic Sanctions in Contemporary Global Relations“, in: George A. Lopez, David Cortright (Hrsg.), *Economic Sanctions. Panacea or Peacebuilging in a Post-Cold War World?,* Westview Press, Boulder, 1995, S. 3-16.

Louis, J. V., „Le traité d'Amsterdam. Une occasion perdue?“, in: *Revue du Marche Unique Européen,* Nr. 2, 1997, S. 5-18.

MacCormick, Neil (Hrsg.), *Constructing Legal Systems. „European Union" in Legal Theory,* Reidel, Dordrecht, 1997.

MacCormick, Neil; Weinberger, Ota, *An Institutional Theory of Law. New Approaches to Legal Positivism,* Reidel, Dordrecht 1986.

Machiavelli, Niccolo, *Der Fürst,* übersetzt und herausgegeben von R. Zorn, A. Kröner Verlag, Stuttgart 1955.

Macleod, Ian; Hendry, I. D.; Hyett, Stephen, *The External Relations of the European Communities,* Clarendon Press, Oxford 1996.

Magiera, Siegfried, „Die Grundgesetzänderung von 1992 und die Europäische Union“, in: *Jura,* Januar 1994, Jhrg. 16, S. 1-11.

Mair, Stefan, *Election Observation,* ECDPM Working paper, Nr. 22, June 1997, http://www.oneworld.org/ecdpm/pubs/wp22_gb.htm.

Malanczuk, Peter, *Akehurst's Modern Introduction to International Law,* 7. Auflage, Routledge, London 1997.

Marantis, Demetrios J., „Human Rights, Democracy, and Development: The European Community Model“, in: *Harvard Human Rights Journal,* Spring 1994, Jhrg. 7, S. 1-32.

Marie, Jean-Bernard, „Instruments Internationales relatifs aux Droits de l'Homme: Classification et état des ratifications au 1er Janvier 1997“, in: *Revue Universelle des Droits de l'Homme,* Nr. 1-4, 1996, Jhrg. 8, S. 89-105.

Marin, Manuel, „Democracy cannot be imposed from the outside“, in: *The ACP-EC Courier,* 128, 1991, S. 50-51.

Mather, I.; Fox, R., „Adrift in a vale of tears“, in: *The European,* vom 19.-25. Januar 1998.

Matthews, C. R. N., „Phare-Tacis: EU cooperation with its Eastern neighbours“, in: *The ACP-EU Courier,* 145, 1994, S. 68-72.

Mauzy, Diane, „The human rights and 'Asian values' debate in Southeast Asia: trying to clarify the key issues“, in: *The Pacific Review,* Nr. 2, 1997, Jhrg. 10, S. 210-236.

McDougal, MS; Lasswell H; Chen, L, *Human Rights and World public order.* The Basic Policies of an International Law of Human Dignity, New Haven, Yale University Press 1980.

Meron, Theodor, *Human Rights and Humanitarian Norms as Customary Law,* Clarendon Press, Oxford 1989.

Mills, Kurt, „Reconstructing Sovereignty: A Human Rights Perspective", in: *Netherlands Quarterly of Human Rights,* Nr. 3, 1997, Jhrg. 15, S. 267-290.

Monar, Jörg, „Das duale System von EG und EPZ/GASP im Test - vorprogrammierte Konfliktszenarien", in: E. Regelsberger (Hrsg.), *Die Gemeinsame Aussen- und Sicherheitspolitik der Europäischen Union. Profilsuche mit Hindernissen*, Europa Union Verlag, Bonn 1993, S. 75-84.

Monar, Jörg, „The Foreign Affairs System of the Maastricht Treaty: A Combined Assessment of the CFSP and EC External Relations Elements", in: J. Monar, W. Ungerer, W. Wessels (Hrsg.), *The Maastricht Treaty on European Union,* European Interuniversity Press, Brüssel 1993, S. 139-150.

Monar, Jörg, „The European Union's Foreign Affairs System after the Treaty of Amsterdam: A 'Strengthened Capacity for External Action'?", in: *European Foreign Affairs Review,* Nr. 4, 1997, Jhrg. 2, S. 413-437.

Monar, Jörg, „The Financial Dimension of the CFSP", in: M. Holland (Hrsg.), *Common Foreign and Security Policy. The Record and Reforms,* Pinter, London 1997, S. 34-51.

Morgenthau, Hans J., „Positivism, Functionalism, and International Law", in: *American Journal of International Law,* 1940, Jhrg. 34, S. 260-284.

Morgenthau, Hans J., *Politics Among Nations. The Struggle for Power and Peace,* 5th edition, Alfred A. Knopf, New York 1973.

Mosler, Hermann, „General Principles of Law", in: R. Bernhard (Hrsg.), *Encyclopedia of Public International Law,* Vol. II, North-Holland, Amsterdam 1995, S. 511-527.

Müller-Graff, Peter-Christian, „EPZ/GASP im System der Europäischen Union - Kohärenzgebot aus rechtlicher Sicht", in: E. Regelsberger (Hrsg.), *Die Gemeinsame Aussen- und Sicherheitspolitik der Europäischen Union. Profilsuche mit Hindernissen*, Europa Union Verlag, Bonn 1993, S. 53-68.

Müller-Graff, Peter-Christian, „The Legal Bases of The Third Pillar and its Position in the Framwork of the Union Treaty", in: *Common Market Law Review,* Nr. 3, 1994, Jhrg. 31, S. 493-510.

Muzaffar, Chandra, „EU-policy: a perspective from Asia", in: European Parliament, *Summary record of presentations made at the public hearing on the Human Rights Clause,* Committee on Foreign Affairs, Security and Defence Policy, Sub-committee on Human Rights, Committee on External Economic Relations, 1995, S. 66-75.

Napoli, Daniela, „The European Union's Foreign Policy and Human Rights", in: Nannette A. Neuwahl, Allan Rosas (Hrsg.), *The European Union and Human Rights,* Kluwer, The Hague 1995, S. 297-312.

Nentwich, M; Falkner, G., „Towards a New Institutional Balance“, http://eiop.or.at/eiop/texte/1997-015a.htm.

Ners, K. J., „Western assistance to post-communist countries in Central and Eastern Europe“, in: J. Randel, T. German (Hrsg.), *The Reality of Aid* , Earthscan, London 1997, S. 197- 204.

Neuhold, Hanspeter; Hummer, Waldemar; Schreuer, Christoph (Hrsg.), *Österreichisches Handbuch des Völkerrechts,* Band 1, Textteil, Manzsche Verlags- und Universitätsbuchhandlung, Wien 1993.

Neuwahl, Nanette, „Foreign and Security Policy and the Implementation of the Requirement of „Consistency“ under the Treaty on European Union“, in: D. O'Keeffe, P. Twomey (Hrsg.), *Legal Issues of the Maastricht Treaty,* Chancery Law Publishing, London 1994, S. 227-246.

Neuwahl, Nanette, „The Treaty on European Union: A Step Forward in the Protection of Human Rights?“, in: N. A. Neuwahl, A. Rosas (Hrsg.), *The European Union and Human Rights,* Kluwer, The Hague 1995, S. 1-22.

Nuttall, Simon J. „The Foreign and Security Policy Provisions of the Maastricht Treaty: Their Potential for the Future“, in: J. Monar, W. Ungerer, W. Wessels (Hrsg.), *The Maastricht Treaty on European Union,* European Interuniversity Press, Brüssel 1993, S. 133-138.

Nuttal, Simon, „The CFSP Provisions of the Amsterdam Treaty. An Exercise in Collusive Ambiguity“, in: *CFSP Forum,* Nr. 3, 1997, S. 1-3.

Obradovic, Daniela, „Repatriation of Powers in the European Community“, in: *Common Market Law Review,* Jhrg. 34, 1997, S. 59-88.

Oestreich, Gabriele, *Menschenrechte als Elemente der dritten AKP-EWG-Konvention von Lomé*, Duncker & Humblot, Berlin 1990.

Olsen, Gorm Rye, „Public Opinion, International Civil Society and North-South Policy since the Cold War“, in: O. Stokke (Hrsg.), *Foreign Aid Towards The Year 2000: Experiences and Challenges,* Frank Cass, London 1996, S. 333-354.

Pechstein, Matthias, „Das Kohärenzgebot als entscheidende Integrationsdimension der EU“, in: *Europarecht,* Nr. 3, 1995, Jhrg. 30, S. 247-258.

Pechstein, Matthias, „Rechtssubjektivität für die Europäische Union?“, in: *Europarecht,* Nr. 2, 1996, Jhrg. 31, S. 137-144.

Pescatore, Pierre, „Aspects judiciaires de l'acquis communautaire“, in: *Revue Trimestrielle du Droit Européen*, 1981, S. 617-651.

Petersen, Nikolaj, „The European Union and Foreign and Security Policy“, in: Ole Noergaard, Thomas Pedersen, Nikolaj Petersen (Hrsg.), *The European Community in World Politics,* Pinter, London 1993, S. 9-30.

Petite, Michel, „The Treaty of Amsterdam: Ambition and Realism“, Übersetzung des französischen Textes publiziert in: *Revue du Marché Unique Européen,* Nr. 3, 1997, S. 17-52.

Pieper, Stefan Ulrich, „Subsidiaritätsprinzip - Strukturprinzip der Europäischen Union“, in: *Deutsches Verwaltungsblatt,* Juli 1993, Jhrg. 108, S. 705-712.

Pieper, Stefan Ulrich, *Subsidiarität: Ein Beitrag zur Begrenzung der Gemeinschaftskompetenzen,* Heymann, Köln 1994.

Pijpers, A.; Regelsberger, E.; Wessels, W. (Hrsg.), *Die Europäische Politische Zusammenarbeit in den 80er Jahren. Eine gemeinsame Außenpolitik für Westeuropa?,* Europa Union Verlag, Bonn 1989.

Pipkorn, Jörn, „Das Subsidiaritätsprinzip im Vertrag über die Europäische Union - rechtliche Bedeutung und gerichtliche Überprüfbarkeit", in: *Europäische Zeitschrift für Wirtschaftsrecht,* Nr. 22, 1992, Jhrg. 3, S. 697-700.

Pollis, Adamantia, „Towards a New Universalism; Reconstruction and Dialogue", in: *Netherlands Quarterly of Human Rights,* Nr. 1, 1989, Jhrg. 16, S. 5-23.

Press and Information Office of the German Federal Government, *European Political Cooperation (EPC),* Übersetzung, 5. Auflage, Clausen & Bosse, 1988.

Provost, René, „Reciprocity in human rights and humanitarian law", in: *British Yearbook of International Law,* 1994, 65. Jhrg., S. 383-454.

Rack, Reinhard; Stefan Lausegger,The Role of the European Parliament in the Promotion of Human Rights: Past and Future", in: Philipp Alston (Hrsg.), *The European Union and Human Rights,* Oxford University Press, New York 1999, S. 801-838.

Raphael, D. D., „The Intolerable", in: S. Mendus (Hrsg.), *Justifying Toleration. Conceptual and Historical Perspectives,* Cambridge University Press, Cambridge 1988, S. 137-154.

Rawls, John, „The Law of Peoples", in: S. Shute, S. Hurley (Hrsg.), *On Human Rights. Oxford Amnesty Lectures,* Basic Books, New York 1993.

Regelsberger, Elfriede, „EPZ und GASP - attraktiver Verbund mit Schlupflöchern", in: E. Regelsberger (Hrsg.), *Die Gemeinsame Aussen- und Sicherheitspolitik der Europäischen Union. Profilsuche mit Hindernissen*, Europa Union Verlag, Bonn 1993, S. 179-192.

Regelsberger, Elfriede, „Gemeinsame Außen- und Sicherheitspolitik", in: W. Weidenfeld, W. Wessels (Hrsg.), *Jahrbuch der Europäischen Integration,* 1994/5, Institut für Europäische Politik, Europa Union, Bonn 1995, S. 219-228.

Regelsberger, E.; Schoutheete de Tervarent, P. de; Wessels, W. (Hrsg.), *Foreign Policy of the European Union,* Rienner, Boulder 1997.

Regelsberger, E.; Schoutheete de Tervarent, P. de; Wessels, W. (Hrsg.), *Foreign Policy of the European Union. From EPC to CFSP and Beyond,* Lynne Rienner, Boulder 1997.

Regelsberger, Elfriede; Wessels, Wolfgang, „The CFSP Institutions and Procedures: A Third Way for the Second Pillar", in: *European Foreign Affairs Review,* Nr. 1, 1996, Jhrg. 1, S. 29-54.

Regelsberger, Elfriede, Jopp, Mathias, „Und sie bewegt sich doch! Die Gemeinsame Aussen- und Sicherheitspolitik nach den Bestimmungen des Amsterdamer Vertrages", in: *Integration,* Nr. 4, 1997, Jhrg. 20, S. 255-263.

Renteln, A. D., *International Human Rights: Universalism versus Relativism,* Sage, Newbury Park 1990.

Ress, Georg, „Die Europäische Union und die neue juristische Qualität der Beziehungen zu den Europäischen Gemeinschaften“, in: *Juristische Schulung,* Nr. 12, 1992, Jhrg. 32, S. 985-991.

Ress, Georg, „Ist die Europäische Union eine juristische Person?“, in: *Europarecht,* G. Ress, J. Schwarze, T. Stein (Hrsg.), Beiheft Nr. 2/1995, Die Organe der Europäischen Union im Spannungsfeld zwischen Gemeinschaft und Zusammenarbeit, Nomos, Baden-Baden 1995, S. 27-40.

Ress, Georg; Bieber, Roland, „Die Dynamik des EG-Rechts als Rechtsproblem“, in: R. Bieber, G. Ress (Hrsg.), *Die Dynamik des Europäischen Gemeinschaftsrechts.* Die Auslegung des Europäischen Gemeinschaftsrechts im Lichte nachfolgender Praxis der Mitgliedstaaten und der EG-Organe, Nomos, Baden-Baden 1987, S. 13-30.

Rhein, Eberhard, „The Community's External Reach“, in: Rummel, Reinhardt (Hrsg.), *Toward Political Union. Planning a Common Foreign and Security Policy in the European Community*, 1.Aufl, Band 30, Nomos, Baden-Baden 1992, S.37-46.

Riedel, Eibe, „Menschenrechtskommission“, in: R. Wolfrum (Hrsg.), *Handbuch Vereinte Nationen,* C. H. Beck, München 1991, S. 572ff.

Riedel, Eibe; Martin Will, „Human Rights Clauses in External Agreements of the European Community“, in: Philipp Alston (Hrsg.), *The European Union and Human Rights,* Oxford University Press, New York 1999, S. 723-756.

Riklin, Alois; Batliner, Gerard (Hrsg), *Subsidiarität.* Ein interdisziplinäres Symposium des Liechtenstein-Instituts, 23.-25. September 1993, Nomos, Baden-Baden 1994.

Rodley, Nigel, „Human Rights and Humanitarian Intervention: The Case Law of The World Court“, in: *International and Comparative Law Quarterly,* 1989, Jhrg. 38, S. 321-333.

Rosas, Allan, „Mixed Union - Mixed Agreements“, in: M. Koskenniemi (Hrsg.), *International Law Aspects of the European Union,* Kluwer, The Hague 1998, S. 125-148.

Roth, W.-H., Anmerkung zu C-233/94, Urteil des EuGH vom 13.5.97, in: *Common Market Law Review,* Nr. 2, 1998, Jhrg. 35, S. 459-479.

Rubin, A., „Are Human Rights Legal?“, in: *Israel Yearbook on Human Rights,* 20, 1990, S. 45ff.

Ruiter, Dick W. P., *Institutional Legal Facts, Legal Powers and their Effects*, Kluwer, Dordrecht 1993.

Ruiter, Dick W. P., *Institutions from the Perspective of Insitutional Legal Theory,* NIG Working Papers, Nr. 95-15, Enschede 1995.

Ruiter, Dick W. P., „Normative and Real Institutions“, in: B. Steunenberg, F. van Vught (Hrsg.), *Political Insitutions and Public Policy,* Kluwer, Dordrecht 1997.

Rummel, R.; Wessels, W. (Hrsg.), *Die Europäische Politische Zusammenarbeit. Leistungsvermögen und Struktur der EPZ,* Europa-Union Verlag, Bonn 1978.

Rummel, Reinhardt, *Zusammengesetzte Außenpolitik. Westeuropa als internationaler Akteur*, Band 2, Engel, Kehl 1982.

Rummel, R.; Wessels, W. (Hrsg.), *Die Europäische Politische Zusammenarbeit. Leistungsvermögen und Struktur der EPZ,* Europa Union Verlag, Bonn 1978.

Ryba, Barbara-Christine „La Politique Etrangère et de Securité Commune (PESC). Mode d'emploi et bilan d'une annee d'application (Fin 1993-1994), in: *Revue du Marche 'Commun et de l'Union européenne,* Januar 1995, 384, S. 14-35.

Santer, Jacques, „Some Reflections on the Principle of Subsidiarity", in: European Institute of Public Administration (Hrsg.), *Subsidiarity: The Challenge of Change,* Proceedings of the Jacques Delors Colloquium, Subsidiarity - Guiding Principle for Future EC Policy Responsibility?, European Institute of Public Administration, Maastricht 1991, S. 19-30.

Schachter, Oscar, *International Law in Theory and Practice,*Nijhoff, Dordrecht 1991.

Schermers, Henry G.; Blokker, Niels M., *International Institutional Law,* Nijhoff, The Hague 1997.

Schilling, Theodor, *Subsidiarity as a Rule and a Principle, or: Taking Subsidiarity Seriously,* Harvard Jean Monnet Working Paper 10/95, Harvard Law School, Cambridge, MA 1995.

Schmidhuber, Peter, „Das Subsidiaritätsprinzip im Vertrag von Maastricht", in: *Deutsches Verwaltungsblatt,* April 1993, Jhrg. 108, S. 417-422.

Schoutheete de Tervarent, Philippe de, „L'introduction d'une Politique Extérieure et de Sécurité commune. Motivations et Résultats", in: J. Monar (Hrsg.), *The Maastricht Treaty on European Union,* European Interuniversity Press, Brüssel 1993, S.129-132.

Schroeder, Jan Oliver, *Community Embargoes and Liability for Embargo Damages,* Master of Law thesis, European University Institute, Florenz September 1996.

Schroeder, Werner, „Die Rechtsnatur der Europäischen Union", in: W. Hummer, M. Schweitzer (Hrsg.), *Österreich und das Recht der Europäischen Union,* Manzsche Verlags- und Universitätsbuchhandlung, Wien 1996.

Seidl-Hohenveldern, Ignaz; Loibl, Gerhard, *Das Recht der Internationalen Organisationen einschließlich der Supranationalen Gemeinschaften,* 5. Aufl., Carl Heymanns Verlag KG, Köln 1992.

Seidl-Hohenveldern, Ignaz, *Völkerrecht,* 9. Aufl., Carl Heymanns Verlag KG, Köln 1997.

Sen, Amartya, „Human Rights and Asian Values", in: *The New Republic,* July 1997, S. 33-40.

Seyerstedt, Finn, „Objective International Personality of International Organizations", in: *Nordisk tidsskrift for internationale ret,* 1964, S. 1ff.

Shaw, Malcolm, *International Law,* 4. Aufl., Cambridge University Press, Cambridge 1997.

Simma, Bruno, „Zur völkerrechtlichen Bedeutung von Resolutionen der UN-Generalversammlung", in: Bernhardt, Delbrück, von Münch (Hrsg.), *Fünftes deutsch-polnisches Juristen Kolloquium,* Bd. 2, Nomos, Baden-Baden 1981, S. 45-76.

Simma, Bruno, „Self-Contained Regimes", in: *Netherlands Yearbook of International Law,* 1985, Jhrg. XVI, S. 111-136.

Simma, Bruno, „Does the UN Charter Provide an Adequate Legal Basis for Individual or Collective Responses to Violations of Obligations erga omnes?", in: J. Delbrück (Hrsg.), *The Future of International Law Enforcement. New Scenarios - New Law?*, Duncker & Humblot, Berlin 1993, S. 125-146.

Simma, Bruno, *International Human Rights and International Law: A Comparative Analysis*, in: Collected Courses of the Academy of European Law IV, 1993, Bd. 2, S. 153-236.

Simma, Bruno, „Die Erzeugung ungeschriebenen Völkerrechts: Allgemeine Verunsicherung - klärende Beiträge Karl Zemaneks", in: Ginther, Hafner, Lang, Neuhold, Sucharipa-Behrmann (Hrsg.), *Völkerrecht zwischen normativem Anspruch und politischer Realität*, Berlin 1994, S. 95-102.

Simma, Bruno (Hrsg.), *Charta der Vereinten Nationen*, Kommentar, C. H. Beck, München 1991.

Simma, Bruno; Alston, Philip, „The Sources of Human Rights Law: Custom, Jus Cogens, and General Principles", in: *Australian Yearbook of International Law*, 1992, Jhrg. 12, S. 82-108.

Simma, Bruno; Aschenbrenner, Jo; Schulte, Constanze, „Human Rights Considerations in Development Cooperation Activities of the EC", in: Philipp Alston (Hrsg.), *The European Union and Human Rights*, Oxford University Press, New York 1999, S. 571-626.

Slaughter Burley, Anne-Marie, „International Law and International Relations Theory: A Dual Agenda", in: *American Journal of International Law*, Nr. 2, 1993, Jhrg. 87, S. 205-239.

Smith, Hazel, *European Union Foreign Policy and Central America*, Macmillan Press, London, 1995.

Smith, Michael, „The EU as an international actor", in: J. Richardson (Hrsg.), *European Union. Power and Policy Making*, Routledge, London 1996, S. 247-262.

Soetendorp, Ben, „The Evolution of the EC/EU as a Single Foreign Policy Actor", in: Walter Carlsnaes, Steve Smith (Hrsg.), *European Foreign Policy. The EC and Changing Perspectives in Europe*, Sage, London 1994, S. 103-119.

Sohn, L., „The New International Law: Protection of the Rights of Individuals Rather Than States", in: *American Univ. Law Review*, Nr. 1, 1982, Jhrg. 32, S. 17ff.

Stadler, K.-D., „Die EG/EPZ in der UN-Generalversammlung - Meinungsführerschaft im Werden", in: E. Regelsberger (Hrsg.), *Die Gemeinsame Aussen- und Sicherheitspolitik der Europäischen Union. Profilsuche mit Hindernissen*, Europa Union Verlag, Bonn 1993, S. 107-126.

Stein, Torsten, „Das Zusammenspiel von Mitgliedstaaten, Rat und Kommission bei der Gemeinsamen Außen- und Sicherheitspolitik der Europäischen Union", in: *Europarecht*, G. Ress, J. Schwarze, T. Stein (Hrsg.), Beiheft Nr. 2/1995, Die Organe der Europäischen Union im Spannungsfeld zwischen Gemeinschaft und Zusammenarbeit, Nomos, Baden-Baden 1995, S. 69-81.

Steiner, Henry J.; Alston, Philip, *International Human Rights in Context. Law, Politics, Morals*, Clarendon Press, Oxford 1996.

Stephanou, Constantine A., „The legal nature of the European Union“, in: N. Emiliou, D. O'Keefe (Hrsg.), *Legal Aspects of Integration in the European Union,* S. 171-187.

Stewing, Clemens, *Subsidiarität und Föderalismus in der Europäischen Union,* Carl Heymanns Verlag, Köln 1992.

Stokke, Olav, „Foreign Aid: What now?“, in: O. Stokke (Hrsg.), *Foreign Aid Towards The Year 2000: Experiences and Challenges,* Frank Cass, London 1996, S. 16-130.

Strange, Susan, *State and Markets. An Introduction to International Political Economy,* Pinter, London 1988.

Streinz, Rudolf, *Europarecht,* 3. Aufl., C. F. Müller, Heidelberg 1996.

Streinz, Rudolf, „Der Vertrag von Amsterdam - Die institutionellen Veränderungen für die Europäische Union und die Europäische Gemeinschaft.“, in: *Jura,* Februar 1998, Jhrg. 20, S. 57-65.

Taylor, Paul, *The European Union in the 1990s,* Oxford University Press, Oxford 1996.

The Economist, „A suitable target for foreign policy“, 12.4.1997, S. 15-25.

Tiilikainen, Teija, „Does Europe Need a Common Identity? A Comment upon the Core Problems of the CFSP“, in: Martti Koskenniemi (Hrsg.), *International Law Aspects of the European Union,* Kluwer, The Hague 1998, S. 19-26.

Timmermans, C. W. A., „The Uneasy Relationship Between the Communities and the Second Union Pillar: Back to the 'Plan Fouchet'?“, in: *Legal Issues of European Integration,* Nr. 1, 1996, S. 61-70.

Tomasevski, Katarina, *Development Aid and Human Rights Revisited*, Pinter, London 1993.

Tomasevski, Katarina, „The influence of the World Bank and IMF on economic and social rights“, in: *Nordic Journal of International Law,* 1995, Jhrg. 64, S. 385-395.

Tomasevski, Katarina, *Between Sanctions and Elections. Aid Donors and Their Human Rights Performance,* Pinter, London 1997.

Tostensen, Arne; Faber, Doeke; de Jong, Karijn, *Towards an Integrated Approach to Election Observation? Professionalising European Long-Term Election Observation Missions,* ECDPM Policy Management Report, Nr. 7, September 1997, http://www.oneworld.org/ecdpm/pubs/pmr7_gb.htm.

Toth, A. G., „The Principle of Subsidiarity in the Maastricht Treaty“, in: *Common Market Law Review,* Nr. 6, 1992, Jhrg. 29, S. 1079-1105.

Trüe, Christiane, *Verleihung von Rechtspersönlichkeit an die Europäische Union und Verschmelzung zu einer einzigen Organisation - deklaratorisch oder konstitutiv?,* G. Ress, Torsten Stein (Hrsg.), Vorträge, Reden und Berichte aus dem Europa-Institut, Universität des Saarlandes, Nr. 357, 1997.

Tunkin, Grigory, „'General Principles of Law' in International Law“, in: R. Marcic, H. Mosler, E. Suy, K. Zemanek (Hrsg.), *Internationale Festschrift für Alfred Verdross,* Wilhelm Fink Verlag, München/Salzburg, 1971, S. 549-563.

Verdross, Alfred; Simma, Bruno, *Universelles Völkerrecht*, Theorie und Praxis, 3. Aufl., Duncker & Humblot, Berlin 1984.

Vincent, R. J., „Human Rights in Foreign Policy“, in: Dilys M. Hill, *Human Rights and Foreign Policy. Principles and Practice,* Macmillan Press, Houndmills 1989, S. 54-66.

Virally, Michel, „Definition and classification of international organizations: a legal approach“, in: G. Abi-Saab (Hrsg.), *The concept of international organization,* Unesco, Paris 1981, S. 50-66.

Vitanyi, Béla, „Les positions doctrinales concernant le sens de la notion de „principes généraux de droit reconnus par les nations civilisées“, in: *Revue Générale de Droit International Public,* Vol. LXXXVI, 1982, S. 48-116.

Waltz, Kenneth, *Theory of International Politics,* McGraw Hill, New York 1979.

Weil, Prosper, Towards Relative Normativity in International Law“, in: *American Journal of International Law,* 1983, Jhrg. 77, S. 413-442.

Weiler, Joseph; Fries, Sibylla, „The Competences of the EU in Human Rights“, in: Philipp Alston (Hrsg.), *The European Union and Human Rights,* Oxford University Press, New York 1999, S. 147-166.

Weinberger, Ota, *Law, Institution and Legal Practice. Fundamental Problems of Legal Theory and Social Philosophy,* Kluwer, Dordrecht 1991.

Weltbank, Report, „Sub-Sahara Africa - From Crisis to Sustainable Growth“, New York, 1989.

Wessel, Ramses A., „The International Legal Status of the European Union“, in: *European Foreign Affairs Review,* Nr. 1, 1997, Jhrg. 2, S. 109-129.

Wessels, Wolfgang, „Von der EPZ zur GASP - Therorienpluralismus mit begrenzter Aussagekraft“, E. Regelsberger (Hrsg.), *Die Gemeinsame Aussen- und Sicherheitspolitik der Europäischen Union. Profilsuche mit Hindernissen,* Europa Union Verlag, Bonn 1993, S. 9-29.

Westlake, M., *The Council of the EU,* Cartermill, London 1995.

Weston, Burns, „Human Rights“, in: *New Encyclopedia Britannica,* 15. Aufl., 1992, S. 656f, zitiert in: H. Steiner, P. Alston (Hrsg.), *International Human Rights in Context. Law, Politics, Morals,* Clarendon Press, Oxford 1996, S. 167.

White, Brian, „Analysing Foreign Policy: Problems and Approaches“, in: Michael Clarke and Brian White (Hrsg.), *Understanding Foreign Policy: The Foreign Policy Systems Approach,* Edward Elgar, Aldershot 1989, S. 1ff.

Willaert, P.; Marquéz-Ruiz, C., „Vers une politique étrangère et de sécurité commune: état des lieux“, in: A. Mattera (Hrsg.), *La Conférence intergouvernementale sur l'Union européenne: répondre aux défis du XXIeme siècle,* Clément Juglar, Paris 1996, S. 253-314.

Witte, Bruno de, „The Pillar Structure and the Nature of the European Union: Greek Temple or French Gothic Cathedral?“, in: T. Heukels, N. Blokker, M. Brus (Hrsg.), *The European Union after Amsterdam - A Legal Analysis,* Kluwer, The Hague 1998, S.51-68.

Woods, L., „The European Union and Human Rights“, in: R. Hanski, M. Suksi (Hrsg.), *An Introduction to the International Protection of Human Rights: A Textbook,* Institute for Human Rights, Turko/Abo 1997, S. 283-300.

World Bank, *Sub-Sahara Africa - From Crisis to Sustainable Growth*, New York, 1989.

Wróblewski, Jerzy, *The Judicial Application of Law*, Kluwer, Dordrecht 1992.

Zemanek, Karl, The United Nations and the Law of Outer Space, in: Yearbook of World Affairs, 19, S. 199ff.

Zuleeg, Manfred, „Die Auslegung des Europäischen Gemeinschaftsrechts“, in: *Europarecht,* Nr. 2, 1969, Jhrg. 4, S. 97-108.

Zwamborn, Marcel, „Human Rights Promotion And Protection Through The External Relations Of The European Community And The Twelve“, in: *Netherlands Quarterly of Human Rights,* Nr. 1, 1989, Jhrg. 9, S. 11-27.

II. Dokumente

1. Die Kommission

Europäische Kommission, *Relations between the European Community and International Organizations,* 1.9.89, Luxembourg, Office for official publications of the EC 1989.

Europäische Kommission, *Conférence intergouvernementale 1996, Rapport de la Commission pour le groupe de réflexion,* Luxemburg, Office des Publications Officielles des Communautés européennes, Mai 1995.

Europäische Kommission, *Repertoire de la legislation en vigeur*, 31eme édition, Journal officiel de la Communauté, Luxembourg 1997.

Europäische Kommission, *The Phare Program. An interim evaluation*, Brüssel Juni 1997.

Europäische Kommission, *Tacis. An interim evaluation*, Brüssel Mai 1997.

Europäische Kommission, *The European Union's Phare and Tacis Democracy Programme. Compendium of Ad-hoc Projects 1993-1997*, Brüssel Januar 1998.

Europäische Kommission, *Background note on China and Human Rights*, February 1998, unveröffentlicht.

Europäische Kommission, *The Amsterdam Treaty: a Comprehensive Guide*, „Subsidiarity", http://europa.eu.int/comm/sg/scadplus/leg/en/lvb/a27000.htm#a27002.

Europäische Kommission, DG I A, *Pre-accession strategy for the Associated Countries of Central Europe*, http:/europa.eu.int/comm/dg1a/preaccession/strategy.htm.

Europäische Kommission, *General Report on the activities of the European Union 1994*, Luxembourg, Office for official publications of the EC 1995.

Europäische Kommission, *General Report on the activities of the European Union 1995*, Luxembourg, Office for official publications of the EC 1996

Europäische Kommission, *General Report on the activities of the European Union 1996*, Luxembourg, Office for official publications of the EC 1997.

Europäische Kommission, *General Report on the activities of the European Union 1997*, Luxembourg, Office for official publications of the EC 1998.

Europäische Kommission, DG VIII, *Working document on respect for democratic principles and human rights in agreements between the Community and third countries*, 11.10.95, unveröffentlicht.

Europäische Kommission, DG IB/A/1, *Information notes, Euro-Mediterranean Partnership*, Brüssel, Januar 1997.

Europäische Kommission, Mitteilung, *Report on the implementation in 1993 of the Resolution of the Council and of the Member States meeting in the Council on human rights, democracy and development, adopted on 28.11.91,* COM (94) 42 final.

Europäische Kommission, Mitteilung, *Report on the implementation of measures intended to promote the observance of human rights and democratic principles (for 1994),* COM (95) 191 final.

Europäische Kommission, Mitteilung, *On the Inclusion of Respect for Democratic Principles and Human Rights in Agreements between the Community and Third Countries,* COM (95) 216 final.

Europäische Kommission, Mitteilung, *A long-term policy for China-Europe relations*, COM (95) 279 final.

Europäische Kommission, Mitteilung, *Die Menschenrechte in den Außenbeziehungen der Europäischen Union: Von Rom zu Maastricht und danach,* KOM (95) 567 endg.

Europäische Kommission, *Report on the Operation of the Treaty on European Union,* SEC (95) 731.

Europäische Kommission, Mitteilung, *Vorschlag für einen Beschluß des Rates über ein Rahmenverfahren zur Durchführung des Art. 366a des Vierten AKP-EWG Abkommens,* COM (96) 69 endg.

Europäische Kommission, Mitteilung, *The Trading System and International Recognized Labour Standards,* COM (96) 402 final.

Europäische Kommission, Mitteilung, *Report on the implementation of measures intended to promote the observance of human rights and democratic principles (for 1995),* COM (96) 672 final.

Europäische Kommission, *Progress Report on the Euro-Mediterranean Partnership and Preparations for the Second Conference of Foreign Affairs Ministers*, COM (97) 68 final.

Europäische Kommission, Mitteilung, *Bericht der Kommission an den Rat gem. Art. 7 II der Verordnung Nr. 3281/94 und Nr. 1256/96 des Rates über das allgemeine Präferenzschema. Zusammenfassung der Untersuchungen von OECD, IAO und WTO über den Zusammenhang zwischen Welthandel und Sozialnormen,* COM (97) 260 endg.

Europäische Kommission, Mitteilung, *Vorschlag für eine Verordnung (EG) des Rates über die Fortentwicklung und Festigung von Demokratie und Rechtsstaatlichkeit sowie die Wahrung der Menschenrechte und Grundfreiheiten,* COM (97) 357 endg.

Europäische Kommission, Mitteilung, *Vorschlag für einen Beschluß des Rates über ein Programm im Rahmen von Tacis zum Aufbau einer Zivilgesellschaft im Belarus für 1997,* COM (97) 441 endg.

Europäische Kommission, Mitteilung, *Vorschlag für eine Verordnung (EG) des Rates zur Änderung der Verordnung (EG) Nr. 1488/96 des Rates (MEDA) hinsichtlich des Verfahrens, nach dem geeignete Maßnahmen angenommen werden, wenn eine wesentliche Voraussetzung für die Fortsetzung der Stützungsmaßnahmen zugunsten eines Mittelmeer-Partnerlandes nicht erfüllt ist,* COM (97) 516 endg.

Europäische Kommission, Mitteilung, *Vorschlag für eine Verordnung des Rates über die Anwendung der als Anreiz konzipierten Sonderregelungen zum Schutz der Arbeitnehmerrechte und zum Schhutz der Umwelt gem. Art. 7 und 8 der Verordnungen (EG) Nr. 3281/94 und (EG) Nr. 1256/96 des Rates über ein Mehrjahresschema allgemeiner Zollpräferenzen für bestimmte gewerbliche Waren und landwirtschaftliche Erzeugnisse mit Ursprung in Entwicklungsländern,* COM (97) 534 endg.

Europäische Kommission, Mitteilung, *Geänderter Vorschlag für einen Beschluß des Rates über ein Programm im Rahmen von Tacis zum Aufbau einer Zivilgesellschaft im Belarus für 1997,* COM (97) 602 endg.

Europäische Kommission, Mitteilung, *Agenda 2000. Eine Stärkung und Erweiterung der Union,* Vol.I., COM (97) 2000 endg., 15.7.97.

Europäische Kommission, Mitteilung, *Stellungnahmen zu den einzelnen Ländern,* Vol. II, COM (97) 2001-2010 endg., 15.7.97.

Europäische Kommission, Mitteilung, *Report on financial and technical assistance to, and economic cooperation with the developing countries in Asia and Latin America as covered by the Council Resolution (EEC 443/92) of 25 February 1992,* COM (98) 40 final.

2. Der Ministerrat und der Europäische Rat

Außenminister der EPZ, *Erklärung zu den Menschenrechten*, Bull. EC, Nr. 7/8, 1986, Jhrg. 19, Pkt. 2.4.4., S.112.

Entschließung des Rates „Demokratie und Entwicklung", Bull. EC, Nr. 11, 1991, Jhrg. 24, S.128f.

Irische Ratspräsidentschaft, *Konferenz der Vertreter der Regierungen der Mitgliedstaaten, Anpassung der Europäischen Union auf die Zukunft - Allgemeiner Rahmen für einen Entwurf zur Revision der Verträge,* CONF/2500/96.

Ministerrat, Annual Memorandum on the activities of the Twelve in the field of human rights, 15.5.1991, in: *European Political Cooperation Bulletin 1991,* Luxembourg, Office for Official Publications 1994, Vol.7.

Ministerrat, *Memorandum to the European Parliament on the Activities of the European Union in the Field of Human Rights 1994,* Brüssel 17.1.1995.

Ministerrat, *Memorandum to the European Parliament on the Activities of the European Union in the Field of Human Rights 1995*, Dok. 5468/96, Brüssel 19.6.96.

Ministerrat, *Memorandum to the European Parliament on the Activities of the European Union in the Field of Human Rights 1996*, Dok. 1146/97, Brüssel 1997.

Europäischer Rat, *Erklärung über die Menschenrechte,* Bull. EC, Nr. 6, 1991, Jhrg. 24, Anhang V, S. 17f, Pkt. 1.45.

3. Das Parlament

Europäisches Parlament, Komitee für Auswärtige Angelegenheiten, *Report on the Communication from the Commission on the inclusion of respect for democratic principles and human rights in agreements between the Community and third countries (COM (95) 216),* EP doc. A4-0212/96, vom 26.6.96.

Europäisches Parlament, *Bericht über die Menschenrechte in der Union* (1995), EP doc. A4-112/97, vom 8.4.97 (Abl. C 132 vom 28.4.97).

Europäisches Parlament, Kommittee für Entwicklungszusammenarbeit, *Interim Report on the proposal for a Council Decision on a framework procedure for implementing Article 366a of the Fourth Lomé Convention (COM (96) 69)*, EP doc. A4-0175/97 vom 21.5.97.

Europäisches Parlament, *Report on progress in implementing the common foreign and security policy (January to December 1996)*, A4-0193/97, Abl. C 200/148, vom 30.6.1997 (zitiert: *Progress Report*).

Europäisches Parlament, „Stance on Amsterdam Treaty", in: *Europe Documents,* Agence Europe, Nr. 2060, 3.12.97, Brüssel.

4. Der Gerichtshof

EuGH, Rs. Campolongo, Slg. 1960, S. 819ff.

EuGH, Rs. 10/61 Kommission gegen Italien, vom 27.2.62, Slg. 1962, 1ff.

EuGH, Rs. 26/62, Van Gend en Loos, vom 5.2.63, Slg. 1963, S. 1.

EuGH, Rs. 6/64, Costa Enel, vom 15.7.64, Slg. 1964, S. 1251.

EuGH, Rs. 22/70 vom 31.3.71, Kommission gegen Rat, Slg. 1971, S. 263ff.

EuGH, Rs. 181/73, Hägemann II, Slg. 1974, S. 449

EuGH, Rs. 106/77, Simmenthal II, vom 9.3.78, Slg. 1978, S. 629.

EuGH, Rs. 12/86, Demirel, Slg. 1987, S. 3719.

EuGH, Rs. 85/86, Kommission gegen Europäische Investmentbank, Slg. 1988, S. 1281ff

EuGH, Rs. C-25/94, 19.3.96, FAO-Urteil, Slg. 1997-I, 1469.

EuGH, Rs. C-84/94, 12.11.96, Arbeitszeitrichtlinie, NZA 1997, S. 23f.

EuGH, Rs. C-253/94, 13.5.97, Einlagensicherungsrichtlinie, in: *EuZW*, Nr.14, 1997, S. 436ff.

EuGH, C-268/94, Portugal gegen Rat, 3.12.96, Slg. 1996, I-6207.

EuGH, Rs. C-124/95 The Queen ex parte Centro-Com Srl and H. M. Treasury and the Bank of England, Slg. 1997-1, S. I-123ff.

EuGH, Gutachten 1/78, Slg. 1979, S. 2871.

EuGH, Gutachten 1/94, Slg. 1994, I-5267.

EuGH, Gutachten 2/94, 28.3.96, Slg. 1996, I-1759.

Anhang

A. Das Besitzstandsprotokoll

Protokoll zur Anwendung von Art. M EUV (Art. 47 EUV n.F.) zum Schutze des gemeinschaftlichen Besitzstandes (acquis communautaire) in Angelegenheiten des Menschenrechtsschutzes und der Förderung von Demokratie in Drittstaaten

Die HOHEN VERTRAGSPARTEIEN -

ENTSCHLOSSEN, die Bedingungen für eine einheitliche Anwendung von Art. M EUV (Art. 47 EUV n.F.) im Hinblick auf eine die jeweiligen Zuständigkeiten wahrende Arbeitsteilung zwischen EG und GASP im Bereich des Schutzes der Menschenrechte und der Förderung von Demokratie aufzustellen und deren strikte Einhaltung durch alle Organe der Union sicherzustellen;

IN DEM WUNSCH, die volle Wahrung des gemeinschaftlichen Besitzstandes und seine Weiterentwicklung auch über den in Art. B fünfter Spiegelstrich i.V.m. Art. N II EUV a.F. festgesetzten Zeitpunkt hinaus zu gewährleisten;

EINGEDENK des bislang nur informell verabschiedeten „mode d'emploi" im Bereich von globalen gemeinsamen Standpunkten;

IN BESTÄTIGUNG der mit dem Vertrag von Amsterdam aufrechterhaltenen Struktur der Union bestehend aus selbständigen Gliedteilen und dem für die Außenbeziehungen relevanten Prinzip der Kohärenz;

HABEN BESCHLOSSEN, folgende Richtlinien zur Auslegung und Anwendung von Art. M EUV (Art. 47 EUV n.F.) im Hinblick auf die Wahrung von Menschenrechten und die Entwicklung und Stärkung von Demokratie in Drittstaaten aufzustellen, die dem Vertrag über die Europäische Union als Anhang beigefügt sind:

1. In Ausübung der ihnen nach dem jeweiligen Primärrecht des zweiten und fünften Titels übertragenen Kompetenzen stellen die Organe der Union sicher, daß die Wahrung und Weiterentwicklung des gemeinschaftsrechtlichen Besitzstandes verfolgt wird;

2. Bei der Anwendung des Besitzstandsprinzips werden die Gemeinsamen Bestimmungen und die Ziele des Vertrages, unter besonderem Verweis auf die Eigenständigkeit der Gliedteile und die Aufgabe der EU, die Identität der Union auf der internationalen Ebene mittels der GASP zu behaupten (Art. B EUV; Art. 2 EUV n.F.), respektiert; wird das institutionelle Gleichgewicht und die Achtung des „acquis politique" durch die beschlossenen Richtlinien nicht in Frage gestellt; wird Art. F III EUV (Art. 6 IV EUV n.F.), demzufolge sich die Union mit den Mitteln ausstattet, die „zum Erreichen ihrer Ziele und zur Durchführung ihrer Politiken erforderlich sind", in Betracht gezogen.

3. Das Besitzstandsprinzip stellt weder die grundsätzliche Zuständigkeit der EU für Angelegenheiten der Außen- und Sicherheitspolitik (Art. J.1 I EUV; Art. 11 EUV n.F.), noch die Zielbestimmungen des Art. J.1 II EUV (Art. 11 EUV n.F.) im Hinblick auf die „Entwicklung und Stärkung von Demokratie sowie die Achtung der Menschenrechte" in Frage. Die von der Anwendung des Prinzips betroffenen Regelungsmaterien betreffen nebeneinander stehende

Kompetenzbereiche der Gemeinschaft und der EU im Rahmen der Gemeinsamen Außen- und Sicherheitspolitik. Mittels des Besitzstandsprinzips sollen Richtlinien aufgestellt werden, wie diese Kompetenzen im Verhältnis zueinander ausgeübt werden sollen. Je nach interner Sachlage und der Situation im Drittstaat, kann entweder die EG oder die EU tätig werden.

4. Die Gründe für den Erlaß einer GASP-Maßnahme sollen stets im Hinblick auf eine Rechtfertigung nach dem Besitzstandsprotokoll dargelegt werden. Die Feststellung, daß eine *bessere* Erledigung der Maßnahme auf EU-Ebene gegeben ist, muß von der EU in qualitativer und, wenn möglich, quantitativer Weise substantiiert werden.

5. Damit EU-Handeln im Bereich des Menschenrechtsschutzes und der Wahrung von Demokratie gerechtfertigt ist, muß entweder das erste Kriterium der ausreichenden Zielerreichung in dieser Materie durch die EG nicht gegeben sein oder die EU positiv die *bessere* Ausführung der Maßnahme darlegen. Zur inhaltlichen Konkretisierung dieser Vorgaben dienen folgende Richtlinien:

- Ein Tätigwerden der EG zur Förderung von Menschenrechten und Demokratie in Drittstaaten ist grundsätzlich dann gegenüber Maßnahmen der EU vorrangig, wenn die anvisierten Maßnahmen zur Erreichung des Zieles geeignet und erforderlich sind und von einer Kompetenznorm des EG-Vertrages gedeckt sind;
- Es sei denn eine EU-Regelung ist im Hinblick auf das Vertragsgefüge *besser* als EG-Handeln. Eine solche *bessere* Vorgehensweise ist in der Regel dann gegeben, wenn das Verfahren, das in Frage stehende (politische) Instrument, das hochpolitische Ausmaß oder die Wirkungen in den Beziehungen zu Drittstaaten und der Weltpolitik (Sichtbarkeit des Engagements) so deutliche und nicht nur marginale Vorteile gegenüber einem Tätigwerden der EG aufweisen, daß EU-Handeln erforderlich ist. Anknüpfungspunkt ist die Herstellung einer Arbeitsteilung zwischen den Zuständigkeitsbereichen und das Ziel der Union, ihre Identität auf der internationalen Ebene mittels der GASP zu behaupten. Die EU (mittels der GASP) ist auch dann zuständig, wenn anderenfalls die Interessen der Union beachtlich in Mitleidenschaft gezogen würden.

6. Sollte die EU demnach ihre Zuständigkeit zum Schutze von Menschenrechten und Demokratie begründet haben, so nutzt sie die ihr zur Verfügung stehenden Instrumente in einer Art und Weise, die ihr eine effektive Umsetzung der Zielvorgabe erlaubt. Das bedeutet in der von Einstimmigkeit gekennzeichneten GASP, daß verstärkt Gebrauch von den mit Amsterdam eingeführten Flexibilitätsvorschriften gemacht wird und die Anwendung von Mehrheitsentscheidungen im Rahmen des Art. J.3 Nr. 2 EUV a.F. und in der Umsetzung von gemeinsamen Strategien des Europäischen Rates zunehmend zur Regel wird.

7. Desweiteren stellt die EU sicher, daß in gemeinsamen Standpunkten nur in der Präambel auf Gemeinschaftshandeln verwiesen wird, der operative Teil Handlungsvorgaben für die Mitgliedstaaten vorbehalten bleibt. Sollte eine gemeinsame Aktion ausschließlich auf Programme und Mittel der EG verweisen wollen, so wird diese nicht erlassen und statt dessen der EG Handlungsspielraum gewährt. Eine Ausnahme davon ist gegeben, wenn die Kommission in den zum Erlaß eines gemeinsamen Standpunktes oder einer gemeinsamen Aktion führenden Verhandlungen aktiv von ihrem in Art. J.8 III EUV (Art. 22 I EUV n.F.) festgelegten Initiativrecht Gebrauch machen konnte.

8. Die Schaffung eines globalen Instrumentes in den Gemeinsamen Bestimmungen unter Erweiterung von Art. C EUV (Art. 3 EUV n.F.) oder unter Einfügung einer neuen Vorschrift in

der Form von „allgemeinen Schlußfolgerungen" wird von den Mitgliedstaaten zu einem späteren Zeitpunkt geprüft.

9. Die Vertretungsregeln des Art. J.5 EUV (Art. 18 EUV n.F.) werden so gehandhabt, daß die Kommission die Möglichkeit erhält, den EG-Standpunkt, sofern EG-Materien betroffen sind, ausführlich in Verhandlungen mit Drittstaaten oder in internationalen Organisationen darzulegen. Die mit dem Vertrag von Amsterdam getroffene Vereinbarung hinsichtlich der Änderung der Zusammensetzung der Troika (Ratsvorsitz, Kommissar für Außenbeziehungen, Mitgliedstaat, der den zukünftigen Vorsitz inne hat) sollte noch weiter zugunsten der Kommission zu einer grundsätzlichen Beteiligung an den Arbeiten des Vorsitzes ausgedehnt werden.

10. Der Rat soll, ohne daß seine Entscheidungsprärogative in der Gemeinsamen Außen- und Sicherheitspolitik beeinträchtigt wird,

- bevor er Maßnahmen beschließt die Kommission anhören und ihr das Initiativrecht gewähren;
- die zu erlassenden Maßnahmen unter Verweis auf die Kriterien des Besitzstandsprotokolls rechtfertigen;
- darauf achten, daß die finanzielle Belastung für den EG-Haushalt gering gehalten wird, sofern die operativen Ausgaben zu seinen Lasten gehen;
- einen jährlichen Bericht über Aktivitäten im Bereich der Menschenrechte und Demokratie erlassen, der die Voraussetzungen des Besitzstandsprinzips darlegt;

11. Die Kommission und das Europäische Parlament sollen ebenfalls die Beachtung des Besitzstandsprinzips im Rahmen ihrer Zuständigkeiten überwachen und dazu beitragen, daß die Aufgabenteilung zwischen den Gliedteilen von gleichrangiger Parallelität geprägt ist.

12. Der Europäische Rat soll den unter Punkt 10 erwähnten Bericht in seinen alljährlichen schriftlichen Bericht an das Europäische Parlament über die Fortschritte der Union (Art. D EUV; Art. 4 EUV n.F.) integrieren. Er trägt dafür Sorge, daß auf seinen Sitzungen der Erlaß von gemeinsamen Strategien im Bereich des Menschenrechtsschutzes und der Förderung von Demokratie einen zentralen Punkt einnimmt, um so die Grundlage für Mehrheitsentscheidungen im Rat zu legen.

13. Die Beachtung des Besitzstandsprinzips wird in Übereinstimmung mit den Regeln des Unionsvertrages gewährleistet. Der EuGH bestimmt in Anwendung der aufgeführten Richtlinien die Grenzen des Ermessens der Organe und wahrt und entwickelt den Besitzstand auf diese Weise weiter.

B. Abbildungen

I. Das T-Modell

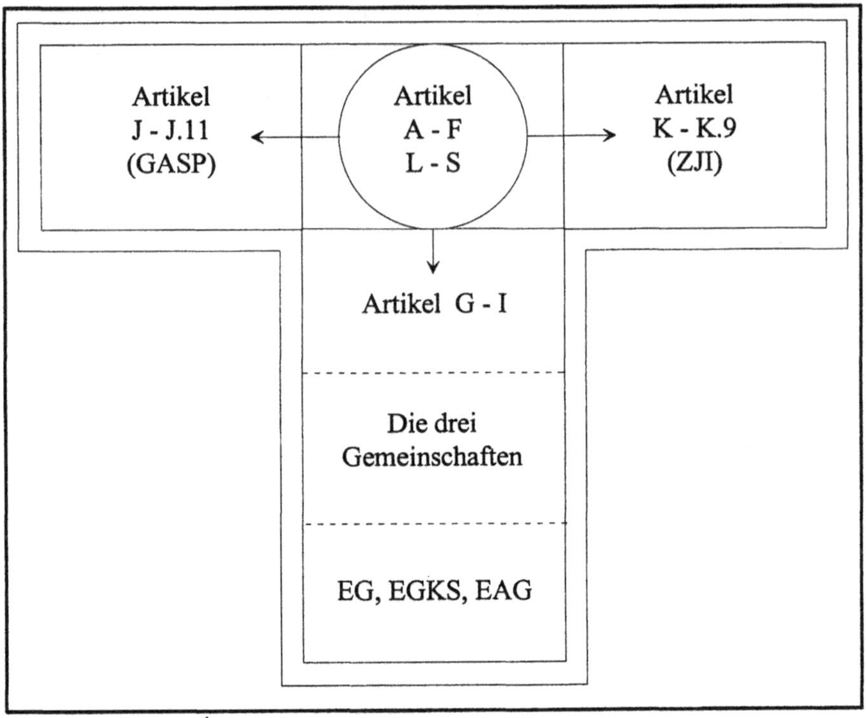

Abb. 1: Das T-Modell[1]

[1] Die in der Abbildung enthaltenen Vorschriften werden hier in der alten Fassung belassen. Im Vertrag von Amsterdam sind es von links nach rechts und oben nach unten folgende: Art. 11-28 EUV n.F. (GASP), Art. 1-6, 46-53 EUV n.F. (Gemeinsame Bestimmungen. Hierzu müßten nunmehr auch die Art. 43-45 EUV n.F. zählen), Art. 29-42 EUV n.F. (polizeiliche und justizielle Zusammenarbeit, geändert), Art. 8-10 EUV n.F. (Änderungsvorschriften)

II. Der organisatorische Aufbau

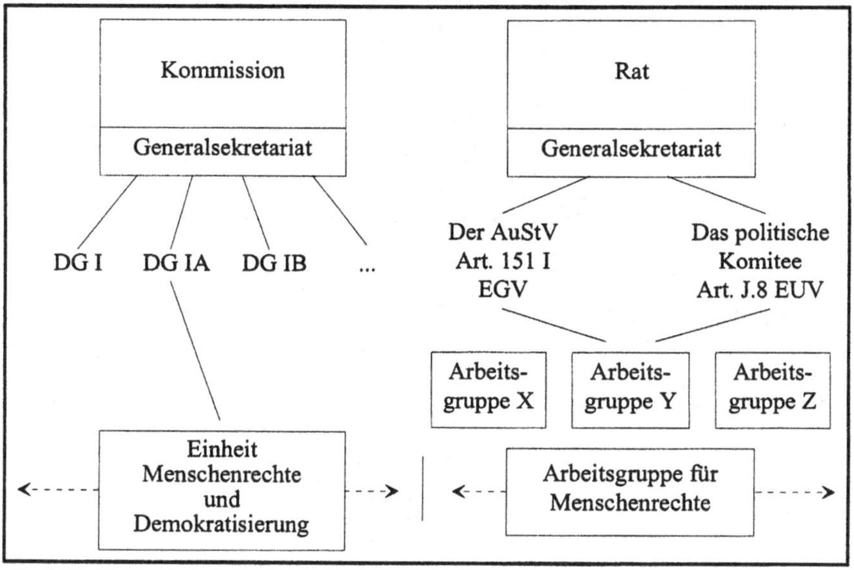

Abb. 2: Der organisatorische Aufbau

III. Zur Subsidiarität

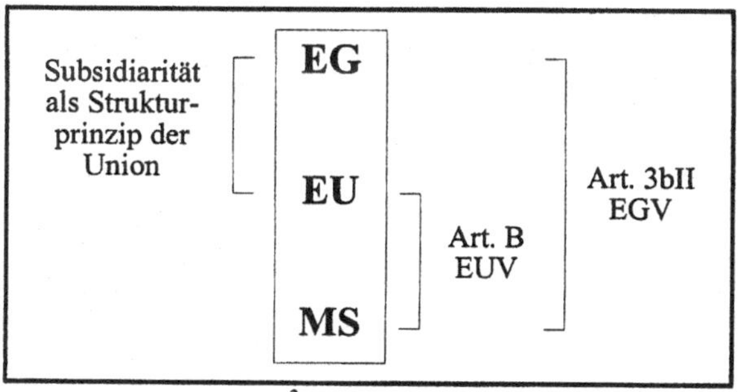

Abb. 3: Zur Subsidiarität[2]

[2] Art. B EUV wurde Art. 2 EUV n.F. und Art. 3 b II EGV wurde Art. 5 II EGV n.F.

C. Vorschlag der Kommission für eine Menschenrechtsverordnung

Kommission der Europäischen Gemeinschaften

Brüssel, den 24.7.1997
KOM (97) 357 endg.

97/0191 (SYN)

Vorschlag für eine
VERORDNUNG (EG) DES RATES

ÜBER DIE FORTENTWICKLUNG UND FESTIGUNG
VON DEMOKRATIE UND RECHTSSTAATLICHKEIT
SOWIE DIE WAHRUNG DER MENSCHENRECHTE
UND GRUNDFREIHEITEN

(von der Kommission vorgelegt)

BEGRÜNDUNG

I. Das Engagement der Gemeinschaft für die Fortentwicklung und Festigung von Demokratie und Rechtsstaatlichkeit sowie die Wahrung der Menschenrechte und Grundfreiheiten ist verhältnismäßig neu; in den Gründungsverträgen wird nicht ausdrücklich auf die Menschenrechte Bezug genommen; erst dreißig Jahre später wird in der Präambel zur Einheitlichen Europäischen Akte auf diese Grundsätze verwiesen. Der Vertrag über die Europäische Union stellt eine neue Etappe dar, da hier zum ersten Mal nicht nur in der Präambel, sondern auch im verfügenden Teil des Vertrags die Verpflichtung der Europäischen Union zur Achtung der Menschenrechte festgelegt ist. Darin liegt einer der ganz neuen Aspekte des Vertrags von Maastricht, demzufolge

* die Achtung der Menschenrechte eines der wesentlichen Elemente der Zugehörigkeit zur Europäischen Union und ein Grundprinzip für deren Handeln ist (Art. F II (a.F.): „Die Union achtet die Grundrechte, wie sie in der am 4. November 1950 in Rom unterzeichneten europäischen Konvention zum Schutze der Menschenrechte und Grundfreiheiten gewährleistet sind und wie sie sich aus den gemeinsamen Verfassungsüberlieferungen der Mitgliedstaaten als allgemeine Grundsätze des Gemeinschaftsrechts ergeben“);
* die Politik der Gemeinschaft auf dem Gebiet der Entwicklungszusammenarbeit dazu beiträgt, „das allgemeine Ziel einer Fortentwicklung und Festigung der Demokratie und des Rechtsstaats sowie das Ziel der Wahrung der Menschenrechte und Grundfreiheiten zu verfolgen“. (Artikel 130u Absatz 2 (a.F.))

Unter den Maßnahmen, mit denen dieses Engagement in die Tat umgesetzt wurde, ist insbesondere die Initiative des Europäischen Parlaments aus dem Jahr 1994 hervorzuheben, die verschiedenen, speziell für den Schutz der Menschenrechte bestimmten Haushaltslinien in einem eigenen Kapitel (B7-70) unter der Bezeichnung „Europäische Initiative zur Förderung der Demokratie und zum Schutz der Menschenrechte“ im Haushaltsplan zusammenzufassen.

II. Dieser neue Ansatz führte zunächst zu sogenannten „Pilotprojekten“, in deren Rahmen ein allgemeines Konzept, ein Aktionsrahmen, operative Ziele und geeignete Instrumente festgelegt werden sollten.

Verschiedene Berichte ziehen die Bilanz dieser ersten Erfahrungen. Die Berichte über „Folgemaßnahmen der Entschließung „Menschenrechte, Demokratie und Entwicklung“ des Rates und der im Rat vereinigten Vertreter der Mitgliedstaaten vom 28. November 1991“ (1992, 1993 und 1994) beschränken sich auf die innerhalb wie auch außerhalb des Kapitels B7-70 zugunsten der Entwicklungsländer bereitgestellten Mittel. Die Berichte „über die Durchführung der Maßnahmen zum Schutz der Menschenrechte und zur Förderung der Demokratie (1992-1993, 1994, 1995 und 1996, die derzeit abgefaßt werden) erläutern die Verwendung sämtlicher Mittel des Kapitels B7-70. Dabei wird folgendes deutlich:

* die erhebliche Aufstockung der speziell für Menschenrechtsbelange bestimmten Mittel von insgesamt 45,1 Mio. ECU im Jahr 1993 auf über 90 Mio. ECU im Jahr 1996;
* die Erweiterung des Umfangs der Maßnahmen sowohl unter thematischen als auch unter geographischen Gesichtspunkten;
* die stärkere Betonung der Instrumente des Dialogs und des Schutzes der Menschenrechte;

* die Schwierigkeiten, die sich in Bezug auf Kohärenz, Transparenz und Sichtbarkeit der Politik der Gemeinschaft auf diesem Gebiet ergaben.

Die Notwendigkeit umfassender Überlegungen zu diesen Erfahrungen veranlaßte die Kommission, am 22. November 1995 eine Mitteilung über „Die Menschenrechte in den Außenbeziehungen der Europäischen Union: Von Rom zu Maastricht und danach“[3] an den Rat und das Europäische Parlament zu genehmigen, in der zunächst eine Bilanz des in den ersten Jahren Erreichten gezogen wird und sodann Prioritäten für die Zukunft mit neuen Themen und Strategien für mehr Kohärenz und Wirksamkeit skizziert werden.

Ein wesentliches Element dieser Strategien ist die optimale Verwendung der Finanzmittel, insbesondere was deren Vereinbarkeit mit den verfolgten Zielen unter dem Gesichtspunkt der Flexibilität, der Komplementarität und der Transparenz der Verwaltung anbetrifft.

III. Vor diesem Hintergrund ist die Diskussion über die Notwendigkeit von Rechtsgrundlagen für die Haushaltslinien „Menschenrechte“ zu sehen, die schon im Juli 1994 Anlaß für eine spezielle Mitteilung an die Haushaltsbehörde war[4], in der sich die Kommission verpflichtete, für eine Reihe von Haushaltslinien eine Rechtsgrundlage vorzuschlagen.

Diese Notwendigkeit besteht um so mehr, als das Europäische Parlament in einer einleitenden Bemerkung zu Teil B für jede bedeutende Gemeinschaftsaktion eine entsprechende Rechtsgrundlage fordert.

Demnächst wird sich der Rat mit einem Textentwurf zur Frage der Rechtsgrundlagen im Hinblick auf eine Einigung zwischen den drei Organen befassen. Der Text enthält den allgemeinen Grundsatz, wonach die *Ausführung von Haushaltsmitteln für jede Gemeinschaftsaktion der vorherigen Annahme einer Rechtsgrundlage bedarf*;

Mehrere Mitgliedstaaten haben sich ebenfalls für die Schaffung einer Rechtsgrundlage, insbesondere für die Haushaltslinien „Menschenrechte“ des Kapitels B7-70, ausgesprochen.

IV. Die Schaffung einer Rechtsgrundlage für die Haushaltslinien „Menschenrechte“ würde die ordnungsgemäße Verwaltung, die administrative Transparenz und die Koordinierung der Initiativen erleichtern.

Zweck der Rechtsgrundlage ist es, den Umfang der Gemeinschaftsaktion zugunsten der Menschenrechte und der demokratischen Grundsätze sowie die allgemeinen Prinzipien der Verfahren zur Durchführung der Gemeinschaftsaktion zugunsten der Menschenrechte und der demokratischen Grundsätze, die Modalitäten für die Koordinierung der Initiativen und die Bedingungen für die Zusammenarbeit zwischen der Gemeinschaft, den internationalen Organisationen und den nichtstaatlichen Organisationen festzulegen. Besondere Bedeutung ist der Transparenz und der Zügigkeit der Verfahren sowie eindeutigen Kriterien für die Zusammenarbeit mit den internationalen, regionalen und nichtstaatlichen Organisationen sowie gegebenenfalls den staatlichen Stellen in diesem Bereich beizumessen.

---

3 KOM (95) 567 endg.

4 SEK (94) 1106 endg.

Verordnungsvorschlag sind die Stellungnahmen des Rates und des Europäischen Parlaments sowie die Arbeiten der Kommission, insbesondere die Mitteilung der Kommission vom November 1995[5], die eine Bilanz des bisher Erreichten und Orientierungslinien für die Zukunft enthält. Der Entwurf berücksichtigt die Anliegen der Gemeinschaftsorgane und der Mitgliedstaaten, insbesondere hinsichtlich der Kohärenz der Menschenrechtspolitik insgesamt.

Ein wesentlicher Aspekt ist die Möglichkeit, in Notsituationen Finanzmittel sofort verfügbar zu machen. Es handelt sich darum, unter Wahrung der Grundsätze der Haushaltstransparenz eine geeignete Klausel festzulegen, aufgrund derer die für Aktionen, wie z.B. die Entsendung von Beobachtern unter bestimmten Umständen („politische" Prozesse, schwere Menschenrechtsverletzungen, Konfliktverhütung usw.) erforderlichen Mittel rasch bereitgestellt werden können. Solche Aktionen sind wesentlich für die Glaubwürdigkeit der Gemeinschaftspolitik.

<u>Kapitel I</u> des Verordnungsvorschlags enthält operative Ziele und allgemeine Kriterien für die Unterstützung von Maßnahmen zum Schutz der Menschenrechte und zur Förderung der Demokratie durch die Gemeinschaft.

Unter Berücksichtigung der Regeln für die Ausführung des Haushaltsplans sind in <u>Kapitel II</u> die Verfahren für die Unterstützung von Aktionen zum Schutz der Menschenrechte und zur Förderung der Demokratie durch die Gemeinschaft festgelegt, wobei insbesondere die Möglichkeit vorgesehen ist, unter bestimmten Bedingungen Sofortmaßnahmen zu treffen. Im selben Kapitel werden die Beziehungen zu den Partnern im Rahmen der Operationen sowie die Zusammenarbeit mit den regionalen und internationalen nichtstaatlichen Organisationen, die sich mit dem Schutz der Menschenrechte befassen, geregelt.

In <u>Kapitel III</u> des Verordnungsvorschlags sind die Beschlußfassungsverfahren festgelegt, die bei von der Gemeinschaft finanzierten Projekten und Programmen zum Schutz der Menschenrechte und zur Förderung der Demokratie einzuhalten sind. Dem Vorschlag zufolge soll die Kommission die Beschlüsse über derartige Aktionen fassen sowie deren Durchführung übernehmen. Bei einigen Beschlüssen wird sie jedoch von einem Verwaltungsausschuß unterstützt. Kapitel III enthält außerdem Vorschriften über die regelmäßige Evaluierung der Aktion zugunsten der Menschenrechte und der demokratischen Grundsätze sowie über einen Jahresbericht über sämtliche finanzierten Aktionen, den die Kommission dem Rat und dem Parlament vorlegt.

Der hier vorliegende Verordnungsvorschlag dürfte dazu beitragen, die Kohärenz der Gemeinschaftsmaßnahmen zum Schutz der Menschenrechte und zur Förderung der Demokratie zu gewährleisten. Ferner dürfte sie die Klarheit und Transparenz der Aktionen garantieren, gleichzeitig aber die für eine rechtzeitige Reaktion auf Notsituationen erforderliche Flexibilität gestatten. Damit werden die Voraussetzungen für ein wirksames und sichtbares, auf den Bedarf der Partner besser abgestimmtes und mit den Initiativen der Mitgliedstaaten besser koordiniertes Vorgehen geschaffen.

---

[5] KOM (95) 567 endg. vom 22.11.1995

VORSCHLAG FÜR EINE VERORDNUNG NR. .... DES RATES VOM.......
ÜBER DIE FORTENTWICKLUNG UND FESTIGUNG VON DEMOKRATIE UND RECHTSSTAATLICHKEIT SOWIE DIE WAHRUNG DER MENSCHENRECHTE UND GRUNDFREIHEITEN

DER RAT DER EUROPÄISCHEN UNION -

gestützt auf den Vertrag zur Gründung der Europäischen Gemeinschaft, insbesondere auf Artikel 130 w (a.F.),

auf Vorschlag der Kommission,

nach dem Verfahren des Artikels 189c (a.F.) des Vertrages

in Erwägung nachstehender Gründe:

(...)[6]

HAT DIE FOLGENDE VERORDNUNG VERABSCHIEDET:

Kapitel I

Allgemeine Ziele und Orientierungen der Aktion für Menschenrechte und Demokratie

Artikel 1

Die Gemeinschaft trägt zur Durchführung von Aktionen zur Fortentwicklung und zur Festigung der Demokratie und des Rechtsstaats, einschließlich einer verantwortungsvollen Staatsführung, sowie zur Wahrung der Menschenrechte und der Grundfreiheiten nach Maßgabe der in dieser Verordnung festgelegten allgemeinen Kriterien bei.

Artikel 2

Die Europäische Gemeinschaft unterstützt Aktionen, die insbesondere die nachstehenden Ziele verfolgen:

a) den Schutz der wirtschaftlichen, sozialen und kulturellen Rechte sowie der bürgerlichen Rechte, wie sie in der Allgemeinen Erklärung der Menschenrechte proklamiert wurden;
b) die Förderung des Demokratisierungsprozesses, einschließlich der Abhaltung freier und geordneter Wahlen; die Ausbildung von Menschenrechts- und Wahlbeobachtern;
c) den Aufbau oder die Festigung des Rechtsstaats, insbesondere durch Maßnahmen zur Förderung der Unabhängigkeit der judikativen Gewalt (Rechtsprechung, Behandlung von Straftätern, Verbrechensvorbeugung) sowie zur Unterstützung der Arbeit der Parlamente und sonstigen demokratisch gewählten Organen; Förderung institutioneller und rechtlicher Reformen;

---

[6] Der hier in der Originalversion folgende Text wurde von der Verfasserin weggelassen.

d) die Unterstützung lokaler, nationaler, regionaler oder internationaler Institutionen, deren Tätigkeit im Zusammenhang mit dem Schutz der Menschenrechte steht, insbesondere Unterstützung von „Ombudsmännern“, „Anwälten der Menschenrechte“ und internationalen Tribunalen; die Unterstützung von Initiativen zur Errichtung eines ständigen internationalen Tribunals;
e) die Förderung einer pluralistischen Zivilgesellschaft durch die Stärkung der zur Gewährleistung des pluralistischen Charakters der Gesellschaft erforderlichen Institutionen, einschließlich der nichtstaatlichen Organisationen (NRO); die Sensibilisierung der Zivilgesellschaft für demokratische Grundsätze und die Erziehung zur Demokratie;
f) die Förderung der Unabhängigkeit, der Meinungsvielfalt und der verantwortlichen Arbeit der Medien; die Unterstützung der Meinungs- und Pressefreiheit;
g) die Förderung der Erziehung und Ausbildung in Menschenrechtsfragen sowie die Sensibilisierung für solche Fragen;
h) die Durchsetzung der Chancengleichheit und der Gleichbehandlung;
i) die Förderung der Transparenz der Verwaltung und der verantwortungsvollen Staatsführung, die Unterstützung der Korruptionsbekämpfung;
j) die Förderung vertrauensbildender Maßnahmen im Hinblick auf die Wiederherstellung des zivilen Friedens; die Förderung von Konfliktverhütungsinitiativen; die Achtung der internationalen Menschenrechtsnormen durch die Konfliktparteien;
k) die Unterstützung staatlicher Bemühungen mit dem Ziel, zivile und militärische Zuständigkeiten voneinander zu trennen; Ausbildung der Angehörigen von Armee, Sicherheitskräften und Polizei in Menschenrechtsfragen und ihre Sensibilisierung für solche Fragen; Unterstützung von Maßnahmen zur Wiedereingliederung entlassener Soldaten in das Zivilleben;
l) den Schutz und die Wahrnehmung der Rechte bestimmter Zielgruppen, insbesondere von Kindern, Frauen, Migranten, Vertriebenen, Gefangenen und Opfern von Folter, Gewalt oder bewaffneten Auseinandersetzungen; Unterstützung der Initiativen, die sich gegen die verschiedenen Formen der Ausbeutung und des Menschenhandels wenden, insbesondere soweit Frauen und Kinder davon betroffen sind;
m) den Schutz der Angehörigen ethnischer, religiöser oder sprachlicher Minderheiten, insbesondere den Schutz ihrer Rechte und ihrer kulturellen Identität;
n) den Schutz der indigenen Völker sowie ihrer Rechte und ihrer Kultur.

<u>Artikel 3</u>

Ferner können im Rahmen der Gemeinschaftshilfe finanziert werden:
- Aktionen zur Sensibilisierung und Unterrichtung der Öffentlichkeit sowie Sachverständigensitzungen, Seminare, Konferenzen und Kongresse mit dem Ziel, die Kenntnis der Bedeutung von Menschenrechtsfragen in der Politik der Gemeinschaft zu vertiefen;
- Maßnahmen im Rahmen der technischen Hilfe, die für die Durchführung von aus Gemeinschaftsmitteln geförderten Projekten erforderlich sind, einschließlich des Austauschs technischer Kenntnisse und Erfahrungen zwischen europäischen Einrichtungen und Einrichtungen dritter Länder;
- vorbereitende Studien oder Seminare zur Durchführbarkeit, Überwachung und Evaluierung der Gemeinschaftsaktionen;
- im Zusammenhang mit der Auswertung von Angeboten und der Vorbereitung von Projekten entstehenden Ausgaben;

- allgemeine Studien im Zusammenhang mit der Gemeinschaftsaktion in den in dieser Verordnung vorgesehenen Bereichen;
- Ankauf und/oder Lieferung des für die Durchführung der Aktionen erforderlichen Materials sowie ausländisches oder örtliches Personal, das eingestellt wird, um zur Durchführung dieser Aktionen beizutragen;
- alle sonstigen Ausgaben im Zusammenhang mit der Durchführung der Aktionen, einschließlich Ausgaben für die Sichtbarmachung der gewährten Hilfen.

Kapitel II

Modalitäten der Durchführung der Hilfe zum Schutz der Menschenrechte und zur Förderung der Demokratie

Artikel 4 - 9

(...)[7]

Kapitel III

Verfahren zur Durchführung der Aktionen für Menschenrechte und Demokratie

Artikel 10

Der Kommission obliegt die Prüfung, die Genehmigung und die Verwaltung, die Überwachung und die Evaluierung der in dieser Verordnung genannten Aktionen entsprechend den Haushalts- oder sonstigen geltenden Verfahren, insbesondere den in der Haushaltsordnung der Europäischen Gemeinschaft vorgesehenen Verfahren. Sie legt die Bedingungen für die Zuteilung, Bereitstellung und Durchführung der in dieser Verordnung vorgesehenen Hilfen fest.

Artikel 11

1. Nach dem Verfahren des Artikels 12 werden
- die Beschlüsse über Aktionen, die aufgrund dieser Verordnung mit jeweils mehr als 2.000.000 ECU finanziert werden, sowie jede Änderung, durch die der ursprünglich für die betreffende Aktion festgesetzte Betrag um mehr als 20% überschritten wird;
- die Aktionsprogramme, die als kohärenter Aktionsrahmen für ein bestimmtes Land oder eine bestimmte Region oder zu einem speziellen Thema dienen, wenn der festgestellte Bedarf insbesondere wegen seines Umfangs und seiner Komplexität weiterbesteht, gefaßt bzw. festgelegt.

2. Die Kommission unterrichtet den in Art. 12 genannten Ausschuß davon, welche Finanzierungsbeschlüsse sie zu Projekten und Programmen über weniger als 2 Mio. ECU zu fassen beabsichtigt. Die Unterrichtung erfolgt spätestens eine Woche vor der Beschlußfassung.

---

7 Der Originaltext wurde hier ebenfalls ausgelassen.

Artikel 12

1. Die Kommission wird von einem beratenden Ausschuß (im folgenden „Ausschuß" genannt) unterstützt, der aus Vertretern der Mitgliedstaaten besteht und in dem der Vertreter der Kommission den Vorsitz führt.

2. Der Vertreter der Kommission unterbreitet dem Ausschuß seinen Entwurf der zu treffenden Maßnahme. Der Ausschuß gibt seine Stellungnahme zu diesem Entwurf innerhalb einer Frist ab, die der Vorsitzende unter Berücksichtigung der Dringlichkeit der betreffenden Frage, gegebenenfalls nach Abstimmung, festsetzen kann.

Die Stellungnahme wird in das Protokoll aufgenommen; außerdem kann jeder Mitgliedstaat verlangen, daß seine Auffassung in das Protokoll aufgenommen wird. Die Kommission trägt der Stellungnahme des Ausschusses soweit wie möglich Rechnung. Sie unterrichtet den Ausschuß davon, wie sie dieser Stellungnahme Rechnung getragen hat.

Artikel 13

1. Die Kommission beschließt Sofortmaßnahmen zur wirksamen Deckung eines plötzlichen und unvorhergesehenen Bedarfs, der sich ergibt
- aus der gewaltsamen Unterbrechung des Demokratisierungsprozesses oder einer Krisensituation oder im Falle einer außergewöhnlichen und unmittelbar drohenden Gefahr für die gesamte Bevölkerung oder einen Teil der Bevölkerung eines Landes, die eine ernste Bedrohung für die Grundrechte und -freiheiten der Einzelnen bedeutet;
- aus momentanen Situationen, in denen die Gefahr besteht, daß die Regeln der Demokratie, die rechtsstaatlichen Grundsätze und die Grundfreiheiten mißachtet werden.

2. Unter diesen Bedingungen einzuleitende Aktionen
- beschließt die Kommission
- und unterrichtet die Mitgliedstaaten unverzüglich schriftlich.

Artikel 14

Einmal im Jahr findet im Ausschuß nach Artikel 12 auf der Grundlage einer Vorlage des Vertreters der Kommission sowie der allgemeinen Leitlinien ein Meinungsaustausch über die im kommenden Jahr durchzuführenden Aktionen nach Artikel 1 sowie über alle allgemeinen oder spezifischen Fragen im Zusammenhang mit der Gemeinschaftshilfe in diesem Bereich statt.

Artikel 15

Die Kommission nimmt regelmäßig Evaluierungen der von der Gemeinschaft aufgrund dieser Verordnung finanzierten Aktionen vor, um festzustellen, ob die mit diesen Aktionen verfolgten Ziele erreicht wurden, und um Leitlinien zur Erhöhung der Wirksamkeit künftiger Aktionen festzulegen. Die Kommission unterbreitet dem Ausschuß eine Zusammenfassung der Evaluierungen, die gegebenenfalls vom Ausschuß geprüft werden können. Die Evaluierungsberichte stehen dem Mitgliedstaaten auf Wunsch zur Verfügung.

Artikel 16

In jedem aufgrund dieser Verordnung geschlossenen Finanzierungsvertrag oder -abkommen ist insbesondere vorgesehen, daß die Kommission und der Rechnungshof vor Ort und am Sitz der in Artikel 4, Absatz 1 genannten Partner[8] nach den von der Kommission im Rahmen der geltenden Vorschriften festgelegten Verfahren, insbesondere den in der Haushaltsordnung der Europäischen Gemeinschaft vorgesehenen Verfahren, Kontrollen vornehmen können.

Artikel 17

1. Nach Ablauf eines jeden Haushaltsjahres legt die Kommission dem Europäischen Parlament und dem Rat einen Jahresbericht vor, der eine Zusammenfassung der im Laufe des Haushaltsjahres finanzierten Aktionen enthält.

Die Zusammenfassung enthält insbesondere Angaben über die Partner, mit denen die in Artikel 1 genannten Aktionen durchgeführt wurden.

Ferner umfaßt der Bericht eine Synthese der von unabhängigen Sachverständigen vorgenommenen Evaluierungen und gegebenenfalls Vorschläge für spezifische Aktionen.

2. Spätestens einen Monat, nachdem sie ihren Beschluß gefaßt hat, unterrichtet die Kommission die Mitgliedstaaten von den genehmigten Aktionen und Projekten, wobei sie die Höhe der Beträge, die Art der Aktionen/Projekte, das jeweilige Empfängerland und die Partner angibt.

Artikel 18

Drei Jahre nach Inkrafttreten dieser Verordnung legt die Kommission dem Europäischen Parlament und dem Rat eine Gesamtevaluierung der von der Gemeinschaft im Rahmen dieser Verordnung finanzierten Aktionen zusammen mit Anregungen für die künftige Anwendung dieser Verordnung und gegebenenfalls Änderungsvorschlägen vor.

Artikel 19

Diese Verordnung tritt am dritten Tag nach ihrer Veröffentlichung im *Amtsblatt der Europäischen Gemeinschaften* in Kraft.

Diese Verordnung ist in allen ihren Teilen verbindlich und gilt unmittelbar in jedem Mitgliedstaat.

Geschehen zu Brüssel am

Im Namen des Rates
Der Präsident

---

[8] Dies sind regionale und internationale Organisationen, nichtstaatliche Organisationen, nationale, regionale und lokale Verwaltungen und öffentliche Stellen sowie die in der Gemeinschaft ansässigen Organisationen, Einrichtungen und Personen des öffentlichen und privaten Rechts (Anmerkungen der Verfasserin).